國家圖書館出版品預行編目資料

新譯呂氏春秋(下)／朱永嘉,蕭木注譯;黃志民校閱.——二版四刷.——臺北市：三民，2020
冊；　公分.——(古籍今注新譯叢書)

ISBN 978-957-14-4599-1（上冊：平裝）
ISBN 978-957-14-4675-2（下冊：平裝）
1. 呂氏春秋 2. 注釋

121.871　　97011245

古籍今注新譯叢書

新譯呂氏春秋(下)

注譯者　朱永嘉　蕭　木
校閱者　黃志民

發行人　劉振強
出版者　三民書局股份有限公司
地　址　臺北市復興北路386號(復北門市)
　　　　臺北市重慶南路一段61號(重南門市)
電　話　(02)25006600
網　址　三民網路書店 https://www.sanmin.com.tw

出版日期　初版一刷 1995年8月
　　　　　初版二刷 2000年8月
　　　　　二版一刷 2009年1月
　　　　　二版四刷 2020年6月
書籍編號　S031130
ISBN　978-957-14-4675-2

新譯呂氏春秋 目次

下冊

卷第二十三　貴直論第三（凡六篇）

卷第二十四　不苟論第四（凡六篇）

卷第二十五　似順論第五（凡六篇）……………一〇三七

卷第二十六　士容論第六（凡六篇）……………一〇七七

附 錄……一一一七

卷第十六　先識覽第四

先識　觀世　知接　悔過　樂成　察微　去宥

正名

本卷八篇，較為集中地探討了哲學上稱之為認識論的問題。但不是抽象地泛泛論述，而是特指對國家治亂存亡君主如何去預為認識，由此連累而及才是認識論之一般。

文章把作為認識主體的人分成三類：君、士、民。君主，包括天子、諸侯、卿大夫，其中有賢主、俗主之分。士人，包括在位的臣子，有賢、不肖之分。至於民，在當時自然不可能被認為有什麼認識主動性的，因而著重討論的是第一、二兩類人如何估價、看待人的認知能力問題。

作者承認人的認識有先知與後知的差別。誰是先知者呢？既不是天子，亦不是君主，而是士這階層中的有道者。〈先識〉把有道者亦即賢者的去留，作為國家或亡或存的標誌。根據是：「地從於城，城從於民，民從於賢。」所以賢者離走就是國家將亡的先兆；國家欲治，必須求得賢者的輔佐。對此，〈觀世〉從歷史角度作了總結：「治世之所以短，而亂世之所以長」，全在於聖人、賢士之難得。文中列舉了兩個榜樣：君主應如何對待賢士？當如晏子之對待越石父；賢士如何對待君主？當如列子之對待鄭子陽。

〈知接〉對人的認識能力作了分析，認為人有智愚之別，智者之智能及達事物的深遠變化，愚者則只能接受淺近的已然知識。亡國之主從其認知能力上看，就是屬於後者，但他們卻「自以為智」。照此行事，自然是「國無以存矣，主無以安矣」。〈知接〉中的齊桓公，在他晚年，就是由於不能理解和接受管仲的忠告，以致落到了人死而不得葬，「蟲流出於戶」那樣一個可悲結局的。〈悔過〉承續〈知接〉題旨，而從另一個側面作了論述：君主有錯而能悔改，還是可以有所成就的。文中的秦穆公就是這樣。他雖然由於「智不至」而沒有接受蹇叔忠告，但在崤之戰慘敗後，卻能「素服廟臨」，悔過自新，終於也成就了霸業。

以上數篇所論，均為君與士的認知能力問題，〈樂成〉則通過眾多實例的論證，得出了這樣一個結論：「民不可與慮化舉始，而可以樂成功。」儘管人中間確有先知先覺與後知後覺之分，儘管真理在開始時往往只在少數人手裡，但用我們現代人觀點看來，上述結論仍然有失偏頗。

〈察微〉、〈去宥〉都較多地涉及到了認識論的一般規律。前者提醒人們要善於察微以知著，後者要求人們在認識事物時，應擺脫私欲和雜念所帶來的種種局限。自然中心都依舊沒有離開國家的治亂存亡。

末篇〈正名〉論述名實關係。目的很明確：「正名」為了「正政」：「名正則治，名喪則亂。」篇中所列尹文子與齊湣王的對話，取於《公孫龍子・節符》。對話在論及士這概念的內涵與外延時，齊湣王陷入了自相矛盾的尷尬境地。作者據此得出結論說，由於齊湣王「論皆若此」，因而導致「國殘身危」。

本卷八篇論文，內容豐實，論旨緊聯，不少章節閃爍著思想和智慧的光輝。當然，偏頗和牽強之處也在所難免。如把齊桓公臨終時齊國出現的混亂完全歸之於他「無由接」管仲關於疏遠易牙、豎刀等小人的忠告；認為齊湣王的終於「國殘身危」主要原因是他不能正確認識士這個概念的名實關係等，都顯然有失片面，於史實也不盡相符。

先識

【題解】「先識」就是「先知」，意謂預先察知國家興亡的徵兆。文章認為能夠預知這些徵兆的唯有賢者，或者有道者。因而有道者的去留就成了國家興亡的標誌。文章一開頭就說：「凡國之亡也，有道者必先去，古今一也。」所以夏之將亡，太史令終古如商；殷之將亡，內史向摯奔周；晉之將亡，太史屠黍歸周。這些有道者因預見到國家將亡的種種跡象，而先行離國而去，有二種情況：一是不忍心的，如終古，「出其圖法，執而泣之」；另一種則為討好新主，還帶著圖集法典去投靠的，如向摯、屠黍。對於故主來說，無論哪一種都屬於背叛行為。作者顯然是站在新主一邊的，因而對這些有道者的棄故就新的舉動，多有讚頌之詞。這也從一個側面，反映了作為行將據有天下的秦國的國相呂不韋的觀點。

有道者預見國家將亡的根據是什麼？依文中記述，除了天象與災異、人事與民心，還有所謂「五盡」，即信盡，名盡，親盡，財盡，功盡。一個國家到了五盡的地步，確實再也難以倖免滅亡。

篇末，歸結到全文主旨：進言君主要把「善聽」作為自己的要務。懂得一個國家所以亡、所以存的根本，就在於賢者的去或留。這是因為「地從於城，城從於民，民從於賢」。得地務「得其要」，而這個「要」就是賢者。

〔一〕一曰——

凡國之亡也，有道者必先去❶，古今一也。地從於城❷，城從於民，民從於賢。故賢主得賢者而民得，民得而城得，城得而地得。夫地得豈必足行其地、人說其民哉？得其要❸而已矣。

【章　旨】言國之將亡，賢者必先離去；故君主若能得彼將亡之國之賢者，即能得其民、得其城、得其地。

【注　釋】❶去　離開。❷地從於城　土地的歸屬取決於城邑的歸屬。❸要　要領。

【語　譯】大凡國家將要滅亡的時候，那些有道人士必定會先期離開這個國家，古今都是這樣的。土地的歸屬取決於城邑的歸屬，城邑的歸屬取決於人民的歸順，而人民的歸順又取決於賢者的歸順。所以賢明的君主，得到那個地區賢者的歸順，便能得到那裡民眾的歸順；得到那個地區民眾的歸順，便能得到那個城邑的歸屬；而得了那個地區的城邑，就能得到那裡的土地。難道要得到那個地區的土地，一定要親自去那裡巡視，逐個說服那裡的民眾嗎？當然不必，只要掌握上面說的要領就可以了。

〔二〕夏太史令❶終古❷，出其圖法❸，執而泣之。夏桀迷惑，暴亂愈甚，太史令終古乃出奔如商。湯喜而告諸侯曰：「夏王無道，暴虐百姓，窮其父兄，恥其功臣，輕其賢良，棄義聽讒，眾庶咸怨，守法❹之臣，自歸于商。」

【章　旨】以夏太史令終古的出亡奔商，湯據此預感到夏將亡、商將興，為首章提出的國將亡有道者必先去的論點提供例證。

【注　釋】❶太史令　官名。負責起草文告、策命諸侯、記載史事和掌管典籍圖冊以及天文、曆法、祭祀等事宜。❷終古　人名，姓任。❸圖法　指地圖、法令、戶籍等文書。❹守法　掌管法令典籍。

【語　譯】夏朝的太史令終古，捧出他掌管的圖籍法典，抱著它們傷心哭泣。夏桀仍執迷不悟，更加暴虐荒亂。太史令終古最後出奔到商國。商湯高興地告訴諸侯說：「夏王無道，殘害百姓，逼迫父兄，羞辱功臣，輕慢賢良，拋棄禮義，聽信讒言。百姓都怨恨他，連負責守護夏朝法典的終古，也自行歸順了商。」

〔三〕殷內史❶向摯❷見紂之愈亂迷惑也，於是載其圖法，出亡之周。武王大說，以告諸侯曰：「商王大亂，沈于酒德❸，辟❹遠箕子❺，爰❻近姑與息❼，妲己❽為政，賞罰無方，不用法式❾，殺三不辜❿，民大不服，守法之臣，出奔周國⓫。」

【章　旨】以殷內史向摯奔周，武王據以預感到商之將亡、周之將興，為首章提出的論點提供又一例證。

【注　釋】❶內史　官名，掌著作簡冊、冊命諸侯等職司。❷向摯　人名。後〈處方〉二章也有向摯，高誘注為紂之太史令。❸沈于酒德　沉溺於飲酒作樂之中。沈，假為「酖」。嗜酒。酒德，嗜酒成性。德，《禮記・樂記》：德者，性之端者也。❹辟　躲避。❺箕子　紂的叔伯輩，殷的賢者。❻爰　乃。❼姑與息　姑，婦女。此處指寵妃。息，小兒，此處指男寵。❽妲己　紂王寵妃。妲名，己姓，有蘇氏之女。❾法式　法典。❿殺三不辜　指殷紂剖比干之心，折材士之股，刳孕婦而觀其胞胎。不辜，無罪之人。⓫周國　指周當時國都之所在地酆、鎬，今陝西西安西。

【語　譯】殷商的內史向摯，看到紂王越來越淫亂昏惑，於是用車載著殷朝的圖籍法典，逃亡到周。武王非常高興，並由這件事告訴諸侯說：「商王昏亂已極，整天沉溺於飲酒作樂。疏遠賢人箕子，狎近女色與男寵，還讓寵妃妲己左右朝政。賞罰沒有準則，不依法度行事，殘殺三個無辜的人，百姓因此大為不服。現在守護殷朝圖籍法典的賢人，也出奔來到了周國。」

〔四〕晉太史屠黍❶見晉之亂也，見晉公❷之驕而無德義也，以其圖法歸周。周威公❸見而問焉，曰：「天下之國孰先亡？」對曰：「晉先亡。」威公問其故。對曰：「臣比❹在晉也，不敢直言。示晉公以天妖❺，日月星辰之行多以❻不當，曰：『是❼何能為？』又示以人事多不義❽，百姓皆鬱怨❾，曰：『是何能傷？』又示以鄰國不服，賢良不舉，曰：『是何能害？』如是，是不知所以亡也❿，故臣曰晉先亡。」居三年，晉果亡⓫。

【章　旨】記述屠黍觀察到的晉國滅亡前的種種先兆。

【注　釋】❶屠黍　晉幽公的太史。❷晉公　指晉幽公，姓姬氏，名柳。在位十八年（西元前四三七～前四二〇年）。❸周威公　戰國時西周國國君，周桓公揭之子，周考王之姪孫。❹比　近來。❺天妖　指異常的天象。妖，不祥的徵兆。❻以　此字疑衍。❼是　此。❽義　宜。❾鬱怨　怨恨積聚在心不得發洩。❿是不知所以亡也　此句疑脫「所以存」三字。據劉向《說苑・權謀》當是「是不知所以存所以亡也」。篇末「棄其所以存，而造其所以亡」句，並可佐證（依劉師培說）。⓫晉果亡　指魏文侯五年（西元前四二〇年），魏誅晉幽公，立其子止為晉烈公。

【語　譯】晉國的太史屠黍看到晉國混亂，晉幽公驕橫而不行德義，於是帶著晉國的圖籍法典，歸順西周。周威公接見時問他：「天下的諸侯國哪一個先會滅亡？」屠黍回答說：「晉國先滅亡。」周威公問晉先亡的根據是什麼。屠黍回答說：「我前一段時間在晉國，不敢直言勸諫，先用天象上的種種妖異，日月星辰運行的大多不合應有宿度等反常現象啟示晉公，他卻說：『這些能起什麼作用？』又用人事處理上的大多不妥當的實例，以及百姓心中都鬱抑著種種怨恨的情況啟示他，他又說：『這些又能有什麼妨害？』於是再進一步用鄰國間種種不順服的現象，以及國內賢人得不到及時舉用的情況啟示他，他仍然說：『這些又能有什麼危害？』像這樣的君主，就是既不懂得怎樣才能保存自己，也不懂得怎樣會導致自己滅亡。所以我說晉國會最先被滅亡。」過了三年，晉國果然就滅亡。

〔五〕威公又見屠黍而問焉，曰：「孰次之？」對曰：「中山❶次之。」威公問其故。對曰：「天生民而令有別。有別，人之義❷也，所異於禽獸麋鹿也，君臣上下之所以立也。中山之俗，以晝為夜，以夜繼日，男女切倚❸，固無休息，康樂❹，歌謠好悲❺。其主弗知惡。此亡國之風❻也。臣故曰中山次之。」居二年，中山果亡❼。

【章旨】記述屠黍觀察到的中山國滅亡前的種種徵兆。

【注釋】❶中山　古國名。為白狄別族所建立，又稱鮮虞，在今河北正定東北。西元前四〇八年為魏文侯所滅。❷人之義　指人們之間的倫理關係。❸切倚　貼近倚偎。❹康樂　許維遹據《水經注・滱水》引認為「康樂」上當有「淫昏」二字。淫昏康樂，以淫亂為安樂。康，安。❺悲　指音高而尖。❻風　指風俗。❼中山果亡　西元前四〇八年，魏文侯滅中山。

【語譯】周威公又一次接見屠黍，問他說：「哪一個國家將接著晉國而亡？」屠黍回答說：「中山將接著滅亡。」威公又問這樣說的根據是什麼。屠黍說：「上天生下人來就使之男女有別。男女有別是人倫關係的大義，是人區別於禽獸麋鹿的標誌，是君臣上下等第關係所賴以建立的基礎。中山國的風俗，把白天當作黑夜，用夜晚來延續白天，男男女女偎依在一起，沒有休止的時候。他們以淫亂為快樂，歌謠又喜好悲音。這個國家的君主，卻還不知道厭惡，這是會導致亡國的習俗啊。所以我說接著晉國滅亡的是中山。」過了二年，中山國果然被滅亡。

〔六〕威公又見屠黍而問焉，曰：「孰次之？」屠黍不對。威公固❶問焉。對曰：「君次之。」威公乃懼。求國之長者❷，得義蒔、田邑❸而禮之，得史驎、趙駢❹以為諫臣，去苛令三十九物❺，以告屠黍。對曰：「其❻尚終君之身乎！」曰❼：「臣聞之：國之興也，天遺之賢人與極言❽之士；國之亡也，天遺之亂人與善諛❾之士。」威公薨❿，肂⓫，九月不得葬，周乃分為二⓬。故有道者之言也，不可不重也。

【章旨】言周威公能從屠黍之諫，改弦更張，得終其身，以說明「有道者之言也，不可不重也」。

【注釋】❶固 堅持。❷長者 指德高望重而不仕的長老。❸義蒔田邑 皆人名。❹史驎趙駢 皆人名。❺物 事。❻其 殆；大抵。表揣測。❼曰 主語仍為屠黍。參照前文，此處疑省一「威公問其故，對曰」句。❽極言 指直言力諫。❾諛 諂媚；奉承。❿薨 古代稱諸侯之死為薨。⓫肂 暫殯。把棺柩暫時埋在地中，待以後正式安葬。⓬周乃分為二 史書記載未詳。據陳奇猷考訂，威公卒後惠公繼位，但惠公長子與少子內鬨。於是惠公便分周為二，以長子居河南故城為西周公，以少子居鞏為東周惠公，惠公自己則退位。

【語譯】威公再一次接見屠黍，問他說：「還有哪個國家將接著滅亡？」屠黍不回答。威公執意追問下去，屠黍才回答說：「再下一個便是君上您。」威公聽後感到害怕，於是就去尋求國家境內德高望重的長者。求得了義蒔、田邑二位，便對他們以禮相待；又求得了史驎、趙駢二位，便讓他們擔任諫官。廢除苛刻嚴厲的法令三十九件。然後把這一切告訴屠黍。屠黍回答說：「這麼做了，大概可以保您到終身平安了吧。」屠黍又說：「我聽說過這樣兩句話：國家將要興盛，上天給他降下賢人與敢於忠言直諫的士人；國家將要滅亡，上天給他降下亂臣賊子和善於諂媚奉承的人。」威公死了，因繼位的惠公的二個兒子內鬨，棺柩只好暫殯，擱了九個月還得不到正式安葬。周國於是分裂為一個小國。所以有道之人的話，不可以不重視啊。

〔七〕周鼎著饕餮❶，有首無身，食人未咽，害及其身，以言報更❷也。為不善亦然。白圭❸之中山❹，中山之王欲留之，白圭固辭，乘輿而去；又之齊，齊王❺欲留之仕，又辭而去。人問其故。曰：「之❻二國者皆將亡。所學❼有五盡。何謂五盡？曰：莫之必❽則信盡矣，莫之譽則名盡矣，莫之愛則親盡矣，行者無糧、居者無食則財盡矣，不能用人、又不能自用則功盡矣。國有此五者，無幸必亡。中山、齊皆當此。」若使中山之王與齊王，聞五盡而更之，則必不亡矣。其患不聞，雖聞之又不信。然則人主之務，在乎善聽而已矣。夫五割而與趙❾，悉起而距❿軍乎濟上，未有益也。是棄其所以存，而造其所以亡也。

【章旨】藉白圭離開中山與齊，說明二國所以必然滅亡，就在於信、名、親、財、功「五盡」。

【注釋】❶饕餮 古人想像中的一種貪食的惡獸。❷報更 報償。❸白圭 魏國人。❹中山 魏文侯滅中山後，不久中山又復國，遷都靈壽。此處當指此復國後之中山。西元前二九六年，又為趙武靈王所滅。❺齊王 指齊湣王。❻之 此。❼學 意為聞。指聞之於古人，或聞之於其師。❽必 相信。❾五割而與趙 指中山國分別於趙武靈王十九年（西元前三〇七年）、二十年、二十一年、二十三年、二十六年五次割地與趙，武靈王最終還是滅了中山。❿距　通「拒」。

【語譯】周鼎上鑄有饕餮花紋，有頭沒有身軀，吃人還沒有來得及下嚥，禍害已連及牠自身。這是說，惡有惡報啊。人若做不善的事，其報應也一樣。

白圭到中山國，中山的國王想要留下他來，但白圭堅持謝絕，乘了車子離去。又到了齊國，齊湣王要留他做官，他又謝絕，離開了齊國。有人問他為什麼不願意留在這二個國家，他說：「這二個都是行將滅亡的國家。我過去聽說過有『五盡』。什麼叫五盡？就是：沒有人再相信他，信用就喪盡了；沒有人再讚譽他，名譽就喪盡了；沒有人再喜歡他，親人就喪盡了；在國內行路的人沒有乾糧，居家的人沒有吃食，這個國家的財物就喪盡了；君主既不能任用並發揮別人的作用，自己又沒有能力發揮不了作用，功業也就喪盡了。任何國家，有這『五盡』，就必然滅亡。中山和齊國，都正處於這種境況。」如果中山的國王與齊湣王聽到這「五盡」之說，立即改正自己的惡行，那就必定不會滅亡了。他們的禍患在於沒有聽到，或者雖然聽到了卻不相信。這樣看來，君主需要努力去做的，就在善於聽取人們的忠告罷了。像中山國那樣五次割地給趙，齊湣王那樣調集全國軍隊在濟水一帶抵禦燕國帶領的五國聯軍，對於挽回自己被滅亡的結局又有什麼用處呢？這恰恰是拋棄了自己賴以生存的那些條件，卻為自己的滅亡製造了條件啊。

觀世

【題解】「觀世」意為觀察國家治亂之由來。總結歷史上或治或亂的原由，在於是否得到有道之士的佐助。而有道之士千里、累世也難得有一，這就是造成「治世之所以短，而亂世之所以長」的根本原因。文章由此入題，引出全篇主旨：君主想要治世，必須求賢和禮賢。

以求賢、禮賢為主題的文章，本書有〈謹聽〉、〈本味〉、〈下賢〉、〈求人〉、〈贊能〉等多篇，本篇則側重就「惟賢者必與賢於己者處」這一點展開論證，說明君主欲得賢者，必須自身是賢主，不然真正的賢士就不會與之相處。除論述求賢應不避荒遠偏僻的第二章與前〈謹聽〉三章重複外，篇中其餘二章列舉的實例，從正反兩個方面提出了君主欲得賢者自身應具備的品德和須避免的錯失。晏子之得越石父，既為其解除困阨，又能屈己禮敬，不以有功德於人而傲慢待人，這是從正面說明君主對待賢者應有的雅量。列子之拒受鄭子陽饋贈，原因有二，一是鄭子陽對列子的無知；二是鄭子陽自身的無道。這是從反面說明君王欲得賢者必須自己賢明。否則，即使面對賢者也未必能知，而「不知則與無賢同」。

篇中晏子與越石父的故事，互見於《晏子春秋》、《史記・管晏列傳》、《新序・節士》。子列子的故事，互見於《列子・說符》、《莊子・讓王》、《新序・節士》等。文字上，各篇都略有差異。

〔一〕二曰——

天下雖有有道之士，國猶少。千里而有一士，比肩❶也；累世❷而有一聖人，繼踵❸也。士與聖人之所自來，若此其難也，而治必待之，治奚由至？雖幸而有，未必知也，不知則與無賢同。此治世之所以短，而亂世之所以長也。故王者不四❹，霸者不六❺，亡國相望，囚主相及❻。得士則無此之患。此周之所封四百餘❼，服國❽八百餘，今無存者矣，雖存皆嘗亡矣。賢主知其若此也，故日慎一日，以終其世❾。譬之若登山，登山者，處已高矣，左右視，尚巍巍焉山在其上。賢者之所與處，有似於此。身已賢矣，行已高矣，左右視，尚盡賢於己。故周公旦曰：「不如吾者，吾不與處，累❿我者也；與我齊者，吾不與處，無益我者也。」惟賢者必與賢於己者處。賢者之可得與處也，禮之也。

【章旨】言得賢士之難。由於「賢者必與賢於己者處」，故君主欲得賢者，不僅必須以禮待賢，還須自己亦賢明。

【注釋】❶比肩　肩並著肩。形容人多。❷累世　連續數代。❸繼踵　腳踵接著腳踵。形容人多。❹王者不四　指如上古時夏禹、商湯、周武那樣的王者，只有三人，不可能有第四個。❺霸者不六　指如春秋時齊桓公、晉文公、楚莊王、吳王闔閭、越王句踐那樣的霸者，只有五人，不可能有第六個。❻相及　一個接一個。及，自後而至。❼封四百餘　陳奇猷據《左傳》昭公二十八年、《荀子．儒效》記載，認為所封七十餘國，取約數稱百猶可，稱四百誇大過甚。故疑當為「封國百餘」。「四」與「國」形近而誤。語譯仍依原文。❽服國　指稱臣服屬的諸侯國。❾世　沒身為一世。❿累　牽累；負擔。

【語譯】天下雖然有有道之士，但從一個國家來說，是很稀少的。方圓千里能有一個賢士，那已經可算是很多的了。幾個世代能出一個聖人，那也可說是很多的了。賢士與聖人的出現，竟是這樣的艱難，而國家的治理又必須等待著他們，那麼國家達到至治的局面怎麼能到來呢？即便幸而有了賢人，未必一定能被人知曉；

不被人知曉，那就等於沒有賢士一樣。這就是至治之世所以那麼短暫，混亂的世道所以那麼漫長的原因。因此，自古以來，成就王業的沒有第四位，稱霸諸侯的沒有第六人。而被滅亡的國家，左右相望；被囚禁的君主，前後相連。如果能得到賢士，就不至於有這樣的禍患。這就是當初周朝封賜的四百多諸侯國，臣服的八百多附屬國，現在沒有一個存在，即使存在也都是曾經被滅亡過的原因了。賢明的君主知道情況是這樣，所以一天比一天更加謹慎小心，以保持自己終身的平安。以登山作譬喻，登山的人即使登到了很高的地方，向左右看看，還有很多巍巍的高山在上面。賢者與他日常所相處的情況，與此相似：以為自身很賢明了，品行已經很高尚了，但如果向左右看看，還盡是比自己更賢明的人。所以周公旦說：「不如我的人，我不與他們相處，因為他們會拖累我；與我一般的人，我也不與他們相處，因為對我沒有益處。」只有賢者一定要與賢於自己的人相處。與賢者一起相處是可以辦到的，那就是要以禮對待他們。

〔二〕主賢世治，則賢者在上；主不肖世亂，則賢者在下。今周室既滅，天子既廢。亂莫大於無天子，無天子則彊者勝弱，眾者暴寡，以兵相剗❶，不得休息，而佞進❷，今之世當之矣。故欲求有道之士，則於江河之上，山谷之中，僻遠幽閒之所，若此則幸於得之矣。太公釣於滋泉，遭紂之世也，故文王得之❸。文王千乘也，紂天子也，天子失之，而千乘得之，知之與不知也。諸眾齊民，不待知而使，不待禮而令；若夫有道之士，必禮必知，然後其智能可盡也。

【章　旨】言當今亂世，賢者在下，故欲求賢者，必須不避偏僻荒遠，如文王之得太公於滋泉那樣。（按：

此章與前〈謹聽〉三章重複，僅有幾處文字略異。注釋從簡。）

【注釋】❶剗　鏟除；消滅。❷而佞進　此句王念孫疑為錯簡，當接於上文「賢者在下」之下。佞進，奸佞小人進而受到重用。❸故文王得之　據前〈謹聽〉三章此下當有「而王」二字。

【語譯】君主賢明，世道安定，那麼賢者在上位；君主不肖，世道混亂，那麼賢者便在下位，而奸佞小人受到提拔重用。當今周朝王室已經滅亡，天子已被廢黜。世道的混亂沒有比失去天子更為嚴重的了。沒有天子，強大的戰勝弱小的，人多勢眾的欺陵勢單力薄的，相互以刀劍殘殺，沒有休止的時候。當今這世道便是如此。因此，想要尋求有道之士，就應該到江河之上、山谷之中，到那些偏僻荒遠或幽閒清靜的場所。如果這樣做了，或許僥倖能求得他們。太公望在滋泉垂釣，是由於遭遇紂王的亂世，所以文王在那裡得到了他，並因而稱王天下。文王只是擁有千乘戰車的諸侯，紂王卻是擁有萬乘戰車的天子；天子失去了太公，而諸侯卻得到了他。兩者的區別是，文王深知太公是賢者，而紂王卻不知道。對於一般平民百姓，不必等待知遇就可役使他們，不必等待禮遇就可命令他們。至於對有道之士，那就必須禮敬他們，理解他們，然後才可能使他們把自己的智慧和才能全部貢獻出來。

〔三〕晏子❶之晉，見反裘負芻❷息於塗❸者，以為君子也，使人問焉，曰：「曷為而至此？」對曰：「齊人累之❹，名為越石父。」晏子曰：「譆❺！」遽解左驂❻以贖之，載而與歸。至舍❼，弗辭❽而入。越石父怒，請絕❾。晏子使人應之曰：「嬰未嘗得交也，今免子於患，吾於子猶未邪也？」越石父曰：「吾聞君子屈乎不己知者，而伸乎己知者，吾是以請絕也。」晏子乃出見之曰：「嚮也見客之容而已，今也見客之志。嬰聞察實者不留聲⑩，觀行者不譏⑪辭。嬰可以辭⑫而無棄⑬乎！」越石父曰：「夫子禮之，敢不敬從。」晏子遂以為客⑭。俗人有功則德，德則驕；今晏子功免人於阨矣，而反屈下之，其去俗亦遠矣。此令功⑮之道也。

【章　旨】通過晏子既使越石父免於困阨，又屈己禮敬待之為上賓的範例，說明君主求賢、禮賢應持的態度。

【注　釋】❶晏子　姓晏，名嬰，字仲，諡平。春秋時齊國卿大夫，歷事齊靈公、莊公、景公。❷反裘負芻　反穿著皮衣，背負著餵牲口的草料。古人穿皮衣一般毛朝外；「反裘」即毛向裡，意在愛惜皮毛。裘，皮衣。芻，草料。❸塗　通「途」。道路。❹齊人累之　意為給齊人做奴隸。累，通「縲」。本指拘繫犯人的繩索，引申為囚禁。❺譆　悲嘆聲。❻驂　駕在車兩旁的馬。❼舍　館舍；招待賓客之所。❽辭　告別。❾絕　絕交。❿察實者不留聲　考察人的功實，就不再稽察他的言辭。留，猶「察」。聲，指言辭。⓫譏　查問。⓬辭　告罪；致歉。⓭棄　拒絕。⓮客　上賓。⓯令功　據《晏子春秋》及《新序》，當作「全功」，保全功績。

【語　譯】晏子到晉國去，途中看到一個反穿著皮衣、背負著牧草的人，在路邊歇息。晏子認為這是個君子，便派人去探問他，說：「你到這裡來做什麼呀？」那人回說：「我給齊國人做奴僕，名字叫越石父。」晏子痛惜地嘆了聲「唉」，立即解下車乘左邊那匹套馬，把這個人從他主人那裡贖了出來，帶著他一起回來了。到了館舍，晏子沒有向他告辭便進了自己的居室。越石父為此很生氣，請求與晏子絕交。晏子派人回答他說：「我還未曾與你交朋友呢。現在我已把你從患難中解救了出來，對於你我還有什麼不周到的地方呢？」越石父說：「我聽說君子在不理解自己的人面前可以忍受屈辱；在理解自己的人面前就要氣宇軒昂地為人。我所以請求與你絕交的原因就在這裡。」晏子於是親自出來面見他，並且說：「剛才只是看到貴客的容貌罷了，現在我才看到了貴客的志向。嬰聽說過，考察人的實際，就不再稽察他的言談；觀察人的行為，就不會計較他的語詞。嬰可以向您致歉，希望不要被拒絕吧。」越石父說：「先生以禮貌待我，我怎敢不恭敬從命。」於是晏子便把越石父列為上賓。一般世俗之人，往往以為有功於人便是有恩德於人；而有恩德於人便可以驕慢待人。現在晏子有把別人從困阨中解救出來的功勞，反而謙遜地屈己以就於人，可見其超出一般世俗已相當遠了。這就是他保全功績的方法。

〔四〕子列子❶窮，容貌有饑色。客有言之於鄭子陽❷者，曰：「列禦寇，蓋有道之士也，居君之國而窮，君無乃為不好士乎？」鄭子陽令官遺之粟數十秉❸。子列子出見使者，再拜而辭❹。使者去，子列子入，其妻望❺而拊心❻，曰：「聞為有道者妻子，皆得逸樂。今妻子有饑色矣，君❼過❽而遺先生食，先生又弗受也。豈非命也哉！」子列子笑而謂之曰：「君非自知我也，以人之言而遺我粟也，至已而罪我也，有罪且以人言❾，此吾所以不受也。」其卒民果作難，殺子陽❿。受人之養，而不死其難則不義，死其難則死無道⓫也。死無道，逆也。子列子除不義、去逆也，豈不遠哉！且方有饑寒之患矣，而猶不苟取，先見其化⓬也。先見其化而已⓭動，遠⓮乎性命之情也。

【章　旨】言子列子窮而辭絕鄭相子陽的贈粟，既免除不義，又避開悖逆，可稱是「遠（達）乎性命之情」。

【注　釋】❶子列子　即列子、列禦寇，戰國時鄭人，道家人物。「子」冠於姓氏之前表尊稱。列子之名，在《列子》、《莊子》中又常為寓言、神話中的人物。❷鄭子陽　鄭國宰相。❸秉　古量名，十六斛為一秉。❹辭　謝絕。❺望　怨。❻拊心　撫心。表示氣憤。❼君　指鄭子陽。❽過　探望。❾至已而罪我也二句　過不了多久，又將會聽從別人的話來治我的罪。已而，不久。有，通「又」。句中第二個「罪」字疑為衍文（依畢沅說）。又，《列子・說符》、《莊子・讓王》此句為：「至其罪我也，又且以人言。」❿殺子陽　子陽對人極為苛嚴，有人因乘國人追逐瘋狗之亂而殺子陽。⓫死無道　為無道之人死難。無道，此處指鄭子陽。⓬先見其化　事先預見到事物的發展和變化。⓭已　同「以」。⓮遠　當為「達」之誤（依畢沅說）。

【語　譯】列子生活十分窮困，臉上現出飢餓的氣色。有個賓客為此對鄭相子陽說：「列禦寇是個有道之士，居住在您的國家卻很窮困，這恐怕說明您並不喜愛士吧？」鄭子陽於是便派官吏送了幾百石粟去。子列子出門來會見送糧食的使者，再三拜謝，卻拒絕接受這些賜予。使者走了，子列子回到室內。他的妻子怨憤地捶著胸口說：「你不聽說人家有道者的妻子兒女，都過著安逸歡樂的生活。可如今你的妻子兒女都已經臉有飢色了，相國派人來探望，又送糧食給你，你卻拒絕接受。難道我們命中注定要受窮嗎？」子列子笑著對他的妻子說：「相國自己並不瞭解我，他是聽了別人的話才贈送我糧食的。既然如此，同樣將會聽別人的話而治我罪的。這就是我所以不接受他饋贈的原因。」後來百姓果然起來作難，殺了子陽。接受別人的供養，而不為他死難，那是不義；如果為鄭子陽這樣的人去死難，就是為無道之人去死難，那是悖逆。列子拒絕接受子陽的贈粟，這樣既免除了不義，又避開了悖逆，他的識見遠遠高於世俗一般人啊。而且正當自己處於飢寒憂患的時候，依然不肯苟且接受別人的饋贈，這是由於事先預見到事物可能發生變化。依據預見到的事物的發展變化而採取相應的行動，這就能通達生命的本性了。

知接

【題解】知，通「智」。「知接」指人的智力能否及達的意思。智商高，便能有深謀遠見；智商低，則只能見到淺近。文章根據這一原理，論述了君主對治亂存亡的認識和理解能力。作者並不認為君主天生聖明。他們與普通人一樣，有聰明愚笨之分，因而對國家治亂存亡的認識和理解能力，也有遠近深淺之別。文中指出大凡國家的滅亡，並非沒有智能之士和賢德之人，而「其主無由接故也」，即是由於君主的認知能力無法到達和理解智士、賢者的深謀遠見。在君主的認知能力有所不及的情況下，可以有二種選擇：或者是「自知弗智」，聽從賢者，那還是能做到不「亡國」，不「危君」；或者是「自以為智」，固執己見，那就必然「國無以存矣，主無以安矣」。

篇中列舉齊桓公的實例，便是用來論證上述觀點的。桓公任用管仲而稱霸諸侯，但在晚年，卻因沒有始終聽從管仲要他疏遠易牙、豎刀等人的忠告，導致宮廷內亂。臨死留下這樣一句話：「聖人之所見，豈不遠哉？」深悔自己的智力無法到達管仲具有遠見卓識的忠告。

本篇所敘有關齊桓公的史實，與《管子·小稱》、《韓非子·十過》的記載相比，各有詳略，記取教訓的側重點亦互有不同，而以《左傳》與《史記·齊太公世家》的記述較為全面。當然，桓公死後齊國所出現的內亂，主要還是由諸子爭立所致。本書為文，往往各篇多從各自論旨需要出發，強調某一側面而很少顧及其餘，須通讀全書並稍作條理連貫後，才有一個比較完整的印象。

〔一〕三曰——

人之目以照❶見之也，以瞑❷則與不見，同❸，其所以為照、所以為瞑異。瞑士❹未嘗照，故未嘗見，瞑者目無由接❺也。無由接而言見，詤❻。智亦然，其所以接智、所以接不智同❼，其所能接、所不能接異。智者其所能接遠也，愚者其所能接近也。所能接近而告之以遠化❽，奚由相得？無由相得，說者雖工❾，不能喻❿矣。戎人見暴⓫布者而問之曰：「何以為之莽莽⓬也？」指麻而示之。怒曰：「孰之壤壤⓭也，可以為之莽莽也？」故亡國非無智士也，非無賢者也，其主無由接故也。無由接之患，自以為智，智必不接。今不接而自以為智，悖。若此則國無以存矣，主無以安矣。智無以接而自知弗智，則不聞亡國，不聞危君。

【章旨】言人的智力有智愚之別，認知能力有深遠淺近之分，君主須「自知弗智」，多接近智士賢者，才可免「亡國」、「危君」之憂。

【注釋】❶照　通「昭」。指視力明亮。❷瞑　閉著眼睛，此處指視力昏暗。❸同　指作為視覺器官的眼睛，是相同的。❹瞑士　指視力很差或失明的人。❺無由接　無從接受或交接外物的映像。❻詤　同「謊」。❼其所以接智所以接不智同　意謂人們的智力，儘管有人能達到，有人達不到，但作為思維的器官則是相同的。❽遠化　久遠的將來必然會到來的變化。❾工　善於。此處指善辯。❿喻　曉。⓫暴　曬。⓬莽莽　長大貌。⓭壤壤　紛亂貌。

【語譯】人的眼睛，視力明亮可以看見外界事物，視力昏暗就看不見；但作為眼睛是相同的，只是它所賴以照亮或因而昏暗的視力，存在著差異。失明的人，視力從未明亮過，因而也從未見過外界事物。失明的人眼睛無法接受外界事物的映像。沒有接受外界事物的映像而說自己看見了，這是撒謊和欺騙。人的智力也是這樣。無論人們能否達到和理解外界事物，他們所用來思維的器官是相同的，只是它所賴以達到和理解或不能達到和理解外界事物的智力，存在著差異。聰明的人能達到和理解遙遠的事物，愚笨的人只能接受淺近的東西。對於只能接受淺近知識的人，卻告訴他長遠變化的趨勢，他怎麼能懂得呢？對於不能懂得的人，即使說教者能言善辯，也無法使他明白。有個戎人，看到一個正在曬布的人，就問他說：「用什麼東西能做得這麼又長又寬呀？」曬布的人指著一旁的麻讓他看，說明就是麻織的。戎人竟發怒說：「哪裡有這般亂紛紛的東西能織得這樣又長又寬呀！」所以在那些滅亡的國家裡，並不是沒有智能之士，也不是沒有賢德之人，而是亡國君主自身智力不及，無法接近他們的緣故。君主無法及達賢者的病患，在於自以為聰明，這樣他的智能必然低下。智能低下卻又自以為聰明，行事必然荒謬悖逆。像這種情況，國家就無法生存了，君主就無法安於位了。如果君主能知道自己智能不高，那麼從未聽說過這樣的國家會亡國，這樣的君主有危險。

〔二〕管仲有疾。桓公往問之曰：「仲父❶之疾病❷矣，將何以教寡人？」管仲曰：「齊鄙人有諺曰：『居者無載，行者無埋。』今臣將有遠行❸，胡可以問？」桓公曰：「願仲父之無讓也。」管仲對曰：「願君之遠易牙、豎刀❹、常之巫❺、衛公子啟方❻。」公曰：「易牙烹其子以慊❼寡人，猶尚可疑邪？」管仲對曰：「人之情，非不愛其子也，其子之忍❽，又將何有於君？」公又曰：「豎刀自宮❾以近寡人，猶尚可疑邪？」管仲對曰：「人之情，非不愛其身也，其身之忍，又將何有於君？」公又曰：「常之巫審於死生，能去苛病❿，猶尚可疑邪？」管仲對曰：「死生命也，苛病失⓫也。君不任⓬其命、守其本，而恃常之巫，彼將以此無不為也。」公又曰：「衛公子啟方事寡人十五年矣，其父死而不敢歸哭，猶尚可疑邪？」管仲對曰：「人之情，非不愛其父也，其父之忍，又將何有於君？」公曰：「諾。」

【章旨】記述管仲臨終時，勸諫齊桓公疏遠易牙、豎刀等小人。

【注釋】❶仲父　齊桓公對管仲的尊稱。據楊倞注《荀子・仲尼》：「仲者，夷吾之字，父者，事之如父。」後帝王亦有用以尊稱大臣的，如呂不韋就曾被尊為「仲父」。❷病　重病；病危。❸遠行　死的婉詞。❹易牙豎刀　皆齊桓公近侍。❺常之巫　巫者。《管子・小稱》作「堂巫」。❻衛公子啟方　齊桓公寵臣。《史記・齊太公世家》作「開方」。❼慊　愜意；滿足。❽忍　忍心；狠心。❾宮　閹割。❿苛病　由鬼魂作祟引起的疾病。⓫失　精神失守。⓬任　聽憑；依賴。

【語譯】管仲得了病，桓公親往探視，問他說：「仲父的病已經很嚴重了，您將留下什麼話教誨我呢？」管仲說：「齊國村野鄉間人有句諺語說：『家居之人用不著打疊行裝，旅途之人不需要準備貯藏。』現在我就要上遠路走了，哪還有什麼值得垂問的呢？」桓公說：「希望仲父不要謙讓呀。」管仲回答說：「那就希望君上疏遠易牙、豎刀、常之巫、衛公子啟方吧。」桓公說：「易牙烹煮自己的兒子來滿足我的口味，這樣的人還有什麼可疑忌呢？」管仲回答說：「人之常情，沒有不愛憐自己兒子的。他對自己的兒子尚且如此殘忍，對君上又將會怎麼樣呢？」桓公又問：「豎刀為了親近寡人而閹割自己，這樣的人還有什麼可疑忌呢？」管仲回答說：「人之常情，沒有不愛護自己身體的，他對自己的身體尚且如此殘忍，還能期待他怎樣對待君上呢？」桓公又問：「常之巫能明察人之死生，還能袪除鬼魂作祟引起的疾病，這樣的人還有什麼可疑忌呢？」管仲回答說：「一個人的生與死是命中注定的，鬼魂作祟致病是自己神不守舍招致的。君上不依憑天命，不謹守根本，而想依靠常之巫，那他就可以藉此而無所不為了。」桓公再問：「衛公子啟方侍奉我已有十五年了，連他父親去世都不敢回去哭喪，這樣的人還有什麼可疑忌呢？」管仲回答說：「人之常情，是沒有不尊愛自己父親的。他對自己的父親尚且如此忍心，還能指望他今後怎樣來對待君上呢？」於是桓公便說：「好吧，我照您說的辦。」

〔三〕管仲死，盡逐之，食不甘，宮不治，苛病起，朝不肅❶。居三年，公曰：「仲父不亦過乎？孰謂仲父盡❷之乎？」於是皆復召而反。明年，公有病，常之巫從中出曰：「公將以某日薨❸。」易牙、豎刀、常之巫相與作亂，塞宮門，築高牆，不通人，矯❹以公令。有一婦人踰垣❺入，至公所。公曰：「我欲食。」婦人曰：「吾無所得。」公曰：「我欲飲。」婦人曰：「吾無所得。」公曰：「何故？」對曰：「常之巫從中出曰：『公將以某日薨。』易牙、豎刀、常之巫相與作亂，塞宮門，築高牆，不通人，故無所得。衛公子啟方以書社四十下衛❻。」公慨焉歎涕出曰：「嗟乎！聖人之所見，豈不遠哉？若死者有知，我將何面目以見仲父乎？」蒙衣袂❼而絕乎壽宮❽。蟲❾流出於戶，上蓋以楊門之扇❿，三月不葬⓫。此不卒聽管仲之言也。桓公非輕難⓬而惡管子也，無由接見⓭也。無由接，固⓮卻⓯其忠言，而愛其所尊貴⓰也。

【章旨】記述桓公後來還是信用了易牙、豎刀等小人，終於導致死後三月不得安葬，屍蟲爬出門戶的結局；認為造成這一切的原因，就在於他「無由接」管仲的忠告。

【注釋】❶肅 整飭。❷盡 指管仲之言盡可聽從。❸薨 諸侯死稱薨。❹矯 假託。❺垣 牆。❻下衛 降於衛國。❼袂 衣袖。❽壽宮 桓公內宮寢殿名。❾蟲 指屍蟲。❿楊門之扇 楊，通「陽」。陽門，車輿前後之蔽篕（依嚴元照說）。扇，門扇。⓫三月不葬 據《左傳》及《史記・齊太公世家》記載，當是「三月不殯，九月不葬」。殯，殮而未葬。⓬輕難 輕視災難。⓭見 此字當係衍文。⓮固 通「故」。⓯卻 此處意為不採納。⓰所尊貴 指易牙、豎刀等為桓公自己所尊所貴的小人。

【語譯】管仲死後，桓公把易牙等人全都驅逐了出去。但他卻因而覺得吃飯不香甜，後宮不安寧，又鬧起鬼魂作祟的病，朝政也不能整飭。過了三年，桓公說：「仲父對這件事說得也太過分了吧？誰說仲父的話都得聽從呢？」於是又把易牙這幫人全都召了回來。第二年桓公生病了。常之巫從宮中出來宣布說：「桓公將在某日去世。」易牙、豎刀、常之巫這些人便一起作亂，堵塞宮門，築起高牆，不許人們通行。還假稱這一切都是桓公下的命令。有個婦女翻牆進入宮內，來到桓公那裡。桓公說：「我想吃東西。」那婦女說：「我沒有地方去弄到食品。」桓公又說：「我要喝水。」婦女說：「我沒有地方可以弄到水啊。」桓公問她：「為什麼會這樣？」那婦女回答說：「常之巫從內宮出來說：『桓公將在某日去世。』易牙、豎刀、常之巫一起作亂，堵塞宮門，築起高牆，不許人們進去，因此無從得到任何東西。衛公子啟方已帶著四十書社的土地和人口投奔了衛國。」桓公感慨地嘆息一聲，流著眼淚說：「唉，聖人所預見的，難道不是很深遠嗎？如果死者地下還能有知，我將有什麼面目去見仲父啊。」於是他用衣袖蒙住臉面，在壽宮氣絕死去。桓公死後，身上只蓋了爿掩蔽車輿的門扉，三個月得不到殯殮，屍體上的蛆蟲爬到門檻以外。這是因為桓公不能始終聽從管仲的話啊。桓公並非輕視災難和厭惡管仲，而是由於他的智力無法接受和理解管仲的話；無法接受和理解，所以便不能採納管仲的忠告，反而去親近那幾個自己所寵愛、所重用的小人。

悔過

【題解】本篇承上篇〈知接〉論旨，以言人之智力有所不及開篇。「智不至」，在常人也許只是常事，但對於君主，卻會因此帶來極其嚴重的危害。篇中用秦繆公因「智不至」蹇叔之諫而導致在殽之戰中全軍覆沒的教訓，來論證上述觀點。

殽之戰，是春秋後期一次著名的戰役，《左傳》、《史記》都有詳細記載，其中蹇叔進諫、王孫滿預言、弦高犒師，都已成為膾炙人口的故事。頗為難得的是，秦繆公在大敗之後不是諉過於人，而是直面自己錯失，甚至對負有直接責任的孟明視等被晉軍俘虜而又送回的三位統帥，不但沒有任何責怪，還更加厚待禮遇他們。三年後，孟明視等終於在王官之役中大敗晉軍。繆公親至殽發喪三天，祭告在殽之戰中的陣亡將士，並再次申述不聽蹇叔、百里奚忠告的教訓，望後世永記他的過失。

篇名「悔過」，意在說明：君主在「智不至」的情況下，若能悔過自新，還是可以成就一番事業的，秦繆公的終成霸業便是一例。

〔一〕四曰——

穴深尋❶則人之臂必不能極❷矣，是何也？不至❸故也。智亦有所不至。所不至，說者雖辯，為道雖精，不能見矣。故箕子窮于商❹，范蠡流乎江❺。

【章旨】言在君主智力不及的情況下，即使說者善辯，為道精深，還是不能使其曉喻。

【注釋】❶尋　古代長度單位，八尺為尋。❷極　通「及」。❸不至　達不到。❹箕子窮于商　箕子，紂王叔伯輩，封於箕，子是爵位，故稱箕子。窮，窘迫。箕子諫紂王，紂不聽，於是「被髮佯狂而為奴」。事詳《史記・宋微子世家》。❺范蠡流乎江　范蠡佐越王句踐滅吳後，以句踐為人「可與同患，難與處安」（《史記・越王句踐世家》），乃「乘輕舟浮于五湖」（《國語・越語下》）。

【語譯】洞穴的深度達到八尺，那麼人的手臂便不能觸到底了。這是為什麼呢？是因為手的長度達不到。人的智力也有達不到的地方。如果君主的智力有所不達，那麼遊說的人縱然善於辯說，闡述的道理即使精深入微，也不可能使他體會到。就為這個緣故，箕子為商紂王所窘迫，范蠡只好漂泊江湖。

〔二〕昔秦繆公❶興師以襲❷鄭，蹇叔❸諫曰：「不可。臣聞之，襲國邑，以車不過百里，以人不過三十里，皆以其氣之趫❹與力之盛，至，是以犯敵能滅，去之能速。今行數千里，又絕❺諸侯之地以襲國，臣不知其可也。君其重圖之❻。」繆公不聽也。蹇叔送師於門外而哭曰：「師乎！見其出而不見其入也。」蹇叔有子曰申與視，與師偕行。蹇叔謂其子曰：「晉若遏❼師必於殽❽。女❾死不於南方之岸❿，必於北方之岸，為吾尸⓫女之易。」繆公聞之，使人讓⓬蹇叔曰：「寡人興師，未知何如，今哭而送之，是哭吾師也。」蹇叔對曰：「臣不敢哭師也。臣老矣，有子二人，皆與師行，比其反也，非彼死則臣必死矣，是故哭。」

【章旨】言秦繆公不聽蹇叔勸諫執意興師襲鄭，蹇叔預言秦師必敗於殽。

【注　釋】❶秦繆公　即秦穆公。姓嬴，名任好，春秋五霸之一。在位三十九年（西元前六五九～前六二一年）。❷襲　乘人不備而進攻。《左傳》莊公二十九年：「凡師，有鐘鼓曰伐，無曰侵，輕曰襲。」據《史記・十二諸侯年表》，秦襲鄭事在秦繆公三十二至三十三年間（西元前六二八～前六二七年）。❸蹇叔　春秋時秦國大夫，因百里奚推薦而為秦繆公所重用。❹趫　壯盛。❺絕　橫穿；穿越。❻君其重圖之　希望您謹慎地考慮這件事。其，表委婉語詞。重，深。❼遏　阻擊。❽殽　通「崤」。山名，在今河南澠池西。❾女　即「汝」。你們。❿岸　指高崗地，如丘陵、山坡。⓫尸　用如動詞。收屍。⓬讓　責備。

【語　譯】從前，秦繆公發兵準備襲擊鄭國，蹇叔勸諫說：「不行啊。我聽說，襲擊他國的城邑，用兵車去不能超過一百里，步行去不能超過三十里，都是憑著士兵士氣的旺盛和精力的充沛。這樣一到目的地，進攻便能消滅敵人，撤退也能行動迅速。如今要去襲擊鄭國，行程有數千里，又要橫穿其他諸侯國的土地，我不知道那樣怎麼可以呢！希望君上再仔細考慮一下這件事。」秦繆公沒有聽從他的話。蹇叔在門外為秦軍送行時，哭著說：「將士們哪，看到你們出去，再也看不到你們回來啦。」蹇叔有二個兒子，一個叫申，一個叫視，跟著軍隊一起出征。蹇叔對他們說：「晉國的軍隊如果攔截秦軍，必定是在殽山。你們戰死不在南邊的高崗上，就一定要在北邊的高崗上，那樣我為你們收屍時，也好容易些。」秦繆公聽到這件事後，派人去責備蹇叔說：「我發兵襲鄭，結局如何還未知曉，現在你卻哭著送他們，這是在為我軍哭喪呀！」蹇叔回答說：「我不敢給軍隊哭喪呀。我已經老了，有二個兒子都跟了隊伍一起出征，等到軍隊回來的時候，不是他們戰死，就一定是我死了。因此我才哭的。」

〔三〕師行過周❶，王孫滿❷要門❸而窺之，曰：「嗚呼！是師必有疵❹。若無疵，吾不復言道矣。夫秦非他，周室之建國也。過天子之城，宜櫜甲❺束兵，左右⑥皆下，以為天子禮。今袀服⑦回建⑧，左不軾⑨，而右之超乘⑩者五百乘，力則多矣，然而寡禮，安得無疵？」師過周而東。

【章旨】言王孫滿在窺視秦軍過周時的情景後，斷定秦軍必敗。

【注釋】❶周　西周的都城，即王城，故址在今河南洛陽。❷王孫滿　周之大夫。❸要門　遮門；閉門。❹疵　病。此處指秦師將受挫敗。❺櫜甲　收藏起鎧甲。櫜，口袋，此處用如動詞。❻左右　指戰車上馭者兩旁的甲士，即所謂左乘右驂。❼袀服　一種不分官兵的統一格式、顏色的軍服。穿著這種軍服的目的是為了迷惑敵人，使其分辨不清將帥和士卒。袀，通「均」。❽回建　指車上建制混亂。回，違。❾軾　車前橫木。此處用如動詞。憑軾致敬。❿超乘　快步跳躍上車。按規定，站在兵車右邊的右驂在致敬時，應從車上免冑而下，禮畢徐步上車。秦師過周時，將士為顯示其矯健勇武，紛紛一躍而上。這是一種魯莽無禮的舉動。

【語譯】秦軍的隊伍經過西周的都城時，王孫滿闢了門透過門縫窺看隊列的行進。他說：「哎呀，這支軍隊一定將遭受挫敗。如果不遭挫敗，我以後就再也不談論道術了。要知道秦國不是一般其他國家，它是周宗室所封建的諸侯國呀。它的軍隊經過天子所在的都城，理應收起鎧甲兵仗，兵車上的左乘右驂都應該下車，以此向天子致敬。現在軍隊的將帥與士兵都穿著式樣劃一的戎服，兵車上的建制違反規定，左邊的將士不憑軾致敬，右邊的驂乘一躍而上的竟多達五百乘兵車。看上去似乎勇武多力，但缺少應有的禮儀。這樣的軍隊怎麼可能不遭受挫敗呢？」秦國的軍隊就這樣經過西周都城，向東行進。

〔四〕鄭賈人❶弦高、奚施❷將西市❸於周，道遇秦師，曰：「嘻！師所從來者遠矣，此必襲鄭。」遽使奚施歸告，乃矯❹鄭伯之命以勞之，曰：「寡君❺固聞大國之將至久矣。大國不至，寡君與士卒竊為大國憂，日無所與❻焉，惟恐士卒罷弊❼與糗糧❽匱乏。何其久也，使人臣犒勞以璧，膳❾以十二牛。」秦三帥對曰：「寡君之無使❿也，使其三臣丙也、秫也、視也⓫於東邊候⓬晉⓭之道，過是，以迷惑陷入大國之地。」不敢固辭，再拜稽首⓮受之。三帥乃懼而謀曰：「我行數千里，數絕諸侯之地以襲人，未至而人已先知之矣，此其備必已盛矣。」還師去之。

【章　旨】言秦軍因受鄭國商人弦高犒師的迷惑而放棄襲鄭。

【注　釋】❶賈人　商人。❷弦高奚施　鄭國二商人姓名。❸市　貿易；買賣。❹矯　假託。❺寡君　對別國謙稱自己的國君。❻與　通「豫」。安樂（依高亨說）。❼罷弊　疲憊困倦。❽糗糧　乾糧。糗，炒熟的米麥。❾膳　用如動詞。作為膳食。❿無使　沒有合適的人選可以派遣。這是謙語。⓫丙也秫也視也　指秦軍的三個統帥，即白乙丙、西乞秫、孟明視。⓬候　探視。⓭晉　即晉國。字書無此字。據陳奇猷考訂，左「日」旁為邦國記號，此字專指晉國。⓮稽首　跪拜叩頭。

【語　譯】鄭國的商人弦高、奚施準備西行到周國去做買賣，半路上遇到了秦國的軍隊。弦高說：「啊，軍隊從那麼遠的地方來，必定是去襲擊鄭國的。」立刻讓奚施回去報告，自己就假託鄭伯的命令前去慰勞秦軍。弦高說：「我們國君早就聽說貴國大軍要來了，可一直沒有等到。國君和士卒私下裡都在為貴國大軍擔憂，幾乎每天都為此而快樂不起來，惟恐你們長途跋涉疲憊困倦，乾糧缺乏。等得實在太久了，於是便派我前來犒勞，送上玉璧，和獻給貴軍作膳食用的牛十二頭。」秦軍的三位統帥回答說：「我們國君沒有合適的使者可以派遣，權且派了我們白乙丙、西乞秫、孟明視三個臣子到東邊來探視和考察晉國的道路。由於迷路，走過了頭，誤入到貴國境內。」三人不敢堅持推辭，拜了又拜，叩頭於地，接受了犒勞的禮品。這時三位秦軍統帥便害怕地商量說：「我們行軍數千里，幾次通過其他諸侯國的領地來襲擊別人，可是我們還沒有到這個國家，人家卻早已知道了。這麼看來，他們的準備必定已經非常充分了。」於是便回師離開了鄭國。

〔五〕當是時也，晉文公適薨，未葬。先軫❶言於襄公❷，曰：「秦師不可不擊也，臣請擊之。」襄公曰：「先君薨，尸在堂，見秦師利而因擊之，無乃非為人子之道歟？」先軫曰：「不弔❸吾喪，不憂吾哀，是死吾君❹而弱其孤❺也。若是而擊，可大彊。臣請擊之。」襄公不得已而許之。先軫遏秦師於殽而擊之，大敗之，獲其三帥以歸。繆公聞之，素服❻廟臨❼，以說於眾曰：「天不為❽秦國，使寡人不用蹇叔之諫，以至於此患。」此繆公非欲敗於殽也，智不至也。智不至則不信❾。言之不信，師之不反也從此生，故不至之為害大矣。

【章旨】言秦軍於殽遭晉軍阻擊而全軍覆沒，繆公聞敗而哭告祖廟，深悔自己不聽蹇叔之諫。

【注釋】❶先軫　隨晉文公重耳出亡的五賢士之一，晉國執政大臣。❷襄公　晉襄公，姓姬名歡，晉文公之子，在位七年（西元前六二七～前六二一年）。❸弔　慰問喪家或遭遇不幸者。❹死吾君　背棄我們死去的君主。《左傳》杜預注「死君」為「背君」。❺弱其孤　欺侮先君留下的孤兒。❻素服　穿著喪服。❼廟臨　指到宗廟去哭告祖先。❽為　幫助。❾不信　指不聽信蹇叔的勸諫。

【語譯】在這個時候，晉文公恰巧去世，還沒有安葬。先軫對晉襄公說：「秦軍不可不阻擊。請允許讓我去阻擊它。」襄公說：「先王剛去世，屍體還在堂上，看到阻擊秦軍有利可圖就去阻擊它，恐怕不合為人之子的道義吧？」先軫說：「秦國不派人來弔唁我們的喪事，不對我們的哀痛表示憂傷，就是背棄先君，欺侮先君留下的孤兒。在這種情況下發起進擊，可以使晉國大大強盛。請允許我去阻擊它吧。」襄公不得已而准許了他。先軫帶領晉軍在殽山截住並攻擊秦師，把它打得大敗，俘獲了秦軍三個統帥，凱旋而歸。

秦繆公聽到前方兵敗的消息，穿著喪服到宗廟去哭告祖先，對著眾人說：「上天不佑助我們秦國，才使我沒有聽從蹇叔的勸諫，以致造成這樣的禍患。」這說明並不是繆公想在殽山被打敗，是因為他的智力達不到這一點。智力達不到就不可能聽從蹇叔的勸諫。蹇叔的勸諫沒有被聽從，就發生了在殽山全軍覆沒的悲劇。所以君主智力達不到的危害太大了。

樂成

【題解】本篇強調賢主忠臣應有遠見卓識，對認定為有利於治的善事須有堅持到底的決心和勇氣。文中處處把普通民眾的無知狀態作為對立面來論述，認為「民不可與慮化舉始，而可以樂成功」，並取句中「樂成」二字名篇。

篇中列舉的禹治水，孔子治魯，魏文侯以樂羊攻取中山，魏襄王以史起引漳灌鄴，都有一個曲折或反覆的過程。作者據以說明：大凡具有創始意義的事業，起初總會受到種種非議、責難，以至眾口呴呴，只有賢主的堅持，賢臣的戮力以赴，才能取得最終的成功。所以在事業的開創時期，君臣上下必須「皆壹於為，則無敗事矣」。篇末總結時指出，在呴呴然的非議面前，不同的君主會作出不同的抉擇：「中主以之呴呴也止善，賢主以之呴呴也立功。」所以如何對待呴呴然的非議的問題，「不可不味也」。

從群體的認識過程看，本篇確也從一個側面揭示了它的某些特徵。人們對事物的認識永遠會有先後、深淺等等無限差別。真理在開始時，往往並不掌握在多數人手上。這裡就有一個先知先覺與後知後覺的問題。但認定普通民眾一概無知，顯然有失偏頗。誠然處於全局地位會有利於識見的遠大，但先知先覺卻也並非聖王賢臣的專利品。在歷史上，民眾的集體智慧也是社會進步的重要動力。特別是那些智士能人，有時他們的遠見卓識更為達官顯貴難以企及。只是由於他們處於隱逸狀態，無法施展抱負，或雖有所作為卻難以見諸青史而已。

《韓非子・顯學》並記有禹治水而「民聚瓦石」，子產治鄭而「鄭人謗訾」事，認為「民智之不足用亦明矣」；《商君書・更法》在記述商鞅說秦孝公之言中亦有「民不可與慮始，可與樂成功」等，均與本篇論旨相類。

〔一〕五曰——

大智不形❶，大器晚成，大音希❷聲。禹之決❸江水也，民聚瓦礫❹。事已成，功已立，為萬世利。禹之所見者遠也，而民莫之知，故民不可與慮化舉始❺，而可以❻樂成功。

孔子始用於魯。魯人鷖誦❼之曰：「麛裘而韠❽，投之無戾❾；韠而麛裘，投之無郵❿。」用三年，男子行乎塗⓫右，女子行乎塗左，財物之遺者，民莫之舉⓬。大智之用，固難踰⓭也。子產⓮始治鄭，使田有封洫⓯，都鄙有服⓰。民相與誦⓱之曰：「我有田疇，而子產賦之⓲。我有衣冠，而子產貯之⓳。孰殺子產，吾其與⓴之。」後三年，民又誦之曰：「我有田疇，而子產殖㉑之。我有子弟，而子產誨之。子產若死，其使誰嗣㉒之？」使鄭簡㉓、魯哀㉔當民之誹訿㉕也而因弗遂用，則國必無功矣，子產、孔子必無能矣。非徒不能也，雖罪施㉖，於民可也。今世皆稱簡公、哀公為賢，稱子產、孔子為能，此二君者，達乎任人也。舟車之始見也，三世然後安㉗之。夫開善㉘豈易哉？故聽㉙無事治。事治之立也，人主賢也。

【章 旨】以夏禹治水、孔子治魯、子產治鄭為例，說明君主不可以與百姓共商創始，只可與之同享成功。

【注 釋】❶形 表現；顯現。❷希 通「稀」。❸決 疏導。❹聚瓦礫 堆集瓦片碎石。民眾不能理解禹治水之遠見卓識，故堆集瓦礫加以阻擋。❺慮化舉始 謀慮遠期規劃，開創重大事功。❻以 與。❼鷖誦 祕密私議。鷖，通「翳」。密。❽麛裘而韠 既穿常服麛裘，又著朝賀之韠服。古代麛裘與韠不能同時共服。此處當是譏孔子的不合時宜，並非真有其事。麛裘，小鹿皮縫製的裘衣。韠，朝賀之服。❾投之無戾 拋棄它不會有罪錯。戾，罪。❿郵 通「尤」。罪尤。⓫塗 道路。⓬舉拾取。⓭踰 通「喻」。曉喻。⓮子產 鄭國大夫，姓公孫，名僑。⓯封洫 田畝的封界和溝渠。⓰都鄙有服 古代貴族居都城，平民居四周邊遠之地；貴族穿著黼黻文章，平民只能穿布衣。因而「都」與「鄙」服式各不相同。但至春秋時，此制日廢，四鄙之民亦紛紛穿著黼黻文章。子產執政時重申此項禁令。⓱誦 諷。⓲子產賦之 子產在鄭國推行丘賦之法，每丘田除出馬一匹、牛三頭外，還要加收田賦。⓳子產貯之 由於子產重申四鄙之民不得穿著黼黻文章之禁，故鄙民原已製就的衣冠不得不收藏起來。⓴與 助。㉑殖 長。㉒嗣 續。㉓鄭簡 鄭簡公，姓姬，名嘉，在位三十七年（西元前五六五～前五二九年）。㉔魯哀 魯哀公，姓姬，名將，在位二十七年（西元前四九四～前四六八年）。據《史記・孔子世家》記載，孔子由大司寇行攝相事，當在魯定公十四年（西元前四九六年）。二年後，定公死，子將立，即為哀公。㉕訿 也作「訾」。毀謗。㉖罪施 施以罪罰。㉗安 習慣。㉘開善 指創業之始。㉙聽 指君主聽從民眾之言。

【語 譯】最大的智慧，並不顯示在外表；最能擔當大事業的人，成就往往較晚；最崇高的音樂，有時聽起來反而像是無聲。

當禹疏導江水的時候，民眾堆聚瓦片碎石來阻擋。後來大事告成，功業已立，卻給子孫萬代帶來好處。禹的目光那麼遠大，平民百姓沒有一個能夠看到這一點。所以不可以與尋常人等一起謀劃遠大的目標，共同興舉開創性的事業；只可以與他們共享成功後的歡樂。

孔子開始在魯國受到重用的時候，魯國的百姓私下裡怨憤地唱道：「穿著鹿裘，外加一件韠服，丟掉它不算罪惡；穿著韠服，外加一件鹿裘，拋棄它不算罪尤。」孔子被任用三年後，魯國的男子在道路右邊走，女子在道路的左邊走。路上即使有遺失的財物，也不會有誰去拾取。大智大慧的運用，原本很難為尋常人所知曉啊。

子產初治理鄭國時，下令田地築起疆界溝渠，都城、村邑各有法定服式。百姓便一起譏諷地唱道：「我們有田畝，子產要徵賦；我們有衣冠，子產命藏貯；誰要殺子產，我們願相助。」過了三年，人們又歌頌子產說：「我們有田畝，子產使增收；我們有子弟，子產來教授；子產倘若死，有誰能承續？」

設使鄭簡公、魯哀公面對民眾的毀謗非議，因而就不再任用子產與孔子，那麼國家必定不會有什麼成就，子產、孔子也必定無法施展才能了。不僅不能施展才能，即使治他們的罪，也會被當時民眾的議論所認可。如今世人都稱讚簡公、哀公的賢明，稱讚子產、孔子有才能，那是由於這二位君主懂得用人之道的緣故。舟車開始出現的時候，人們都很陌生，過了三代，才漸漸感到習慣。事業在開創的時候難道那麼容易嗎？所以如果聽信普通民眾的議論，那就沒有一件事情能辦好。事業的成功，全在君主的賢明啊。

〔二〕魏攻中山❶，樂羊❷將，已得中山，還反報文侯❸，有貴功❹之色。文侯知之，命主書❺曰：「群臣賓客所獻書者，操以進之。」主書舉兩篋❻以進。令將軍視之，書盡難❼攻中山之事也。將軍還走❽，北面再拜曰：「中山之舉，非臣之力，君之功也。」當此時也，論士❾殆❿之日幾⓫矣，中山之不取也，奚宜二篋哉？一寸⓬而亡矣。文侯賢主也，而猶若此，又況於中主邪？中主之患，不能勿為，而不可與莫為⓭。凡舉無易之事，氣志視聽動作無非是⓮者，人臣且孰敢以非是邪疑為哉？皆壹⓯於為，則無敗事矣。此湯、武之所以大立功於夏、商，而句踐之所以能報其讎也。以小弱皆壹於為而猶若此，又況於以彊大乎？

【章旨】以魏文侯不為眾議所動專一委信樂羊，終使樂羊攻中山取得全勝為例，說明如果君臣「皆壹於為，則無敗事矣」。

【注釋】❶中山　古國名。❷樂羊　魏人，為魏文侯將。❸文侯　即魏文侯。❹貴功　以功自矜。❺主書　主管文書的官吏。❻篋　小箱子。❼難　責難。❽還走　回身後退幾步。表示恭敬和惶恐。❾論士　指議論中山之不可取的人。即上文「群臣賓客」。❿殆　危害。⓫日幾　一天比一天接近。⓬一寸　指一寸之書。言其短而少。⓭不能勿為二句　既不能勸諫使其不為，又不能使之中途不發生變卦（依陶鴻慶說）。⓮是　正確。⓯壹　專一。

【語譯】魏國攻打中山國，由樂羊擔任將領。攻取了中山，樂羊回來向魏文侯稟報時，顯得有些誇耀自己戰功的神色。文侯察覺到了這一點，便命令主管文書的官吏說：「把當時群臣和賓客為攻打中山的事所獻的諫書，都拿來送上。」主管文書的官吏抬了二箱子文書進來，文侯就讓樂羊看這些諫書。樂羊一看，都是責難進攻中山的。立刻轉身後退幾步，恭敬地面北向文侯拜了再拜，說：「中山的攻取，不是靠臣的力量，是君上的大功啊。」就在樂羊攻打中山的時候，群臣賓客中反對這件事的議論，一天比一天嚴重了。假使文侯聽信這些議論，那麼不攻取中山，哪裡用得著二箱諫書，即使只寸書短簡，就足以使樂羊失去成功的機會了。文侯是賢明的君主，他的臣下尚且如此，何況是一般的君主呢？一般君主的禍患，是不能勸諫他不去做，又不能使他中途不發生變卦。大凡興舉艱難之事，君主的意氣心志、視聽行動，如果都無不以為這樣做是正確的，那為人臣的有誰還敢去非議和懷疑這件事呢？君臣都專心一致地做，就沒有做不成的事了。這就是湯武所以在滅夏滅商中大立功業，句踐所以能夠滅吳以報復其會稽之仇的原因。憑藉弱小的國力，由於君臣上下專心一致地去做，尚且能夠取得像他們那樣大的成功，又何況有強大的國力作依仗呢？

〔三〕魏襄王❶與群臣飲，酒酣，王為群臣祝，令群臣皆得志。史起❷與❸而對曰：「群臣或賢或不肖，賢者得志則可，不肖者得志則不可。」王曰：「皆如西門豹❹之為人臣也。」史起對曰：「魏氏之行田❺也以百畝，鄴❻獨二百畝，是田惡也。漳水在其旁而西門豹弗知用❼，是其愚也；知而弗言，是不忠也。愚與不忠，不可效也。」魏王無以應之。明日，召史起而問焉，曰：「漳水猶可以灌鄴田乎？」史起對曰：「可。」王曰：「子何不為寡人為之？」史起曰：「臣恐王之不能為也。」王曰：「子誠能為寡人為之，寡人盡聽子矣。」史起敬諾，言之於王曰：「臣為之，民必大怨臣。大者死，其次乃藉❽臣。臣雖死藉，願王之使他人遂之也。」王曰：「諾。」使之為鄴令。史起因往為之。鄴民大怨，欲藉史起。史起不敢出而避之。王乃使他人遂為之。水已行，民大得其利，相與歌之曰：「鄴有聖令❾，時❿為史公，決漳水，灌鄴旁，終古斥鹵⓫，生之稻粱。」使民知可與不可，則無所用矣。賢主忠臣，不能導愚教陋，則名不冠後、實⓬不及世矣。史起非不知化也，以忠於主也。魏襄王可謂能決善矣。誠能決善，眾雖諠譁而弗為變。功之難立也，其必由訩訩⓭邪。國之殘亡，亦猶⓮此也。故訩訩之中，不可不味⓯也。中主以之訩訩也止善，賢主以之訩訩也立功。

【章　旨】言由於魏襄王「誠能決善，眾雖諠譁而弗為變」，終使史起得以完成引漳灌鄴之功績。

【注　釋】❶魏襄王　姓畢，名嗣，魏惠王之子，在位十六年（西元前三三四～前三一九年）。❷史起　魏襄王之臣。❸興起。❹西門豹　姓西門，名豹，魏文侯時曾為鄴令。《史記・魏世家》稱：「西門豹守鄴，而河內稱治。」❺行田　經田，意為劃分土地疆界。據《周禮・地官・大司徒》，在井田制度下，「不易之地」每戶百畝；「一易之地」每戶二百畝。所謂不易之地，即不用休耕的、土質較優的土地；一易之地即需要休耕的次等地。下文稱「鄴獨二百畝」，說明鄴是要休耕的次等地。❻鄴　都邑名，魏文侯建都於此，今河北臨漳西南。西門豹、史起先後為鄴令，在此引漳水溉田。❼西門豹弗知用　此說與史書所載有異。如《史記・河渠書》、《後漢書・安帝紀》等均稱：西門豹引漳以溉鄴。❽藉　蹂躪。❾聖令　賢令。❿時　通「是」。⓫斥鹵　亦作「舄鹵」、「瀉鹵」。鹽鹼地。⓬實　實利。⓭喻喻　諠譁聲。⓮猶　由。⓯味　分辨其味稱味。引申為體察事理。

【語　譯】魏襄王與群臣在一起飲酒，喝得正興濃的時候，魏王為群臣祝酒，祝臣子們都能得志。史起站起來對答說：「群臣中有的賢明，有的不肖；賢明的人得志是可以的，不肖的人得志就不可以。」魏王說：「希望大家都像西門豹那樣當好臣子。」史起又對答說：「魏國分給農戶的田地，每戶都是一百畝，唯獨鄴地每戶分給二百畝，這是因為那裡的土質不好。漳水就在鄴的旁邊，西門豹卻不知利用，這說明他太愚蠢；如果知道可以利用漳水而不稟報，那是不忠心。愚蠢與不忠心，不可以效法。」魏襄王一時無話應答。第二天，襄王召見史起，問他：「漳水還可以灌溉鄴的農田嗎？」史起回答說：「可以。」魏王說：「那您何不替我去辦好這件事？」史起說：「我擔心的是大王不能辦。」襄王說：「您如果真的能替我去辦這件事，我全都聽您的。」史起恭敬地表示遵命，並對襄王說：「我去辦這件事，那裡的百姓一定非常怨恨我，重則會被殺死，輕一點亦要陵辱我。即使我或者被殺死，或者遭陵辱，希望大王要再派其他人去繼續完成這件事。」襄王說：「可以。」於是任命史起為鄴令，史起因而就去鄴地開始了引漳工程。鄴地百姓果然大為怨恨，要陵辱史起。史起不敢露面，只好躲了起來。襄王就再派其他人去完成了這項工程。漳水已被引來灌溉鄴田，百姓大得水利的好處，一起歌頌道：「鄴地有賢令，便是我史公。引漳水，灌鄴田，萬年鹽鹼地，長出好稻穀。」

如果百姓能一開始便知道什麼事可以做成，什麼事做不成，那麼賢主與忠臣就沒有任何作用了。賢主與忠臣如果不能開導教化愚蠢鄙陋的百姓，那麼他們的名聲就不能傳之於後世，他們的政績也不能有利於當代了。史起並非不懂得事物發展變化的趨勢，明知引漳工程的進行將會引起民眾對自己的怨恨卻還是那樣做，他是為了忠於君主啊。魏襄王真可稱得上能對善事作出決斷的了。如果真能對善事作出決斷，即使眾人紛紛非議，也不會變更初衷。功業之所以難於建立，大概一定是由於眾人吵吵嚷嚷的反對吧，國家的殘破滅亡也是由於這個原因啊。因此在吵吵嚷嚷的聲浪中，不可不對其中的道理仔細的體察。一般的君主往往就為這吵吵嚷嚷的聲浪中止了那些本該堅持的善事，賢明的君主卻就在這吵吵嚷嚷的聲浪中建立了功業。

察微

【題解】〈察微〉論對事物的觀察必須精細。文章指出：「治亂存亡，其始若秋毫。」因而要見微知著，做到像孔子那樣：「見之以細，觀化遠也。」從這個意義上說，本篇可說是〈樂成〉的續篇。〈樂成〉論君主與賢者的「慮化舉始」，從正面論述建功立業；〈察微〉則從反面談治國須審察亂亡之端倪，闡釋風「起於青萍之末」（宋玉〈風賦〉）的道理。

篇中所舉三個實例多為反證。楚國由於對吳楚邊境細事處理不善，竟至引起兩國間大規模的戰事；宋國華元由於臨戰前宴享士卒忘了御者羊斟，造成宋師敗績，自身被俘；魯昭公由於盛怒之下攻打因鬥雞引起糾紛雙方中的一方季氏，致使三季聯合起來反對公室，最後不得不出奔他國。正如篇中所作的比喻那樣：「弩機差以米則不發。」這些實例都是始則差之毫釐而終則差之千里的。

魯昭公在認識上還有一個教訓是「不達乎人心」。作為君主而不通達人情世故，不瞭解人心所向，那麼「位雖尊，何益於安也」。上篇〈樂成〉強調似乎只有在上位者才能「慮化舉始」，此處則認為位尊並非就一定會有智慧，如魯昭公的權衡事物竟是「若此其過也」。這可說是對上篇的一個補充。

〔一〕六曰——

使治亂存亡若高山之與深谿❶，若白堊❷之與黑漆，則無所用智，雖愚猶可矣。且❸治亂存亡則不然，如可知、如可不知，如可見、如可不見。故智士賢者相與積心愁慮❹以求之，猶尚有管叔、蔡叔之事❺與東夷八國不聽之謀❻。故治亂存亡，其始若秋毫❼。察其秋毫，則大物不過❽矣。

【章旨】為全篇破題：對國家的治亂存亡，必須察微而知著。

【注釋】❶谿 谷。乾谷稱谿。❷白堊 白色的土。❸且 而。❹愁慮 聚慮。愁，通「揫」。聚。❺管叔蔡叔之事 管叔，姓姬名鮮；蔡叔，姓姬名度，都是周公的兄弟。成王年幼，周公攝政時，管叔、蔡叔挾武庚以作亂，後為周公所平定。❻東夷八國不聽之謀 東夷八國，附從管叔、蔡叔，不聽王命，乘機作亂。東夷八國，見於記載的有蒲牯、商、奄、蓋、九夷、淮夷等。❼秋毫 鳥獸在秋天新長出的細毛。喻微末細小之物。❽過 失。

【語譯】假如國家的治與亂、存與亡的區別，像高山與深谷，像白泥與黑漆那樣明顯，那就沒有必要運用智慧，即使一個蠢人也可以看得清楚了。然而治與亂、存與亡並不是這樣。它們好像可以知道，好像又無法知道；好像可以看得清楚，好像又根本無法看清楚。為此，智士賢人一齊處心積慮地在探求治亂存亡的徵兆。儘管如此，尚且發生了管叔、蔡叔的叛亂，東夷八國拒不聽從王命的陰謀。所以治亂和存亡，在開始時就像秋毫那樣纖細微末。要是能夠明察秋毫，那麼一旦大事來臨就不會出現過失了。

〔二〕魯國之法，魯人為人臣妾❶於諸侯、有能贖之者，取其金於府❷。子貢❸贖魯人於諸侯，來而讓❹不取其金。孔子曰：「賜失之矣。自今以往，魯人不贖人矣。取其金則無損於行❺，不取其金則不復贖人矣。」子路❻拯溺者，其人拜❼之以牛，子路受之。孔子曰：「魯人必拯溺者矣。」孔子見之以細，觀化遠也。

【章旨】以子路、子貢兩個實例說明，孔子能「見之以細，觀化遠也」。

【注釋】❶臣妾　臣，男僕。妾，女僕。❷府　指公家貯藏錢財的府庫。❸子貢　孔子弟子，姓端木名賜，字子貢。❹讓　謙讓；辭謝。❺行　指德行。❻子路　孔子弟子，名仲由。❼拜　謝。

【語譯】魯國的法令規定，凡魯國人在其他諸侯國淪為奴僕的，只要能夠把他們贖回來，贖金可以在國家府庫中支取。子貢從其他諸侯國贖出了在那裡淪為奴僕的魯國人，回來後卻出於謙讓而不去向公家支取贖金。孔子說：「端木賜這件事是做錯了。從今以後，魯國不會再有人去贖回在別的諸侯國淪為奴僕的本國人了。其實，支取這些人的贖金並不有損於自己德行，而不領取這筆贖金，就不會再有人去贖魯國人了。」子路救了一個溺水的人，這個人送了牛來拜謝他。子路收下了他的牛。孔子說：「魯國人從此必然會拯救溺水的人了。」孔子能從細微之處，觀察到事物在今後發展變化的深遠影響。

〔三〕楚之邊邑曰卑梁❶，其處女與吳之邊邑處女桑❷於境上，戲而傷卑梁之處女。卑梁人操其傷子❸以讓❹吳人，吳人應之不恭，怒殺而去之。吳人往報之，盡屠其家。卑梁公❺怒，曰：「吳人焉敢攻吾邑？」舉兵反攻之，老弱盡殺之矣。吳王夷昧❻聞之怒，使人舉兵侵楚之邊邑，克夷❼而後去之。吳、楚以此大隆❽。吳公子光❾又率師與楚人戰於雞父❿，大敗楚人，獲其帥潘子臣、小惟子、陳夏齧⓫，又反⓬伐郢⓭，得荊平王之夫人以歸，實為雞父之戰。凡持國，太上知始，其次知終，其次知中。三者不能，國必危，身必窮。《孝經》⓮曰：「高而不危，所以長守貴也；滿而不溢，所以長守富也。富貴不離其身，然後能保其社稷，而和其民人。」楚不能之也。

【章旨】由吳楚邊境因採桑女間的細小糾紛，最後竟導致兩國大動干戈，從反面說明察微以知著的重要。

【注釋】❶卑梁　楚邊境城邑名。❷桑　用如動詞，採桑。❸傷子　指受傷的採桑女子。古代少男少女皆可稱子。❹讓　責備。❺卑梁公　卑梁邑的守邑大夫。楚僭稱王，故其守邑大夫也隨之僭稱公。❻吳王夷昧　吳王壽夢第三子，在位四年（西元前五三〇～前五二七年）。❼克夷　克，殺戮。夷，毀壞。❽隆　通「閧」。以兵相鬥（依孫詒讓說）。❾公子光　吳王諸樊之子，後殺吳王僚即位，為吳王闔廬。❿雞父　古地名，在今河南固始東南。吳楚雞父之戰《左傳》繫於昭公二十三年（西元前五一九年）。⓫潘子臣小惟子陳夏齧　三人都是楚國大夫。據《左傳》記載，三人被俘非為同時。陳夏齧是魯昭公二十三年雞父之戰時被俘；潘子臣、小惟子則是魯定公六年（西元前五〇四年），吳太子終纍敗楚舟師時被俘。⓬反　復。⓭郢　楚國國都，今湖北江陵西北。但據《左傳》記載，魯昭公二十三年，吳「入鄍，取楚夫人（即荊平王之夫人——引者）與其寶器」，則「郢」當係「鄍」之誤。鄍，春秋時蔡邑，常受楚侵擾。其地在今河南新蔡境。⓮孝經　儒家經典之一，為孔門後學作。此處所引見《孝經‧諸侯章》。

【語譯】在楚國的邊境上有個城邑叫卑梁，這裡的女子與吳國邊境城邑的女子常常在一起採摘桑葉。一次嬉戲時，吳國的女子誤傷了卑梁的一個女子。卑梁人帶著那個受傷的女子去責備吳國人。吳國人應答的態度不恭敬，卑梁人一時怒起，殺了吳國的人一走了之。吳國人就去報復，把卑梁那一家人全都殺盡。卑梁邑的大夫發怒說：「吳國人怎麼竟敢攻打我們的城邑！」就發兵大舉反攻吳國邊境城邑，連年老的、弱小的也全都殺了。吳王夷昧聽到這一事件後，大為震怒，立即派人帶兵進攻楚國的邊境城邑，殺戮居民，毀壞城邑，然後離去。吳、楚二國就這樣開始了大規模的爭戰。吳公子光又親自率領軍隊，在雞父與楚國交戰，大敗楚軍，俘獲了楚國的統帥潘子臣、小惟子和陳夏齧。進而又討伐楚國的都城郢，還俘獲了楚平王的夫人帶回吳國，這實際上是雞父之戰的繼續。大凡要守持國家，上策是當事變發生時，就能洞察它；其次是在事變發生後，能預見到它的結局；再次是隨著事變的發展，能及時瞭解它。如果做不到這三點，那麼他的國家必然遇到危險，君主自身必然遭受困阨。《孝經》上說：「居高位而不傾危，因而能長期保持尊貴；聚滿財而不外溢，因而能長期保持富裕；富與貴不離自身，然後才能保全他的國家，並使百姓安寧而和樂。」楚國就不能做到這一點。

〔四〕鄭公子歸生❶率師伐宋。宋華元❷率師應之大棘❸，羊斟❹御。明日將戰，華元殺羊饗士，羊斟不與❺焉。明日戰，怒謂華元曰：「昨日之事，子為制❻，今日之事，我為制。」遂驅入於鄭師。宋師敗績，華元虜❼。夫弩機❽差以米❾則不發。戰，大機也。饗士而忘其御也，將以此敗而為虜，豈不宜哉？故凡戰必悉熟偏備❿，知彼知己，然後可也。

【章旨】以宋大夫華元因饗士不及御者，而導致宋師敗績自身被俘，說明戰爭猶若弩機，絲毫差錯不得。

【注釋】❶歸生　春秋時鄭國大夫。❷華元　宋國大夫，歷事昭公、文公、共公、平公。❸大棘　宋國城邑，在今河南柘城西北。大棘之役，《左傳》繫於魯宣公二年（西元前六〇七年）。《史記》〈宋微子世家〉、〈鄭世家〉皆記其事。❹羊斟　宋人，華元的御者。❺與　及。❻制　控制；掌握。❼虜　被俘。❽弩機　弩上發箭的裝置。❾米　指一粒米的長度。❿悉熟偏備　必須熟悉全部情況，做好全面準備。偏，通「徧」。

【語譯】鄭公子歸生率領軍隊攻伐宋國。宋國的華元率領軍隊在大棘應戰，羊斟給他當馭手。開戰前一天，華元殺了羊宴享將士，羊斟卻不在宴享之列。第二天作戰時，羊斟憤怒地對華元說：「昨天宴享的事，你作主；今天駕車的事，要由我作主！」於是便趕著華元的乘車，一直衝到鄭軍的兵陣裡。這一戰役，宋國的軍隊大敗，華元做了俘虜。以弩為喻，弩上的機栝長度只要相差一粒米，箭就發射不出去。戰爭就是一張大弩。華元宴享將士而忘了自己的御者，因此而戰敗被俘，難道還不應該嗎？所以凡是指揮戰爭，必須熟悉全部情況，做好全面準備，知己知彼，然後才可以開戰。

〔五〕魯季氏❶與郈氏❷鬥雞。郈氏介❸其雞，季氏為之金距❹。季氏之雞不勝。季平子怒，因歸❺郈氏之宮而益其宅。郈昭伯怒，傷❻之於昭公❼曰：「禘❽於襄公❾之廟也，舞者二人❿而已，其餘盡舞於季氏。季氏之舞道⓫，無上⓬久矣，弗誅必危社稷。」公怒不審，乃使郈昭伯將師徒以攻季氏，遂入其宮。仲孫氏、叔孫氏⓭相與謀曰：「無季氏，則吾族也死亡無日矣。」遂起甲⓮以往，陷西北隅⓯以入之，三家為一，郈昭伯不勝而死。昭公懼，遂出奔齊，卒於乾侯⓰。魯昭聽傷而不辯⓱其義，懼以魯國不勝季氏，而不知仲、叔氏之恐而與季氏同患也，是不達乎人心也。不達乎人心，位雖尊，何益於安也？以魯國恐不勝一季氏，況於三季？同惡⓲固相助。權⓳物若此其過⓴也。非獨仲、叔氏也，魯國皆恐。魯國皆恐，則是與一國為敵也，其得至乾侯而卒猶遠㉑。

【章旨】記述魯昭公憑一時之怒而興兵攻伐因鬥雞小事引起衝突的一方季氏，終於導致三季聯合反抗，最後不得不出奔齊國；由此得出教訓：權衡事物必須「達乎人心」。

【注釋】❶季氏　即季孫氏，魯國最有權勢的宗室貴族。此處指後文之季平子。❷郈氏　即指後文郈昭伯，魯孝公子。季氏與郈氏鬥雞事，《左傳》繫於魯昭公二十五年（西元前五一七年）。❸介　甲。用如動詞。披上甲。❹金距　金屬的爪。距，雞爪。❺歸　當為「侵」（依孫蜀丞說）。❻傷　詆毀。❼昭公　魯昭公，名稠，為季武子所擁立，在位三十二年（西元前五四一～前五一〇年）。❽禘　古代祭奠天子的大祭。❾襄公　魯襄公，名午，在位三十一年（西元前五七二～前五四二年）。❿舞者二人　當係「舞者二八」之誤（依畢沅說）。古代禮制規定：天子八佾，諸侯六佾，大夫四佾。魯為諸侯，當有六佾，今存二佾，餘四佾為季氏佔有。《論語．八佾》稱季氏「八佾舞于庭」。佾，八人一行而舞，謂之佾。⓫舞道　舞蹈的規則或規範。⓬無上　目無君主。⓭仲孫氏叔孫氏　都是魯國的宗室貴族，與上文季孫氏一起，合稱「三季」或「三家」（見後文）。魯莊公有三弟，長為莊父，其後即仲孫氏；次為叔牙，其後即叔孫氏；再次為季友，其後即季孫氏。魯莊公死後，魯國政權實際上已為三季所掌握，連魯國國君也要由三季擁立。⓮起甲　發兵。⓯隅　牆角。⓰乾侯　晉國城邑，在今河北安成東南。魯昭公先奔齊，後如晉，被安置在乾侯。⓱辯　通「辨」。辨別。⓲同惡　指三季氏都厭惡昭公。⓳權　衡量。⓴過　失。㉑猶遠　猶幸其遠。指魯昭公不被殺於國內，能過了七年而遠死於乾侯，還算是幸運的。

【語譯】魯國的季氏與郈氏在一起鬥雞。郈氏給雞身披上介甲，季氏給雞爪套上銅距，結果季氏的雞沒有鬥勝。季氏很生氣，於是就侵佔郈氏的宮室來擴展自己的住宅。郈昭伯十分惱怒，在昭公面前詆毀季氏說：「在襄公寢廟舉行大祭時，樂舞只有二佾，十六個人；其餘四佾，三十二人，全都去了季氏那裡。季氏家廟樂舞人數超過規定。他這樣目無君上已經有很長時間了，不誅滅他們，將來必定危害國家。」魯昭公在盛怒的情況之下，沒有精審思考就派郈昭伯率領軍隊去攻打季氏，攻入了季氏的內庭。仲孫氏與叔孫氏一起謀劃說：「如果季氏不存在的話，那麼我們家族離開滅亡也就沒有多少日子了。」於是發兵前往救助，攻破了被圍的季氏院牆西北角衝了進去，三家兵合到一起，郈昭伯戰敗被殺。魯昭公害怕了，於是出奔齊國，最後死於晉國的城邑乾侯。魯昭公聽信中傷的話，不分辨是否合乎道理和實際情況，他只害怕魯國不能勝過季氏，卻不知道攻打季氏之舉會引起仲孫氏、叔孫氏的恐懼，因為他們二家與季氏是患難與共的呀。這是魯昭公不通達人心傾向的結果。不通達人心傾向，地位即使尊貴，對安定又有什麼益處呢？憑魯國的國力連一個季氏還擔心不能勝過，更何況三個季氏聯合在一起呢？他們共同厭惡魯昭公，必然會互相救助。魯昭公衡量事物的錯誤竟然達到了如此程度。其實，攻打季氏之舉不僅仲孫氏、叔孫氏害怕，整個魯國也都由此引起了恐懼。既然整個國家都引起恐懼，那就是與全國為敵。他最後能夠到乾侯去壽終，還算活得久的呢。

去宥

【題 解】本篇與前〈去尤〉篇主旨相同，都是闡明認識事物必須去除牽累、拘宥的道理。人的認識如果受到外物或私欲所帶來的偏見的局限，那麼嚴重的就會弄到「以晝為昏，以白為黑，以堯為桀」那樣一種是非完全顛倒的地步。

〈去尤〉用一組寓言說明認識事物切忌三條：先入之見、人云亦云和介入個人愛憎因素。本篇所論對此有所補充和發展。楚威王學書一例，是對不應有個人愛憎因素介入的補充。威王向賢士沈尹華學書，身旁侍從受人指使向威王進讒說：「國人皆曰：王乃沈尹華之弟子也。」這本屬無中生有，但因正好擊中威王妄自尊大的弱點，一聽便「不悅」。這一「不悅」，便再也無法正確判斷是非，結果是「因疏沈尹華」。謝子見秦惠王、鄰人有枯梧樹者二例，可以歸結為一條：事物之間的聯繫是有條件的，不可把並不存在聯繫的兩件事硬牽扯到一起。二例之一的秦惠王，卻把謝子進言善或不善，與其言是否取悅少主這互不相干的兩件事混為一談，因而失去了一次聽善言的機會，也失去了一位賢士。

〈去尤〉中有一個著名的寓言：「人有亡鈇者」；本篇也有一個著名的寓言：「齊人有欲得金者」。這個心志全為私欲所制的人，竟在大庭廣眾前一把搶了人家手裡的金子就跑，吏役捉住了他問他為什麼會這樣，他的回答是：「殊不見人，徒見金耳。」譏諷是辛辣的，寓意是深刻的。作者得出結論說：所以人的認識只有擺脫「宥」，才能談得上「知」。

〔一〕七曰——

東方之墨者謝子❶將西見秦惠王❷。惠王問秦之墨者唐姑果❸。唐姑果恐王之親❹謝子賢於己也，對曰：「謝子，東方之辯士也，其為人甚險，將奮於說❺以取少主❻也。」王因藏怒以待之。謝子至，說王，王弗聽。謝子不說，遂辭而行。凡聽言，以求善也。所言苟善，雖奮於取少主，何損？所言不善，雖不奮於取少主，何益？不以善為❼之愨❽，而徒以取少主為之悖，惠王失所以為聽矣。用志若是，見客雖勞，耳目雖弊❾，猶不得所謂❿也。此史定⓫所以得行其邪也，此史定所以得飾鬼以人，罪殺不辜，群臣擾亂，國幾大危也。人之老也，形益衰，而智益盛。今惠王之老也，形與智皆衰邪！

【章旨】言秦惠王宥於唐姑果之言而失聽於謝子。

【注釋】❶謝子　姓謝，子為尊稱。謝子見秦惠王事，又見《淮南子・脩務》、《說苑・雜言》。〈雜言〉作「祁射子」。❷秦惠王　名駟，繼秦孝公即位，在位二十七年（西元前三三七～前三一一年）。❸唐姑果　人名，秦國的墨家學者。❹親　舊校作「視」，可從。❺奮於說　竭力遊說。❻取少主　取得少主歡心。少主，指惠王太子。❼為　通「謂」。下句中「為」同。❽愨　誠實可信。❾弊　疲困。❿所謂　指傾聽臣下進言或言談的目的。謂，通「為」。⓫史定　高誘注為秦史官。

【語譯】東方的墨家學者謝子，將要到西方去見秦惠王。秦惠王向秦國的墨者唐姑果詢問謝子的情況。唐姑果擔心惠王看到謝子後覺得謝子的賢明要超過他，便回答說：「謝子是東方有名的辯士，為人很險惡。這次來將會竭力遊說，以取得太子的歡心。」惠王聽信了這話，懷著怒氣等待著謝子的到來。謝子到了秦國，向秦惠王進說，惠王根本不聽他的意見。謝子為此很不高興，便告辭走了。大凡君主聽人言談都是為了求得好的意見。如果所說的意見是好的，即使真的竭力想博得少主的歡心，又有什麼損害呢？如果所說的意見是不好的，雖然不想竭力贏得少主歡心，又有什麼好處呢？不因對方意見的合理而認為誠實可信，而僅僅因為據說有取悅少主的用心，便斷定其悖逆無理，那麼惠王便失去當初所以要傾聽意見的本意了。像這樣的運用心思，即使接見賓客很辛勞，即使耳聽目視很疲憊，仍然不可能達到傾聽進言所應有的目的。這就是像史定那樣的人所以能夠施行其邪惡之事的原因啊。這就是史定所以能把鬼裝扮成人，加罪和枉殺無辜的好人，以致引起群臣騷亂，國家幾乎危亡的原因啊。通常，人到了老年，體力日益衰弱，智慧反而越來越旺盛。但前面的事說明，如今惠王的老年，體力和智力卻是都衰弱了啊。

〔二〕荊威王❶學書❷於沈尹華❸，昭釐❹惡之，威王好制❺。有中謝❻佐制者，為昭釐謂威王曰：「國人皆曰：王乃沈尹華之弟子也。」王不悅，因疏沈尹華。中謝，細人❼也，一言而令威王不聞先王之術，文學之士不得進，令昭釐得行其私。故細人之言，不可不察也。且數怒❽人主，以為姦人除路❾；姦路已除而惡壅卻❿，豈不難哉？夫激矢則遠⓫，激水則旱⓬，激主則悖，悖則無君子矣。夫不可激者，其唯先有度⓭。

【章　旨】以楚威王因被細人讒言激怒而疏遠賢士沈尹華為例，說明君主欲察讒言，須心中先有「度」。

【注　釋】❶荊威王　即楚威王，姓熊，名威，在位十一年（西元前三三九～前三二九年）。❷書　記述先王政治之術的文獻典籍。❸沈尹華　楚威王主文學之臣。❹昭釐　楚威王之權臣。❺制　術數。❻中謝　宮廷侍御之官職。他書一作「中射士」。❼細人　小人。此處指地位卑微的人。❽怒　激之使怒。❾為姦人除路　為奸人清掃仕進之路。❿壅卻　阻塞。⓫激

矢則遠　奮力拉弓向後引箭，這樣箭就射得遠。⑫激水則旱　水流經阻遏，水勢會更凶猛異常。旱，通「悍」。凶猛。⑬度量度。指不為私欲所蔽的客觀是非標準。

【語譯】楚威王向沈尹華學習先王的文獻典籍，昭釐對沈尹華非常忌恨。威王愛好術數，有個佐助威王玩弄術數的中謝侍御官，替昭釐去對威王說：「國人都在說：大王是沈尹華的學生呢。」威王聽了很不高興，因而疏遠了沈尹華。中謝，只是一個地位卑微的小人。他的一句話就使得威王不能傾聽先王治國之道，精通典籍的文學之士得不到進用，卻讓昭釐這樣的人得以實現其私心。所以，君主對身邊侍候自己的小人的話，不可不加以細察。他們會一次又一次地激怒君王，藉此為奸佞掃清仕進之路。奸人仕進之路既已掃清，卻又厭惡君主視聽的被阻塞，那豈不是太困難了嗎？在弓弦上奮力向後引箭，箭就會射得更遠；在激流裡阻遏水流行進，水勢會更加洶湧。同樣的，一次次地激怒君主，君主就會變得悖謬。悖謬的君主，就沒有賢士願意去做他的輔佐了。大概不會被小人激怒的，只有那些胸中早有度量是非標準的君主吧？

〔三〕鄰父❶有與人鄰者，有枯梧樹。其鄰之父❷言梧樹之不善❸也，鄰人遽❹伐之。鄰父因請而以為薪。其人不說曰：「鄰者若此其險也，豈可為之鄰哉？」此有所宥❺也。夫請以為薪與弗請，此不可以疑枯梧樹之善與不善也。齊人有欲得金者，清旦，被❻衣冠，往鬻❼金者之所，見人操金，攫而奪之。吏搏而束縛之，問曰：「人皆在焉，子攫人之金，何故？」對吏曰：「殊❽不見人，徒見金耳。」此真大有所宥也。夫人有所宥者，固以晝為昏，以白為黑，以堯為桀，宥之為敗亦大矣。亡國之主，其皆甚有所宥邪？故凡人必別❾宥然後知，別宥則能全其天⑩矣。

【章 旨】以鄰父之言樹不善、齊人之欲得金二則寓言，演說「宥」之為害，只有擺脫「宥」然後才能「知」。

【注 釋】❶鄰父 此二字疑因涉下文而衍。❷父 古代對長者的尊稱。❸不善 《列子・說符》作「不祥」。❹遽 急速。❺宥 同「囿」。❻被 披；穿戴。❼鬻 賣。❽殊 很；極。此處有「根本」之意。❾別 決裂；不要。❿全其天 善其身。

【語 譯】有個與他人為鄰的人，庭院中有棵枯萎的梧桐樹。與他為鄰的一位老者說這棵梧桐樹不吉祥，他立即把這棵枯萎的梧桐樹砍倒了。那鄰家的長者因而來請求把這棵砍伐下來的枯樹給他當柴燒。這人很不高興地說：「這個鄰居竟然如此奸險，這樣的人怎麼可以與他為鄰呢？」這就是有所拘囿的一個例子。請求或者不請求把枯梧桐樹給他作柴燒，這不可以用來作為懷疑此梧桐樹吉祥或是不吉祥這種說法的依據，這完全是兩回事啊。

齊國有個一心想得到金子的人，大清早起身，穿戴好衣冠，來到買賣金子的場所。他一看到人家手中拿著金子，便一把搶了過來。吏役捉住了他並把他綑了起來，問他：「這麼多人都在場，你公然搶別人的金子，這是為什麼？」他回答吏役說：「我根本沒有看到人，只看到金子罷了。」這更是拘囿到極點的典型例子。

有所拘囿的人，必然會把白天當作黃昏，把白色當作黑色，把堯當作桀。拘囿所帶來的危害也實在太大了。亡國的君主，大概都是受偏見拘囿很嚴重的吧？所以一切人都必須擺脫拘囿才能真正知道事物的本質；亦只有擺脫拘囿，才能保全自身。

正名

【題解】本篇論述名與實的關係，力主名實相符。作者為文目的很明確：正名為了治國。因而篇中所謂的名，是指與國家治亂存亡密切相關的一些基本概念，諸如賢與不肖，善與邪辟，是與非，可與悖逆等。如果這些名實不當，那就國必亂，身必危。文中的齊湣王便是只知士之名不知士之實的一個君主，所以他「任卓齒而信公玉丹」，等於自找仇敵，終致奔穀亡衛，身殘國亡。

本篇中所舉的尹文與齊湣王的對話，討論的實際上是士這個概念的內涵與外延的邏輯關係。從正名到探討名自身的指稱，這是一個進步。在對話中，尹文提出四種品行，作為士這個概念的內涵，即「事親則孝，事君則忠，交友則信，居鄉則悌」；它的外延，依尹文的理解，只要具備這四種品行的人，都可以稱為士。其中，既包括本篇中尹文所說的「深見侮而不鬥」者，也包括前〈忠廉〉篇的「士議之不可辱者」，他們都沒有背棄作為士這個概念內涵的四種品行。齊湣王既認可四種品行作為士的內涵，卻又排斥「深見侮而不鬥」者作為士，這就陷入了自相矛盾的境地，因而被尹文譏為「此無罪而王罰之也」。

本篇尹文與齊湣王的對話，取自《公孫龍子・跡府》，亦見於《孔叢子・公孫龍》。篇中引此，當是為了論證名實不符所造成的危害，似乎並非贊同尹文「深見侮而不鬥」的觀點。《莊子・天下》把尹文與宋鈃併為一派，稱他們「見侮不辱，救民之鬥；禁攻寢兵，救世之戰」。對這主張，本書多持否定態度。除〈振亂〉、〈禁塞〉等篇專非「禁攻寢兵」之說以外，在〈忠廉〉、〈當務〉、〈士節〉、〈介立〉、〈不侵〉和〈士容〉諸篇中，一再倡說的是士須有寧死不屈的節操。

正名問題，是我國古代長期爭論的一個重要哲學命題。正名之說，最先由孔子提出（《論語・子路》：「必也正名乎。」），目的也是為了治國，即所謂「正名以正政」，但出發點與本書有所不同。孔子主張以周禮為尺度糾正與名不符的社會制度，本書作者則提出要「按其實而審其名」（後〈審分〉三章）。

〔一〕八曰——

名正❶則治，名喪❷則亂。使名喪者，淫說❸也。說淫❹則可不可而然不然，是不是而非不非。故君子之說也，足以言賢者之實、不肖者之充❺而已矣，足以喻治之所悖❻、亂之所由起而已矣，足以知物之情、人之所獲以生而已矣。

【章旨】言名實相當則國治，相悖則國亂；所以君子向君主進說務求名實相當。

【注釋】❶名正　名實相當。❷名喪　名實不相當；名分不正。❸淫說　邪說。淫，邪惡。❹說淫　邪說流行。淫有流行之意。❺充　冒充。❻悖　通「勃」。興盛。

【語譯】名實相當，那麼國家就安定。名實失當，那麼國家就混亂。使名實失當的，就是邪說。邪說一旦流行，那麼就會把不可說成可，把不然說成然，把不是說成是，把不非說成非。所以君子進說的言辭，只要足以說明賢人的實績、不肖之徒的假冒就可以了；足以說出治世之所以興盛、亂世之所由引起就可以了；足以使人知道萬物之真情、人們藉以生存發展的原因就可以了。

〔二〕凡亂者，刑❶名不當也。人主雖不肖，猶若❷用賢，猶若聽善，猶若為可者。其患在乎所謂賢，從❸不肖也，所為❹善，而從邪辟❺，所謂可，從悖逆也，是刑名異充❻而聲實異謂❼也。夫賢不肖、善邪辟、可悖逆，國不亂、身不危奚待也？

【章　旨】言國亂身危是由於名實不相當造成的。

【注　釋】❶刑　通「形」。實。❷猶若　猶然。❸從　當為「徒」（依王念孫說）。徒，但；只。下二句中「從」同。❹為　通「謂」。❺而從邪辟　按上下句例，此句中「而」字疑衍，末尾脫「也」，當為「從邪辟也」（依范耕研說）。❻刑名異充　形與名不相當。充，充當。❼聲實異謂　指稱謂與實際不一致。

【語　譯】大凡國家動亂，總是由於名實不相當。國君即使不肖，還是想任用賢士，還是希望傾聽善言，還是想做合理的事的。他們的禍患，在於他們所認為的賢人，實際上只不過是不肖之人；他們所認為的善言，實際上只不過是邪辟之言；他們所認為的合理之事，實際上卻是悖逆之事。這就是形名失當、稱謂與實際不符啊。像這樣把不肖視為賢明，把邪辟視為善良，把悖逆視為合理，而想要國家不混亂，君王自身不受危害，怎麼可能呢？

〔三〕齊湣王❶是以❷知說士，而不知所謂士也。故尹文❸問其故❹，而王無以應。此公玉丹❺之所以見信而卓齒❻之所以見任也。任卓齒而信公玉丹，豈非以自讎❼邪？

【章　旨】言齊湣王只知好士而不知何謂士，所以自己把仇敵招到身邊。

【注　釋】❶齊湣王　齊宣王子，名地，在位四十年（西元前三二三～前二八四年）。❷是以　就是這樣。即指上章所謂「賢不肖」、「善邪辟」、「可悖逆」。❸尹文　戰國齊宣王時人，與宋銒同為稷下學者。高誘注其作〈名書〉一篇。今傳《尹文子》為後人偽託之作。❹問其故　指問其何謂士。事詳下章。❺公玉丹　齊湣王寵臣。❻卓齒　楚國人，齊湣王臣。湣王兵敗奔莒，卓齒殺湣王於鼓里，事見《戰國策・齊策》。❼自讎　意謂自己給自己設置仇敵。讎，樹立仇敵。齊湣王寵信公玉丹、卓齒，終為其害，故稱「自讎」。

【語譯】齊湣王就是上面說的那樣。他只知道君主應當喜好士，但不知道什麼樣的人是真正的士。因此，尹文問他什麼樣的人才可以算士，湣王就無法應答。這就是公玉丹所以受到寵信，卓齒所以被重用的原因啊。重用卓齒和寵信公玉丹這樣的人，難道不等於自己在身邊樹立仇敵嗎？

〔四〕尹文見齊王。齊王謂尹文曰：「寡人甚好士。」尹文曰：「願聞何謂士？」王未有以應。尹文曰：「今有人於此，事親則孝，事君則忠，交友則信，居鄉則悌❶，有此四行者，可謂士乎？」齊王曰：「此真所謂士已。」尹文曰：「王得若人，肯❷以為臣乎？」王曰：「所願而不能得也。」尹文曰：「使若人於廟朝❸中，深見侮而不鬥❹，王將以為臣乎？」王曰：「否。大夫見侮而不鬥，則是辱也。辱則寡人弗以為臣矣。」尹文曰：「雖見侮而不鬥，未失其四行也。未失其四行者，是未失其所以為士一矣。未失其所以為士一，而王以為臣，失其所以為士一，而王不以為臣，則鄉之所謂士者乃士乎❺？」王無以應。尹文曰：「今有人於此，將治其國，民有非則非之，民無非則非之，民有罪則罰之，民無罪則罰之，而惡民之難治可乎？」王曰：「不可。」尹文曰：「竊觀下吏❻之治齊也，方❼若此也。」王曰：「使寡人治信若是，則民雖不治，寡人弗怨也。意者未至然乎？」尹文曰：「言之不敢無說❽。請言其說。王之令曰：『殺人者死，傷人者刑。』民有畏王之令，深見侮而不敢鬥者，是全王之令也，而王曰『見侮而不敢鬥，是辱也』。夫謂之辱者，非此之謂也，以為臣不以為臣者罪之也❾，此無罪而王罰之也。」齊王無以應。論皆若此，故國殘身危，走而之穀，如衛❿。齊湣王⓫，周室之孟侯⓬也。太公⓭之所老⓮也。桓公嘗以此霸矣，管仲之辯⓯名實審⓰也。

【章旨】通過尹文與齊湣王有關士的標準的對話，說明湣王的立論都屬名實不當，並認為這就是導致他國殘身危的原因。

【注釋】❶悌 順從長上。❷肎 「肯」的本字。❸廟朝 泛指公眾聚會場所。廟，宗廟祭祀之處。朝，君臣朝會之處。❹深見侮而不鬥 受到嚴重侮辱而不起來抗爭。深，重。戰國時對士見侮應否抗爭的問題，有兩種對立觀點。漆雕氏、北宮黝、孟施舍認為見侮而不鬥是辱，士寧死不可辱。而宋鈃、尹文則主張寬容，所謂「見侮不辱」，「取不隨仇」，即不追隨仇人之後以報仇。《韓非子・勸學》把這二派看作水火不相容：「夫是漆雕之廉，將非宋榮（即宋鈃）之恕也；是宋榮之寬，將非漆雕之暴也」。❺未失其四行者七句 此七句，譚戒甫據《公孫龍子・跡府》，認為當是：「未失其四行者，是未失其所以為士矣。未失其所以為士，而王一以為臣，一不以為臣，則嚮之所謂士者乃非士乎？」語譯依此。❻下吏 屬下之官吏。此實指齊湣王。這是一種出於禮節的委婉之詞。❼方 正是。❽說 指分析論述。❾以為臣不以為臣者罪之也 此句當是：「以為士而不以為臣者辱之也。」（依陶鴻慶說）承上文，意謂見侮而不鬥，未失四行，仍可為士，但齊湣王卻不以為臣，這才是對士的侮辱。❿故國殘身危三句 齊湣王四十年（西元前二八四年），燕秦楚韓趙魏聯合敗齊，燕將樂毅入臨淄，湣王經穀邑而奔衛。穀，齊國城邑。⓫齊湣王 「湣王」二字當是衍文（依俞樾說）。⓬孟侯 孟，長；大。指齊初封時為諸侯之長。⓭太公 即呂望。⓮所老 壽終之地。老，壽終。⓯辯 通「辨」。⓰審 詳細縝密。

【語　譯】尹文進謁齊王。齊王對尹文說：「我很喜好士。」尹文說：「很想聽大王說說什麼樣的人可以稱之為士？」齊王無話可以應答。尹文接著說：「現在假定有這樣一個人，他侍奉父母孝順，臣事君主忠心，結交朋友誠信，居住鄉里能夠順從尊長。有這四種品行的人，可以稱之為士嗎？」齊王說：「這真可以稱作士了。」尹文說：「大王如果得到這樣的人，願意讓他做您的臣子嗎？」齊王說：「這正是我所希望的，只是恐怕求之而不得呢。」尹文說：「如果這個人在大庭廣眾中受到嚴重的欺侮卻不起來抗爭，大王還要他作為您的臣子嗎？」齊王說：「不要。士受到欺侮而不起來抗爭，那是一種恥辱；甘心受辱的人，我就不讓他做臣子了。」尹文說：「雖然受欺侮而不起來抗爭，但他並沒有因此喪失前面所說的四種品行呀。沒有喪失上述四種品行，就沒有喪失作為士的條件；沒有喪失作為士的條件，而大王對前一種情況讓他做您的臣子，對後一種情況不讓他做您的臣子，那麼您先前所說的士難道就不是士了嗎？」齊湣王無話可以回答。尹文又說：「假如有這麼一個人，他在治理國家的時候，百姓有錯誤，他責難他們，百姓沒有錯誤，亦責難他們；百姓有罪，處罰他們，百姓沒有罪，亦處罰他們。在這種情況下，還埋怨百姓難以治理，可以嗎？」齊王說：「不可以。」尹文說：「我私下觀察您的下屬治理齊國，卻正是這樣。」齊王說：「如果我治理國家真是這樣，那麼百姓即使得不到治理，我也絕不埋怨他們。不過，我想事情還不至於發展到如此地步吧？」尹文說：「我既然這樣說了，當然不敢沒有理由。現在請允許我申述其中道理。大王的命令說：『殺人的要處死，傷人的要受刑。』百姓中有畏懼大王命令的，受到莫大的侮辱也不敢起來抗爭，這是為顧全大王的法令啊。而大王卻說『受到侮辱而不起來抗爭，這是恥辱』。真正稱作恥辱的，不應該是指這一個。既承認他還是士，卻又不讓他做臣子，這才是對他的侮辱。這也就是沒有罪錯，大王卻懲罰了他。」齊王無話可答。齊湣王的立論全都類似這樣，所以會國破身亡，狼狽地出奔到穀邑，又逃亡到衛國。

齊國當初曾是周王室分封的諸侯之長，是太公終老之地。桓公曾賴以稱霸於諸侯，那是由於管仲能把名實關係辨察得非常詳明的緣故。

卷第十七　審分覽第五

審分　君守　任數　勿躬　知度　慎勢　不二
執一

本卷八篇文章，集中論述君道，闡釋「虛君」思想，吸收法、術、勢三學派某些基本觀點，自成一個較完整的結構。

〈審分〉論君臣上下各自之「分」。君主駕馭臣下就像御者駕馭馬匹一樣，手中有一條轡，這轡就是「正名審分」。〈君守〉強調君主必須執守無知無為的君道。君主只有「既靜而又寧」，才能取得主動；只有「大聖無事」，才能「千官盡能」。〈任數〉論君主如何運用術數。君主應「去聽」、「去視」、「去智」，依憑眾臣而治，即所謂「因」：「因者，君術也。」〈勿躬〉認為人主不必躬親人臣之事，列舉上古二十官眾多的發明創造，說明聖王雖不能自為，卻能使二十官「盡其巧、畢其能」的道理。〈知度〉論君主知人善任，使百官「各當其任」。文中介紹的可說是君道的一套操作要領，照此辦理，君主只要南面而坐，「以不知為道，以柰何為實」，安安穩穩地做他的安樂王好了。〈慎勢〉論帝王如何保持和運用權勢。文章根據「權鈞則不能相使，勢等則不能相并」的原理，得出運用權勢的要訣在於：「以大使小，以重使輕，以眾使寡。」〈不二〉與〈執一〉題旨同一，強調思想、政令等的集中統一對於國家的重要意義：「一則治，兩則亂。」（〈執一〉）

通觀全卷，〈審分〉、〈君守〉等論君道，〈任數〉談術，〈慎勢〉言勢，〈不二〉、〈執一〉則論思想和法令，前後環環緊扣，若一氣呵成。全覽從學說淵源看，較多地繼承了道家「無為而無不為」（《老子》第四十八章）的思想。在這一點上，一些先期法家著作可說是本書的先導。如申不害、慎到等明顯受過道家熏陶，《史記》在列傳中甚至把他們歸入黃老學派，稱慎到是「學黃老道德之術，因發明序其旨意」。與呂不韋同時的韓非，亦把法、術、勢三者結合到一起而集法家學說之大成。從表面上看，《韓非子》直情徑行，清晰明白，但顯得刻薄寡恩，咄咄逼人。呂氏這本書，有些地方表達得不那麼明確，但力求兼收並蓄，顯得雍容大度，而且可以付諸實際操作。太史公〈六家要旨〉中有一段話，幾乎可以看作是對本覽內容的一個概括和總結，有助於從總體上理解全卷，抄錄如下：「道家無為，又曰無不為，其實易行，其辭難知。其術以虛無為本，以因循為用。無成埶，無常形，故究萬物之情。不為物先，不為物後，故能為萬物主。有法無法，因時為業；有度無度，因物與合。故曰：聖人不朽，時變是守。虛者道之常也，因者君之綱也。」

審分

【題解】審分論應審定君臣上下各自之「分」，即職分。人主之分是執權柄以御下，人臣之分為盡職分以治事。如果把古代朝政視為一個系統，那麼確實存在著兩個功能不同的結構及其相互關係：君主是控制機構，臣子是工作機構，二者既不可混淆，更不能相互取代。

全篇依據「治身與治國，一理之術也」這一觀點，由論治國與論治身兩個互為聯繫的部分組成。在論述審分正名為治國之要時，文中用了耕地、駕車二個比喻。同樣一塊土地，「公作則遲」，「分地則速」。作者藉此說明君臣之間各自職分必須審定明確，才能使君可以「避其累」而臣則無所「匿其邪」。駕車之喻把君主比作馭手，臣子則為駕車之馬；如果君主包攬臣職，那就是「人與驥俱走，則人不勝驥矣」。為君之道必須是「居於車上而任驥」，任何時候都不能離開御車的地位：「無去車。」御車的要領在於「控其轡」。什麼是控制群臣之「轡」呢？那就是「正名審分」：一是使群臣各自職司分明；二是使其名實相符。

文章從「名正則人主不憂勞矣」這樣一個過渡句，很自然地轉向論述君主的治身：「不憂勞則不傷其耳目之主。」本書一再論及君主應無為；「無為」被認為既是治國，亦是治身之要。本篇承此對君主的治身提出了道、德、知、明、能五個方面的要求，並認為若五者兼備，便能達到順應天道，「全乎萬物而不宰，澤被天下而莫知其所自姓」的境界。

〔一〕一曰——

凡人主必審分❶，然後治可以至，姦偽邪辟之塗❷可以息，惡氣苛疾❸無自至。

夫治身與治國，一理之術也。今以眾地❹者，公作則遲，有所匿其力也；分地則速，無所匿遲❺也。主亦有地，臣主同地❻，則臣有所匿其邪矣，主無所避其累矣。

【章旨】為全篇破題：言君主無論治國治身，都必須審定君臣上下各自職分。

【注釋】❶審分　審定君臣上下之職分。❷塗　途徑。❸苛疾　惡疾。❹眾地　眾人在一起共地同耕。地，用如動詞，耕種土地。❺無所匿遲　無法藏匿自己的懈惰偷懶行為。❻臣主同地　喻指君臣都沒有遵守各自的職分。

【語譯】凡為君主，一定要審察君臣上下各自的職分，然後國家才能得到治理，奸偽邪僻的途徑才得以堵塞，濁氣惡疾才無從到來。修養自身與治理國家的方法，在原理上是一樣的。假設讓眾人共耕一塊土地，大家一起耕作進度就緩慢，原因是人們可以藏匿自己的力氣。如果分開單獨耕作，進度就快，原因是人們沒有辦法再懈惰偷懶。君主治理國家，也像種地一樣。如果君臣「同地」，不審定各自的職分，那麼臣子就可以藏匿自己的邪僻，君主也就無法避免勞累了。

〔二〕凡為善難，任善❶易。奚以知之？人與驥俱走，則人不勝驥矣；居於車上而任驥，則驥不勝人矣。人主好治人官之事❷，則是與驥俱走也，必多所不及矣。夫人主亦有居車，無去車❸，則眾善皆盡力竭能矣，諂諛詖❹賊巧佞之人無所竄❺其姦矣，堅窮❻廉直忠敦❼之士畢競勸騁騖❽矣。人主之車，所以乘物❾

也。察乘物之理，則四極可有。不知乘物而自怙恃⑩，奪⑪其智能，多其教詔，而好自以⑫；若此則百官恫擾⑬，少長相越⑭，萬邪竝起，權威分移，不可以卒⑮，不可以教，此亡國之風也。

【章　旨】以駕車者與馬匹的關係為喻，說明君主必須明察包容萬物則「四極可有」的道理，始終處於駕馭之位，才能使眾善盡力竭能，巧佞之人無所匿藏。

【注　釋】❶任善　任用人去做善事。❷人官之事　眾臣之職事。❸有居車二句　君主亦有其所居之車，不可離開。車，喻指君主職分。❹詖　邪僻。❺竄　匿。❻堅窮　指剛直睿智之人。窮，疑為「叡」之誤（依劉師培說）。❼忠敦　忠厚。❽騁騖　奔跑，此處意為竭力效勞。❾乘物　載物；包容萬物。❿怙恃　依仗。⓫奪　當是「奮」之誤（依陳昌齊說）。⓬自以　自用。固執己見，單憑主觀意願行事。⓭恫擾　恐懼而互相騷擾。⓮少長相越　長幼失序。⓯卒　終止。

【語　譯】大凡親自做善事總要困難得多，委任別人去做善事就比較容易。憑什麼知道是這樣呢？譬如人與駿馬一起跑，那麼人是跑不過馬的；人在車上駕馭著馬跑，那麼馬就不可能勝過人了。如果君主喜歡去治理那些屬於百官的職事，那麼等於在跟駿馬一起賽跑，必然在很多方面趕不上了。君主亦有自己所居的車，那就是他的職分。君主如果能像駕車的人那樣坐在車上，不離開車子，那麼眾多做善事的人都會盡心竭力了，阿諛奉承、奸佞邪惡和投機取巧的人就無法隱藏他們的奸私了，剛直聰慧、廉潔耿介、忠誠敦厚的士人就都爭相奔走效命了。君子的「車子」是用來包容萬物的；明察了這個包容萬物的道理，那麼天下四方邊遠都將為你所有。不懂得包容萬物以盡其用，而只想依仗自己的力量，矜誇自己的智能，詔敕命令接連不斷，而又固執己見一意孤行，如此下去，各級官吏都會恐懼騷擾，長幼相互侵越，種種邪惡蜂擁而起，權力分散，威望下移，既無法終止，又不可教化，這是一種亡國的風化啊。

〔三〕王良❶之所以使馬者，約審❷之以控其轡，而四馬莫敢不盡力。有道之主，其所以使群臣者亦有轡。其轡何如？正名審分，是治之轡已。故按其實❸而審其名❹，以求其情；聽其言而察其類，無使放悖❺。夫名多不當其實、而事多不當其用者，故人主不可以不審名分也。不審名分，是惡壅而愈塞也。壅塞之任，不在臣下，在於人主。堯、舜之臣不獨義，湯、禹之臣不獨忠，得其數❻也；桀、紂之臣不獨鄙，幽、厲❼之臣不獨辟，失其理也。

【章　旨】以王良駕馬為喻，要求君主須緊握駕馭群臣之轡——「正名審分」。

【注　釋】❶王良　春秋時晉之善馭馬者。❷約審　簡要地審察。❸實　實績。❹名　名號。即爵位。❺放悖　逆悖。放，通「方」。逆也。❻數　術數。❼幽厲　即周幽王、周厲王，都是西周的暴君。厲王被逐，幽王為戎人所殺。事見《史記・周本紀》。

【語　譯】王良駕馬的方法，是簡要地作一番審察，隨即依據審察的情況來操縱馬的轡繩，而四匹馬沒有敢不盡力奔跑的。有道的君主，他亦有用來駕馭群臣的「轡繩」。這根「轡繩」是什麼？「正名審分」——這就是駕馭群臣的轡繩。所以君主要按照臣下的實績來給予品評名號，使之符合真情；仔細傾聽他的言論和考察他的行事，明確其所歸屬的類別，不要使名與實二者悖逆。大抵群臣多數名不副實，所擔任的職務及其所做的事，又多是不切合實用的，所以君主不能不仔細審察群臣名分。不審察名分等於是厭惡壅閉而實際卻使之更加閉塞。造成壅塞的責任不在群臣，而在於君主。堯、舜的臣子並不特別仁義，湯、禹的臣子也並不特別忠心，他們之所以能君臨天下，在於對群臣的駕馭得法。桀、紂的臣子並不特別鄙陋，幽、厲的臣子也並不特別邪僻，他們之所以亡國喪身，是由於駕馭群臣不得其法啊。

〔四〕今有人於此，求牛則名馬❶，求馬則名牛，所求必不得矣；而因用威怒，有司❷必誹怨矣，牛馬必擾亂矣。百官，眾有司也；萬物，群牛馬也。不正其名，不分其職，而數用刑罰，亂莫大焉。夫說以智通，而實以過悗❸；譽以高賢，而充以卑下；贊以潔白，而隨以汙德❹；任以公法，而處以貪枉；用以勇敢，而堙❺以罷怯：此五者，皆以牛為馬，以馬為牛，名不正也。故名不正，則人主憂勞勤苦，而官職煩亂悖逆矣。國之亡也，名之傷也，從此生矣。白之顧❻益黑，求之愈不得者，其此義邪！故至治之務，在於正名。名正則人主不憂勞矣。不憂勞則不傷其耳目之主❼。

【章旨】以牛馬若異名則所求必不可得為喻，以君臣關係中五種「以牛為馬，以馬為牛」的實例為據，說明如果名分不正，君主便只能得到一些形善而實惡的臣下，終將招徠自身憂勞勤苦以致國亡名傷。

【注釋】❶求牛則名馬　想要得到牛，卻呼馬之名。名，用如動詞。稱名。❷有司　泛稱官吏。此處指主管人員。❸過悗　即愚惑，與上文「智通」相對。悗，迷惑。舊校「過一作遇」。遇，通「愚」。❹汙德　德，疑為「漫」之誤（依陳奇猷說）。汙漫與上方「潔白」相對。❺堙　充塞。❻顧　反而。❼主　性。

【語　譯】假定現在有這樣一個人，想要牛卻呼喚馬的名稱，想要馬卻呼喚牛的名稱，那麼他所要求的必然不可能得到。可他卻反而為此大發雷霆，那麼牛馬場的主管人員必定會怨恨他，牛馬也必定會發生騷亂了。君主所設的百官，就如同眾多的主管人員，國中萬事萬物，就像是一群群牛馬。如果不辨正百官各自應有的名號，不區別他們的職分，反而頻繁地使用刑罰，那麼沒有比由此產生的混亂更大的了。嘉許一個人聰慧通達，實際他卻愚蠢昏庸；稱譽一個人高尚賢明，實際他卻卑賤低下；讚美一個人廉潔清白，實際他卻貪得無厭；委任一個人公正執法，而他處事時卻貪贓枉法；因勇武果敢而任用一個人，實際他卻瘦弱怯懦。這五種情況，都屬於「以牛為馬，以馬為牛」，都是名分沒有辨正。所以名分不正，君主就會憂勞勤苦，百官就會雜亂悖逆了。國家的滅亡，名分的破壞，正是由此產生的。想要白的，反而更加黑；想要求得，反而更加得不到，大概都是由於這個道理吧？可見，要達到國家大治，最緊要的事就是辨正名分。名分正了，君主就不用為治國而憂愁勞苦了。不用憂愁勞苦，那就不會損傷他的耳目心神的天性了。

〔五〕問而不詔❶，知而不為，和❷而不矜，成而不處❸。止者不行，行者不止，因形而任之，不制於物，無肎❹為使，清靜以公，神通乎六合❺，德耀乎海外❻，意觀乎無窮，譽流乎無止，此之謂定性❼於大湫❽，命之曰無有❾。故得道忘人，乃大得人也，夫其❿非道也；知德忘知，乃大得知也⓫，夫其非德也；至知不幾，靜乃明幾也⓬，夫其不明也；大明不小事，假乃理事也⓭，夫其不假也；莫人⓮不能，全乃備能也，夫其不全也。是故於全乎去能，於假乎去事，於知乎去幾，所知者妙矣。若此則能順其天，意氣得游乎寂寞之宇矣，形性得安乎自然之所矣。全乎萬物而不宰⑮，澤被天下而莫知其所自姓⑯，雖不備五者，其好之者是也。

【章旨】由審分過渡到治身，提出了道、德、知、明、能五個層次的修養要求，認為君主即使不能五者全備，也應盡可能成為「好之者」。

【注釋】❶詔 告。❷和 宣告。❸處 居。❹肎 肯。❺六合 上下四方。❻海外 四海之外。❼性 命。❽大湫 大空洞。此處意謂深遠幽冥。❾無有 指道。道無形，故稱之為無有。❿其 通「豈」。⓫知德忘知二句 惟知德之人能去智去巧，乃能大得智。句中後二「知」通「智」。⓬至知不幾二句 大意為：有最高智慧的人，不注重細察，而以虛靜為明察。幾，察。⓭大明不小事二句 賢明的君主不具體任事，以憑藉眾人為治事。按上下文句例，「小」字疑衍。假，憑藉。⓮莫人 指能清靜以治的君主。莫，清靜。⓯宰 主宰。⓰姓 氏。

【語譯】君主遇事多詢問臣子而不輕易下詔示；雖然知道如何做，但不親自去做；如需宣諭主見，亦不以此為誇耀；事情成功後，不居以為己功。這正如止者不能同時又行，行者不能同時又止那樣，君與臣各自名分不同，不得同時兼而有之。君主應因任自然，既不受制於外物，亦不為他人所役使。要使自己由清靜達於公正，精神通向天地四方，品德照耀四海之外，思慮觀照於無窮，聲譽永遠流傳不息。能夠做到這樣，就是把生命寄託於深邃幽遠的虛空，這可命名為「無有」。所以得道的君主，無為而忘人，因為這樣，便能大得人心，那豈能不算有道呢？知德的君主，去智去巧，因為這樣，便能大得智慧，那豈能不算有德呢？有最高智慧的君主，不作細察，因為這樣，便能以虛靜為明察，那豈能不算明智呢？最賢明的君主，自己不具體任事，因為這樣，便能憑藉眾人以為治事，那豈能不算善於憑藉呢？懂得清靜以治的君主，不逞意個人的才能，因為這樣，便能保全自己的本性，萬物齊備，無所不能，那豈能不算全能呢？由此看來，君主所以做到全能，是由於他捨棄了個人的才能；所以能憑藉眾人，是由於他不具體任事；所以能無所不知，是由於他不求細察，這樣他所知道的就顯得非常精深微妙了。如果達到這樣的境界，那就能順應天性，使自己的意氣在空廓寂靜的天宇中遨遊；自己的形體和本性都能在自然境界裡得到安適了。包容萬物而不求主宰，恩澤被於天下卻沒有誰知道那是何人所賜。上述五種要求，即便不能完全具備，能愛好這樣做的，也該算是不錯了。

君守

【題解】本篇為論述「虛君」思想的專文，力倡君主必須執守無知無為的君道。文章把君臣關係概括為「以一應萬」這樣一種特殊的對應關係作為立論的基點，參照法家「君道無為，臣道有為」的主張，具體闡發了道家「無為而無以不為」的思想。所謂「黃帝有言曰：『上下一日百戰。』」（《韓非子・揚權》）君主孤寡一人而要制約群臣百官，必須以寧靜為寶，以虛無為本。因而篇中強調君主只有「既靜而又寧」，才「可以為天下正」；只有「大聖無事」，才能「千官盡能」。君主要使自己處於內欲不出、外欲不入的「既扃而又閉」的狀態，把自己的智慧深藏起來，使眾人莫得窺己之實，給自己披上一層朦朧而又神祕的面紗：「逍遙倏忽而不見其容」，造成一種高深莫測的態勢，才能鎮住群臣且不授人以柄。與此相對立的，就是君主什麼都「好以己為」，天天忙著下聖旨，結果「守職者舍職而阿主之為矣」，君主反而失去了主動，讓群臣牽著鼻子走。長此以往，就會君臣錯位，導致事實上的「尊之為卑，卑之為尊」的局面。

我們很難斷定，篇中的這些議論，是否針對當時秦王政的某些跡象而發。但據《史記・秦始皇本紀》記載，秦始皇倒確實可說是個「好以己為」的典型：「博士雖七十人，特備員弗用。丞相諸大臣皆受成事，倚辦於上。」「天下之事無小大皆決於上。上至以衡石量書，日夜有呈，不中呈不得休息。」這樣勢必造成大量謬誤、破壞，而又無法得到及時糾正。短短幾年，篇中預言不幸而成為事實：「此國之所以衰而敵之所以攻之者也。」皇皇帝國，頃刻覆亡。

文中對「博聞」、「彊識」之士，「堅白」、「無厚」之說有所批判。本書兼容百家，凡先秦諸子被認為於其有價值的見解都能廣為採集，唯獨對名辯之學則持竭力排斥態度。對這種情況，我們在前〈聽言〉篇題解中已略為提及，在後〈審應覽〉卷旨中，擬再作一點簡單說明。

〔一〕二曰——

得道者必靜。靜者無知，知乃❶無知，可以言君道也。故曰中欲不出❷謂之扃❸，外欲不入❹謂之閉。既扃而又閉，天之用密❺，有准❻不以平，有繩❼不以正；天之大靜，既靜而又寧，可以為天下正❽。身以盛❾心，心以盛智，智乎深藏，而實莫得窺❿乎。

【章旨】言君主宜守「扃」、「閉」之道，使自己的內心、智慧處於深藏不露，群臣莫得窺其實的神祕狀態。

【注釋】❶乃　若。❷中欲不出　內心意欲不外露。❸扃　關鎖。❹外欲不入　外物的誘惑皆無入於內。❺密　祕密。❻准　通「準」。工匠測量平面用的水準器。❼繩　繩墨，工匠用以取直的器具。❽正　主。❾盛　藏。❿窺　從隱僻處偷看。

【語譯】懂得君道的，必定使自己處於寧靜狀態。處於寧靜狀態的人，無所求知，即使知道也像不知道一樣，這樣的人才可以談論為君之道。所以說，內心的意欲不外露出來稱之為「扃」，外物的誘惑不讓它入內稱之為「閉」。既扃又閉，君主的天性得以密藏。有水準儀不必用來測量它是否平整；有繩墨也不必用來測量它是否正直。君主的天性處於高度寧靜的狀態，既清靜又安寧，這樣就可以做天下的主宰了。體軀是用來保藏心的；心是用來貯藏智慧的；而君主的智慧如果被深深地匿藏起來，那就誰也無法窺測其中的奧祕了。

〔二〕〈鴻範〉❶曰：「惟天陰騭❷下民。」陰之者，所以發之❸也。故曰不出於戶而知天下，不窺於牖而知天道。其出彌遠者，其知彌少，故博聞之人、彊識之士闕❹矣，事耳目、深思慮之務敗❺矣，堅白之察❻、無厚之辯❼外矣。不出者，所以出之也；不為者，所以為之也。此之謂以陽召陽，以陰召陰❽。東海之極，水至而反；夏熱之下❾，化而為寒。故曰天無形❿，而萬物以成；至精無象⓫，而萬物以化；大聖無事，而千官盡能。此乃謂不教之教，無言之詔。

【章　旨】進一步發揮《老子》「聖人處無為之事，行不言之教」的君王南面之術。

【注　釋】❶鴻範　《今文尚書》中的一篇，是戰國時期的作品。❷陰騭　蔭庇安定。陰，通「蔭」。覆蔽。騭，安定。❸發之　使之興發。即使之繁衍生息。❹闕　缺。❺敗　毀壞。❻堅白之察　堅白同異之論，是戰國時期名家名辯的著名論題。公孫龍學派主張「離堅白」，認為石塊的「堅」與「白」這二種屬性是分離的，誇大了事物之間的差別性。惠施學派主張「合同異」，認為「天與地卑，山與澤平」，誇大了事物之間的同一性。墨子學派提出「合同異」和「堅白相盈」，認識比較全面。❼無厚之辯　同為名家名辯論題。無厚之論始於春秋末期鄭人鄧析，但其論著失傳，不可詳考。《莊子・天下》載有戰國時惠施論無厚的命題：「無厚不可積也，其大千里。」大意為：一個平面的厚度微薄到不能再有任何厚度累積於其上，而其面積之大卻可至於千里。即指一物的體積實際等於零，而面積卻為無窮大。本文作者對上述二命題均持否定態度。❽以陽召陽二句　當作「以陽召陰，以陰召陽」（依劉咸炘說）。如上文，若「不出」、「不為」是陰，則「出之」、「為之」是陽，相反而相成。❾下　後。❿曰天無形　「曰」當作「昊」，昊字殘缺而誤為曰。昊，博大。形，通「刑」。製作。謂上天無意創製而萬物自成。⓫象　疑應為「為」。隸書象、為形似而誤。

【語　譯】〈鴻範〉上說：「只有上天能蔭庇和安定下民。」蔭庇就是為了使生民得以生息繁衍。所以說，能夠足不出戶而知天下大事，眼不窺看窗外而知天道運行。求知應求之於自身切近之處，離開愈遠，所求得的知識反會愈少。因此那些追求見聞廣博、記憶極強的人，往往反而欠缺基本認識；專意依恃耳聰目明、深思熟慮的人，常常反會毀壞智慧；那些熱衷於「堅白」、「無厚」一類詭辯的人，更在知識範圍之外了。足不出戶，正是為了超越自身，利用眾知而達到無所不知；無所作為，正是為了依賴眾為而達到無所不為。這就是所謂用「陽」召引「陰」，用「陰」召引「陽」，收到相反相成之效。東海最遠處，水流到那裡還會返回來；夏天盛暑之後，天氣就要向寒冷轉化。所以說，廣漠的上天雖然無意創製，萬物卻靠了它萌發形成；最精微的元氣雖然無心作為，而萬物卻依賴它化育生長；偉大的聖人雖然不務細事，但千官百吏卻都為他盡智竭能。這就是所謂不進行說教的教化，不用說一句話的詔令。

〔三〕故有以知君之狂❶也，以其言之當❷也；有以知君之惑也，以其言之得也。君也者，以無當為當，以無得為得者也。當與得不在於君，而在於臣。故善為君者無識❸，其次無事。有識則有不備矣，有事則有不恢❹矣。不備不恢，此官之所以疑，而邪之所從來也。今之為車者，數官然後成❺。夫國豈特為車哉？眾智眾能之所持也，不可以一物一方❻安車❼也。

【章旨】言君主之職分不在於持一時一事之當與得，而在於持眾智眾能之長。

【注釋】❶君之狂　指君主由於獨攬朝政，事必躬親而導致的一種迷亂狀態。❷以其言之當　由於君主所言每每得當，反而抑制了群臣智能的發揮；縱使君主賢明，但以一人之智慮天下之事，終將招致敗亡。下句句例同。類似文句又見下篇〈任數〉二章，彼處作申不害語。❸無識　指不擔當任何具體職務。識，通「職」（依俞樾說）。❹恢　周備；全面。❺數官然後成　分別由多個部門合作完成。官，職官。❻方　方法。❼車　疑為衍文（依王念孫說）。

【語　譯】所以有個依據可以測知君主的癲狂，這個依據就是如果他說的話每每得當；亦有依據可以測知君主的昏惑，這個依據就是如果他說的話常常使人有所得。要知道所謂君主，就是要求他以不得當為得當，以無所得為有所得的人啊。「當」與「得」這類職責不在君上，而在臣下。因此，善於為君的人，首先是不擔負任何具體職司，其次是不躬親具體事務。擔任一個具體職務，在其他職事方面就會有所不完備；忙於一項具體事務，在別的事務方面就會有所不周全。這樣的不完備、不周全，正是在朝官吏之所以產生懷疑，各種奸邪之所以出現的原因。如今製作車子的，需要許多部門協作才能完成。治理一個國家的繁複情況，豈僅是製作一輛車子所能比擬的呢？它要依靠眾智眾能才行，不可以用一件事情或一種方法就能使它安定下來的啊。

〔四〕夫一❶能應萬、無方而出之務者❷，唯有道者能之。魯鄙人遺宋元王❸閉❹，元王號令於國，有巧者皆來解閉。人莫之能解。兒說❺之弟子請往解之，乃能❻解其一，不能解其一，且曰：「非可解而我不能解也，固不可解也。」問之魯鄙人。鄙人曰：「然，固不可解也，我為之而知其不可解也。今不為而知其不可解也，是巧於我。」故如兒說之弟子者，以「不解」解之❼也。鄭大師文❽終日鼓瑟而興❾，再拜其瑟前曰：「我效於子，效於不窮也。」故若大師文者，以其獸者先之❿，所以中之也。

【章　旨】以兒說解結、大師文鼓瑟為喻，說明只有得道的君主，才能以不解而解之；只有恆守這個道，才能符合萬物的運行規律。

【注　釋】❶一　道。指上文所謂虛靜扃閉、無為而治。❷無方而出之務者　無方，指上章之「無識」、「無事」。「務」字衍（依陳奇猷說）。全句意為能夠執守無為以應萬事而持國的君主。❸宋元王　即宋元公，名佐，在位十五年（西元前五三一～前五一七年）。❹閉　連環結。❺兒說　宋國辯士，屬名家公孫龍一派。❻能　此與下句「能」字皆為衍文（依陶鴻慶說）。❼以不解解之　意謂此結本不可解，兒說弟子能斷其為不可解，這實際上已解了此結之謎底。以喻得道的君主，便能做到以不解自解。❽大師文　大師，古代樂官名。文為大師之名。❾興　起。❿以其獸者先之　能把專心廝守其瑟視為第一要務。以喻君主應守道不懈。

【語　譯】能夠以「一」應用於「萬」，沒有具體職事而能成就事業的，只有有道的君主才能做到。魯國有個邊鄙地區的人，送給宋元王一對連環結。元王號令全國，讓靈巧的人都來解這對連環結。結果沒有人能解開它。兒說的一個弟子請求讓他去解這對結。他解了其中一個，不解另一個，並且說：「並不是它可以解而我解不開它，而是它本來就無法解的呀。」於是便去問那個魯國邊鄙地區的人。這個人說：「是的，剩下的那個結本來就是不可解的。我製作了這個連環結，所以知道它不可解；現在有人不曾參與製作卻同樣知道它不可解，他比我更聰明。」因此，像兒說的弟子那樣，是以「不可解」這個正確結論解開了連環結的謎底。鄭國大師文彈瑟彈了一整天後站起來，對著他的瑟拜了兩拜說：「我要效法您，要效法直到無窮。」所以像大師文那樣把專心廝守瑟視為第一要務，所以他的彈奏能深得音律之妙啊！

〔五〕故思慮自心❶傷也，智差❷自亡也，奮❸能自殃，其有處❹自狂也。故至神逍遙倏忽❺而不見其容，至聖變習移俗知而莫知其所從，離世別群而無不同❻，君民❼孤寡而不可障壅，此則姦邪之情得而險陂❽讒慝諂諛巧佞之人無由入。凡姦邪險陂之人，必有因也。何因哉？因主之為。人主好以己為，則守職者舍職而阿主之為矣。阿主之為，有過則主無以責之，則人主日侵❾而人臣日得。是宜動者靜，宜靜者動也；尊之為卑，卑之為尊，從此生矣。此國之所以衰而敵之所以攻之者也。

【章　旨】從正反二面對君主能否執守君道作了論述：離世無為，則奸險邪佞無由而入；好以己為，則尊卑顛倒，國家衰敗。

【注　釋】❶心　按下句句例，此字當衍（依陳昌齊說）。❷智差　智巧詐偽。差，邪；過。❸奮　矜誇。又，依上下句例，此「奮能自殃」下當有「也」，而下句「其有處自狂也」句首「其」則衍。疑因古文「也」、「其」形似而誤（依俞樾說）。❹有處　有具體職司。處，居。❺倏忽　指電光。❻同　和同。❼君民　君臨萬民。❽陂　亦作「詖」。邪佞；不正。❾侵　侵奪，此處指受損害。

【語　譯】所以，君主思慮勞神是自己傷害自己；弄智使詐是自取滅亡；矜誇逞能是自找災殃；忙於具體職事就會使自己狂亂。因此，神妙至極的君主，能夠逍遙自得，出沒如閃電，人們無法看清他的形貌；聖明至極的君主，改變了百姓的習俗，人們誰也不知道這是從何而來的。他們雖然超群出世，不與眾人親近，卻能與所有人和同；他們雖然君臨百姓，只有孤寡一人，卻從不受壅障蔽塞。因為這樣，任何奸邪私情都能及時掌握，而那些陰險邪僻、讒諂阿諛、機巧虞詐之人，就無法靠近了。凡是奸邪險惡的人，都要有所憑藉。他們憑藉什麼呢？憑藉的就是君主的作為。如果君主喜歡事必躬親，那麼守職的各級官吏便會拋棄各自的職守專去曲從君主所做的事了。曲從君主的所為，發生過錯君主便無法去責怪他們，結果是君主日益受害而臣下卻日益得志。該勞作的反而安逸寧靜，該寧靜的卻勞作不止；尊貴的處於卑下之位，卑下反踞於尊貴之位：類如此等的反常現象，便由此產生了。這就是國家所以衰敗，敵國所以乘機來犯的原因啊。

〔六〕奚仲❶作車，蒼頡❷作書，后稷❸作稼，皋陶❹作刑，昆吾❺作陶，夏鮌❻作城，此六人者所作當矣，然而非主道者，故曰作者憂，因者平。惟彼君道，得命之情，故任天下而不彊，此之謂全人❼。

【章　旨】言奚仲等人的作車、作書、作稼、作刑、作陶、作城，皆是人臣之務，而非為君之道；君主應恪守君道，不作而任天下，才能成為「全人」。

【注　釋】❶奚仲　傳說中車子的創造者，黃帝後裔，姓任，為夏朝之車正。❷蒼頡　傳為黃帝史官，依鳥跡創造了漢字。❸后稷　傳為周的始祖，名棄。后，君。稷，農官。堯任命棄掌管農業，故稱之為「后稷」。❹皋陶　傳曾被舜任為掌管刑法的官吏。❺昆吾　姓己，相傳為夏製作陶器。❻夏鮌　傳為禹的父親，曾創築城郭。鮌，亦作「鯀」。❼全人　全德之人。

【語　譯】奚仲創造了車子，蒼頡創始了文字，后稷發明了種植莊稼，皋陶制定了刑法，昆吾製作了陶器，夏鮌創築了城郭。這六個人，他們的創造和發明都是很得當的，然這些都不屬君主該做的事。所以說，從事具體製作的人勞累辛苦，憑藉他人智能的人平易清靜。只有那些掌握了君道的聖王，才懂得生命的真情，所以承當天下而不感到勉強費力，這才可稱之為全德之人。

任數

【題解】「任數」即任用術數。術數指君主的南面之術。術治之論以法家先驅申不害為代表。本篇吸取其某些基本觀點，承上篇〈君守〉之旨，側重於論君主須無知無為而依憑眾臣而治，即所謂「因」。

文章指出：「凡官者，以治為任，以亂為罪。」治亂的責任在臣，君主只需根據其或治或亂的實績來決定任之還是罪之，這就是君主馭臣之術。《韓非子・定法》把這個「術」概括為：「因任而授官，循名而責實；操生殺之柄，課群臣之能者也，此人主之所執也。」本篇對此作了更為簡明的表述：「因者，君術也；為者，臣道也。」這就是說，君主要執掌的是權術，而不是「代有司為有司也」。

為了闡明這個道理，作者進行了反覆的論證。文中用了孔子困於陳、蔡時，誤會顏回先嚐甑中之食的例子，說明個人耳目心智原本就「不可信」、「不足恃」；即便可信、可恃，單憑個人，亦必然是「知識甚闕」、「聞見甚淺」，想以如此孤陋寡聞，去治理廣闊遼遠的天下、四方異俗的萬民，根本是不可能的事，強自為之，必然導致「君臣擾亂，上下不分別」的危殆局面。文中舉了正反二例：齊桓公信用管仲，輕鬆自如；韓昭釐侯親斷細事，不足為訓。申不害對後者作了評論，並提出了君主應「去聽」、「去視」、「去智」的主張，認為「去三者不任則治，三者任則亂」。這既是申不害的結論，也是本篇作者的結論。

儘管這裡說的權術，似乎並不值得推崇，但它卻也從一個側面告訴我們：無論何人，即便是聖王賢者也罷，個人的智慧才能畢竟是有限的，眾人之事還得靠眾人去治，何況是一個龐大的國家呢？

〔一〕三曰——

凡官者，以治為任❶，以亂為罪。今亂而無責，則亂愈長❷矣。人主以好暴❸

示能，以好唱自奮❹，人臣以不爭❺持位❻，以聽從取容❼，是君代有司❽為有司也，是臣得後隨以進其業。君臣不定，耳雖聞不可以聽，目雖見不可以視，心雖知不可以舉❾，勢❿使之也。凡耳之聞也藉於靜，目之見也藉於昭，心之知也藉於理。君臣易操⓫，則上之三官者廢矣。亡國之主，其耳非不可以聞也，其目非不可以見也，其心非不可以知也，君臣擾亂，上下不分別，雖聞曷聞，雖見曷見，雖知曷知，馳騁而因⓬耳矣，此愚者之所不至也。不至則不知，不知則不信。無骨者不可令知冰⓭。有土之君，能察此言也，則災無由至矣。

【章　旨】言君主若「好暴示能」、「好唱自奮」，必然會造成君臣擾亂、上下不分的局面，臣下以曲從自容，君主則耳、目、心三官盡廢。

【注　釋】❶任　勝任。❷長　大。❸暴　顯露。❹好唱自奮　好作首倡，並以此自誇。唱，通「倡」。倡導。奮，矜誇。❺爭　諫諍。❻持位　保持官職。❼取容　指取悅於君主。❽有司　指群臣。❾舉　指選取人才。❿勢　指由君臣錯位所造成的情勢。⓫操　職守。⓬因　因術，即君王南面之術。⓭無骨者不可令知冰　無骨者，指昆蟲。春生秋死，不知有冰雪。藉以喻亡國之主不知因術。

【語　譯】凡是任用官吏，應以治理得好為能夠勝任，治理混亂為有罪。如果治理混亂卻沒有加以責備，那亂子就會越來越大。君主以愛好炫耀來顯示自己的才能，以喜歡首倡來自我矜誇，為人臣的就以不諫諍來保持官位，以阿諛曲從來取悅君主。這就是君主代替百官去做本該由百官做的事，而使群臣只要追隨在君主之後便能升官進業。君臣的名分沒有確定，這樣君主耳雖能聽卻無法聽明，目雖能看卻無法看清，內心雖然知道賢與不肖，卻也無法選取。這是君臣錯位的情勢所造成的啊。大凡耳朵之所以能聽到，要憑藉於寧靜；眼睛之所以能看清，要憑藉於光明；內心之所以能知曉，要憑藉於理義。君臣如果互換了各自的職守，那麼君主的耳、目、心的功用就全廢棄了。亡國的君主，他的耳朵不是不可以聽，他的眼睛不是不可以看，他的內心也不是不會感知，但是由於君臣職守混亂，上下不加分別，所以即使能聽又能聽到什麼，即使能看又能看到什麼，即使能感知又能知曉什麼。君主想要進入隨心所欲無所不至的境界，那就得依靠因術，即善於憑藉了。但這是愚蠢的君主所不能達到的。不能達到當然就不會知道；不知道當然也不會相信因術的威力了，這正如沒有骨骼的昆蟲春生秋死，不可能使牠們懂得什麼是冰雪一樣。擁有疆土的君主，如果能明察這些話，那麼災禍就無由到來了。

〔二〕且夫耳目知巧，固不足恃，惟脩其數❶、行其理為可。韓昭釐侯❷視所以祠廟之牲，其豕小，昭釐侯令官更之。官以是❸豕來也，昭釐侯曰：「是非嚮者❹之豕邪？」官無以對。命吏罪之。從者曰：「君王何以知之？」君曰：「吾以其耳❺也。」申不害❻聞之，曰：「何以知其聾？以其耳之聰也。何以知其盲？以其目之明也。何以知其狂？以其言之當也。故曰去聽無以聞則聰，去視無以見則明，去智無以知則公。去三者不任❼則治，三者任則亂。」以此言耳目心智之不足恃也。耳目心智，其所以知識甚闕❽，其所以聞見甚淺。以淺闕博❾居天下、安殊俗❿、治萬民，其說固不行。十里之間而耳不能聞，帷牆之外而目不能見，三畝之宮而心不能知。其以東至開梧⓫、南撫多顋、西服壽靡、北懷儋耳，若之何⑫哉？故君人者，不可不察此言也。

【章　旨】藉申不害非議韓昭釐侯憑個人智力審斷牲品大小這類細事，說明君主個人的耳目心智在認識上都極為有限，想要憑以治天下，只會弄巧成拙。

【注　釋】❶數　術。此處指君術。❷韓昭釐侯　《史記》作韓昭侯，為懿侯之子，在位二十六年（西元前三五八～前三三三年）。❸是　此。❹嚮者　剛才。❺耳　豬耳。❻申不害　原為鄭國賤臣，後任韓昭釐侯相。《史記・老子韓非列傳》稱其「內脩政教，外應諸侯，十五年。終申子之身，國治兵強，無侵韓者」。申學強調君主應用權術監督臣下，為法家主張用術一派代表。❼任　用。❽闕　短缺。❾博　曠大。❿殊俗　不同的習俗。⓫開梧　古代傳說中的東極之國。後文多顒、壽靡、儋耳，分別為傳說中的南極、西極、北極之國。⓬若之何　如此則怎麼辦。

【語　譯】再說，君主個人的耳、目和巧智，本來就不足仗恃，只有講求駕馭臣下的術數，按照義理行事才可以依憑。韓昭釐侯看到用來祭祀宗廟牲品的那隻豬太小了，便命令官吏去換一隻。結果那官吏還是把那隻豬搬了來。昭釐侯說：「這不就是原來那隻小豬嗎？」那官吏無言以對。照釐侯就命令管司法的官吏治他的罪。身旁的隨從問道：「君上根據什麼知道是原來的那一隻呢？」昭釐侯說：「我是根據豬的耳朵辨認出來的。」申不害聽到這件事後感慨地說：「憑什麼知道君主耳朵聾？憑他耳朵的聽覺靈聰；憑什麼知道君主的眼睛瞎？憑他眼睛的視覺明亮；憑什麼知道君主在發狂？憑他言談的得當。所以說，拋棄聽覺使之無法聽到，那麼聽力反而靈聰；拋棄視覺使之無法看見，那麼日光反而敏銳；拋棄智慧使之無法知道，那麼內心反而公正無私。去掉君主這三種器官不去使用它們，那麼國家就會治理好；君主依靠個人這三種器官去治理，國家就要混亂。」這番話是為了說明君主個人的耳目心智不足依靠。因為憑個人的耳目心智所能瞭解認識的是狹隘的知識，它們所能聽到和看到的是淺近的事物。以淺近、狹隘的見識去據有廣闊的天下，去安定不同習俗的地域，去治理萬眾百姓，這種主張一定行不通。十里之遠的間隔，耳朵就聽不到；帷幕院牆之外，眼睛就看不到；三畝大小的宮廷以內的情況，心智就不可能都知道。憑著這些個人功能有限的感覺器官，卻想東面達到開梧，南面安撫多顯，西面歸服壽靡，北面懷柔儋耳，像這個樣子又該怎麼辦呢？所以君臨百姓的人，不可不明察這些話啊。

〔三〕治亂安危存亡，其道固無二也。故至智棄智，至仁忘仁，至德不德。無言無思，靜以待時，時至而應，心暇者勝。凡應之理，清淨公素❶，而正始卒❷；焉此❸治紀，無唱有和，無先有隨。古之王者，其所為少，其所因多。因者，君術也；為者，臣道也。為則擾矣，因則靜矣。因冬為寒，因夏為暑，君奚事哉？故曰君道無知無為，而賢於有知有為，則得之矣。

【章旨】此章正面闡述無知無為的君道思想。

【注釋】❶公素　公正而質樸。❷始卒　始終。❸焉此　於此。

【語譯】國家的治或亂、安或危、存或亡，原本就沒有第二條途徑。所以說最高的智慧是捨棄智慧，最大的仁義是忘掉仁義，最高的道德是不要道德。不說話，不思慮，冷靜地等待時機，時機到來就作出反應，這樣內心始終處於閒暇的人，必能取勝。凡是應時而動，應遵循的理義，是清靜無為、公正質樸，自始至終都端正。這樣來治理綱紀，就能做到雖然沒有倡導，卻有應和；縱使沒有先行，卻有人追隨。古代稱王的人，他們親身的作為很少，憑藉臣子的卻很多。善用憑藉，是君王之術；具體去作為，是當臣子的準則。如果君主自己去作為，那就上下攪亂了；憑藉眾人去做，那就清靜安定了。正如順應冬天，冬天自會寒冷，順應夏天，夏天自會暑熱那樣，還需要君主自己去做些什麼呢？所以說，懂得為君之道「無知無為」要勝過「有知有為」，那就能掌握箇中三昧了。

〔四〕有司請事於齊桓公。桓公曰：「以告仲父❶。」有司又請。公曰：「告仲父。」若是三❷。習者❸曰：「一則仲父，二則仲父，易哉為君！」桓公曰：「吾未得仲父則難，已得仲父之後，曷為其不易也？」桓公得管子，事猶大易，又況於得道術乎？

【章旨】以齊桓公得管仲而「事猶大易」，說明君主若能充分運用因術，更可閒暇無事。

【注釋】❶仲父　即管仲。❷若是三　據《新序‧雜事》當為「若是者三」，此脫「者」字。❸習者　指君主身旁近習之臣。多為俳優一類專為君主解悶者。

【語譯】主管的官吏向齊桓公請示事情，齊桓公說：「這事去報告仲父吧。」官吏又有事來請示，桓公說：「去報告仲父吧。」這樣接連有三次。在桓公身邊的侍臣便說：「第一次報告仲父，第二次還是報告仲父，做君主太容易啦。」桓公說：「我沒有得到仲父時，確實很難；得到仲父之後，為什麼不容易呢？」桓公只是得到一個管仲，辦事情就大為容易，更何況如果得到了如何為君的道術呢？

〔五〕孔子窮乎陳、蔡❶之間，藜羹❷不斟❸，七日不嘗粒，晝寢。顏回索米，得而爨❹之，幾熟。孔子望見顏回攫其甑❺中而食之。選間❻，食熟，謁孔子而進食。孔子佯❼為不見之。孔子起曰：「今者夢見先君，食潔而後饋❽。」顏回對曰：「不可。嚮者煤室❾入甑中，棄食不祥，回攫而飯❿之。」孔子歎曰：「所信者目也，而目猶不可信；所恃者心也，而心猶不足恃。弟子記之，知人固不易矣。」故知非難也，孔子之⓫所以知人難也。

【章旨】以孔子對顏回的一次誤解，說明個人的耳目心智不足恃，知人尤難。

【注釋】❶陳蔡　陳，相傳為舜的後代於周武王滅商後建，都宛丘，在今河南淮陽。蔡，始受封者為周武王弟叔度，建都上蔡，在今河南上蔡西南。❷藜羹　野菜所煮之羹。❸斟　乃「糂」之誤（依畢沅說）。糂，以米和羹。❹爨　起火煮飯。❺甑　古代蒸煮食品的炊器。❻選間　片刻。❼佯　假裝。俞樾認為此句係倒文，應接於前四句之後，即：「孔子望見顏回攫其甑中而食之，孔子佯為不見之。選間，食熟……。」❽食潔而後饋　把食物弄乾淨後再祭祀先祖。饋，贈人食物。此處指給鬼神獻祭品。❾煤室　室字訛。有二說：「室」當為「臭」。煤臭，煙塵（畢沅說）；「室」假為「實」。煤實，煙灰粒（陳奇猷說）。似以畢說較妥。❿飯　食。⓫孔子之　此三字當衍（依陶鴻慶說）。

【語譯】孔子被困於陳國、蔡國之間，只能喝一點沒有米粒摻和的野菜湯，已經有七天不曾吃到糧食。孔子白天躺著休息。顏回出去求討米，討到後起火煮飯。飯將熟時，孔子遠遠望見顏回伸手到蒸鍋中抓飯吃。過了一會兒，飯煮熟了，顏回來謁見孔子並進獻飯食。孔子假裝剛才沒有看到顏回往蒸鍋裡抓飯吃。孔子起身後說：「今天我夢見了先君，把飯食弄乾淨了然後去祭祀先君。」顏回回答說：「不行啊。剛才煙塵掉進鍋裡，把沾上煙的飯粒丟掉覺得不吉利，我就抓起來吃了。」孔子嘆息說：「人們相信的是自己的眼睛，可是眼睛看到的還是不足信；人們所依靠的是自己的心智，可是心裡揣度的也還是不可靠。弟子們記住：要瞭解一個人，多不容易啊。」所以瞭解人並不困難，掌握瞭解人的方法那就難了。

勿躬

【題解】「勿躬」意謂君主不必躬親人臣之事，只需「養其神、脩其德而化」，便能達到「百官已治」、「黔首已親」、「名號已章」的目的。如果相反，君主若「好為人官」，那就只能是自己蒙蔽自己。而且「其臣蔽之，人時禁之，君自蔽則莫之敢禁」。就是說「自蔽」的危害遠遠超過「臣蔽」，簡直不可救藥。

文章列舉了大橈等上古二十位各自作出了重大創造或發明的官員，說明聖王雖然不能為二十官之事，但卻能使他們「盡其巧、畢其能」，並賴以治理天下。還舉了管仲為例，認為他之所以能輔佐桓公僅用七年時間便「九合諸侯，一匡天下」，就是由於做到了「不任己之不能，而以盡五子之能」，充分發揮了五位各有專長的賢者的作用。所以做君主的，只要懂得不依仗自己的「能、勇、力、誠、信」，那就接近於實行了君道。

本篇所論君道思想，實為前〈審分〉、〈君守〉、〈任數〉三篇的繼續，由較為抽象的理性論述，進入到更為具體的實例論證。

〔一〕四曰──

人之意苟善，雖不知可以為長。故李子❶曰：「非狗則不得兔，兔化而狗，則不為兔。」人君而好為人官，有似於此。其臣蔽之，人時❷禁之，君自蔽則莫之敢禁。夫自為人官，自蔽之精❸者也。祓篲❹日用而不藏於篋❺，故用則衰，動則暗，作則倦。衰、暗、倦三者非君道也。

【章　旨】言君主切戒「好為人官」而「自蔽」。

【注　釋】❶李子　指李悝，戰國初期法家代表人物，曾任魏文侯相，主持變法。著有《李子》三十二篇，今佚。《晉書・刑法志》記載其撰《法經》六篇，為秦漢律典之濫觴。❷時　有時。❸精　甚。❹祓篲　清除灰塵的掃帚。祓，祛災除邪。此處指掃除灰塵。篲，掃帚。❺篋　箱子。

【語　譯】人的心意如果善良，即使缺乏智慧，也可以為眾人的君長。所以李悝說：「沒有狗就不能捕得兔子，但如果兔子變成了狗，那就再也捕不到兔子。」如果君主喜歡忙於該是臣子做的事務，那就會出現類似上面所說的情況。如果是他的臣下蒙蔽他，還會不斷有人去制止這種蒙蔽，但要是君主自己蒙蔽自己，那就誰也不敢去禁止他。所以說君主自己去做該是人臣做的事，這是自我蒙蔽中最嚴重的行為。清除灰塵的掃帚天天要用，因而不會被貯藏在箱篋裡。君主如果也像掃帚那樣，忙於該是臣職的事務，那麼心志就會衰竭；親自行動，視聽反會昏昧；終日勞作，身體就會疲倦。衰竭、昏昧、疲倦，這三種情況都不是執守君道所應有的啊。

〔二〕大橈❶作甲子，黔如❷作虜首❸，容成作厤❹，羲和❺作占日，尚儀❻作占月，后益❼作占歲，胡曹❽作衣，夷羿❾作弓，祝融❿作市，儀狄⓫作酒，高元⓬作室，虞姁⓭作舟，伯益⓮作井，赤冀⓯作臼，乘雅⓰作駕，寒哀⓱作御，王冰⓲作服牛，史皇⓳作圖，巫彭⓴作醫，巫咸㉑作筮，此二十官者，聖人之所以治天下也。聖王不能二十官之事，然而使二十官盡其巧、畢其能，聖王在上故也。聖王之所不能也、所以能之也，所不知也、所以知之也。養其神、脩其德而化矣，豈必勞形愁㉒弊㉓耳目哉？是故聖王之德，融乎若月之始出，極燭六合㉔而無所窮屈；昭乎若日之光，變化萬物而無所不行。神合乎太一㉕，生㉖無所屈，而意不可障；精通乎鬼神，深微玄妙，而莫見其形。今日南面，百邪自正，而天下皆反其情㉗，黔首畢樂其志、安育其性，而莫為不成。故善為君者，矜服㉘性命之情，而百官已治矣，黔首已親矣，名號已章㉙矣。

【章　旨】列舉傳說中的上古二十官之發明創造，說明善為君者，只要「養其神、脩其德」，便能收到「百官已治」、「黔首已親」、「名號已章」的成效。

【注　釋】❶大橈　傳為黃帝之師，創六十甲子以紀日。前〈尊師〉一章作「大撓」。橈、撓古通。❷黔如　他書未見，當是傳說人物，此處以其為閏曆計算方法的發明者。❸虜首　疑為「蔀首」（依畢沅說）。蔀首，古代一種曆法的名稱。我國漢初所傳之曆法，以十九年為一章，一章有七個閏月，四章為一蔀。冬至與月朔同日為章首，冬至在年初為蔀首。❹容成作麻　容成，傳為黃帝之臣，曆法創造者。麻，同「曆」。❺羲和　傳為黃帝之臣，掌曆法，發明計算日子的方法。❻尚儀　傳為黃帝之臣，以善占月之晦、朔、弦、望著稱。《世本》作「常儀」，「儀」古讀「何」，後世因以敷衍出嫦娥的故事。❼后益　即益，相傳為舜的臣子，發明計算年歲的方法。❽胡曹　相傳為黃帝之臣，衣裳的始製者。❾夷羿　《墨子・非儒》載「羿作弓」。許慎《說文》稱羿「古諸侯也，一曰射師」。故有其發明弓的傳說。❿祝融　傳為火神。⓫儀狄　相傳為堯之臣，酒的發明者。《戰國策・魏策》云：「帝女令儀狄作酒而美，進之禹，禹飲而甘之，遂疏儀狄，絕旨酒。」⓬高元　傳說中房屋的始創者。⓭虞姁　傳說中舟船的發明者。⓮伯益　舜禹時的傳說人物。⓯赤冀　相傳為神農氏之臣，始作杵臼等。⓰乘雅　《荀子・解蔽》：「乘杜作乘馬。」雅、杜通解，乘雅即乘杜。用馬駕車的創始者。⓱寒哀　《世本》作「韓哀」。寒、韓古通。傳為駕馬車的首創者。⓲王冰　當為「王亥」之誤（依王國維說）。傳為湯之七世祖，始作畜牧業者。⓳史皇　即蒼頡。因傳為黃帝史官，故稱史皇。其所創文字皆為象形畫圖，因稱「作圖」。⓴巫彭　傳說中的遠古神醫。㉑巫咸　一作「巫戊」，商王太戊之大臣，傳為用蓍草占卦的發明者。㉒愁　通「揫」。積。愁下脫一「慮」字（依許維遹說）。愁慮，處心積慮。㉓弊　通「疲」。此處用如使動詞。㉔極燭六合　遍照天地上下及東南西北四方。極，遍。燭，照。㉕太一　即道。㉖生　所謂生命的本性不受屈曲，亦即前〈審分〉四章「名正則人主不憂勞矣。不憂勞則不傷其耳目之主」之意。㉗情　通「誠」。㉘矜服　敬謹順服。矜，假為「謹」。㉙章　彰明。

【語譯】大橈創造了用甲子來紀日，黔如創造了蔀首置閏的方法，容成創造了曆法，羲和創造了計算時日的方法，尚儀創造了計算月分的方法，后益創造了計算年歲的方法，胡曹創製了衣服，夷羿製作了弓矢，祝融創始了市肆，儀狄發明了釀酒之術，高元首創了房屋，虞姁發明了船舶，伯益創造了鑿井的方法，赤冀創製了石臼，乘雅首創用馬駕車，寒哀創造了駕車的技術，王冰創造了運用牛力的方法，史皇創制了象形文字，巫彭發明了醫術，巫咸創造了占卜的方法。這二十位官員，正是聖人賴以治理天下的。聖王並不能做這二十位官員所做的事，但卻能夠使這二十位官員竭盡他們的巧思和才能，那是因為聖王居於上位的緣故。正因為聖王自己有所不能，才使臣下充分發揮所能；聖王自己有所不知，才使臣下充分獻出所知。所以君王應該涵養自己的精神，進修自己的品德，自然就能化育萬物了，哪裡一定要親自勞身苦力、處心積慮，弄得耳目也疲憊不堪呢？所以，聖王的德行光燦燦地猶若月亮剛升起，普照天地四方，無有不及之處；明亮亮地就像太陽的光澤，化育萬物而沒有做不到的事情。聖王的精神符合於「道」，因而本性便無所屈抑，心意也不受障礙；精氣能通於鬼神，深微而又玄妙，沒有人能看出他的形體來。這樣君王一旦南面而坐，種種邪僻的事自然能得到端正，天下生民都還返到真誠的本性，百姓從內心感到欣喜，安養自己的善性，因而沒有什麼事做不成功。所以善於做君主的人，只要恭謹地順應自己的真情本性，那麼百官自然能治理好一切了，百姓就能親附於自己了，君主的名聲亦就彰明昭著了。

〔三〕管子復❶於桓公，曰：「墾田大❷邑，辟土藝❸粟，盡地力之利，臣不若甯遫❹，請置以為大田❺。登降辭讓，進退閑習，臣不若隰朋❻，請置以為大行❼。蚤❽入晏❾出，犯君顏色，進諫必忠，不辟❿死亡，不重貴富，臣不若東郭牙⓫，請置以為大諫臣⓬。平原廣城⓭，車不結軌，士不旋踵⓮，鼓之，三軍之士，視死如歸，臣不若王子城父⓯，請置以為大司馬⓰。決獄折中，不殺不辜，不誣無罪，臣不若弦章⓱，請置以為大理⓲。君若欲治國彊兵，則五子者足矣；君欲霸王，則夷吾在此。」桓公曰：「善。」令五子皆任其事，以受令於管子。十年⓳，九⓴合諸侯，一匡㉑天下，皆夷吾與五子之能也。管子，人臣也，不任己之不能，而以盡五子之能，況於人主乎？人主知能、不能之可以君民也，則幽詭愚險㉒之言無不職㉓矣，百官有司之事畢力竭智矣。五帝三皇之君民也，下固不過畢力竭智也。

【章　旨】以作為人臣的管仲尚且懂得薦舉賢者而不任己之不能，說明君主更須知己之不能與各盡臣下所能，方可君臨萬民。

【注　釋】❶復　答。據《韓非子·外儲說左下》，此上有「桓公問置吏於管仲」一語，此處為求行文簡要而將問語刪去。❷大　擴大。❸藝　種植。❹甯遫　即甯速。遫，同「速」。春秋衛國人，為求得齊桓公任用，替人挽車至齊，於車下飯牛而歌，事見後〈舉難〉五章。❺大田　即大農，田官之長。❻隰朋　齊大夫。❼大行　官名。掌接待賓客之禮儀。❽蚤　通「早」。❾晏　晚。❿辟　通「避」。⓫東郭牙　齊桓公臣。⓬大諫臣　諫官。馬敘倫依上文「大田」、「大行」之例，疑此「臣」

字為衍文。⑬城　當為「域」（依畢沅說）。⑭車不結軌二句　指戰車行進軌跡不交結，士卒前進足踵不回旋。結，交錯。⑮王子城父　齊桓公臣。《韓非子・外儲說左下》作「公子城父」。⑯大司馬　官名。掌軍事。⑰弦章　齊桓公臣。《晏子春秋》及《新序》作「弦寧」。⑱大理　官名。典獄訟。⑲十年　據《史記・齊太公世家》記載，當為七年。⑳九　指多次。㉑匡　匡正；挽救。㉒幽詭愚險　詐偽欺騙。㉓職　通「識」。

【語譯】 管子向桓公回稟說：「開墾田地，擴大城邑，開掘田壟，種植粟黍，充分發揮土地潛在之利益，我不如甯遬，請讓他當大田。迎賓接客，闇熟升降、辭讓、進退這些禮儀，我不如隰朋，請讓他當大行。早入朝，晚退朝，能不怕冒犯君主的顏色，進諫必定出於忠心，既不規避死亡的危險，亦不看重富貴的賞賜，我不如東郭牙，請讓他當大諫官。在平原廣野率兵作戰，可以使戰車行進軌跡不錯亂，士兵勇往直前不退卻，一擊戰鼓，三軍將士都能視死如歸，我不如王子城父，請讓他當大司馬。斷案恰如其分，不枉殺無辜，不冤屈無罪，我不如弦章，請讓他當大理。君上如果只是希望治國強兵，那麼有這五個人就足夠了；君上若是想要成就霸王之業，那麼我夷吾在這裡。」桓公說：「好。」命令這五個人各任其事，讓他們都接受管子的節制。經過十年時間，桓公九次會盟諸侯，一舉匡正天下，都是由於充分發揮了夷吾和那五個人的才能啊。管子，是個臣子，尚且能不擔當自己不能勝任的職事，充分發揮那五個人的才幹，更何況君主呢？作為君主，必須知道自己能做什麼，不能做什麼，才可以君臨天下百姓。做到這樣，那麼一切隱蔽、詭詐、危險的言論，便沒有不被識別了，百官對各自分掌之事都會盡心竭力去做了。古代五帝三皇的治理天下百姓，亦就是使在下位的必定不犯過失而都盡心竭力地去做罷了。

〔四〕夫君人而知無恃其能、勇、力、誠、信，則近之矣。凡君也者，處平靜、任德化以聽❶其要，若此則形性彌羸❷，而耳目愈精；百官慎職，而莫敢愉綖❸；人事其事❹，以充其名。名實相保，之❺謂知道。

【章　旨】為全篇作結束：君主若能「處平靜、任德化以聽其要」，以使「百官慎職」、「人事其事」，這便符合了君道。

【注　釋】❶聽　治理。❷羸　瘦瘠。此處意謂收斂，不外露（依陳奇猷說）。❸愉綖　苟且拖沓。綖，通「延」。鬆緩。❹人事其事　人治其事。❺之　是。

【語　譯】大凡君臨天下治理百姓的，如果懂得不要依仗自己的才能、勇敢、力量、忠誠、信用，那就接近於掌握君道了。凡是當君主的，應該使自己處於平靜之中，而由德行去教化百姓，治理那些根本性的要務。能這樣做，就使自身從外表到內心都更加充實，耳目更加精靈；使百官更謹慎地對待自己的職守，沒有敢於苟且懈怠的；使人人整治好自己應該做的事，用以實現自己的名分。這樣做到名實相當，這就可說是實現了君道。

知度

【題解】篇名「知度」，意為君主應懂得之法度，亦即文中所說的「明於人主之所執」、「知百官之要」。因而本篇所論可說是君王南面術的操作要領和注意事項。其內容可概括為：

㈠君主應執守「治天下之要」。治天下之要可以是除奸、治官、治道，但最根本的還在於「知性命」，即懂得和順應生命之本性，「以不知為道，以柰何為實（寶）」。與此對立的則是君主「自智而愚人，自巧而拙人」。那樣必然導致臣下事事請示，自己弄得困窮不堪，結果反而造成上下阻塞。

㈡對臣下則須「督名審實，官使自司」。要使賢或不肖各行其真，不事虛飾。然後依其「工拙愚智勇懼」等不同才具，分別按法度確定官職，使之「各當其任」。一旦任定，必須充分信用。文中以趙襄子信用任登，因而亦信用任登所推舉之人為例，說明君主若能如此任人，則「賢者畢力」。

㈢對臣下的考核分兩種情況：凡在朝任職的所謂「有職者」，要「安其職，不聽其議」；在宮內侍奉君主的所謂「無職者」，則「責其實，以驗其辭」。做好這二條，便可達到「無用之言不入於朝矣」。

㈣選用人才的標準應是唯賢，而不是唯親。文中以殷、周、齊、秦之任用伊尹、呂尚、管夷吾、百里奚為例，說明他們放棄至親的父兄子弟不任用，「非疏之也」；把這些原為卑賤或仇讎之人選拔上來，亦「非阿之也」，一切都出於「持社稷立功名」這個大局。

㈤切戒用人不當。文中以桀紂等分別信用羊辛、惡來為例，說明用人不當造成的嚴重危害。用「非其人而欲有功」，就像「夏至之日而欲夜之長」那樣根本辦不到。

〔一〕五曰——

明君者，非偏見萬物也，明於人主之所執❶也。有術之主者，非一❷自行之也，知百官之要❸也。知百官之要，故事省而國治也。明於人主之所執，故權專而姦止。姦止則說者❹不來，而情諭❺矣；情者不飾❻，而事實見矣。此謂之至治。

【章旨】言明君之術，在於執守正名、審分這個治理百官之「要」，充分發揮他們的作用，就能達到「事省而國治」的目標。

【注釋】❶所執　指君主應執守的原則。❷一　皆。❸要　根本。此處指治理百官之根本，即正名、審分。❹說者　指下文所謂持「空言虛辭」、「淫學流說」之徒。❺情諭　真情顯露。❻情者不飾　誠信而不加虛飾。

【語譯】善於明察的君主，並非要遍察萬事萬物，而是要明察於君主所應該執掌的原則。懂得術數的君主，並不是什麼都要躬身踐履，而是要深知治理百官的根本。明白了治理百官的根本，就能做到君主無所任事而國家已得到治理。明察了君主所應該執掌的原則，就能權力集中而奸邪止息；奸邪止息，那些空言虛辭的遊說者便不會再來，因而事物的真情便能為人們所知曉；只要誠信而不加虛飾，那麼事物的本質便可顯現得十分清楚了。這就可以稱之為國家治理狀況已達到了最高境界。

〔二〕至治之世，其民不好空言虛辭，不好淫學流說❶，賢不肖各反其質❷。行其情❸，不雕其素❹；蒙厚❺純樸，以事其上。若此則工拙愚智勇懼可得以故易官❻，易官則各當其任矣。故有職者安其職，不聽其議❼；無職者責其實，以驗其辭❽。此二者審，則無用之言不入於朝矣。君服❾性命之情，去愛惡之心，用虛無為本，以聽有用之言謂之朝⑩。凡朝也者，相與召⑪理義也，相與植⑫法則也。上服性命之情，則理義之士至矣，法則之用植矣，枉辟邪撓⑬之人退矣，貪得偽詐之曹⑭遠矣。故治天下之要，存乎⑮除姦；除姦之要，存乎治官；治官之要，存乎治道；治道之要，存乎知性命。故子華子曰：「厚而不博，敬守一事⑯，正性是喜。群眾不周，而務成一能⑰。盡能既成，四夷乃平。唯彼天符⑱，不周而周。此神農之所以長，而堯、舜之所以章也。」

【章旨】論致治之要。由除姦層遞說到治官、治道，最後歸結到一點：「知性命」，即懂得生命之本性，並引子華子語以為佐證。

【注釋】❶淫學流說　指邪僻之說及種種無稽之談。❷質　本來面貌。❸情　誠。❹素　指素樸之本質。❺蒙厚　敦厚。❻以故易官　依據已有法典調整其官職。故，指舊典。❼有職者安其職二句　意謂對臣下凡有明確職司的，要使他們安於自己職守，不必聽從他們那些超越自己職權範圍的議論。❽無職者責其實二句　無職者，指君主身旁的倡優侏儒與左右近習。君主對這些「無職者」，責察他們的實際行為，用以驗核他們的言辭。❾服　順從。❿朝　指朝會。⓫召　致。⓬植　立。⓭撓　曲。⓮曹　輩。⓯存乎　在於。⓰厚而不博二句　此句指養生。君主應以尊生、全生為上，不求廣博，謹守生命之本性一事。厚，重視。敬，通「謹」。⓱群眾不周二句　不與眾人周合，而致力於「一能」，即順應性命之情。⓲天符　上天的符命。指天命、天道。

【語譯】治理得最完善的時代，它的民眾不喜好空談假話，不喜好邪說流言。賢德與不肖的人，各自復歸到他們的真實本性，表露出來的都是真情實意，不加任何虛飾。人們都保持敦厚而純樸的本質，以此來事奉君上。這樣，便可依據各人是靈巧還是笨拙，是愚蠢還是聰明，是勇敢還是懦怯，來調整他們的職位；經過調整，可以使各人都能勝任自己的官職了。因此，對於有職司的官吏，要使他們安於自己的職務，不必聽取他們超越職司範圍的任何議論；對於沒有明確職司的左右侍臣，則要考察他們的實際行為，並用以檢驗他們的言辭。這兩種人的任用都能審慎恰當，那麼無用之言便被堵於朝廷之外了。君主能順應生命之本性，去掉一切好惡之心，以虛無為根本，用以聽取有用的言論，這就稱為朝會。所謂朝會，就是君臣共同討論理義，共同確定法度。所以只要君主順應生命的本性行事，那些理義之士就會到來，法度的效用就能確立，乖僻邪曲之徒也會自動退卻，貪婪詐偽之輩就會遠走他處了。所以，治理天下的要領在於清除奸邪，清除奸邪的要領在於治理好官吏，治理官吏的要領在於研習君道，研習君道的要領在於懂得生命的本性。因而子華子說：「要求重視尊生全生而不求廣博，恭謹地守住一件事，那就是把端正自己的本性看作最值得高興的事。君主不應與眾人周合，只要專心致力於『一能』，那就是順應生命本性。完全掌握了這種能力，四方就能平定。只有符合天道的人，他的不與眾人周合正是最大的周合。這就是神農之所以興盛，堯舜之所以聲名卓著的原因。」

〔三〕人主自智❶而愚人❷，自巧而拙人，若此則愚拙者請❸矣，巧智者詔❹矣。詔多則請者愈多矣，請者愈多，且無不請也。主雖巧智，未無不知也。以未無不知，應無不請，其道固窮。為人主而數窮於其下，將何以君人乎？窮而不知其窮，其患又將反以自多❺，是之謂重塞❻之主，無存國矣。故有道之主，因而不為，責而不詔，去想去意，靜虛以待❼，不伐之言❽，不奪之事❾，督名審實，官使自司❿，以不知為道，以柰何為實⓫。堯曰：「若何而為及日月之所燭？」舜曰：「若何而服四荒⓬之外？」禹曰：「若何而治青北⓭、化九陽⓮、奇怪⓯之所際⑯？」

【章　旨】言君主不可「自智」、「自巧」，而應「督名審實」，讓官吏自司職守，並以堯舜禹各自向臣下提問「若何」為範例，說明為君當「以不知為道，以柰何為實（寶）」。

【注　釋】❶自智　自以為聰慧。❷愚人　以為別人愚蠢。❸請　請示。此處指臣下遇事無不向君主請示。❹詔　上告下。指君主對臣下的詔告。❺自多　自高；自大。❻重塞　此二字當重疊（依陳昌齊說）。全句應為：「是之謂重塞，重塞之主，無存國矣。」❼待　持。❽不伐之言　不以多言自我誇耀。伐，矜誇。❾不奪之事　「奪」為「奮」之誤（依楊樹達說）。意謂君主不以親自做事自我矜奮。❿官使自司　讓百官自司其職事。⓫以柰何為實　柰，同「奈」。實，當為「寶」。意為君主遇事不必提出主見，只需向臣下詢問「如何、如何」即可，並應視這種做法為治國之寶。⓬四荒　四方邊遠之地。⓭青北　當作「青丘」（依孫詒讓說）。傳說中的極東之國。⓮九陽　極南之地山名。⓯奇怪　當是「奇肱」（依孫詒讓說）。傳說中的極西之國。⓰際　間。

【語　譯】如果君主總以為自己聰慧別人愚蠢，自己靈巧別人笨拙，這樣，那被認為愚蠢而笨拙的臣子只好都來請示了，自認為靈巧聰慧的君主就要忙於發布詔令了。詔令越多，那麼請示的人也越多；請示的人越多，就將出現無事不請示的局面。君主雖然自認為靈巧聰慧，但也不可能無所不知呀。以不可能無所不知來應付無所不請示，那麼他的道術必然會窮盡。作為君主而一次又一次地被臣下弄得道術窮盡，那又何以君臨他的臣民呢？窮盡了卻還不知道自己已經窮盡，反而因此越發自高自大，這就叫雙重的阻塞；受到雙重阻塞的君主，就無法保持國家了。所以掌握了君道的君主，只是依憑臣下去做，而不是自己親自去做；只要責成臣下各盡其職，自己不必發布具體詔示。去掉思慮和意念，以清靜虛無為自己的執守。不以多言自我誇耀，不以事功自我矜奮。審察百官的名分和實績，讓他們去自行處理各自的職事。歸根到底，就是要以「不知」——去掉自己的主見——作為為君之道，以「奈何」——遇事先向臣下問幾個怎麼辦——作為治國之寶。譬如堯問：「怎樣做才能使君王的恩澤像日月那樣普照人間？」舜問：「怎樣才能使四方邊遠之地都來歸順？」禹問：「怎樣治服青丘國？怎樣使九陽、奇肱之間那些荒僻之地亦受到教化？」

〔四〕趙襄子❶之時，以任登❷為中牟❸令，上計❹，言於襄子曰：「中牟有士曰膽、胥己❺，請見❻之。」襄子見而以為中大夫。相國曰：「意者君耳而未之目❼邪？為中大夫若此其見也，非晉國之故。」襄子曰：「吾舉登也，已耳而目之矣。登所舉，吾又耳而目之，是耳目人終無已也。」遂不復問，而以為中大夫。襄子何為❽任人，則賢者畢力。人主之患，必在任人而不能用之，用之而與不知者議之也。

【章旨】以趙襄子信用任登，同時信用任登所推舉之人為例，說明君主若能以臣下之耳目為耳目，便能使「賢者畢力」。

【注釋】❶趙襄子　趙簡子之子，名毋卹。❷任登　趙襄子之臣。❸中牟　古邑名。在今河南鶴壁西。❹上計　戰國時，規定地方官每年須向朝廷彙交一年賦稅收入，並稟報政績，稱為「上計」。❺膽胥己　膽，疑為「瞻」之誤（依王念孫說）。皆為中大夫。《韓非子・外儲說左上》作「中章、胥乙」，故事情節亦與此略異。❻見　顯以名號。❼耳而未之目　只是耳聞，尚未目見。❽何為　疑當作「能為」（依范耕研說）。

【語譯】趙襄子當政時，任用任登為中牟令。任登在呈送全年帳冊時，向襄子推薦說：「中牟地方有名為膽和胥己二位賢士，請君上顯耀他們的名號。」襄子就給這二人以顯耀的名號，任命他們為中大夫。相國說：「我料想君上還只是聽說而沒有親眼看到過他們吧？給他們中大夫這樣顯耀的名號，不符合晉國過去的成法。」

襄子說：「我任用任登為中牟令，他的情況我已經耳聞目睹了。任登薦舉的人我如果再要親自耳聞目睹，那麼，要我耳聽目見直接去觀察人這種事，就會沒完沒了了啊。」於是就不再管別人的異議，堅持任命二人為中大夫。襄子能這樣信用人，所以賢者都盡心竭力為他效命。而一般君主的弊病，就在於任命了人，卻又不放手使用他們，或是使用了卻又與那些不懂事理的人一起去議論他們。

〔五〕絕❶江者託於船，致遠者託於驥，霸王者託於賢。伊尹、呂尚、管夷吾、百里奚，此霸王者之船驥也。釋父兄與子弟，非疏之也；任庖人❷釣者❸與仇人❹僕虜❺，非阿❻之也；持社稷立功名之道，不得不然也。猶大匠之為宮室也，量小大而知材木矣，訾功丈而知人數❼矣。故小臣❽、呂尚聽❾，而天下知殷、周之王也；管夷吾、百里奚聽，而天下知齊、秦之霸也；豈特驥遠哉❿？

【章　旨】以伊尹等四位賢者輔佐帝王成就功業為例，說明君主應視賢者為自己賴以渡江、致遠的船驥，選賢任能須做到釋父兄子弟而不避卑賤以至仇讎。

【注　釋】❶絕　橫渡。❷庖人　指伊尹。傳說伊尹曾為庖廚之臣。❸釣者　指呂尚。呂尚曾釣於渭水之濱。❹仇人　指管仲。管仲曾為公子糾而射公子小白即後來的齊桓公，中其帶鉤。❺僕虜　指百里奚。百里奚曾為人之奴僕。❻阿　偏袒。❼訾功丈而知人數　估量一下版築的數量，即知該項工程所需之人工。訾，量度。功，工程。古時以版築數量計算工程大小。丈，丈量，此處指數量。❽小臣　即伊尹。❾聽　舊校一作「任」。❿豈特驥遠哉　對應上文，當作「豈特船驥哉」(依畢沅說)。

【語　譯】橫渡大江的人，得依靠船隻；出門遠行的人，得依靠駿馬；要成就王霸之業的人，就得依賴於賢士。像伊尹、呂尚、管夷吾、百里奚這樣的賢士，便是成就王霸之業的船隻和駿馬。不信用自己的父兄與子弟，們並非疏遠他們；任用像原是廚師、釣翁、仇人、奴僕這樣一些人，也不是偏私他們。這是依照守持國家、建功立名的根本原則，不得不這樣做的呀。這就猶如高明的建築師建造宮室那樣，只要測量一下宮室面積的大小，便可知道需要多少木材；只要估量一下版築數量的多少，便可知道需要多少人工。所以小臣、呂尚一被信用，天下人就知道殷、周要成就王業了；管仲、百里奚一被信用，天下人就知道齊、秦要成就霸業了。他們豈但是過江的船隻和致遠的駿馬呢？

〔六〕夫成王霸者固有人，亡國者亦有人。桀用羊辛❶，紂用惡來❷，宋用駚唐❸，齊用蘇秦❹，而天下知其亡。非其人而欲有功，譬之若夏至之日而欲夜，射魚指天而欲發之當❺也，舜、禹猶若❻困，而況俗主乎？

【章　旨】此章言用人得當固然可以王霸，用人不當卻也可以亡國，如桀如紂，以此提醒君主用人必須得當。

【注　釋】❶羊辛　據前〈當染〉二章應作「干辛」。桀之邪臣。❷惡來　紂之諛臣。❸駚唐　當為「唐鞅」之誤（依畢沅說）。又作「唐駚」。駚、鞅可通。為宋康王相，後為康王所殺。❹蘇秦　戰國時東周洛陽人，縱橫家，合縱六國以抗秦。合縱解體後，曾為燕昭王入齊，從事反間活動，後事敗被齊湣王車裂而死。❺當　中。❻猶若　尚且。

【語　譯】成就王霸之業的君主固然要有人佐助，亡國的君主也總有人起另一種作用。夏桀重用羊辛，商紂重用惡來，宋康王重用駚唐，齊湣王重用蘇秦，天下人因而就知道他們將要滅亡。不任用賢者而想要建功立業，就好比在夏至這一天卻希望有長夜，射魚時箭鏃指向天空卻希望射中一樣。在這種情況下，舜禹尚且會受到困擾，更何況一般世俗君主呢？

慎勢

【題解】本篇旨在論述君主無論對近臣、對諸侯，都必須重視和應用權勢。君王的所謂「畜人之道」，即治人的根本原則，就是「位尊者其教受，威立者其姦止」。因此對臣下或對諸侯都應是「以大使小，以重使輕，以眾使寡」。如果雙方權均勢等，那就既不能相使，亦不能相併。「王也者，勢也；王也者，勢無敵也。」一旦雙方形成勢均力敵的局面，那就「王者廢矣」。文中舉楚王三圍宋而不能亡、齊簡公不果決而遭禍殃二例，以證實上述論點，並提醒君主一時一刻也不可放棄手中的權和勢。

君王「便勢全威」的方法，一是「眾封建」，即主張分封制。文章提出「天下之地，方千里以為國，所以極治任也」。根據當時的歷史條件，認為宗主國的疆域不宜過大，太大了無法管理。王畿以外的土地，應眾封不同等級的屬國，距離宗主國「彌近彌大，彌遠彌小」，形成一個由中心向四周輻射的層層隸屬的網絡結構。

君王「便勢全威」的又一個方法是「定分」，即確立君臣、妻妾、嫡庶之間的名分，不使僭越。文中以「一兔走，百人逐之」比喻由名分未定所引起的混亂：「諸侯失位則天下亂，大夫無等則朝廷亂，妻妾不分則家室亂，適孽無別則宗族亂。」而一旦名分已定，則「積兔滿市，行者不顧」。所以「治天下及國，在乎定分而已矣」。

本篇權勢之說，源於慎到。慎到，趙國人，齊國稷下學者，與彭蒙、田駢齊名。《史記》歸為黃老學派，可能因權勢之說與《老子》有相通之處的緣故。《荀子・非十二子》視為法家，並作了批判；《韓非子・難勢》則吸取了慎到有關勢的論述。據此，《漢書・藝文志》把他歸為法家，與商鞅、申不害並列。慎子著作《漢書・藝文志》錄有四十二篇，已散佚，只在《荀子》、《莊子》、《韓非子》及《呂氏春秋》中，保留了若干片斷。

〔一〕六曰——

失之乎數❶，求之乎信，疑❷。失之乎勢，求之乎國，危。吞舟之魚，陸處則不勝螻蟻。權鈞❸則不能相使，勢等則不能相并，治亂齊❹則不能相正❺，故小大、輕重、少多、治亂不可不察，此禍福之門❻也。

【章旨】言權勢是君主持國的「禍福之門」，並為全篇立了論述之綱。

【注釋】❶數 術。指君術。❷疑 通「擬」。比擬。❸鈞 同「均」。❹齊 同。❺正 匡正。❻門 途徑。

【語譯】君主如果喪失了駕馭群臣之術，而想求得臣下的忠信，得到的只能是臣子以君主自比。君主如果喪失了居上馭下之勢，想求得國中賢能之士的輔佐，得到的只能是君位的危亡。能吞舟的大魚，上了陸地就連小小的螻蟻也不能抵擋。權力相等，便不能役使對方；勢力均等，就不能併吞對方；治亂的形勢相同，就不能匡正對方。所以對大小、輕重、多少、治亂等情況，不可不審察清楚。這是禍福的大門啊。

〔二〕凡冠帶❶之國，舟車之所通，不用象譯狄鞮❷，方三千里。古之王者，擇天下之中而立國❸，擇國之中而立宮，擇宮之中而立廟。天下❹之地，方千里以為國，所以極治任❺也。非不能大也，其大不若小，其多不若少。眾封建，非以私賢也，所以便勢全威❻，所以博義。義博利則無敵❼。無敵者安。故觀於上世，其封建眾者，其福長，其名彰。神農十七世❽有天下，與天下同之也。

【章　旨】論國家的建制，認為從「極治任」出發，王畿範圍宜小不宜大，封建諸侯宜多不宜少。

【注　釋】❶冠帶　頭上戴的冠，腰間束的帶。本為當時中原地區的服制，因其與四方邊遠地區各民族有別，引申作為文明的象徵。❷象譯狄鞮　古代通譯四方民族語言的官員職名。《禮記・王制》稱：「五方之民，語言不同。達其志，通其欲，東方曰寄，南方曰象，西方曰狄鞮，北方曰譯。」❸國　指王城周圍的地方，即所謂「王畿」。❹天下　當是「天子」之誤（依陳昌齊說）。❺極治任　達到方便管理的最佳程度。極，用如動詞。治任，管理的職能。❻所以便勢全威　當作「所以便勢，所以全威」（依陳奇猷說）。❼所以博義二句　當作「所以博義也；義博、威全、勢便則無敵也」（依陳奇猷說）。❽世　古代三十年為一世。

【語　譯】凡是衣服冠帶文明的國家，舟車所能通達的範圍，言語大體相同，用不到象、譯、狄鞮等官員作翻譯的，方圓也不過三千里。古代稱王的人，選擇天下的中央建立王畿，在王畿中心建立宮殿，在宮殿的正中建立宗廟。天子的領地，以方圓千里作為京畿，這樣是為了使治理達到最佳程度。不是不能更大一些，然而地方大還不如小，多還不如少。要多分封些諸侯國，倒不是為了偏愛賢者，而是為了便利君王的權勢，保全君王的威嚴，博大君王的道義。如果君王做到了道義博大、威嚴保全、權勢便利，那就天下無敵；天下無敵，國家就能安定。所以綜觀上古時代，凡是封建諸侯眾多的君王，他們的福祚就長久，他們的聲名就顯赫。神農氏君臨天下長達十七世之久，就是因為他能與天下諸侯共同享有啊。

〔三〕王者之封建也，彌❶近彌大，彌遠彌小，海上❷有十里之諸侯。以大使小，以重使輕，以眾使寡，此王者之所以家以完也❸。故曰，以滕、費則勞❹，以鄒、魯則逸❺，以宋、鄭則猶倍日而馳也❻，以齊、楚則舉而加綱旃而已矣❼。所用彌大，所欲彌易。

【章旨】言分封諸侯須近大遠小，如此則可以大使小、以重使輕、以眾使寡，保持天下之安定。

【注釋】❶彌　愈；更。❷海上　四海之上，指相對於中原的邊遠之地。❸此王者之所以家以完也　這就是王者能夠保全天下的原因。古代王者以天下為家，故作如是說。完，全。❹以滕費則勞　像滕、費這樣的國家想役使他國就很費力。滕、費都為小國。滕，周文王之子叔繡的封國，故址在今山東滕縣西南。費，春秋魯邑，後魯大夫季孫氏離魯據費為其私邑，故址在今山東魚臺西南。❺以鄒魯則逸　像鄒、魯這樣的國家想役使他國就省力。鄒、魯國都較大。鄒，即邾國，又名邾婁，周武王封古顓頊後裔曹挾於此，在今山東鄒縣東南。魯，即魯國，周武王封弟周公旦於此，在今山東西南部，都曲阜。❻以宋鄭則猶倍日而馳也　宋，本為商微子封地，都商丘，在今河南商丘以南。鄭，周宣王弟友的封國，在周封畿之內，後東遷，建都新鄭，在今河南省。倍日，猶言二天的事一天完成。因宋、鄭較鄒、魯更大些，故其舉事也更輕捷。❼以齊楚則舉而加綱旃而已矣　陳奇猷認為句中「而」衍，「加綱」誤倒，當為：「以齊、楚則舉綱加旃而已矣。」意為以齊、楚之大，舉綱紀加之於小國，那是極容易的事。旃，之。代指小國。

【語譯】帝王的分封諸侯國，越近的越大，越遠的越小，最邊遠的地方，甚至有十里方圓的小諸侯國。用大的諸侯國役使小的諸侯國，用權勢重的諸侯國役使權勢輕的諸侯國，以人口多的諸侯國役使人口少的諸侯國，這就是帝王用來保全天下的方法。所以說，要像滕、費那樣的小國去役使其他諸侯國，那就非常費力；以鄒、魯這樣稍大的國家去役使別國，那就要省力得多。如果讓宋、鄭那樣的大國辦同樣的事，就可達到事半功倍的成效；至於以齊、楚這樣的超級大國去役使他國，那就非常容易，等於只要把治理這個小國的綱紀加到它的頭上就完事了。總之是，所憑藉的國家越大，要實現控制他國這個願望也就越容易。

〔四〕湯其無郼❶，武其無岐❷，賢雖十全，不能成功。湯、武之賢，而猶藉知乎勢❸，又況不及湯、武者乎？故以大畜❹小吉，以小畜大滅，以重使輕從，以輕使重凶。自此觀之，夫欲定一世，安黔首之命，功名著乎槃盂❺，銘篆❻著乎壺鑑❼，其勢不厭尊❽，其實❾不厭多。多實尊勢，賢士制之，以遇亂世，王猶尚少。

【章　旨】以湯武的成功亦各有所藉為例，說明當世君主「欲定一世」之功業，還得依仗權勢和實力。

【注　釋】❶湯其無郼　湯如果沒有郼。其，若。郼，即殷，湯為天子前的封國，在今河南安陽。❷岐　岐山。在今陝西岐山。周族先祖古公亶父自豳遷於岐山下周原，後武王以此為基地滅商。❸藉知乎勢　得力於勢。知，當為「資」（依陶鴻慶說）。❹畜　役使。❺槃盂　槃，盛水的器具。盂，飲食的器皿。槃盂，及下句中的壺鑑，多由青銅製成。古代為帝王記載功業，往往銘辭於上，以期長存。❻銘篆　銘刻在器物上的文字。❼壺鑑　壺，酒器。鑑，鏡子。❽勢不厭尊　即謂權勢越重越好。❾實　爵祿。此處指國家實力。

【語　譯】商湯如果沒有郼地，周武王如果沒有岐地，他們的賢德即使十全十美，也是不能成功。湯、武那樣賢德，尚且要憑藉於權勢，更何況遠不如湯、武的一般君主呢？所以，以大的諸侯國役使小的諸侯國便吉利，以小的諸侯國去役使大的諸侯國就會滅亡；以權勢重的諸侯國役使權勢輕的諸侯國就會順從，以權勢輕的諸侯國役使權勢重的諸侯國反會遭殃。由此看來，君主要想實現平定一世、安定百姓的使命，從而使自己的功名銘勒在槃盂上，篆刻在壺鑑上，那麼他們應當對自己權勢的尊貴永不滿足，對國家實力的雄厚永不滿足。有了雄厚的實力和尊貴的權勢，加上賢德之人的佐助，一旦遇上亂世，即使成就王業也還估計低了呢。

〔五〕天下之民，窮矣苦矣。民之窮苦彌甚，王者之彌易。凡王也者，窮苦之救也。水用舟，陸用車，塗用輴❶，沙用鳩❷，山用樏❸，因其勢也。者令行❹。位尊者其教受，威立者其姦止，此畜人之道也。故以萬乘令乎千乘易，以千乘令乎一家❺易，以一家今乎一人易。嘗識及此❻，雖堯、舜不能。諸侯不欲臣於人，而不得已，其勢不便，則奚以易臣❼？權輕重，審大小，多建封，所以便其勢也。王也者，勢也；王也者，勢無敵也。勢有敵則王者廢矣。有知小之愈❽於大、少之賢於多者，則知無敵矣。知無敵則似類嫌疑❾之道遠矣。

【章　旨】言君主役使人的根本方法在於「因勢」，要成為王者也就是要使自己的權勢無人可與之匹敵。

【注　釋】❶塗用輴　泥濘的道路要用輴。塗，泥濘的道路。輴，可能是類似橇的一種交通工具。《史記‧夏本紀》有「泥行乘橇」句。❷鳩　在沙地使用的一種類似車的交通工具。他書亦或作「軌」。❸樏　當是一種登山用的交通工具，其形制未詳。❹因其勢也二句　當作「因其勢也。因其勢也者令行」（依畢沅說）。❺一家　指大夫。❻及此　疑應為「反此」（依畢沅說）。❼奚以易臣　何以改變臣屬的地位。❽愈　勝過。❾嫌疑　近似僭越。嫌，似。疑，擬。

【語　譯】當今天下百姓已經夠貧窮、夠困苦了。百姓的貧窮困苦越嚴重，要想稱王的人成就王業也就越容易。大凡建立王業的人，都是貧窮困苦的民眾的救星。水路要用船，陸地要用車，泥塗要乘輴，沙路使用鳩，山路使用樏，都是為了適應不同的地理形勢。能夠憑藉形勢，號令便能通行。所以，地位尊貴的人，他的教化別人容易接受；確立了威嚴的人，他周圍的奸邪就能被制止。這就是治理人的一個重要原則。因此，擁有萬乘兵車的諸侯號令擁有千乘兵車的諸侯就容易，擁有千乘兵車的諸侯號令大夫之家也不難，以大夫去號令某一個人就更輕便。如果認識與此相反，那麼即便是堯、舜也不能做到。諸侯的本性都不願臣屬於人；他們所以會臣服，是出於不得已，因為那大小、多少懸殊的形勢不利於他們，又何從改變那臣屬的地位呢？所以權衡權勢的輕重，審察封國的大小，多建立分封的諸侯國，都是為了使王者處於有利的權勢地位。所謂君王，就是據有權勢；所謂君王，就是他的權勢無人可以匹敵。如果他的權勢有人可以同他匹敵，那他這個王者的地位也就不存在了。有誰懂得上面說的封國小勝過大、封國擁有的戰車少優於多的道理，那他就真正懂得了如何去達到無所匹敵的要領了。懂得了這個達到無所匹敵的要領，那麼類似僭越篡逆一類的事情就會遠遠離去了。

〔六〕故先王之法，立天子不使諸侯疑焉，立諸侯不使大夫疑焉，立適子❶不使庶孽❷疑焉。疑生爭，爭生亂。是故諸侯失位則天下亂，大夫無等則朝廷亂，妻妾不分則家室亂，適孽無別則宗族亂。慎子❸曰：「今一兔走，百人逐之。非一兔足為百人分也，由未定❹。由未定，堯且屈❺力，而況眾人乎？積兔滿市，行者不顧❻。非不欲兔也，分已定矣。分已定，人雖鄙不爭。故治天下及國，在乎定分而已矣。」

【章旨】言天子、諸侯、嫡子各自的地位、名分必須確立，不然就會像「一兔走，百人逐之」那樣，因爭奪而產生禍亂。

【注釋】❶適子　又稱嫡子。正妻稱嫡，其所生長子為嫡子。❷庶孽　即庶子。非正妻所生諸子。古制，只有嫡子為王位繼承人，故嫡庶之間有尊卑之別。庶，眾多。❸慎子　名到，戰國趙國人，法家。其學貴勢，強調勢治。❹未定　指兔子的歸屬尚未確定。❺屈　竭。❻顧　回視。

【語譯】所以先王的法度，立天子不使諸侯僭越，立諸侯不使大夫僭越，立嫡子不使庶子僭越。僭越會產生爭奪，爭奪會產生動亂。因此諸侯失去爵位，就會引起天下大亂；大夫不遵守秩等，就會引起朝廷混亂；妻妾地位不加區別，就會引起家室混亂；嫡子與庶子沒有區別，就會引起宗族關係混亂。慎子說：「如果有一隻兔子在那裡奔跑，就會有上百人去追逐牠；不是因為一隻兔子足夠上百人分，而是由於這隻兔子的歸屬尚未確定。歸屬不確定，就是堯也會竭力去追逐，何況尋常人等呢？在市場上，即使兔子擺滿了，過路人也不會回頭看一眼。不是不想要這些兔子，而是兔子的歸屬已定。歸屬已定，即使是鄙陋的人也不會去爭奪。所以要治理天下及國家，就在於確定名分罷了。」

〔七〕莊王❶圍宋九月，康王❷圍宋五月，聲王❸圍宋十月。楚三圍宋矣而不能亡，非不可亡也，以宋攻楚❹，奚時止矣？凡功之立也，賢不肖彊弱治亂異也。

【章　旨】以楚三圍宋而不能亡宋，說明首章提出的「勢等則不能相并」的道理。

【注　釋】❶莊王　楚莊王，名侶，在位二十三年（西元前六一三～前五九一年）。楚莊王圍宋事，發生在莊王二十年（西元前五九四年）。❷康王　楚康王，名招，楚共王子，在位十五年（西元前五五九～前五四五年）。楚康王圍宋事，不見於史書記載。❸聲王　楚聲王，名當，在位六年（西元前四〇七～前四〇二年）。楚聲王圍宋事，不見於史書記載。❹以宋攻楚　當作「以宋攻宋」（依陳昌濟說）。意謂楚與宋「賢不肖彊弱治亂」相同，故「以楚攻宋」猶若「以宋攻宋」。按首章提出的「勢等則不能相并」的原理，楚三圍宋而宋不亡乃屬必然。

【語　譯】楚莊王曾圍困宋國九個月，楚康王亦曾圍困宋國五個月，後來楚聲王又圍困宋國十個月。楚國三次圍困宋國而不能滅亡它。不是宋國不可以被滅亡，而是楚宋的權勢和實力幾乎相同，因而等於「以宋攻宋」，這樣的戰爭什麼時候才能得出勝敗的結論來呢？人凡功業的建立，必須在賢與不肖、強與弱、治與亂等方面佔有明顯優勢才能辦到的啊。

〔八〕齊簡公❶有臣曰諸御鞅❷，諫於簡公曰：「陳成常❸與宰予❹，之二臣者甚相憎也，臣恐其相攻也。相攻唯固則危上❺矣。願君之去一人也。」簡公曰：「非而❻細人所能識也。」居無幾何，陳成常果攻宰予於庭❼，即簡公於廟❽。簡公喟焉太息曰：「余不能用鞅之言，以至此患也。」失其數，無其勢，雖悔無聽鞅也與無悔同，是不知恃可恃而恃不恃也。周鼎著象❾，為其理之通也。理通，君道也。

【章　旨】記述齊簡公只是游移徘徊於陳成常與宰予二派之間，沒有顯示自己的權勢，從而導致陳成常殺宰予並弒簡公，說明君主無論在何種情況下，都不應「失其數，無其勢」。

【注　釋】❶齊簡公　名壬，在位四年（西元前四八四～前四八一年）。❷諸御鞅　姓諸御，名鞅。僕御之官，以官為姓。❸陳成常　即陳恆，陳乞之子，又稱田常、田成子，齊國大夫。❹宰予　字子我，孔子弟子。❺相攻唯固則危上　相攻一直堅持下去，就將危害君主。固，堅持。《左傳》哀公十四年、《史記・齊太公世家》等均載有諸御鞅向齊簡公進諫事，文字略異，意思都是希望簡公不要游移於二派之間，只能支持其中一派。❻而　你。❼陳成常果攻宰予於庭　其事《說苑・指武》記載較詳，謂：「宰我夜伏卒，將以攻田成子，令於卒中曰：『不見旌節，毋起。』」其事因簡公而洩露，於是「田成子因為旌節以起宰我之卒以攻之」，宰予反被殺。❽即簡公於廟　《淮南子・人間》作「弒簡公於朝」。即，古可借為「賊」，賊，亦有「弒」意。廟，即朝堂。❾周鼎著象　周的九鼎上刻有物象。這些物象，本書有不少記載，如「周鼎著饕餮」（〈先識〉），「周鼎著倕」（〈離謂〉），「周鼎有竊」（〈適威〉），「周鼎著鼠」（〈達鬱〉）等。它們都含有警戒之意。

【語　譯】齊簡公有個臣子叫諸御鞅，他向簡公進諫說：「陳成常與宰予，這二個臣子彼此非常仇恨，我怕他們會互相攻打起來。他們一直這麼相互攻擊下去，就要危害君上的地位了。希望君上能去掉其中一人。」簡公說：「這不是你這類小人所能懂的呀。」過了沒有多久，陳成常果然在朝廷上攻打宰予，把簡公也殺死在朝堂上。當時簡公曾喟然長嘆說：「我沒有聽用諸御鞅的話，所以招來了這個禍殃啊。」喪失了駕馭臣下的術數，失卻了作為君主的權勢，即使悔恨沒有聽從諸御鞅的話，也為時已晚，與不後悔沒有什麼不同。這就是不知道依靠能夠依靠的東西，卻依靠了不能依靠的東西。周鼎上所以刻鑄物象，為的是觀象可以通達事理；而能通達事理，就能掌握為君之道。

不二

【題解】本篇強調集中統一對治國的重要意義。「一則治，異則亂；一則安，異則危。」一個賢明的君主，應該能夠做到「齊萬不同」，從而使得「愚智工拙，皆盡力竭能，如出乎一穴者」。反之，若「聽群眾人議以治國，國危無日矣」。

強調集中統一，是因為當時正處於策士橫議，「熒惑諸侯，以是為非，以非為是」（顧炎武《日知錄》）這樣一個眾說蠭起的時代。篇中列舉了老耽等十個學派，並用最簡潔的語言（都只用一個字），相當準確地揭示了各派學說的側重點。這十派從學說內涵看，除儒墨外，其餘均可列為道家或黃老之學的支派。當然也可把孫臏以下三家另立為兵家，但事實上，先秦的兵家大多把老子的權術謀略各具特色地應用於兵事而已。再從地緣看，主體是齊、魯之學，齊以道家為主，魯以儒學為宗。篇中沒有提到法家主要人物韓非，而有「同法令所以一心也」這類語句，有的注本據此定本篇為法家之言，所謂「一」就是統一於法家。這當然也是一家之言。但從全篇看，作者對此十家並無褒貶傾向，聯繫全書宗旨，似乎還應是反映了編撰者力圖兼採眾長的意向，用以達到「齊萬不同」的目的。

本書各篇長短大體相近，唯此篇特短，注家多以為可能有較多脫簡。

〔一〕七曰──

聽群眾人❶議以治國，國危無日矣。何以知其然也？老耽貴柔❷，孔子貴仁❸，墨翟貴廉❹，關尹貴清❺，子列子貴虛❻，陳駢貴齊❼，陽生貴己❽，孫臏貴勢❾，王廖貴先❿，兒良貴後⓫。

【章旨】言天下學說眾多，且所貴各異，若聽眾議以治國，則「國危無日」。

【注釋】❶人 疑為「之」之誤（依陳奇猷說）。❷老耽貴柔 老耽即老聃、老子。《老子》第三十六章提出「柔弱勝剛強」的主張，故稱其貴柔。❸孔子貴仁 孔子把仁作為最高道德範疇，《論語》論及仁的多達一百餘處，故稱其貴仁。❹墨翟貴廉 墨翟即墨子。《墨子》有〈節用〉、〈節喪〉、〈非樂〉諸篇，主張節儉廉潔，並身體力行，故稱其貴廉。❺關尹貴清 關尹，相傳為春秋末期道家人物，曾為函谷關關尹，故名關尹。《莊子．天下》引關尹語：「芴乎若亡，寂乎若清。」意謂恍惚如無有，寂靜如清虛，故稱其貴清。❻子列子貴虛 子列子即列子、列禦寇，戰國時期道家學者，《莊子．應帝王》記有列子引神巫季咸幾次見壺子的故事。列子從壺子「虛而委蛇，不知其誰何」（無所執著，隨順應變）等語中受到啟發，感到自己還沒有學到壺子之道，從此棄浮華而復歸真樸，故後人稱列子貴虛。❼陳駢貴齊 陳駢即田駢。《莊子．天下》稱田駢學於彭蒙，與慎到同為齊國稷下學者。主張「齊萬物以為首」，「萬物皆有所可，有所不可」，故稱其貴齊。❽陽生貴己 陽生即楊朱（「陽」、「楊」古通），戰國時期衛人。其說散見於《孟子》、《莊子》、《淮南子》、《列子》，主張貴生、重己，故稱其貴己。❾孫臏貴勢 孫臏，戰國齊人，孫姓，因被臏足而稱孫臏。係孫武後代，兵家，司馬遷謂「孫子臏腳，兵法修列」。《漢書．藝文志》錄《齊孫子》八十九篇，早佚。《史記》引其言「善戰者，因其勢而利導之」，故此處稱其貴勢。民國六十一年山東臨沂銀雀山漢墓出土竹簡有《孫臏兵法》三十篇。這是這部重要兵書湮沒二千餘年後首次再度面世。❿王廖貴先 王廖，又稱內史廖，戰國時期兵家。高誘注稱其「謀兵事貴先建策也」，故稱其貴先。⓫兒良貴後 兒良，戰國時期兵家。《漢書．藝文志》錄有《兒良》一篇，其主張似與老子兵主後發制人相近，原文早佚。按：此處文義未完，疑其下有脫漏。

【語譯】聽從眾多而又各異的言論來治理國家，國家很快就會遭到危險。根據什麼知道會是這樣的呢？

老耽的學說崇尚柔弱，孔子的學說崇尚仁愛，墨子的學說崇尚節儉，關尹的學說崇尚清虛，子列子的學說崇尚虛無，陳駢的學說崇尚齊物，陽生的學說崇尚利己，孫臏用兵貴在因勢，王廖謀兵強調建策在先，兒良則偏重後發制人。

〔二〕有金鼓❶所以一❷耳也；同法令所以一心也。智者不得巧，愚者不得拙，所以一眾也；勇者不得先，懼者不得後，所以一力也。故一則治，異則亂；一則安，異則危。夫能齊萬不同❸，愚智工拙，皆盡力竭能，如出乎一穴❹者，其唯聖人矣乎！無術之智❺，不教之能❻，而恃彊速貫習❼，不足以成也。

【章旨】認為只有聖人，才能集中統一，達到「齊萬不同」，使「愚智工拙，皆盡力竭能，如出乎一穴者」的目的。

【注釋】❶金鼓　古代用以指揮軍隊的器物。高誘注：「金，鐘也。擊金則退，擊鼓則進。」❷一　統一。❸齊萬不同　使眾多不同的事物齊同。❹穴　孔穴。❺無術之智　指君王不備南面之術數，而單靠個人耳目智巧。❻不教之能　不符合教令而自行顯示其才幹能力。❼彊速貫習　強力、敏捷、貫通、熟習。

【語譯】設置金鼓，是為了統一士兵的聽聞；同一法令，是為了統一百姓的心志。使聰明的人不得玩弄智巧，愚昧的人不再停留於笨拙：同一法令是為了集中眾人的智慧；使勇敢的人不得搶先冒進，膽怯的人不得畏縮退卻：設置金鼓是為了集中眾人的力量。所以集中統一就會出現治世，分散多頭就會造成禍亂；集中統一就安定，分散多頭就危險。能夠集中和統一千差萬別的事物，使愚、智、巧、拙等不同的人，都能竭盡自己的才能和力量，如同一個模子裡出來的一樣，這大概只有聖人才能辦到吧。君王如果單憑自己不講究術數的智巧，臣民不經由教令的才能，依仗強力、敏捷、習慣和熟悉去行事，那是不能成功的。

執一

【題解】本篇與上篇〈不二〉主旨相通內容相接。所謂「執一」，就是執守根本，堅持道義。「王者執一，而為萬物正。」執一的目的是為了權力和政令的集中統一，成為主宰萬事萬物的真正王者。「一則治，兩則亂」，作者提出這一命題，自然是為了秦的兼併六國提供理論依據，但在後來的歷史發展中，卻也可不斷找到印證。如東漢末的黨錮之禍，唐代的朋黨之亂，宋代的元祐黨爭和明代的東林黨爭等，幾乎都直接間接地導致了王朝的覆亡。

王者如何執一？文章先是借詹子說楚王，提出以治身為本。身、家、國、天下，四者異位同本，故首先應從本身修養出發。接著借田駢說齊王以道術，說明一切都要「因性任物」，順應自然變化。既然無所選擇，無所偏執，那也就能達到「變化應來而皆有章」的境界。最後又通過吳起與商文的對話，強調不能像吳起那樣，「見其所以長，而不見其所以短；知其所以賢，而不知其所以不肖」。應懂得自己的長短伸屈，是隨著自己相對位置的改變而改變的，因而要善於以此為基點，去因應外部條件的發展變化。上述三個實例，分別說明三層意思，不僅在結構上層層相扣，而且也統一了道術與治身的關係，豐富了「執一」的內涵。

〔一〕八曰——

天地陰陽不革❶，而成萬物不同。目不失其明，而見白黑之殊；耳不失其聽❷，而聞清濁❸之聲。王者執一，而為萬物正❹。軍必有將，所以一之也；國必有君，所以一之也；天下必有天子，所以一之也；天子必執一，所以摶❺之也。一則治，兩則亂。今御驪馬❻者，使四人，人操一策❼，則不可以出於門閭者，不一也。

【章旨】認為王者若能執守根本的道術，並以此統一天下，便能做到「為萬物正」。

【注釋】❶革　改變。❷聽　當作「聰」（依陶鴻慶說）。❸清濁　分別指五音中的商音、宮音。❹正　主宰。❺摶　聚集成團。❻驪馬　相並駕車之馬。❼策　馬鞭。

【語譯】天地陰陽不改變運行的規律，生成的萬物卻各不相同。眼睛不喪失視力，可以見到黑白的差別；耳朵不喪失聽力，就能聽出清濁不同的聲調。王者只要掌握住根本的道術，就能成為萬物的主宰。軍隊必須有將領，這是為了用來統一對軍隊的指揮；國家必須有君主，這是為了用來統一全國的行動；天下必須有天子，這是為了用來統一天下的行動；天子一定要掌握治理天下的道術，這是為了使權力和政令統一集中啊。集中統一便能治理好國家，分散多頭那就會造成混亂。譬如並排駕車的四匹馬，讓四個人各執一根馬鞭來驅使馬，那就連里門也出不去，這是因為指揮不統一呀。

〔二〕楚王❶問為國於詹子❷。詹子對曰：「何聞為身❸，不聞為國。」詹子豈以國可無為哉？以為為國之本在於為身，身為而家為，家為而國為，國為而天下為。故曰以身為家，以家為國，以國為天下。此四者，異位同本。故聖人之事，廣之則極宇宙、窮❹日月，約之則無出乎身者也。慈親不能傳於子，忠臣不能入❺於君，唯有其材者為近之。

【章　旨】言君王治國之本在於治身，身、家、國、天下，四者異位而同本。

【注　釋】❶楚王　指楚頃襄王（依陳奇猷說），名橫，在位三十六年（西元前二九八～前二六三年）。❷詹子　即詹何，楚隱者。此事互見於《列子・說符》。❸為身　治身。為，治。❹窮　極。❺入　納。

【語　譯】楚王詢問詹子如何才能治理好國家。詹子回答說：「我只知道如何治身，不知道如何治國。」詹子難道認為國家可以不要治理嗎？他是認為治理國家的根本在於修養自身。自身修養好了，家庭就能治理好；家庭治理好了，國家就能治理好；國家治理好了，天下也就能治理好。所以說以修養好自身來治理家庭，以治理好家庭來治理國家，以治理好國家來治理天下。這四件事情雖然地位各異，但它們的根本點卻是相同的。因此，聖人所做的事，推而廣之，可以到達天地宇宙之所，日月普照之處；但簡而言之，那就沒有超過自身的治理和修養的。慈愛的雙親無法把自己好的品德傳給子嗣，忠臣的諍言也不一定能為君主所接納；只有相當才具而又注重自身修養的人，才能大致接近於做到這一點。

〔三〕田駢❶以道術說齊。齊王應之曰：「寡人所有者齊國也，願聞齊國之政。」田駢對曰：「臣之言，無政而可以得政。譬之若林木，無材而可以得材。願王之自取齊國之政也。」駢猶淺言之也，博言之，豈獨齊國之政哉？變化應來而皆有章，因性任物而莫不宜當❷，彭祖❸以壽，三代❹以昌，五帝以昭，神農以鴻❺。

【章　旨】記述田駢說齊王以「因性任物」之道術。

【注釋】❶田駢　即陳駢。❷當　合。❸彭祖　殷賢大夫，傳說其壽命超過七百年。❹三代　指夏、商、周。❺鴻　強盛。

【語譯】田駢向齊王進說道術。齊王回答他說：「我所擁有的只是齊國呀，希望能聽到如何治理齊國的政事。」田駢對答說：「我說的這番話，雖然沒有講政事，但可以由此推知如何處理政事，這就猶如叢聚的樹木，雖然不是現成的木材，但可以由此得到木材。希望君王能從中擇取治理齊國政事的道理。」田駢還只是從淺顯的方面說的，如果推而廣之，豈但齊國的政事是如此呢？萬事萬物的變化因應，也都有一定的章法，只要依順事物的本性來任用萬物，那就沒有不適宜和不恰當的。彭祖靠它得到長壽，三代靠它得到昌盛，五帝靠它得到昭彰，神農靠它得到興隆。

〔四〕吳起❶謂商文❷曰：「事君果有命矣夫！」商文曰：「何謂也？」吳起曰：「治四境之內，成馴❸教，變習俗，使君臣有義，父子有序，子與我孰賢？」商文曰：「吾不若子。」曰：「今日置質❹為臣，其主安❺重；今日釋璽❻辭官，其主安輕；子與我孰賢？」商文曰：「吾不若子。」曰：「士馬成列，馬與人敵❼，人在馬前，援桴❽一鼓，使三軍之士，樂死若生，子與我孰賢？」商文曰：「吾不若子。」吳起曰：「三者，子皆不吾若也，位則在吾上，命也夫事君！」商文曰：「善。子問我，我亦問子。世變主少，群臣相疑，黔首不定❾，屬之子乎？屬之我乎？」吳起默然不對，少選❿曰：「與子。」商文曰：「是吾所以加於子之上已。」吳起見其所以長，而不見其所以短；知其所以賢，而不知其所以不肖。

故勝於西河，而困於王錯⓫，傾造大難⓬，身不得死焉⓭。夫吳勝於齊，而不勝於越；齊勝於宋，而不勝於燕；故凡能全國完身者，其唯知長短贏絀⓮之化邪？

【章　旨】以吳起與商文的對話，說明國君要全國完身，必須懂得自身「長短贏絀之化」。

【注　釋】❶吳起　戰國衛人，著名軍事家，先後事魯、魏、楚諸國。❷商文　魏相。《史記・孫子吳起列傳》作田文，與孟嘗君同姓名。在本章中，商文以執一術勝吳起。❸馴　通「訓」。❹置質　即委質。有獻禮、獻身二義。此處取後義。孔穎達疏《左傳》「策名委質」：「質，形體也。拜則屈膝而委身體於地，以明敬奉之也。」❺安　乃。❻璽　印璽。❼馬與人敵　馬與人一起與敵軍相匹敵。❽援桴　拿起鼓槌。桴，鼓槌。❾黔首不定　據《太平御覽》卷四百四十六，此下有「當此之時」四字。❿少選　須臾；片刻。⓫困於王錯　指吳起因王錯譖於魏武侯而被迫離開西河奔楚。⓬傾造大難　不久即遭遇大難。指吳起在楚為貴族所殺。傾，通「頃」。不久。⓭身不得死焉　指不得善終。⓮贏絀　言盈缺、伸屈。贏，古通「盈」。

【語　譯】吳起對商文說：「事奉君主真是靠運氣的吧？」商文說：「這說的是什麼？」吳起說：「治理整個國家，完成教化，改變習俗，使君臣關係符合道義，父子之間長幼有序。您與我比，誰更勝一籌？」商文說：「我不如您。」吳起又說：「一旦獻身於君王為臣，君主的地位就更尊貴；如果交出印璽辭去官職，君主的地位就會下降。在這方面，您與我比，誰更強一些？」商文說：「我不如您。」吳起再說：「士兵與戰馬排列成行，人與馬都與敵軍匹敵相當，人站在馬的前面，鼓槌一擊，能使三軍將士視死如歸地衝鋒陷陣。在這一點上，您與我比，誰更能幹一些？」商文說：「我不如您。」吳起接著說：「上面這三項，您都不如我，而您的官位在我之上。這麼看來，事奉君主的機遇豈不是命中注定的嗎？」商文說：「對呀。您問了我，我也問問您。時局變幻，君主年少，群臣之間互相疑忌，百姓又不安定，遇到這種情況，把政權委託給您呢？還是託付給我？」吳起沉默不語，過了一會兒才說：「應該託付給您。」商文說：「這就是我的官位在您之上的原因。」

吳起看到了自己勝過別人的長處，卻看不到比起他人來自己的短處；知道自己有勝過他人的優點，卻不知道自己還有比別人明顯的弱點。所以他能在任西河守時取得勝利，但後來卻被王錯弄得處境困難，不久便遭遇大難，竟至不得善終。吳王夫差戰勝了齊國，卻敗於越王句踐；齊湣王取得了滅宋的勝利，卻為燕國的樂毅所敗。所以凡是能夠保全國家和完善自身的，大概都深知自己的長短盈缺在相對位置上的變化吧？

卷第十八　審應覽第六

審應　重言　精諭　離謂　淫辭　不屈　應言

具備

本卷八篇，論述君臣應對關係。

〈審應〉、〈重言〉、〈精諭〉三篇，側重就君主一方而言，強調應對時「出聲應容」都必須審慎。〈審應〉指出：「凡主有識，言不欲先。人唱我和，人先我隨」，即要用後發制人之術；同時「以其言為之名，取其實以責其名」，即以循名責實來考察臣下。〈重言〉從正面列舉了殷高宗、楚莊王三年不言的實例，說明正因為君主慎於言談，所以能做到「言無遺者」。〈精諭〉則藉勝書說周公旦、孔子見溫伯雪子等故事，來闡釋這樣一個道理：「聖人相諭不待言。」和諧的君臣關係，可以做到不用言語而以精氣相通。〈離謂〉、〈不屈〉、〈應言〉四篇，側重就臣下角度論述君臣應對關係，用較多篇幅反對詭辯，非議鄧析、惠施、公孫龍這些名家代表人物。前〈有始覽・聽言〉末章「解在乎」下曾提示白圭、公孫龍、惠施、孔穿、翟翦等人論辯事例，並指出這些人都極善巧辯，「不可不獨論」。本卷上述四篇即與此相應，被點到的巧辯之士，將一一登場。〈離謂〉和〈淫辭〉著重指摘「言心相離」、「言行相詭」的危害，駁詰鄧析、公孫龍的兩可推論。〈不屈〉譏諷惠施用虛偽手法欺世盜名，並以其治魏的種種敗績，指責其「以賊天下為實，以治之為名」。〈應言〉列舉了白圭非惠子等六個實例，繼續指摘名家的詭辯，可說是〈不屈〉的續篇。

春秋戰國，尤其是與本書論述所對應的戰國末期，正是一個處士橫議、百家競說的時代。各家都以辯非辯的姿態投入詰辯。有人就稱孟子好辯，而他辯解說他並非好辯，只是為了「正人心，息邪說，距詖行，放淫辭，以承三聖者」，實在出於「不得已」（《孟子・滕文公下》）。這個辯解，無意間卻正好描繪了一幅眾說紛爭的圖畫。在辯論過程中，也確會有利口逞能、不屈於理義的情況，但同時也正是這些激烈的論辯的磨礪，促使或迫使人們去注意分析名詞、概念和命題，考察名實關係，探討思維規律，從而推動和發展了當時還處於初始階段的邏輯思維科學。鄧析的兩可推論可以啟發論辯雙方自覺意識到各自的立場，如何去尋求一個共同可以接受的判斷標準。惠施的「合同異」注重概念「同」的方面，公孫龍的「離堅白」注重概念「異」的方面，都對概念及其內涵外延的探討有所貢獻。〈淫辭〉中的所謂「藏三牙」，即「羊三耳」：作為概念的羊耳一，具象的羊耳二，加起來便是「羊三耳」。這一命題把概念的相對獨立性誇大為客觀實存，自然是一種詭辯，但它自覺意識到由具象事物抽象出來的概念的存在，卻是在邏輯思維科學發展史上跨出了有重大意義的一步。對思維形式和邏輯的推究，同樣能幫助人們求知求真，因反對詭辯而全盤否定名辯，顯然有失允當。本書作者在名家問題上表現出來的偏頗，看來主要源於過多強調了倫理和政治的價值取向。這一點倒是和儒家的思想傾向相類的。在歷史上，這種傾向曾被一再倡導，對思維邏輯科學的發展，科學技術的進步，都產生了很不利的影響。再從當時現實的政治需要看，正在加緊兼併六國、急於取代周的一統至尊地位的秦國上層集團，自然要竭力倡說集中統一（參見前〈執一〉、〈不二〉等篇），不容許眾說辯爭不休。此外，作為當時名家活動主要地區的魏、趙，又恰好是秦連橫政策的主要對立面，而身為魏相的惠施，又是合縱政策的積極實施者。凡此種種，可能就是上述〈離謂〉等四篇，讀來使人感到偏激責斥之辭躍然紙面的原因。

末篇〈具備〉，可視為全卷結語。強調君臣之間的應對，必須以誠相待：「凡說與治之務莫若誠。」建功立業必須具備相應的條件，而「誠」正是最根本的條件。

審應

【題解】君主應如何聽取臣下進言，前〈聽言〉、〈謹聽〉等篇已有論述；本篇側重在「出聲應容」，即如何應對和應對時應採取怎樣的儀容舉止上。篇名「審應」，意在提醒君主須審慎於應付。

文章強調，君主即使有識見，亦不可搶在臣下之前說出。總的原則是：「人唱我和，人先我隨。」在應對過程中，應「以其出為之入，以其言為之名，取其實以責其名」。這樣做了，說者就不敢妄言，而君主也就掌握了應對的要領。

根據上述要求，篇中列舉了魯君問孔思等六例，分別從聽言者、進言者兩個方面就其成敗得失作了評價和分析。文章認為魯君、魏惠王等由於不審慎於「出聲應容」，因而或者言語失當，或者對於那些「飾非遂過」之言無以辨察。而公孫龍、薄疑的進言是恰當的。他們共同的特點是，要求君主應不圖虛名而重實際，欲使政令通達須先反躬自求。全篇六個故事，言簡意賅，且能引人入勝。特別是公子沓見申向一章，情節單純，說理層層深入而又面面俱到，頗具說服力。

〔一〕一曰——

人主出聲❶應容❷，不可不審。凡主有識，言不欲先。人唱我和，人先我隨。以其出為之入❸，以其言為之名，取其實以責其名，則說者不敢妄言，而人主之所執其要❹矣。

【章旨】言君主在與臣下應對時，必須審慎於語言和神色。

【注釋】❶出聲 說話。❷應容 指與臣下應對時的儀容神色。❸以其出為之入 譚戒甫以為是「彼出言而入我耳」；陳奇猷解為「聽人臣言事，必以其所出之費，計其所入之功」。聯繫上文，句中「出」與「入」似乎還應作君臣應對解。在語譯中，我們作了另一種解說。❹要 指與臣下應對的要領。

【語譯】君主在與臣下應對時，說話和神態應特別審慎。大凡有見識的君主，總是自己不先開口，聽別人唱，自己應和；等別人先說了，自己再隨順著說。先依據臣下說出的話加以應對，再按照他的言論來確定名分和責任，然後再查考他的實績來檢驗是否符合名分和責任。這樣進說的人就不敢胡言亂語，而君主也就掌握住如何與臣下應對的要領了。

〔二〕孔思❶請行。魯君曰：「天下主亦猶寡人也，將焉之？」孔思對曰：「蓋聞君子猶鳥也，駭則舉❷。」魯君曰：「主不肖而皆以然也，違❸不肖，過❹不肖，而自以為能論❺天下之主乎？」凡鳥之舉也，去駭從不駭。去駭從不駭，未可知也。去駭從駭，則鳥曷為舉矣？孔思之對魯君❻也亦過矣。

【章旨】記述魯君在與孔思對話時，因不審於「出聲應容」，以致說了過頭話。

【注釋】❶孔思 即孔伋，字子思，孔子之孫。❷舉 飛。❸違 離開。❹過 往。❺論 擇。❻孔思之對魯君 當是「魯君之對孔思」（依陳奇猷說）。

【語譯】孔思請求離開魯國。魯國君主說：「天下的君主都與我差不多，你將要到哪裡去呢？」孔思回答說：「我聽說君子就像鳥一樣，受到驚嚇就飛走。」魯國君主說：「君主不肖到處一個樣啊。離開的是不肖君主，投奔的還是不肖君主，你自以為能選擇天下所有君主嗎？」

大凡鳥的起飛，都是為了離開受驚嚇的地方到沒有驚嚇的地方去。但是離開受驚嚇的地方是否就沒有驚嚇，那是不可能事先知道的呀。如果離開一個受驚嚇的地方，飛去的另一個地方也要受驚嚇，那麼鳥為什麼還要飛去呢？魯君對孔思的那番話，說得也太過分了。

〔三〕魏惠王❶使人謂韓昭侯❷曰：「夫鄭乃韓氏亡之也❸，願君之封其後也，此所謂存亡繼絕之義，君若封之則大名❹。」昭侯患之。公子食我❺曰：「臣請往對之。」公子食我至於魏，見魏王曰：「大國命弊邑❻封鄭之後，弊邑不敢當也。弊邑為大國所患，昔出公❼之後聲氏❽為晉公，拘於銅鞮❾，大國弗憐也，而使弊邑存亡繼絕，弊邑不敢當也。」魏王慚曰：「固非寡人之志也，客請勿復言。」是舉不義以行不義❿也。魏王雖無以應，韓之為不義愈益厚也。公子食我之辯，適足以飾非遂過⓫。

【章　旨】言韓昭侯以公子食我說魏惠王之事，只不過是「舉不義以行不義」而已。

【注　釋】❶魏惠王　魏武侯之子，名罃。❷韓昭侯　懿侯子，在位二十六年（西元前三五八～前三三三年）。前〈任數〉二章作韓昭釐侯。❸鄭乃韓氏亡之也　韓亡鄭事，發生在韓哀侯二年（西元前三七五年）。哀侯是懿侯之父、昭侯之祖。在韓懿侯時，韓屢敗於魏惠王，因而才有此處惠王要韓昭侯封鄭之後事，實為戰勝國對戰敗國的一種侮辱。❹大名　使名聲大顯。❺公子食我　人名。❻弊邑　對自己國家的謙稱。弊，通「敝」。❼出公　晉出公鑿，在位十七年（西元前四七三～前四五七年）。為智氏、韓、趙、魏四卿所攻，出奔齊，死於道。❽聲氏　為晉出公之後。晉幽公夫人秦嬴殺幽公並立聲氏為晉公；魏文侯以兵攻秦嬴，拘聲氏於銅鞮，另立幽公之子止為晉君，是為烈公（依陳奇猷說）。❾銅鞮　地名，在今山西沁縣西南。❿舉不義以行不義　列舉別國的不義行為（指魏曾拘晉之後於銅鞮）來為自己的不義行為（指韓不封鄭之後）辯解。⓫飾非遂過　文過飾非。

【語譯】魏惠王派人對韓昭侯說：「鄭國是韓國滅亡的，希望您能封鄭國君主的後代，這就是人們常說的『存亡繼絕』的道義之舉，如果您能封鄭國君主的後代，那麼您的名聲便會因此而大大顯赫。」昭侯對這件事感到很為難。公子食我說：「請允許讓我去答覆他。」公子食我到了魏國，拜見魏惠王說：「貴國命令敝國封鄭國的後代，敝國實在不敢承當。敝國深為貴國感到不安。過去，晉出公的後代聲氏立為晉國國君，被貴國囚禁在銅鞮，貴國對他毫無憐憫之意。如今卻要敝國去為鄭國『存亡繼絕』，敝國實在不敢承當啊。」魏惠王慚愧地說：「這件事本來就不是我的主意，先生不必再說了。」這只不過是舉發別人的不義來為自己的不義作辯解罷了。魏惠王雖然無話可答，但韓國做不義之事卻更加嚴重了。公子食我的這番巧辯，恰好起了文過飾非的作用。

〔四〕魏昭王❶問於田詘❷曰：「寡人之在東宮❸之時，聞先生之議曰：『為聖易。』有諸❹乎？」田詘對曰：「臣之所舉❺也。」昭王曰：「然則先生聖于❻？」田詘對曰：「未有功而知其聖也，是堯之知舜也；待其功而後知其舜❼也，是市人之知聖也。今詘未有功，而王問詘曰『若聖乎』，敢問王亦其堯邪？」昭王無以應。田詘之對，昭王固非曰「我知聖也」耳❽，問曰「先生其聖乎」，己因以知聖對昭王，昭王有非其有❾，田詘不察。

【章旨】記述魏昭王與田詘一次應對，因雙方都有失誤，以致無法交流。

【注釋】❶魏昭王　魏襄王子，在位十九年（西元前二九五～前二七七年）。❷田詘　魏昭王之臣。❸東宮　太子之居所。❹諸　之。❺舉　提出。❻于　乎。❼舜　此與下文「聖」字當互易（依陳昌齊說）。❽耳　楊昭儁認為當為「且」，形近而誤。應屬下句「且問曰」。❾昭王有非其有　指昭王並未說過「我知聖也」，這是田詘的一種誤解，致使昭王享有了原本不該享有的聲譽（與堯並提）。

【語譯】魏昭王向田詘問道：「我在東宮當太子的時候，聽到先生您的議論說：『當聖人很容易。』有此一說嗎？」田詘回答說：「這是我講過的話。」昭王接著說：「那麼先生是聖人嗎？」田詘對答說：「還沒有做出功績，便知道這個人是聖人，那是堯對舜的深刻瞭解；等到建立功業後才知道他是聖人，那是一般市民對舜的識見。眼前我還沒有建立功業，大王就問我說：『你是聖人嗎？』那麼我冒昧地請問大王：您是否就是堯呢？」昭王無話可答。

田詘對答昭王的時候，昭王本來就不是說「我知道你是聖人」，而是問：「先生是聖人嗎？」田詘卻錯誤地以對方已經認定自己是聖人作為依據與昭王對話，致使昭王享有了與堯並舉這樣一個原本不該享有的聲譽。田詘對此沒有覺察。

〔五〕趙惠王❶謂公孫龍❷曰：「寡人事偃兵❸十餘年矣而不成，兵不可偃乎？」公孫龍對曰：「偃兵之意，兼愛天下之心也。兼愛天下，不可以虛名為也，必有其實。今藺、離石❹入秦，而王縞素布總❺；東攻齊得城❻，而王加膳置酒。

秦得地而王布總，齊亡地而王加膳，所❼非兼愛之心也。此偃兵之所以不成也。」

今有人於此，無禮慢易❽而求敬，阿黨❾不公而求令❿，煩號數變而求靜，暴戾貪得而求定，雖黃帝猶若困。

【章　旨】以趙惠王與公孫龍的問答為例，說明凡事所求與所行必須相應才能獲得成功；趙惠王偃兵十餘年所以不見成效，原因就在於徒求虛名而實無兼愛之心。

【注　釋】❶趙惠王　即趙惠文王，趙武靈王之子，在位三十三年（西元前二九八～前二六六年）。❷公孫龍　戰國時期趙國人，名家，為趙相平原君門客。公孫龍說偃兵事，除本篇外，後〈應言〉二章亦有記述。❸偃兵　制止戰爭。偃，止息。❹藺離石　二邑名，原屬趙，趙惠文王十八年（西元前二八一年）為秦所奪。其地在今山西省西部。❺縞素布總　喪國的服裝和裝束。縞素，白色的喪服。布總，用布束髮。❻東攻齊得城　指趙惠文王十九年（西元前二八〇年），趙奪取齊之麥丘。❼所　此。❽慢易　輕慢。❾阿黨　偏袒一方。❿令　善；美好。

【語　譯】趙惠文王對公孫龍說：「我致力於止息戰爭的事已有十多年了，可是總不見成功。戰爭是不可消除的嗎？」公孫龍回答說：「制止戰爭的本意，是為了兼愛天下的人；兼愛天下的人，是不能依憑虛名就可辦到的，一定要有實在的表現。現在趙國的藺、離石二邑被秦國併吞，大王就素服加身，布帶束髮；而趙國向東鄰發動進攻取得齊國一座城市，大王便安排酒宴，加餐慶賀。秦得地，大王服喪哀傷，齊失地，大王卻加膳歡慶，這可不符合兼愛的本意啊。這就是大王致力於止息戰爭所以一直沒有成功的原因。」

假設有這麼一個人，待人無禮又輕慢，卻要求別人敬重他；行事偏袒不公，卻要求有好的名聲；號令煩多而又屢屢變更，卻要求民眾平靜；自己暴虐乖戾而又貪得無饜，卻要求社會安定，那麼即便是黃帝，也會束手無策的。

〔六〕衛嗣君❶欲重稅以聚粟，民弗安，以告薄疑❷曰：「民甚愚矣。夫聚粟也，將以為民也。其自藏之與在於上奚擇❸？」薄疑曰：「不然。其在於民而君弗知❹，其不如在上也；其在於上而民弗知，其不如在民也。」凡聽必反諸己，審❺則令無不聽矣。國久則固❻，固則難亡，今虞、夏、殷、周無存者，皆不知反諸己也。

【章旨】以衛嗣君因重稅引起「民弗安」而與薄疑問對，說明君主欲求政令通達必須「反諸己」。

【注釋】❶衛嗣君　衛平侯子，在位四十二年（西元前三二四～前二八三年）。❷薄疑　衛嗣君寵臣。❸奚擇　何異。❹知　得。❺審　指審於反諸己。❻國久則固　句中「久」當係「反」之誤（依陳奇猷說）。意謂為國者能反諸己，則國家就能鞏固。

【語譯】衛嗣君想加重賦稅來聚斂糧食，百姓對此感到很不安。他就把這一切告訴薄疑說：「百姓也太愚昧了。我積聚糧食，也是為百姓著想的呀。他們自己貯藏糧食，與貯藏在官府裡有什麼區別呢？」薄疑說：「不對。糧食保存在百姓手裡，君上得不到，君上就認為不如貯藏在官府好；糧食保存在官府，百姓得不到，他們自然就認為不如貯藏在民間好。」

大凡君主要人們聽從自己的政令，那就要先反躬自求；如果能審慎地反躬自求，那麼命令就不會有不被聽從的了。治國的人能反躬自求，國家就能鞏固；國家鞏固了，就難於滅亡。如今虞、夏、殷、周已經沒有一個存在了，那就是由於他們的後繼者不懂得反躬自求啊。

〔七〕公子沓❶相周，申向❷說之而戰❸。公子沓訾❹之曰：「申子說我而戰，為吾相也夫？」申向曰：「向則不肖。雖然，公子年二十而相，見老者而使之戰，請問孰病❺哉？」公子沓無以應。戰者，不習也；使人戰者，嚴駔❻也。意者❼恭節而人猶戰，任不在貴者矣。故人雖時有自失者，猶無以易恭節。自失不足以難，以嚴駔則可❽。

【章　旨】以公子沓踞傲見申向使後者戰懼為例，說明君主「應容」必須「恭節」。

【注　釋】❶公子沓　西周國相。❷申向　周人。申不害之族人。❸戰　戰慄；恐懼。❹訾　厭惡。❺病　過失。❻嚴駔　嚴厲而驕橫。駔，通「怚」。驕。❼意者　倘若。❽以嚴駔則可　以嚴厲驕橫待人則應該受到責備。

【語　譯】公子沓擔任西周國的相，申向在與他說話時戰慄不止。公子沓厭惡地責備說：「申子，你跟我說話這麼哆哆嗦嗦，是不是因為我是宰相的緣故呢？」申向說：「我是很不肖。雖然如此，可公子您二十歲便高居相位，會見老人而使他戰慄不止，請問這究竟是誰的過錯呢？」公子沓無話可答。

戰慄不止，通常是因為不習慣見到尊者；使來客戰慄不止，是因為尊貴者嚴厲而又驕橫。倘若尊貴者恭謹謙和，來客仍有恐懼之感，那麼責任就不在尊貴者了。所以，別人雖然時常有自犯過失的，但做君主的還是不可改變恭謹謙和態度。別人的自犯過失不值得過多責怪，但君主如果用嚴厲驕橫對待來客，那就應該受到責備。

重言

【題解】「重言」意為君主應慎重於言談。從篇中所舉實例看，與上篇〈審應〉所論相類，亦涉及到君主的舉止容色，只是範圍不限於聽取臣下進言，還包括日常朝事及生活起居，都須慎重於「出聲應容」。

為了強調「重言」，本篇提到的殷高宗、楚莊王，竟至到了「三年不言」的地步，這自然不免誇張。聯繫全書，作者用意還在力倡「虛君實臣」之說。就像前〈情欲〉四章所說的那樣，楚莊王「盡傳其境內之勞與諸侯之憂於孫叔敖」，孫叔敖則「日夜不息」，楚莊王自己則「馳騁弋射，歡樂無遺」，卻能「功迹著乎竹帛，傳乎後世」。文中記述周公論及「天子無戲言」一段話，十分有趣。無論天子說什麼，只要他一開口，「則史書之，工誦之，士稱之」。天子的每一句話是如此的神聖，結果自然只好不說話。在某種特定條件下，誰說這不是一種剝奪某個人發言權的極巧妙的方法呢？

本篇中成王桐葉封弟，東郭牙不聽而聞，南方有鳥不鳴則已、一鳴驚人等故事和傳說，多見於諸書，並常常被歷代作家引入詩文，廣為流傳。

〔一〕二曰——

人主之言，不可不慎。高宗❶，天子也，即位諒闇❷，三年不言。卿大夫恐懼，患之。高宗乃言曰：「以余一人❸正四方，余唯恐言之不類❹也，茲❺故不言。」古之天子，其重言如此，故言無遺❻者。

【章　旨】以殷高宗即位居喪、三年不言的典故，說明君主應慎重於言語。

【注　釋】❶高宗　殷王小乙之子武丁，殷人敬其德義高美，故尊之為「高宗」。❷諒闇　亦作「諒陰」、「梁闇」、「亮陰」。指天子居喪。一說指凶廬，即守喪之處。❸余一人　殷代約從祖庚、祖甲時期（約西元前一二八〇～前一二四一年）開始，殷王自稱為「余一人」，猶後來的稱「朕」。❹類　善。❺茲　因此。❻遺　失。

【語　譯】君主說話，不可不慎重。殷高宗是天子，即位後，在守喪期間，三年不說話。卿大夫感到恐懼，為此很憂慮。高宗這才開口說了話：「憑我自己的力量要端正四方，我深恐說得不恰當呀，所以才不說話。」古代天子，對說話慎重到如此程度，所以說話沒有任何過失。

〔二〕成王❶與唐叔虞❷燕居❸，援梧葉以為珪❹，而授唐叔虞曰：「余以此封女。」叔虞喜，以告周公。周公以請曰：「天子其封虞邪？」成王曰：「余一人與虞戲也。」周公對曰：「臣聞之，天子無戲言。天子言，則史書之，工❺誦之，士稱之。」於是遂封叔虞于晉。周公旦可謂善說矣，一稱而令成王益重言，明愛弟之義，有輔王室之固❻。

【章　旨】記述周公旦以武王桐葉封弟一事，闡釋「天子無戲言」之理，從而使「成王益重言」。

【注　釋】❶成王　周武王子，姓姬名誦。❷唐叔虞　周成王之弟，虞是名，唐叔是其稱謂。字子于，封於晉。❸燕居　閒居。❹珪　帝王諸侯用以表示符信的玉版。❺工　樂人。❻有輔王室之固　用以輔助王室，使之更加鞏固。有，通「又」。

【語　譯】周成王在與唐叔虞一起閒居時，摘下一片梧桐葉子當作珪，送給唐叔虞說：「我用這來封你。」叔虞很高興，並把這件事告訴了周公。周公為此便去向成王請示說：「天子您封叔虞了吧？」成王說：「是我與叔虞說著玩的呀。」周公說：「我聽說過，天子沒有開玩笑的話。天子一說話，史官就要記載下來，樂工就要誦唱，學士就要弘揚。」成王於是就把晉地封給了叔虞。

周公旦可說是善於進說的了。他一稱說，就使成王對言談更加慎重，彰明了君王愛護兄弟的道義；又使周王室因有唐叔虞封於晉的輔助而更加鞏固。

〔三〕荊莊王❶立三年，不聽而好讔❷。成公賈❸入諫。王曰：「不穀❹禁諫者，今子諫，何故？」對曰：「臣非敢諫也，願與君王讔也。」王曰：「胡不設❺不穀矣。」對曰：「有鳥止於南方之阜❻，三年不動不飛不鳴，是何鳥也？」王射❼之曰：「有鳥止於南方之阜，其三年不動，將以定志意也；其不飛，將以長羽翼也；其不鳴，將以覽❽民則也。是鳥雖無飛，飛將沖天；雖無鳴，鳴將駭❾人。賈出矣，不穀知之矣。」明日朝，所進者五人，所退者十人。群臣大說，荊國之眾相賀也。故《詩》曰：「何其久也，必有以也，何其處也，必有與也❿。」其莊王之謂邪？成公賈之讔也，賢於太宰嚭⓫之說也。太宰嚭之說，聽乎夫差，而吳國為墟；成公賈之讔，喻乎荊王，而荊國以霸。

【章　旨】記述成公賈以隱語喻諫楚莊王，莊王得時而動，楚國終成霸業。

【注釋】❶荊莊王　即楚莊王。❷讔　即隱語，或稱廋辭。古代謎語一類遊戲。❸成公賈　楚莊王臣。❹不穀　君主對自己的謙稱。穀，善。❺設　施；行。此處指為莊王說出謎面。❻阜　土崗。❼射　猜度；揣測。❽覽　觀。❾駭　驚。❿何其久也四句　見《詩經·邶風·旄丘》，次序稍有不同。意在說明楚莊王不鳴則已、一鳴驚人的遠大志向。⓫太宰嚭　吳王夫差臣。

【語譯】楚莊王立為國君三年，不理政事而喜歡猜謎語。成公賈入朝進諫。莊王說：「我禁止人們來進諫。現在你卻來說諫了，這是為什麼？」成公賈回答說：「我哪裡敢進諫，只是想與君王一起猜猜謎語。」莊王說：「那為什麼還不快給我出謎題呢？」成公賈說：「有一隻鳥停在南方土崗上，三年不動、不飛、不鳴，這是什麼鳥啊？」莊王猜度說：「這隻鳥停在南方土崗上，牠之所以三年不動，是為了確定自己的志向；牠之所以不飛，是為了長好自己的羽翼；牠之所以不鳴，是為了觀測民風的準則。這隻鳥雖然還沒有飛，一旦起飛將沖天而上；雖然還沒有鳴，一旦鳴叫將震驚世人。成公賈你出去吧，我已知道謎語的意思了。」第二天朝會時，擢升了五人，黜退了十人。百官都非常高興，楚國的民眾為此相互祝賀。所以《詩經》上說：「為什麼這麼長久還不行動呢？必定有它的原由啊；為什麼這麼靜居不見行動呢？必定有它的緣故啊。」這說的大概就是楚莊王這種情況吧？

成公賈用謎語來勸喻，比太宰嚭的言說要好得多。吳王夫差聽信了太宰嚭的一番話，結果卻使吳國成了廢墟；而成公賈用謎語喻諫楚莊王，楚國因此而成就了霸業。

〔四〕齊桓公與管仲謀伐莒❶，謀未發而聞於國，桓公怪之曰：「與仲父謀伐莒，謀未發而聞於國，其故何也？」管仲曰：「國必有聖人❷也。」桓公曰：「譆！日❸之役者❹，有執蹠𤸫❺而上視者，意者其是邪？」乃令復役，無得相代。

少頃，東郭牙❻至。管仲曰：「此必是已。」乃令賓者❼延❽之而上，分級而立❾。管子曰：「子邪言伐莒者❿？」對曰：「然。」管仲曰：「我不言伐莒，子何故言伐莒？」對曰：「臣聞君子善謀，小人善意⓫。臣竊意之也。」管仲曰：「我不言伐莒，子何以意之？」對曰：「臣聞君子有三色：顯然⓬喜樂者，鐘鼓之色也；湫然⓭清靜者，衰絰之色⓮也；艴然⓯充盈，手足矜⓰者，兵革之色也。日者臣望君之在臺上也，艴然充盈，手足矜者，此兵革之色也。君呿⓱而不唫⓲，所言者『莒』⓳也；君舉臂而指，所當者莒也。臣竊以慮諸侯之不服者，其惟莒乎。臣故言之。」凡耳之聞以聲也，今不聞其聲，而以其容與臂，是東郭牙不以耳聽而聞也。桓公、管仲雖善匿，弗能隱矣。故聖人聽於無聲，視於無形，詹何、田子方、老耽是也。

【章　旨】以東郭牙從桓公與管仲的舉止容色揣測到齊將伐莒，說明特別聰慧睿智的人可以「不以耳聽而聞」，故君主不僅須謹於言，亦應慎於容。

【注　釋】❶莒　西周分封的諸侯國，己姓，建都計斤，一作介根，今山東膠縣西南；春秋初年遷都於莒，在今山東莒縣。❷聖人　此處指特別聰慧睿智之人。❸日　指往日。❹役者　服勞役的人。❺蹠㾕　指一種可以用足踏的農具耒。蹠，蹈。㾕，字書無此字。孫詒讓以為係「枱」之異文。枱，通「利」。為刺土之耒。❻東郭牙　即上文「日之役者」。前〈勿躬〉三章亦有名東郭牙者，是否即此人，無考。❼賓者　接引賓客的侍者。❽延　引；領。❾分級而立　分別在左右臺階上站定。

古禮客階左主階右。❿子邪言伐莒者　即「言伐莒者，子邪」。⓫意　推測。⓬顯然　歡欣的樣子。⓭湫然　清冷的樣子。⓮衰絰之色　居喪之容。衰絰，指喪服。衰，披於胸前之粗麻布。絰，圍在腰間或纏在頭上的麻繩。⓯艴然　惱怒的樣子。⓰矜　奮動。⓱呿　張口。⓲唫　閉口。⓳所言者莒　從說話時開而不閉的口形，推測二人所言者為「莒」字之音。本章所引故事，互見於《管子・小問》、《說苑・權謀》、《論衡・知實》、《韓詩外傳》等書。

【語　譯】齊桓公與管仲謀劃攻伐莒國。謀劃的事還沒有發布，國人卻已經知道。桓公對此感到很奇怪，問管仲說：「我與仲父一起謀劃攻伐莒國，這件事還沒有發布國人卻已經知道，這是什麼緣故呢？」管仲說：「國都內一定有特別聰慧睿知的人了。」桓公說：「噢，那天來服勞役的人中，有個手裡拿著耒耜向上張望的，料想可能就是他吧？」於是下令那天服役的人再來復役，不得找人替代。過了一會兒，東郭牙來到。管仲說：「一定就是這個人。」接著就吩咐禮賓官引他上臺階，賓主分左右站定。管仲說：「傳播要攻伐莒國的就是您吧？」東郭牙回答說：「是的。」管仲說：「我並沒有說過要攻伐莒國的話，您為什麼說要攻伐莒國呢？」東郭牙回答說：「我聽說君子善於謀劃，小人善於猜測。那是我私下裡猜測的。」管仲說：「我沒有說過要討伐莒國，您根據什麼猜測到呢？」東郭牙回答說：「我聽說君主有三種神色：面帶欣喜高興的樣子，是欣賞鐘鼓音樂的神色；面帶清靜肅穆的樣子，是居喪時期的神色；怒容滿面，手足奮動，是要興兵打仗的神色。那日我望見你們在臺上怒容滿面，手足奮動，那正是要興兵征戰的神情。又見到您嘴巴開而不閉，從口形推測所說的是『莒』字。您舉起手臂所指的，也正是莒國的方位。我私下揣測諸侯之中不順服齊國的，大概只有莒國吧，所以我就說了那樣的話。」

通常耳朵能聽到是因為有聲音，如今沒有聽到聲音，而是依據對方面部表情與手臂動作來瞭解他們的意圖，這說明東郭牙能夠不用耳朵而「聽」到別人的話啊。在這種情況下，桓公和管仲即使善於藏匿祕密，也不能隱蔽自己的意圖了。所以聖人能在沒有聲音的地方有所聽聞，在不具形狀的地方有所察見。譬如詹何、田子方、老耽，就能做到這樣。

精諭

【題解】「精諭」是說人可以通過非有聲語言的諸多精神感情因素，如音容笑貌、神情儀態等，彼此傳遞信息、交流思想，做到所謂「相諭不待言」，而能「以精相告」。

篇中舉了勝書說周公旦、孔子見溫伯雪子、白公問孔子、齊桓公謀伐衛和晉襄公使人於周等實例，用以論證相諭不待言、以精相告的意義和達到這種境界的途徑。文章把這種境界分為通常的和更高一級的兩個層次。通常的雙方應具備「同惡同好」。譬如勝書和周公旦就是這樣。由於他們都為著周的興起這個共同目的，因而一個能「以不言說」，一個能「以不言聽」，使得多心的紂王也奈何他們不得。更高一級的，則雙方必須「天符」（天道）相同。譬如孔子見溫伯雪子，不說一句話，卻已達到了「心與志皆見」這樣的高境界。與此相反的是白公見孔子，儘管孔子以妙語錦言多次啟示，但白公依然「弗得」。淺薄的智力使他無法理解「唯知言之謂者為可」的深層含義，最終遭致謀敗身死。

〔一〕三曰——

聖人相諭不待言，有先言言者❶也。海上之人有好蜻❷者，每居海上，從蜻游，蜻之至者，百數而不止，前後左右盡蜻也，終日玩之而不去。其父告之曰：「聞蜻皆從女❸居，取而來，吾將玩之。」明日之海上，而蜻無至者矣。

【章旨】以海上有善解人意之水鳥為喻，說明人與人甚至人與物，可以不用語言而相互溝通。

【注　釋】❶有先言言者　有先於言語的表達媒介。第一「言」為名詞；第二「言」為動詞。❷蜻　王引之認為「蜻」係「青」之借字。青，指青雀。水鳥。又，《列子・黃帝》載此作「漚鳥」。漚，通「鷗」。亦為水鳥。❸女　汝。

【語　譯】聖人相互曉諭不須言語，有先於言語而能表達彼此思想的媒介在。海邊有個喜歡水鳥的人，每次到海邊去，總要跟水鳥在一起戲耍，飛來的水鳥數以百計也不止。他的前後左右都是這些鳥，整天與牠們嬉戲也不會離去。他的父親對他說：「聽說水鳥都與你在一起戲耍，你設法把牠們抓來，我要賞玩牠們。」這個人第二天到海邊去，再也沒有一隻水鳥飛來了。

〔二〕勝書說周公旦曰：「廷小人眾，徐言❶則不聞，疾言❷則人知之，徐言乎？疾言乎？」周公旦曰：「徐言。」勝書曰：「有事於此，而精❸言之而不明，勿言之而不成，精言乎？勿言乎？」周公旦曰：「勿言。」故勝書能以不言說，而周公旦能以不言聽，此之謂不言之聽❹。不言之謀，不聞之事，殷雖惡周，不能疵❺矣。口㖧❻不言，以精❼相告，紂雖多心，弗能知矣。目視於無形，耳聽於無聲，商聞雖眾，弗能窺矣。同惡同好，志皆有欲，雖為天子，弗能離❽矣。

【章　旨】以勝書與周公旦一個能「以不言說」，一個能「以不言聽」，說明只要雙方同好惡、同志欲，便可做到彼此心照不宣。

【注　釋】❶徐言　輕聲細語。❷疾言　大聲張揚。❸精　微妙。❹不言之聽　不待對方說出，其意自已明白。❺疵　詆毀；誹謗。❻㖧　同「吻」。❼精　指神氣。❽離　阻隔。

【語譯】勝書向周公旦進言說：「廷堂窄小而閒雜人等眾多，低聲細語怕您聽不到，大聲張揚又會讓別人聽到；那麼是低聲說呢，還是大聲說？」周公說：「低聲說。」勝書說：「如果有件事情要辦，隱微地說，說不明白，不說又辦不成事。那麼是隱微地說呢，還是不說？」周公旦說：「不說。」所以，勝書能不用語言進言，而周公旦能不須對方說話而「聽」懂全部意思。這就是所謂不待別人開口，自己便已聽懂。像勝書、周公旦這樣不用語言表達出來的計謀，不讓別人聽到的行事，殷商雖然厭惡周國，也無法從中挑出毛病。嘴巴不說一句話，用神情彼此相告，紂王雖然多心好疑，也不能察覺其中奧祕。既然眼睛可以看到無形的表示，耳朵可以聽到無聲的語言，商朝的探子雖多，也不能窺見周的謀劃。好惡相同，志欲一致，殷紂雖然貴為天子，也不能把他們阻隔開來。

〔三〕孔子見溫伯雪子❶，不言而出。子貢❷曰：「夫子之欲見溫伯雪子好❸矣，今也見之而不言，其故何也？」孔子曰：「若夫人❹者，目擊❺而道存矣，不可以容聲❻矣。」故未見其人而知其志，見其人而心與志皆見，天符❼同也。聖人之相知，豈待言哉？

【章旨】以孔子見溫伯雪子雖不言而「心與志皆見」，說明若彼此「天符」相通，就不待言說。

【注釋】❶溫伯雪子　姓溫，名伯，字雪子。成玄英《莊子疏》稱其為「南方之得道者」。❷子貢　孔子弟子，姓端木名賜。❸好　《莊子・田子方》作「久」。語譯依《莊子》。❹夫人　那個人。夫，代詞。❺目擊　親眼看到。擊，接觸。❻容聲　以形容為聲。指用語言表達。❼天符　天道。

【語譯】孔子去見溫伯雪子，不說一句話就出來了。子貢說：「先生想見溫伯雪子已經很久了，現在見到了卻不說一句話，這是什麼緣故呢？」孔子說：「像他這樣的人，眼光一接觸就能讓人知道他道術自存，哪裡還用得著語言表達呢？」所以，沒有見到這個人便已知道他的志向；見到他時，他的內心和志向都看得很清楚，因為彼此有天道相通。聖人之間的相互知交，哪裡要等待語言呢？

〔四〕白公❶問於孔子曰：「人可與微言❷乎？」孔子不應。白公曰：「若以石投水奚若❸？」孔子曰：「沒人❹能取之。」白公曰：「若以水投水奚若？」孔子曰：「淄、澠❺之合者，易牙❻嘗而知之。」白公曰：「然則人不可與微言乎？」孔子曰：「胡為不可？唯知言之謂者為可耳❼。」白公弗得也。知謂則不以言矣。言者，謂之屬❽也。求魚者濡❾，爭獸者趨❿，非樂之也。故至言去言，至為無為。淺智者之所爭則末⓫矣。此白公之所以死於法室⓬。

【章旨】言白公因「淺智」而不能理解孔子關於「不言之謀」的道理，最終遭致謀敗身死。

【注釋】❶白公　名勝，楚平王之孫，太子建之子。白為楚縣，因楚僭稱王，故守縣大夫也隨之稱公。據《史記・楚世家》記載，其始，太子建為費無忌所譖，出奔鄭，後為鄭所殺。白公欲報殺父之仇，請求令尹子西伐鄭，子西許而未為發兵。楚惠王八年（西元前四八一年），晉伐鄭，鄭告急於楚，楚使子西救鄭，白公遂密謀殺子西於朝，並劫持惠王，自立為王。月餘，會葉公來救楚，攻殺白公，惠王復位。本章故事，取於白公密謀殺子西之意。❷微言　隱密之言。此處可能有暗示欲殺子西之意。❸奚若　何如。❹沒人　善於潛水的人。❺淄澠　齊國境內二水名。❻易牙　齊桓公之近臣，易牙又以善辨味著聞。❼唯知言之謂者為可耳　只有善解語言所要表達的本意的人，才可與之「微言」。按：孔子的一次不應和二次回答，都在巧妙地用不言之言或言外之意告誡白公必須縝密，不可與人謀，謀則恐有洩。❽屬　歸屬。❾濡　沾濕。❿趨　奔跑。⓫末　末節。聯繫上文，無為是本，有為是末；謂是本，言是末。⑫法室　刑室。《列子・說符》作「浴室」。《左傳》稱「白公奔山而縊」。

【語譯】白公向孔子詢問說：「可以與別人談隱祕之事嗎？」孔子沒有應聲。白公說：「如果談的隱祕之事，就像石頭投到水中那樣不留下痕跡，怎麼樣呢？」孔子說：「會潛水的人還是能把那石頭取出來。」白公說：「如果像把水倒入水中那樣使人再也取不出來，怎麼樣呢？」孔子說：「把淄水與澠水溶合到一起，像易牙這樣善於辨味的人嚐一嚐，也還是可以區分它們。」白公說：「這麼說來，人與人之間就不可能有機密商談了嗎？」孔子說：「怎麼不可以呢？只不過唯有善解語言所要表達的本意的人，才能做到罷了。」白公沒有聽懂孔子話中的啟示。如果真能理解事情的本意，那就用不到依賴語言了。所謂語言，那是意義的載體。捕魚的人總要沾濕衣服，獵獸的人必得拼命奔跑，並非他們樂於濕衣或奔跑的呀。所以最高境界的語言，就是不用語言；最大成就的作為，就是無所作為。與此相反，那些智力淺薄的人所爭著做的，只是一些細枝末節罷了。這也就是白公後來所以死於刑室的原因。

〔五〕齊桓公合諸侯❶，衛人後至。公朝而與管仲謀伐衛，退朝而入，衛姬❷望見君，下堂再拜，請衛君之罪。公曰：「吾於衛無故❸，子曷為請？」對曰：「妾望君之入也，足高氣彊，有伐國之志也；見妾而有動色，伐衛也。」明日君朝，揖管仲而進之。管仲曰：「君舍衛乎？」公曰：「仲父安識❹之？」管仲曰：「君之揖朝也恭，而言也徐，見臣而有慚色，臣是以知之。」君曰：「善。仲父治外，夫人治內，寡人知終不為諸侯笑矣。」桓公之所以匿者不言也，今管子乃以容貌音聲，夫人乃以行步氣志，桓公雖不言，若暗夜而燭燎也。

【章旨】以衛姬、管仲分別從齊桓公的舉步神態、音容聲貌窺出其伐衛或捨衛的意向，說明賢者之間那種「相諭不待言」的奧祕。

【注釋】❶齊桓公合諸侯　指齊桓公三十五年（西元前六五一年）之葵丘會盟。❷衛姬　齊桓公夫人，娶於衛，故稱衛姬。❸故　指戰爭之事。❹識　知。

【語譯】齊桓公會盟諸侯，衛國使者來晚了。桓公為此在上朝時與管仲商量討伐衛國的事。退朝回到宮中，衛姬看到君主，便下堂拜了又拜，替衛國君主請罪。桓公說：「我對衛國又沒有什麼事，你為什麼要為它請罪？」衛姬回答說：「臣妾望見君上進來的時候，邁著大步，怒氣沖沖有一種要討伐哪一個國家的神情；而見到臣妾，又容色一動，這就說明要討伐的是衛國。」第二天桓公上朝，向管仲作揖而請他上來。管仲說：「君上大概不伐衛了吧？」桓公說：「仲父是怎麼知道的？」管仲說：「君上升朝時作揖那麼謙恭，說話又那麼緩慢，見到我還有點慚愧的神色。我就是依據這些知道的。」桓公說：「好啊。有您仲父治理宮外的事情，又有夫人治理宮內的事情，我可以放心自己終身不會被諸侯恥笑了。」桓公用以藏匿自己意圖的辦法是不說話，現在管仲卻憑著他的音容聲貌，夫人則依據他的舉步神態，都窺測到了他的內心。所以桓公雖然不說話，但他的內心意圖卻像暗夜裡點著燈燭一樣，讓人看得清楚明白。

〔六〕晉襄公❶使人於周曰：「弊邑寡君寢疾，卜以守龜❷曰：『三塗為祟❸。』弊邑寡君使下臣願藉途❹而祈福焉。」天子❺許之。朝，禮使者事畢，客出。萇弘❻謂劉康公❼曰：「夫祈福於三塗，而受禮於天子，此柔嘉❽之事也，而客武色，殆有他事，願公備之也。」劉康公乃儆❾戎車卒士以待之。晉果使祭事先，因令楊子❿將卒十二萬而隨之，涉於棘津⓫，襲聊阮、梁、蠻氏⓬，滅三國焉。此形名不相當，聖人之所察也，萇弘則審矣。故言不足以斷小事，唯知言之謂者可為⓭。

【章　旨】以萇弘從晉襄公使者說的是雖「柔嘉之事」，但神情卻有「武色」，推測其將行兵事，後事實果如萇弘所料；說明斷事不能單憑語言表層意思，「唯知言之謂者可為」。

【注　釋】❶晉襄公　名歡，晉文公子，在位七年（西元前六二七～前六二一年）。《左傳》繫此事於昭公十七年（西元前五二五年）。據此，則此事非發生在晉襄公時，應在晉頃公元年。頃公，名去疾，昭公之子。❷守龜　占卜用的龜甲。世代相守，故稱守龜。❸三塗為祟　指三塗的山神作祟。三塗，古山名，屬周境，在今河南嵩山西南，伊河北岸。祟，鬼神為禍。❹藉途　借道。❺天子　指周景王。❻萇弘　周景王、周敬王時大夫。❼劉康公　周定王之子，食邑於劉，諡康公。劉，在今河南偃師南。❽柔嘉　溫和而美善。❾儆　警戒。❿楊子　晉軍將領。《左傳》昭公十七年作「荀吳」。⓫棘津　即孟津，古黃河渡口，在今河南孟縣南。⓬聊阮梁蠻氏　當為古時所謂蠻族地區三小國國名。⓭可為　據本篇四章「唯知言之謂者為可」，此處似亦當作「為可」。

【語　譯】晉襄公派人出使到周朝說：「敝國國君臥病，用龜甲占卜，卜兆說：『三塗的山神在作祟。』為此敝國國君派小臣來，請求借道到三塗山去求神祈福。」周天子答應了他的請求。於是就升朝。接待使者的禮儀結束，賓客走了以後，萇弘對劉康公說：「到三塗山去祈神求福，而且還受到天子以禮儀相待，這本來是溫馨幽美的事，但來客卻面露凶氣，看來恐怕還有別的圖謀吧？希望您能預作準備。」劉康公為此下令兵車與士卒進入戒備狀態。晉國果然讓從事祭祀的為先行，趁機又派楊子率領十二萬大軍緊隨其後，渡過棘津，襲滅了聊阮、梁、蠻氏三個小國。這是實際和名稱的不相符，也正是聖人能夠明察的地方，萇弘就把這一點審察清楚了。所以單憑語言的表面意思還不足以決斷事情，只有能善解語言深層含義的人，才可做到這一點。

離謂

【題解】所謂「離謂」，指語言與意義，即思維的形式與內容相背離。本篇旨在論述這種做法的嚴重危害。文中對名家代表人物鄧析指名道姓地作了極嚴厲的抨擊，甚至必欲殺之而後可，這在力圖兼採各家之長的《呂氏春秋》是一種破例的做法。

以思維形式及其規律為研究對象的名家的出現，應是中國古代認識史的重要一頁。作為這個學派的鼻祖鄧析，是我國最早的邏輯學家。本篇所舉的被作者指責為「言意相離」的若干實例，大都屬鄧析的所謂「兩可之說」。如對同一具屍體，得屍者與贖屍者相互對立，如何各從自身利益要挾對方；對同一個是否應為君長死難的問題，主張殉死的和不殉死的相互對立，如何各為自己的立場辯解。淳于髡對魏惠王既說以合縱，又進以連橫，亦屬同例。這種「兩可之說」的特點，是運用同一個邏輯推理，可以為利害對立的任何一方服務。這自然是力倡「執一」、「不二」的本書作者所無法容忍的。文中對鄧析等人的思辨才能用二句話作了全盤否定：「其多能不若寡能，其有辯不若無辯。」

如果把兩可推論應用於訴訟，那就是主張允許原被告之間的公開答辯，亦即文中所說的「縣書」。當時刑法粗疏，律與例都有孔子可鑽。因而當鄧析幫助訴訟者答辯時，便出現了「是非無度，而可與不可日變」，以至「鄭國大亂，民口讙譁」的局面。在此情況下，解決的辦法可以有二種：或是修訂和完善法制，或是維持舊法而禁止一切答辯。後來鄭國的事實和本文作者的主張都是後一種，而且走得更遠：於是「殺鄧析而戮之，民心乃服，是非乃定，法律乃行」。張揚歷史是為了著眼現實。本篇作者真正的用意在於告誡當時君主，如果「莫之誅鄧析之類，此所以欲治而愈亂也」。

鄧析與子產的對立，只是作者用以演繹自己觀點的一個帶有虛構成分的載體。據《左傳》記載，子產死於鄧析被殺前二十一年，殺鄧析的不是子產而是駟歂。但本篇所轉述的鄧析的思想，當是可信的。今人研究鄧析，〈離謂〉還是主要的根據。《漢書・藝文志》錄《鄧析》二篇，早已失傳。今本《鄧析子》中〈無厚〉、〈轉辭〉等篇，可能是戰國後期辯者所偽託，其思想與公孫龍相近。

〔一〕四曰——

言者，以諭意也。言意相離，凶也。亂國之俗，甚多流言，而不顧其實，務以相毀，務以相譽，毀譽成黨，眾口熏天❶，賢不肖不分，以此治國，賢主猶惑之也，又況乎不肖者乎？惑者之患，不自以為惑，故惑惑之中有曉焉，冥冥之中有昭焉。亡國之主，不自以為惑，故與桀、紂、幽、厲皆❷也。然有亡者❸國，無二道❹矣。

【章　旨】認為語言與意義相背離，是國家的一個凶兆，它會引起一系列混亂，直至導致亡國。

【注　釋】❶熏天　形容氣勢之盛。熏，煙氣侵襲。❷皆　通「偕」。偕同；相同。❸者　通「諸」。之。❹無二道　沒有其他途徑。

【語　譯】語言是用來表達意義的。語言與意義相背離，是凶險的徵兆。給國家帶來禍亂的習俗，到處都是流言蜚語，而不考慮其事實，一些人竭力互相詆毀，另一些人又起勁相互吹捧。詆毀的和吹捧的，又各自結成朋黨，眾口喧囂，氣勢熏天，誰賢明、誰不肖，根本分辨不清。在這種情況下想要治理好國家，賢明的君主尚且感到惶惑，更何況不肖的君主呢？昏惑的人的最大禍患，在於他還自以為不昏惑。所以他們分明在極其昏惑之中，卻自以為很清楚；分明在非常昏暗之中，卻自以為很明白。通常亡國的君主，總是不以為自己是昏惑的，所以他們就跟桀、紂、幽、厲歸到一類去了。這樣看來，那些遭到滅亡的國家，走的都是這一條道路。

〔二〕鄭國多相縣以書❶者。子產❷令無縣書，鄧析❸致之❹。子產令無致書❺，鄧析倚❻之。令無窮，則鄧析應之亦無窮矣。是可不可無辨❼也。可不可無辨，而以賞罰，其罰❽愈疾，其亂愈疾，此為國之禁❾也。故辨❿而不當理則偽，知⓫而不當理則詐，詐偽之民，先王之所誅也。理也者，是非之宗⓬也。

【章　旨】記述鄭國司法改革中的一場鬥爭。鄧析主張答辯，而子產不准這樣做；後者一再禁止，前者屢屢對抗。作者認為允許答辯就會造成混亂，故當禁。

【注　釋】❶相縣以書　指訴訟雙方以書面相對抗。類似今之原被告之間相互答辯。縣，《廣雅・釋言》：「縣，抗也。」❷子產　鄭穆公之孫，子國之子，名僑，故稱公孫僑。鄭之賢相，曾鑄刑書於鼎。❸鄧析　春秋末期鄭國大夫。欲改子產鑄於鼎之舊刑，不受君命，私造刑法，並刻於竹簡，稱為「竹刑」。著名名家，常操「兩可之說」。《漢書・藝文志》著錄《鄧析》二篇，已佚。❹致之　仍然這樣做。❺致書　文飾法律。致，通「緻」。文飾。❻倚　偏頗；邪曲。❼可不可無辨　指法令所規定的「可」與「不可」的界線，無法分辨。❽其罰　即「其賞罰」。因與下文「其亂」對文而省「賞」。❾禁　禁忌。❿辨　同「辯」。⓫知　玩弄智巧。⓬宗　根本。

【語　譯】鄭國在訴訟時，很多原告被告相互用書面公開進行答辯對抗。子產下令不許公開對抗答辯，鄧析卻依然這樣做。子產下令不許文飾法令，鄧析仍然曲解法律條文，任意辯解。子產的命令無窮無盡，鄧析的對策也無窮無盡。這樣一來，法律所規定的「允許」和「不允許」的界線就無法辨別了。允許與不允許的界限無法辨別，而依據這來進行賞罰，那麼這樣的賞罰越厲害，社會的混亂也就越厲害，這正是治國者的禁忌啊。所以，進行辯論而不以理義為標準，那就是奸偽；玩弄智巧而不以理義為準則，那就是欺詐。這種奸偽、欺詐的刁民，正是先王所要誅戮的啊。所謂理義，這是判斷一切是非的根本。

〔三〕洧水❶甚大，鄭之富人有溺者。人得其死者❷。富人請贖之，其人求金甚多，以告鄧析。鄧析曰：「安之。人必莫之賣❸矣。」得死者患之，以告鄧析。鄧析又答之曰：「安之。此必無所更買矣。」夫傷忠臣者，有似於此也。夫無功不得民，則以其無功不得民傷之；有功得民，則又以其有功得民傷之。人主之無度❹者，無以知此，豈不悲哉？比干、萇弘以此死，箕子、商容以此窮，周公、召公以此疑，范蠡、子胥以此流，死生存亡安危，從此生矣。

【章　旨】鄧析「兩可說」一例：對得屍者與贖屍者利害對立的雙方，他卻都以「安之」回答他們。作者據此推論歷史上忠臣賢士的被中傷也有似於此，因而能否清除兩可之說實為國家存亡安危所繫。

【注　釋】❶洧水　即今河南雙洎河。❷死者　指屍體。❸莫之賣　無處出賣屍體。❹度　法度。

【語　譯】洧水很大，鄭國某富戶有人淹死在洧水。有個人撈到了這具屍體。富人家裡請求贖買這具屍體，撈到屍體的那個人要價很高。那富戶人家把這個情況告訴了鄧析。鄧析說：「安心等待吧。那個人必定找不到任何別的買主。」得到屍體的那個人對此很擔憂，於是也去找鄧析。鄧析又用同樣的話回答他說：「安心等待吧。那個人必然再也無處可以買到了。」那些中傷忠臣的手法，也類似這種情況。如果忠臣沒有功勞，又得不到百姓擁護，那就可以藉他沒有功勞和得不到百姓擁護這一點去詆毀他；如果他有功勞，又得到民眾擁護，那便可以用他有功勞而又得到民眾擁護這一點去誹謗他。不能掌握法度的君主，無法明察這種情況，那豈不是很可悲嗎？比干、萇弘因此而被殺害，箕子、商容因此而遭受困窮；周公、召公因此而受到猜忌，范蠡和伍子胥也是因此而一個泛舟五湖，一個流屍於江。許多由生而轉為死、由存而轉為亡、由安而轉為危的事，都是由此發生的呀。

〔四〕子產治鄭，鄧析務難之，與民之有獄❶者約，大獄一衣，小獄襦袴❷。民之獻衣襦袴而學訟者，不可勝數。以非為是，以是為非，是非無度，而可與不可日變。所欲勝因勝，所欲罪因罪。鄭國大亂，民口讙譁。子產患之，於是殺鄧析而戮之❸，民心乃服，是非乃定，法律乃行。今世之人，多欲治其國，而莫之誅鄧析之類，此所以欲治而愈亂也。

【章　旨】由子產殺鄧析而鄭國「民心乃服，是非乃定，法律乃行」，說明若不殺鄧析一類人，結果是「欲治而愈亂」。

【注　釋】❶獄　訴訟。❷襦袴　短衣、褲子。❸殺鄧析而戮之　殺鄧析並陳屍示眾。此處與史傳所記有異。據《左傳》記載，子產死於魯昭公二十年（西元前五二二年）。殺鄧析的是騶歂，時間是在魯定公九年（西元前五〇一年）。此時子產已死去二十一年。

【語　譯】子產治理鄭國，鄧析極力刁難他。鄧析與百姓中有訴訟的人約定，向他請教如何對付大的訴訟的，送一件上衣；小的訴訟送一襲短衣和褲子。這一來，百姓中向鄧析送上衣和短衣褲要求學習應對訴訟的人，多到數不勝數。人們學了鄧析那一套，以非為是，以是為非，是與非都沒有個法度，允許做和不允許做的標準幾乎每天在變。想讓人勝訴，就能讓人勝訴；要致人於罪，就能致人於罪。鄭國因而出現了大混亂，人們吵吵嚷嚷，無休無止。子產擔憂這種局勢的發展，於是就殺了鄧析，並且陳屍示眾。這樣民心才得以順服，是非才能夠確定，法律才終於推行。當今世上的人們，大都希望治理好自己的國家，可是卻不知道要殺掉鄧析這類人，這就是想要治理好國家，卻反而越治越亂的原因。

〔五〕齊有事人者，所事有難而弗死也，遇故人於塗。故人曰：「固不死乎？」對曰：「然。凡事人以為利也。死不利，故不死。」故人曰：「子尚可以見人乎？」對曰：「子以死為顧❶可以見人乎？」是者數傳❷。不死於其君長，大不義也，其辭猶不可服，辭之不足以斷事也明矣。夫辭者，意之表也。鑒其表而棄其意，悖❸。故古之人，得其意則舍其言矣。聽言者以言觀意也。聽言而意不可知，其與橋❹言無擇❺。

【章　旨】以齊國一臣屬不為其君長死難的兩可之辯，說明辯辭之「不足以斷事」。

【注　釋】❶顧　反；反而。❷數傳　一再輾轉相傳。此處並有在流傳中產生影響、相互仿效之意。❸悖　惑。❹橋　通「矯」。詐稱。❺擇　區別。

【語　譯】齊國有個事奉人的人，他所事奉的主人遇了難，他沒有去殉死救難。他在路上遇到熟人，熟人問他：

「你原來沒有殉死呀？」他說：「是的。凡是事奉人就是為了謀取利益，殉死了還有什麼利益可言，所以我不殉死。」那熟人說：「你這樣還可以見人嗎？」他回答說：「您以為死了倒反可以見人嗎？」這樣的話，在人們中間一再輾轉相傳。不為自己的君主長上殉死，是一件大不義的事，可是他還振振有辭。由此可見，單憑言辭不足以決斷事情是非常清楚的了。所謂言辭，是意義的外在表現。只講究外在表現而拋棄內在意義，那是糊塗。所以古人在領會了對方的真實意義後，就不去推敲他的言辭了。聽人言談是要依據言談來瞭解意義的；如果聽人言談而其真實意義不可知曉，那樣的語言便與詐偽之詞沒有什麼區別。

〔六〕齊人有淳于髡❶者，以從❷說魏王❸。魏王辯之❹，約車❺十乘，將使之荊。辭而行，有❻以橫❼說魏王，魏王乃止其行。失從之意，又失橫之事。夫其多能不若寡能，其有辯不若無辯。周鼎著倕而齕其指❽，先王有以見大巧之不可為也。

【章　旨】以淳于髡對魏王先說以合縱，後說以連橫，使魏王無所適從，說明這類辯說「多能不若寡能」，「有辯不若無辯」。

【注　釋】❶淳于髡　戰國時齊國人，曾事齊威王。❷從　即「縱」。此指合縱。六國聯合以抗秦。❸魏王　指魏惠王，亦即梁惠王，《史記・魏世家》稱魏王「卑禮厚幣以招賢者，騶衍、淳于髡、孟軻皆至梁」。❹辯之　即「以之為辯」，魏王以為他說得有道理。辯，說理分明。❺約車　套車。約，束。❻有　又。❼橫　連橫。六國分別以事秦。❽著倕而齕其指　倕為堯時巧匠，其巧在一雙手。周鼎鑄倕圖像而令自咬其指，意在告誡後人毋為智巧偽詐。齕，咬。

【語　譯】齊國有個名叫淳于髡的人，他用合縱之術進說魏王。魏王認為他說得有道理，為他備了十乘車輛，將要委派他為使節去楚國。淳于髡在向魏王告別辭行時，又以連橫之術向魏王進說，魏王就中止了他的楚國之行。這樣既使合縱的主張落了空，又使連橫的圖謀亦落了空。像淳于髡這樣才能多還不如才能少的好，他有辯才還不如沒有辯才的好。周鼎上鑄刻倕的圖像，讓他自咬手指，先王是為了藉以表明巧智詐偽是不可使的啊。

淫辭

【題解】本篇以公孫龍、惠施為主要對象，詆斥名家與詭辯術。篇名「淫辭」，意謂名辯之學，實為淫佚欺詐之辭。

對公孫龍和惠施等的名家學說，《莊子・天下》有一斷語：「能勝人之口，不能服人之心。」這一批評，相當準確地揭示了名辯之學在當時的實際效果。篇中公孫龍對秦趙的空雄盟約作兩可推論自亦可以一堵秦王之口，但這個盟約卻也因此而事實上不復存在。所謂「藏三牙」（羊三耳）的論辯也是如此。公孫龍可以使孔穿一時無言以應，但卻無法改變「羊二耳」這一客觀事實。本文作者正是抓住了名家有時不免名實相背這一弱點，加以引申、推演，於是便出現了如莊伯所遇到的那種種「所言非所行」、「所行非所言」的混亂，和澄子丟了緇衣，竟以同是緇衣為由，要搶奪一陌路女子身上衣服的荒唐事。自然，這與真正的名辯之學，已經沒有多少相干。

全文結論，以鄭衛之音雖悅耳，卻無助舉大木為喻，說明詭辯論正如惠子之法，亦是雖「民人皆善之」，卻不可能用來治國。

〔一〕五曰——

非辭❶無以相期❷，從辭❸則亂。亂辭之中又有辭焉❹，心之謂也。言不欺心❺，則近之矣。凡言者，以諭心也。言心相離，而上無以參❻之，則下多所言非所行也，所行非所言也。言行相詭❼，不祥莫大焉。

【章　旨】論言辭必須與所欲表達的意義相當，做到「言不欺心」；如果「言心相離」、「言行相詭」，就會造成莫大危害。

【注　釋】❶辭　指表達一定語意的概念或言辭。❷相期　相互交往。期，會合。❸從辭　恣意而言。指不遵守語言規則，或無視概念所確定的內涵。從，同「縱」。❹亂辭之中又有辭焉　「亂」字因涉上文而衍（依陳昌齊說）。前「辭」指用以表達一定語意的概念或言辭；後「辭」指該概念或言辭的內涵。❺言不欺心　指語言不能背離內心所要表達的意思，概念或言辭必須具備明確的內涵。❻參　檢驗；考察。❼詭　背離。

【語　譯】不用言辭，人們就無法交往；恣意亂用言辭，又會造成混亂。在言辭背後又有這言辭的內涵存在著，這指的就是心意。語言不乖違自己的心意，那就接近於符合實際了。大凡說話都是用來表達心意的，如果語言與心意相互背離，在上位的人又不能加以參驗考核，那麼在下位的人就會出現很多所說的與所做的不相符，或者所做的與所說的不一致。言行相互悖逆，沒有比這危害更大的了。

〔二〕空雄之遇❶，秦、趙相與約。約曰：「自今以來，秦之所欲為，趙助之；趙之所欲為，秦助之。」居無幾何，秦興兵攻魏❷，趙欲救之。秦王❸不說，使人讓趙王❹曰：「約曰：『秦之所欲為，趙助之；趙之所欲為，秦助之。』今秦欲攻魏，而趙因欲救之，此非約也。」趙王以告平原君❺。平原君以告公孫龍❻。公孫龍曰：「亦可以發使而讓秦王曰：『趙欲救之，今秦王獨不助趙，此非約也。』」

【章　旨】當秦利用秦趙盟約，責趙不助其攻魏反而救魏時，公孫龍教趙王運用兩可推論法，同樣以秦趙盟約為據，卻責秦不助其救魏反而攻魏。

【注　釋】❶空雄之遇　秦昭王二十二年、趙惠文王十四年（西元前二八五年），秦、趙會於中陽，亦即空雄。❷秦興兵攻魏　此事當在秦昭王二十四年（西元前二八三年）。《史記・秦本紀》載：「秦取魏安城，至大梁，燕、趙救之。」與此處所記正合。❸秦王　指秦昭王。❹趙王　指趙惠文王。❺平原君　即趙勝，趙惠文王之弟。封於東武城，號平原君。為趙相，有門客數千。❻公孫龍　戰國趙人，著名名家。

【語　譯】在空雄盟會的時候，秦國與趙國互相訂了盟約。盟約規定：「從今以後，秦國想做的事，趙國幫助它；趙國想做的事，秦國幫助它。」過沒多久，秦國起兵攻打魏國，趙國準備救援魏國。秦王很不高興，派人去責備趙王說：「盟約明確規定：『秦國想做的事，趙國幫助它；趙國想做的事，秦國幫助它。』現在秦國要攻打魏國，而趙國卻因而要救援魏國，這是違反盟約的。」趙王把這件事告訴了平原君，平原君又告訴了公孫龍。公孫龍說：「趙王亦可以派遣使節去責備秦王，說：『趙國想救援魏國，現在秦國卻偏不幫助趙國，這不符合盟約的規定呀。』」

〔三〕孔穿❶、公孫龍相與論於平原君所，深而辯，至於藏三牙❷，公孫龍言藏之三牙甚辯，孔穿不應，少選，辭而出。明日，孔穿朝。平原君謂孔穿曰：「昔者公孫龍之言甚辯。」孔穿曰：「然。幾能令藏三牙矣。雖然難❸。願得有問於君，謂藏三牙甚難而實非也，謂藏兩牙甚易而實是也，不知君將從易而是者乎？將從難而非者乎？」平原君不應。明日，謂公孫龍曰：「公無與孔穿辯。」

【章　旨】以「藏三牙」命題名實相背為據，否定公孫龍的論辯。

【注　釋】❶孔穿　孔子六世孫，字子高。《公孫龍子・跡符》載有公孫龍與孔穿在平原君府第論辯事。❷藏三牙　當係「藏三耳」之誤。《孔叢子・公孫龍》有「臧三耳」語。藏即「臧」之借字。臧，通「牂」。即母羊。羊有三耳是當時公孫龍的一個辯題。「羊耳」是一個集合概念；羊又有二耳，加起來變成羊有三隻耳朵。《公孫龍子・通變》有「雞足三」的論題與此相類：「雞足一，數足二，二而一故三。」這是名家一種近似遊戲的詭辯術。❸難　指其論說之艱難。

【語　譯】孔穿與公孫龍在平原君府第相互論對，精深而雄辯。論辯到羊有三耳的命題時，公孫龍把羊有三耳的論點說得頭頭是道。孔穿當時不作答辯，過了一會兒，便告別而出。第二天，孔穿來朝見，平原君對孔穿說：「昨天公孫龍的那一番論說，非常雄辯。」孔穿說：「是的，他幾乎能讓羊真的長有三隻耳朵了，儘管他這種說法很難成立。我希望得到您的指教：說羊有三耳這種理論很艱深，而事實卻又不是這樣；說羊有兩隻耳朵很簡易，而且事實上又確實是這樣。不知您將贊同簡易而正確的說法呢，還是將贊同艱深而又不正確的說法呢？」平原君沒有回答。第二天，平原君對公孫龍說：「您不要再跟孔穿辯論。」

〔四〕荊柱國莊伯❶令其父「視日」❷，日❸「在天」；「視其奚如」❹？曰「正圓」；「視其時」❺，日❻「當今」。令謁者「駕」❼，曰「無馬」。令涓人「取冠」，「進上」❽。問「馬齒」，圉人❾曰「齒十二與牙三十」❿。

人有任⓫臣⓬不亡者，臣亡，莊伯決之，任者無罪⓭。

【章　旨】以莊伯命令左右做事而屢屢出錯為例，說明如果概念內涵不明確，外延過於寬泛，將在實際生活中鬧出何等笑話。

【注釋】❶柱國莊伯　楚國大臣。柱國，戰國時期楚官名。為武官的最高職務，其地位僅次於令尹。❷令其父視曰　父、巫相通。「曰」當係「日」之誤。❸日　當為「曰」。上「曰」處之「日」誤倒此。❹視其奚如　視時日之吉凶如何。❺視其時　視時日之吉凶。❻日　當為「曰」之誤。❼令謁者駕　令謁者通報有關人員備車馬出駛。謁者，為國君傳達命令之官。其本人備駕，故下文以「無馬」作答。❽令涓人取冠二句　涓人，在君主左右掌管灑掃的官吏。取冠，疑為「取乾」之誤。意謂令涓人把地面潮濕之處弄乾燥。而「乾」、「冠」古同音，涓人誤聽「取乾」為「取冠」，故回答「進上」。❾圉人　掌管養馬芻牧之官吏。❿齒十二與牙三十　當是「齒十二與牙十八」之誤。齒，門牙。牙，槽牙。馬有齒十二，牙十八，合為三十。⓫任　擔保。⓬臣　奴僕。⓭任者無罪　指擔保人被判無罪。

【語譯】楚國的柱國莊伯命巫官去「看看日子」，巫官回答說「在天上」。又問「看看那日子怎麼樣」？回答說「正圓」。再問「看看那時辰怎麼樣」？回答說「正是現在」。莊伯命令謁者傳令「駕車」，回答說「沒有馬」。又命令涓人「取冠（乾）」，回答說「已經呈上」，莊伯問圉人馬的年齡，圉人回答說「齒十二個，牙十八個，共三十個」。

有個人擔保某家奴僕不逃亡。後來奴僕逃亡了，莊伯對這個案子作了判決，那擔保人竟然無罪。

〔五〕宋有澄子❶者，亡❷緇❸衣，求之塗，見婦人衣緇衣，援而弗舍，欲取其衣，曰：「今者我亡緇衣。」婦人曰：「公雖亡緇衣，此實吾所自為也。」澄子曰：「子不如速與我衣。昔吾所亡者，紡緇❹也。今子之衣，禪緇❺也。以禪緇當紡緇，子豈不得❻哉？」

【章旨】記述一個丟失黑衣的人，竟以同是黑色為據，硬要搶奪穿在另一個人身上的黑衣，用以譏諷詭辯術所造成的荒唐。

【注　釋】❶澄子　人名。這是一個寓言式的故事，人物也很可能屬於虛構。❷亡　丟失。❸緇　黑色。❹紡緇　黑色的夾衣（依俞樾說）。❺襌緇　黑色的單衣（依俞樾說）。❻得　便宜。

【語　譯】宋國有個叫澄子的人，丟失了一件黑衣服，在路上尋找。他看到有個婦女穿的正是黑色的衣服，就抓住她的衣服不放手，想要取她的衣服。他說：「如今我剛巧丟失了一件黑色的衣服。」那婦女說：「您雖然丟失了一件黑色的衣服，但這件衣服確實是我自己縫製的呀。」澄子說：「你不如快快把衣服脫給我吧。昨天我丟失的是一件黑色的夾衣，而你這件只是黑色的單衣，用單衣抵償夾衣，你難道不是還佔了便宜嗎？」

〔六〕宋王❶謂其相唐鞅❷曰：「寡人所殺戮者眾矣，而群臣愈不畏，其故何也？」唐鞅對曰：「王之所罪，盡不善者也。罪不善，善者故❸為不畏。王欲群臣之畏也，不若無辨其善與不善而時❹罪之，若此則群臣畏矣。」居無幾何，宋君殺唐鞅。唐鞅之對也，不若無對。

【章　旨】言唐鞅因言辭違背常理，結果反給自己帶來殺身之禍。

【注　釋】❶宋王　指宋康王，戰國時著名暴君。❷唐鞅　宋康王相。❸故　同「固」。❹時　經常。

【語　譯】宋康王對他的宰相唐鞅說：「我殺戮的人夠多了，可臣子們卻越發不畏懼我，這是什麼緣故呢？」唐鞅回答說：「大王所治罪的，全是不好的人。懲治不好的人，好人當然不會害怕。大王想要群臣都畏懼自己，不如不區分好人與壞人，不斷地罪罰懲治他們。如果這樣做的話，臣子們便會畏懼了。」過了不久，宋國君主便殺了唐鞅。所以像唐鞅這樣的回答，還不如不回答的好。

〔七〕惠子❶為魏惠王為法。為法已成，以示諸民人，民人皆善之。獻之惠王，惠王善之，以示翟翦。翟翦曰：「善也。」惠王曰：「可行邪？」翟翦曰：「不可。」惠王曰：「善而不可行，何故？」翟翦對曰：「今舉大木者，前呼輿謣❷，後亦應之，此其於舉大木者善矣，豈無鄭、衛之音哉？然不若此其宜也。夫國亦木之大者也。」

【章　旨】藉翟翦對魏惠王的答問，把惠子之法比作鄭衛之音，認為治國應有適宜之法，不需要中看不中用的惠子之法。

【注　釋】❶惠子　即惠施，曾為魏惠王相，後受張儀排擠，離魏至楚，轉宋；在楚、宋時，曾先後與黃繚辯論，與莊周論學。為名家代表人物，戰國時期重要邏輯學家。❷輿謣　眾人合舉重物時，前唱後和之聲。

【語　譯】惠施為魏惠王起草法令。法令起草完成後，拿來給眾人看，大家都稱讚法令起草得好。把法令進獻給惠王，惠王也說它好，並拿它給翟翦看，翟翦說：「好啊。」惠王說：「可以施行嗎？」翟翦說：「不可以。」惠王說：「既然好，卻又不可以施行，這是為什麼？」翟翦回答說：「如今抬大木頭的人，前面的領唱號子，後面的跟著應和，這號子對於抬大木頭的來說是很好的了。難道沒有悅耳的鄭、衛之音了嗎？但是對抬大木頭來說，不如唱號子更加適宜啊。治理國家亦如同抬大木頭，必須有它適宜的法令才行。」

不屈

【題解】「不屈」是對名家說的，用的是貶意，指其利口辯辭卻不屈於理義。篇中以名家惠施作為主要對象，列舉其治魏之種種敗績，以證實其名實相背的名辯之說的危害。

文中舉了有關惠施三個實例。一為由惠王欲讓國於惠施引出的一番對話，意在揭示二人心存僥倖，竟欲攫取堯、舜、許由那樣的聲譽。二為匡章在惠王面前把惠施比作「無耕而食」的蝗螟，而惠施則自詡為治理農夫的聖人；文中則用惠施治魏屢屢遭敗，徒「為天下笑」的事實，肯定了匡章的指責。第三個實例是白圭與惠施相互以過火的言辭譏刺對方，作者並認為後者更甚於前者。全篇對惠施的評價是：「以賊天下為實，以治之為名。」

在歷史上，魏國以好士聞名。魏文侯曾以卜子夏、田子方、段干木為師。先後事魏的賢士有李悝、吳起、西門豹、樂羊等，盛極一時。魏惠王即位前後，各國兼併爭戰日益激烈，魏國漸由盛而衰，但敗而不餒，其好士圖強之風仍不減先世。著名辯士孟軻、騶衍等都到過魏國。《孟子》首卷〈梁惠王〉記述的就是孟子見魏惠王之事。惠王信用惠施，使其秉政達十五、六年之久，並效法齊桓公之於管仲而尊惠施為仲父。惠王在軍事上的失利，有的發生在信用惠施之前，有的與惠施並無直接聯繫。惠施是莊子之友。莊子過惠施墓時，曾說過「自夫子之死也，吾無以為質矣，吾無與言之矣」那樣深情的話。《莊子．天下》稱惠施學識廣博，著述豐富，其中雖多有「言而不中」之處，但不能因此抹殺惠施及其所倡名辯之學在認識史上的貢獻，其中有些命題，即使在今天看來也還給人以啟發。只是魏惠王—惠施與齊桓公—管仲相比，前是失敗者，後是勝利者。成敗與人事自然不無關係，但論人應力求全面，不可單以成敗為據。本篇對惠施的論定顯然有失允當，原因除卷旨中已有所提及外，還可能由於作者從全書宗旨出發，偏重於治亂興衰之鑒。但撇開具體論述對象，作為本篇篇旨的下述結論，當是無可非議的：辯察而能夠「達理明義」，則「察為福矣」；辯察而用來「飾非惑愚」，則「察為禍矣」。

〔一〕六曰──

察士❶以為得道則未也。雖然，其應物❷也，辭難窮矣。辭雖窮，其為禍福猶未可知。察而以達理明義，則察為福矣；察而以飾非惑愚，則察為禍矣。古者之貴善御❸也，以逐暴禁邪也。

【章旨】言察辯的目的只能是「達理明義」，不應是「飾非惑愚」。

【注釋】❶察士　指名辯家。❷物　眾人。❸貴善御　以善御為貴。善御，善於駕車的人。此處喻指善於治國者。

【語譯】那些善於察辯之士，如果以為他們真的掌握了道義，那倒未必。儘管如此，在應對眾人詰難時，他們倒確是言辭滔滔，似乎永無窮盡。問題在於，即使聽完了他們的辯辭，究竟是禍是福，還是不得而知。察辯如果用來通達事理、闡明道義，這樣的察辯便會給人帶來福祉；如果是用來文過飾非、惑眾愚民，這樣的察辯只會導致災禍。古人之所以尊尚善於駕御國運的人，是因為依賴他們能夠驅逐殘暴和禁止邪惡呀。

〔二〕魏惠王謂惠子曰：「上世之有國，必賢者也。今寡人實不若先生，願得傳國❶。」惠子辭。王又固請曰：「寡人莫有之❷國於此者也，而傳之賢者，民之貪爭之心止矣。欲先生之以此聽寡人也。」惠子曰：「若王之言，則施不可而聽矣。王固萬乘之主也，以國與人猶尚可❸。今施，布衣也，可以有萬乘之國而辭之，此其止貪爭之心愈甚也。」惠王謂惠子曰「古之有國者，必賢者也」。夫受而賢者舜也，是欲惠子之為舜也；夫辭而賢者許由也，是惠子欲為許由也；傳而賢者堯也，是惠王欲為堯也。堯、舜、許由之作，非獨傳舜而由辭也，他行稱此❹。今無其他，而欲為堯、舜、許由，故惠王布冠而拘於鄄❺，齊威王❻幾弗受，惠子易衣變冠，乘輿而走，幾不出乎魏境❼。凡自行不可以幸❽，為必誠。

【章旨】言魏惠王、惠施欲以虛假的傳賢和辭受來攫取堯、舜、許由那樣的名聲，結果卻適得其反。

【注釋】❶傳國　指禪讓王位。❷之　此。❸以國與人猶尚可　此下當有「止貪爭之心」，文義才全（依陶鴻慶說）。❹他行稱此　其他方面的品行也與此相稱。❺惠王布冠而拘於鄄　指魏惠王三年（西元前三六八年），齊伐魏，圍觀津（今山東觀城西），惠王穿著喪國之服，自拘於鄄，請獻觀以求和（依陳奇猷說）。布冠，指喪國之服。鄄，在今山東濮縣東。❻齊威王　戰國時齊國國君，名因，在位三十六年（西元前三七八～前三四三年）。❼幾不出乎魏境　指惠施受張儀排擠出走時，幾乎不免於魏境之內。❽不可以幸　不可以有僥倖之心。此句指惠王、惠施欲僥倖享有堯、舜、許由那樣的聲譽。

【語譯】魏惠王對惠施說：「前代享有國家的，必定是賢德之人。如今我確實不如先生，我希望能把國家禪讓給您。」惠施謝絕了。惠王又堅持請求，說：「假如我不再像現在這樣擁有這個國家，而把它傳授給賢德之士，那麼人們貪婪爭奪的心思就可以制止了。所以希望先生能夠聽從我這話。」惠施說：「如果像大王您說的這樣，那麼我就不能聽從了。大王原是萬乘大國之主，把國家傳給別人尚且可以制止人們貪婪爭奪的心思，現在我惠施，只不過是一個布衣平民，可以享有萬乘大國而謝絕接受，這樣，不就更能制止人們貪婪爭奪的心思了嗎？」

惠王對惠施說「古代享有國家的，一定是賢德的人」。接受別人傳授的君位而又享有賢名的是舜，那就是想讓惠施成為舜那樣的賢人；拒絕接受君位而又享有賢名的是許由，那就是惠施想使自己成為許由那樣的賢人；傳授君位給人而享有賢名的是堯，那就是惠王想使自己成為堯那樣的聖王。堯、舜、許由所以名聞天下，不僅由於堯把帝位傳給舜，舜接受了，堯把帝位傳給許由，許由辭謝了；還因為他們其他方面的品行也與這種聲譽相稱。如今惠王與惠施沒有其他方面相稱的品行，而又想享有堯、舜、許由那樣的聲譽，所以結果卻是惠王穿著喪國之服把自己拘禁在鄄向齊國求和，齊威王差點拒絕他的請求；而惠施後來也只好改衣換帽乘車逃走，還險些逃不出魏國國境。由此可見，人們對自己的行為不可抱有僥倖之心，要做就一定要誠心誠意去做。

〔三〕匡章❶謂惠子於魏王之前曰：「蝗螟，農夫得而殺之，奚故？為其害稼也。今公行，多者數百乘，步者數百人；少者數十乘，步者數十人。此無耕而食者，其害稼亦甚矣。」惠王曰：「惠子施也，難以辭與公相應。雖然，請言其志。」惠子曰：「今之城❷者，或者操大築❸乎城上，或負畚而赴乎城下，或操表掇❹以善睎望❺。若施者，其操表掇者也。使工女❻化而為絲，不能治絲；使大匠化而為木，不能治木；使聖人化而為農夫，不能治農夫。施而❼治農夫者也。公何事比施於螣❽螟乎？」惠子之治魏為本❾，其治不治。當惠王之時，五十戰而二十敗，所殺者不可勝數，大將、愛子有禽者⑩也。大術之愚，為天下笑，得舉其諱⑪，乃請令周太史更著其名⑫。圍邯鄲三年而弗能取⑬，士民罷潞⑭，國家空虛，天下之兵四至⑮。眾庶誹謗，諸侯不譽，謝於翟翦而更聽其謀，社稷乃存。名寶散出，土地四削，魏國從此衰矣。仲父，大名也；讓國，大實也。說以不聽、不信。聽而若此，不可謂工矣。不工而治，賊天下莫大焉，幸而獨聽於魏也。以賊天下為實，以治之為名，匡章之非，不亦可乎？

【章旨】以惠施治魏的一些敗績，肯定匡章在惠王面前把惠施比作蝗螟的指責，認為惠施確是「以治之為名」，「以賊天下為實」。

【注釋】❶匡章　戰國時齊國人，曾與孟子交遊。❷城　築城。❸築　搗土的杵。❹表掇　即標臬。用以表示分界的標誌。❺晞望　遠望；觀望。此處指觀望築土方位的斜正。❻工女　女工。❼而　乃。❽螣　兗州人稱蝗為螣。❾惠子之治魏為本　據下文「大術之愚」句，此句當是「惠子之治魏，以大術為本」，即需補「以大術」三字，下文才有所承（依陳奇猷說）。大術，惠施治魏方術之總稱。❿大將愛子有禽者　據《史記》，魏惠王在位時，魏太子和魏相公勝痤、大將公子卬、龐涓等，先後被擒或死難。禽，通「擒」。⓫諱　諱言之事。此處指惠施治魏的過錯。⓬更著其名　魏惠王曾效齊桓公尊管仲為仲父的做法，尊惠施為仲父。此處指更改其仲父之名號。⓭圍邯鄲三年而弗能取　據《史記》，魏惠王十七年（西元前三五四年），魏圍趙邯鄲，齊使田忌、孫臏救趙，魏敗於桂陵；十九年諸侯圍魏襄陵，二十年，魏歸趙以邯鄲。⓮罷潞　罷，通「疲」。潞，借為「羸」。疲勞羸弱。⓯四至　四面擁來。

【語譯】匡章在惠王面前對惠子說：「蝗螟這些害蟲，農夫一抓住就要弄死牠們。為什麼呢？就因為牠們損害莊稼。如今你一出行，多的時候有數百輛車子，步行的隨從也有幾百人。就是少的時候，也有幾十輛車子，步行隨從也有幾十人。這些人都是不耕而食的，他們損害莊稼也太厲害啦。」惠王說：「惠施先生，大概很難用言辭與您答辯。即使如此，還是請惠子談談自己的想法。」惠施說：「如今修築城牆的人們，有的操著大杵在城牆上搗土，有的背著畚箕在城下往來運土。有的拿著標尺在測量方位的斜正。像我惠施，就是拿著標尺的呀。如果讓女工化作蠶絲，那就不能再織絲；如果讓工匠變成木料，那就不能再整治木材；如果讓聖人都轉化為農夫，那就不能再治理農夫。我惠施就是治理農夫的人啊，您怎麼能把我惠施比作蝗螟呢？」

惠施治理魏國，是以他的那套「大術」作為根本的。但他的那種治，實際上卻是不治。當惠王在位之時，打了五十次戰爭卻有二十次失敗。被殺的人無法計數，惠王的大將與愛子都有被俘虜的。惠施那套愚蠢的「大術」，徒然為天下人所恥笑，誰都可以舉出他所犯的過錯。惠王這才請求周太史給惠施更牒改換名號。魏國圍攻趙國邯鄲三年還是拿不下來，士兵和百姓都疲憊不堪，國家財力弄得很空虛。天下諸侯的軍隊從四面開來助趙解救邯鄲之圍。魏國百姓怨聲載道，又遭到諸侯譴責，惠王最後只得向翟翦表示歉意並重新聽從他的謀略，國家才得以保存。然而已經是名貴的寶物四散到國外，土地被四鄰國家宰割，魏國從此由盛而衰了。

被尊為仲父，這是最顯赫的名號；被授以國家，這是最大的實利。但惠施卻用不可聽從、不可信賴那一套向惠王進說，惠王竟聽信到這種程度，這就不能算是善於聽取意見了。不善於聽取意見卻來治理國家，對天下的危害沒有比這更大的了。幸好惠施的話只有魏國一個國家聽從。惠施是以危害天下為實，而以治天下為名。所以匡章對惠施的非難，不是符合實情的嗎？

〔四〕白圭❶新與惠子相見也，惠子說之以彊❷，白圭無以應。惠子出。白圭告人曰：「人有新取❸婦者，婦至，宜安矜❹煙視媚行❺。豎子❻操蕉火❼而鉅，新婦曰：『蕉火大❽鉅。』入於門，門中有斂陷❾，新婦曰：『塞之，將傷人之足。』此非不便之家氏⑩也，然而有大甚⑪者。今惠子之遇我尚新，其說我有大甚者。」惠子聞之曰：「不然。《詩》曰：『愷悌君子，民之父母⑫。』愷者，大也；悌者，長也。君子之德，長且大者，則為民父母。父母之教子也，豈待久哉？何事比我於新婦乎？《詩》豈曰『愷悌新婦』哉？」誹汙因汙⑬，誹辟⑭因辟，是誹者與所非同也。白圭曰「惠子之遇我尚新，其說我有大甚者」，惠子聞而誹之，因自以為為之父母，其非有甚於白圭亦有大甚者？

【章旨】記述白圭與惠施初次見面就相互強辯，一個出言不遜，一個反唇相譏，除藉以說明強辯之無聊外，作者並認為此病惠施甚於白圭。

【注釋】❶白圭　名丹字圭，魏國人，為魏相。❷說之以彊　指惠施初見白圭，便以如何使國家強大這樣的大題目向他遊說。❸取　同「娶」。❹安矜　穩重。❺煙視媚行　微視徐行。煙視，人在煙中不能張目而視，故用以形容其視甚微。媚行，柔媚地緩緩而行。❻豎子　僮僕。❼蕉火　通「爝火」。火炬。❽大　同「太」。❾歛陷　歛，疑為「欿」之誤。欿，通「坎」。坎陷，坑窪。❿之家氏　指其夫家。之，是。⓫大甚　過分。⓬愷悌君子二句　見《詩經・大雅・洞酌》。「愷悌」作「豈弟」，字同。原詩「豈弟」意為和易近人。⓭誹汙因汙　責難他人汙辱自己，用的亦是汙辱人的辦法。⓮辟　邪辟。

【語譯】白圭剛與惠施相見，惠施便向他作了如何使國家強大的遊說，白圭當時沒有回應他。惠施出去後，白圭對別人說：「有人剛娶了媳婦。新媳婦過門，照理應該安穩持重，微視緩行。可是這個新媳婦卻不是這樣。僮僕舉著的火把燒得旺了些，她就說：『火把燒得太旺。』進了門，門內有坑窪，她又說：『把坑窪填上，要不會扭傷腳的。』這些話倒並非對她夫家有什麼不適宜的地方，但就是太過分了些。這回惠子剛剛見到我，他對我說的話，也就是太過分了。」惠施聽到白圭這些話後，就說：「不對呀。《詩》上說：『具有愷悌之風的君子，如同民眾的父母一樣。』愷是大的意思，悌是長的意思。君子的品德，高尚而盛大，那就可以為民之父母。父母教育自己的子女，哪裡要等待很久呢？怎麼能把我比作新上門的媳婦呢？難道《詩》上說過『具有愷悌之風的新媳婦』嗎？」用汙辱責難汙辱，用邪僻責難邪僻，那麼責難別人的，與受別人責難的不是一樣了嗎？白圭說「惠子剛剛見到我，他對我說的話就是太過分」。惠施聽到以後反脣相譏，並以白圭的父母自居，這難道不是比白圭的過頭話還要嚴重得多嗎？

應言

【題解】本篇承上篇〈不屈〉題旨，繼續指摘名家的辯術。篇名「應言」，表明旨在論述如何應對；而從所舉六個實例文中多持否定態度看來，側重點還在如何識別和對付不同動機的進說者。白圭非惠子之言，作者在評論中只是對白圭沒有顧及魏王聲譽略有微詞，實際上還是借白圭之口詆斥惠子之學是中看不中用的「市丘之鼎」。司馬喜難墨者師結語雖是「司馬喜無以應」，但墨者師用的是迴避正面應對而作側面反詰的論辯術，自然不能為作者所贊同，這裡所要藉以說明的仍然是認為非攻之說不可行。

下篇〈具備〉提出「凡說與治之務莫若誠」。在作者看來，本篇所舉幾個說者大多缺乏誠意。如公孫龍之說燕王以偃兵，是明知燕王「弗為」而說，孟卬之說秦王、魏王更是為私利而說。文中通過魏王讓孟卬擔任司徒、聽魏敬而後止入秦兩件事，提醒君主一要警惕那些謀求一己私利的虛言浮辭，二要善於分析情勢和依據事理作出自己的判斷。

〔一〕七曰——

白圭謂魏王❶曰：「市丘❷之鼎以亨雞，多洎❸之則淡而不可食，少洎之則焦而不熟，然而視之蝺❹焉美無所可用。惠子之言，有似於此。」惠子聞之曰：「不然。使三軍饑而居鼎旁，適為之甑❺，則莫宜之此鼎矣。」白圭聞之曰：「無所可用者，意者徒加其甑邪？」白圭之論自悖，其少魏王太甚。以惠子之言蝺焉美無所可用，是魏王以言無所可用者為仲父也，是以言無所用者為美也。

【章旨】介紹白圭與惠施的一次論辯。前者以「市丘之鼎」為喻譏諷惠子之學，後者則以鼎之多種功用進行反詰。

【注釋】❶魏王　指魏惠王。❷市丘　魏邑。陳奇猷引黃盛璋《孫臏兵法·釋地考》，認為此市丘即《水經注·濟水》之故市亭，其地處魏都大梁之北。❸洎　湯汁。❹蝺　同「竘」。高大美好。❺甑　古代蒸煮食品的陶製炊具，底部有透氣的孔。

【語譯】白圭對魏王說：「用市丘出產的大鼎來煮雞，多加湯水就會淡得沒法吃；少加湯水，又會下焦而上不熟。然而這鼎表面看起來高大美好，只是沒有一點實際用處。惠子的那些話，就跟這只大鼎差不多。」惠施聽到這些話後說：「不對。假使三軍將士飢餓了來到大鼎旁，又恰好弄到了一只大甑，那麼與甑搭配起來蒸飯，就沒有比這大鼎更合適的了。」白圭聽到這些話後說：「我說的沒有什麼用處是指煮雞，即使再加上甑，還不是一樣白搭嗎？」白圭的論辯自然是錯的，他挖苦魏王也太過分了。認為惠施的話只是表面漂亮，並沒有什麼實用處，這等於指責魏王把說話沒有什麼用處的人當作了仲父，也就是把說話沒有什麼用處的人當作高大完美的人了。

〔二〕公孫龍說燕昭王❶以偃兵。昭王曰：「甚善。寡人願與客計之。」公孫龍曰：「竊意大王之弗為也。」王曰：「何故？」公孫龍曰：「日者大王欲破齊❷，諸天下之士，其欲破齊者，大王盡養之；知齊之險阻要塞君臣之際者，大王盡養之；雖知而弗欲破者，大王猶若弗養❸；其卒果破齊以為功。今大王曰『我甚取偃兵』。諸侯之士，在大王之本朝者，盡善用兵者也，臣是以知大王之弗為也。」王無以應。

【章　旨】言公孫龍明知燕昭王「弗為」偃兵，卻仍進以偃兵之說。

【注　釋】❶燕昭王　燕王噲之子，名平。❷日者大王欲破齊　日者，往日。燕昭王破齊事，當指昭王二十八年（西元前二八四年），以樂毅為上將，率秦、楚等五國之軍攻齊。❸弗養　當為「養之」（依陶鴻慶說）。

【語　譯】公孫龍用「偃兵」之說遊說燕昭王。昭王說：「很好。我願意與賓客們商量這件事。」公孫龍說：「我私下裡估計，大王是不會採用偃兵之說的。」昭王說：「為什麼？」公孫龍說：「往昔大王想要破滅齊國，天下之士，凡是主張破齊的，大王全都盡力招收和供養他們；凡是知道齊國的險阻要塞、君臣之間關係的，大王亦都盡力招收和供養他們；雖然知道齊國情況，但並不想破齊的人，大王也還是招收和供養他們。最後，大王果然攻破了齊國，建立了大功。現在大王卻說：『我很贊成偃兵之說。』但是諸侯各國的士人投奔在大王朝廷做事的，都是些善於用兵的人啊。所以我知道大王是不會推行偃兵之說的。」燕昭王無話可以應答。

〔三〕司馬喜❶難墨者師❷於中山王❸前以非攻❹，曰：「先生之所術非攻夫？」墨者師曰：「然。」曰：「今王興兵而攻燕，先生將非王乎？」墨者師對曰：「然。」司馬喜曰：「今趙興兵而攻中山，相國則相國是攻之乎？」司馬喜曰：「然。」墨者師曰：「今趙興兵而攻中山，相國將是之乎？」司馬喜無以應。

【章旨】記述司馬喜與墨者師一次關於「非攻」的辯論，後者巧妙的反詰使前者「無以應」。

【注釋】❶司馬喜　中山國之相。❷墨者師　一位名叫師的墨家學者。❸中山王　中山國國君。❹非攻　反對兼併戰爭。這是墨家的基本主張，《墨子》有〈非攻〉篇。本書前〈振亂〉等篇都對非攻說持否定態度。

【語譯】司馬喜在中山國國君面前就墨家關於「非攻」的主張，責難一位名叫師的墨家學者。司馬喜說：「先生的主張是『非攻』吧？」墨家師回答說：「是的。」司馬喜說：「如果我們君王將要興兵攻打燕國，先生將要反對我們君王嗎？」墨家師回答說：「那麼相國是贊成可以攻打燕國的嗎？」司馬喜回答說：「是的。」墨家師接著說：「那麼趙國如果興兵來攻打中山，相國您也將贊成它嗎？」司馬喜沒有話可以回答。

〔四〕路說❶謂周頗❷曰：「公不愛趙，天下必從❸。」周頗曰：「固欲天下之從也。天下從則秦利也。」路說應之曰：「然則公欲秦之利夫？」周頗曰：「欲之。」路說曰：「公欲之，則胡不為從矣？」

【章旨】此章疑有脫漏，所指難明。依字面，大意謂路說勸說周頗不愛趙而推行合縱。

【注釋】❶路說　人名。事跡不詳。❷周頗　人名。事跡不詳。❸從　疑指「合縱」。為戰國後期一種政治主張，要求秦以外六國聯合抗秦。但後文謂「從則秦利」，頗費解。「從」若作「跟隨」解，也不可通。姑存疑。

【語譯】路說對周頗說：「您如果不愛趙國，天下必定會合縱。」周頗說：「我本來就希望天下能合縱。如果天下合縱，那就對秦國有利。」路說應答說：「這樣說來，您是希望秦國得利嗎？」周頗說：「希望能這樣。」路說說：「您既然想讓秦國得利，那麼為什麼不實行合縱呢？」

〔五〕魏令孟卬❶割絳、汾、安邑❷之地以與秦王❸。王喜，令起賈❹為孟卬求司徒❺於魏王❻。魏王不說，應起賈曰：「卬，寡人之臣也。寡人寧以臧❼為司徒，無用卬。願大王之更以他人詔❽之也。」起賈出，遇孟卬於廷，曰：「公之事何如？」起賈曰：「公甚賤於公之主。公之主曰『寧用臧為司徒，無用公』。」孟卬入見，謂魏王曰：「秦客何言？」王曰：「求以女為司徒。」孟卬曰：「王應之謂何？」王曰：「寧以臧，無用卬也。」孟卬太息曰：「宜矣王之制於秦也。王何疑秦之善臣也？以絳、汾、安邑令負牛書❾與秦，猶乃善牛也。卬雖不肖，獨不如牛乎？且王令三將軍為臣先❿曰『視卬如身⓫』，是臣重⓬也。令二⓭輕臣也，令臣責⓮，卬雖賢固能乎？」居三日，魏王乃聽起賈。凡人主之與其大官也，為有益也。今割國之錙錘⓯矣，而因得大官，且何地以給⓰之？大官，人臣之所欲也。孟卬令秦得其所欲，秦亦令孟卬得其所欲，責以償矣，尚有何責？魏雖彊猶不能責無責，又況於弱？魏王之令乎⓱孟卬為司徒以棄其責則拙也。

【章旨】言孟卬既割魏地於秦，又以詭辯得大官爵於魏。

【注釋】❶孟卯　當為孟卯（依畢沅說）。齊人，仕於魏。《戰國策．魏策》作芒卯。《史記．六國年表》魏昭王六年（西元前二九〇年）載，芒卯以詐見重於魏，魏入秦河東四百里地。本章所言疑即此事。❷絳窌安邑　均為古邑名。絳，戰國魏地，在今山西新絳。窌，「汾」之異文，魏地。安邑，原為魏都，在今山西夏縣西北。❸秦王　指秦昭襄王，在位五十六年（西元前三〇六～前二五一年）。❹起賈　秦臣，事跡不詳。❺司徒　古官名，掌管土地和教化等。❻魏王　指魏昭王，在位十九年（西元前二九五～前二七七年）。❼臧　即臧獲，對被俘獲而為奴隸者的賤稱。❽詔　告。❾負牛書　當作「牛負書」（依陳昌齊說）。古代以地予人，即將該地圖籍使牛負之以獻。書，指絳、窌、安邑諸地的圖籍。❿先　通「詵」。致言；宣說。⓫身　指魏王自身。⓬臣重　諸本多為「重臣」。「臣重」既不可解，也與下句「輕臣」不對。此處當為錯排漏校。⓭令二　疑為「今王」之誤（依俞樾說）。⓮令臣責　派臣去責求秦國履行諾言。據《戰國策．魏策》，芒卯使秦，與秦相約，魏獻地於秦，秦使芒卯為司徒，並出兵助魏擊齊。魏地入秦後，秦為芒卯求司徒於魏王，但兵不下。於是芒卯又至秦，責秦王出兵以擊齊。⓯錙錘　都為古代重量單位。六銖為一錙，八銖為一錘。此處喻指部分，即割讓部分土地。⓰給　供給。⓱乎　疑為衍文（依俞樾說）。

【語　譯】魏王派孟卯去秦國割讓絳、窌、安邑等地方給秦王。秦王很高興，派起賈替孟卯去向魏王謀求司徒的官位。魏王對此很不高興，回答起賈說：「卯是我的臣子啊。我寧可用被俘虜的奴隸做司徒，也不用孟卯。希望貴國大王再擇另外人選告示於我。」起賈出來，在朝堂下遇到孟卯。孟卯說：「您說的事辦得怎麼樣？」起賈說：「您在您的君主心目中的地位太低賤了。您的君主說：『寧可用賤奴做司徒，也不用您。』」孟卯就進去謁見，對魏王說：「秦國來的客人說了什麼？」魏王說：「要求讓你當司徒。」孟卯說：「大王是怎麼回答他的？」魏王說：「寧肯任用賤奴，也不用孟卯。」孟卯嘆息說：「這麼看來，大王受秦國控制是理所當然的了。大王怎麼會因為秦國的善待我而懷疑我呢？即使讓一條牛馱著絳、窌、安邑等地圖籍去送給秦國，秦國尚且會好好對待那牛的呀。我孟卯雖然不稱職，難道還不如一條牛嗎？而且大王還讓三位將軍去秦國代為致意說：『看待孟卯如同看待我本人一樣。』這是為了重視我啊。可是現在大王卻這樣輕視我，以後再派我去秦國要求他們履行自己的諾言，我即使賢明，難道還能辦得到嗎？」過了三天，魏王便聽從起賈的請求，讓孟卯當了司徒。

大凡君主把大官職封賜一個人，是因為這個人有益於國家。如今割讓國家一部分土地給別的國家，也能因此而得到大官位，以後哪有那麼多土地供他去割讓呢？大官位是一般臣子所希求的。孟卯讓秦國得到它所希望的土地，秦國也讓孟卯得到了他所希望的官職。至此，相互承諾已經清償，還有什麼可以索取呢？魏國即使強大，尚且不能索取別人沒有承諾的東西，又何況相對於秦國，它是處於弱國的地位呢？由此可見，魏王讓孟卯當了司徒，從而等於放棄了自己向秦國索求的權利，這做得很笨拙啊。

〔六〕秦王立帝❶，宜陽❷令許綰誕魏王❸，魏王將入秦。魏敬❹謂王曰：「以河內❺孰與梁❻重？」王曰：「梁重。」又曰：「梁孰與身重？」王曰：「身重。」又曰：「若使秦求河內，則王將與之乎？」王曰：「弗與也。」魏敬曰：「河內，三論❼之下也。身，三論之上也。秦索其下而王弗聽，索其上而王聽之，臣竊不取也。」王曰：「甚然。」乃輟行。秦雖大勝於長平❽，三年然後決❾，士民倦，糧食❿。當此時也，兩周全⓫，其北存⓬。魏舉陶削衛⓭，地方六百，有之勢是⓮，而入大蚤⓯，奚待於魏敬之說也？夫未可以入而入，其患有將可以入而不入，入與不入之時，不可不熟論也。

【章旨】言魏有不朝秦的充足理由，魏王應不待魏敬勸諫就認識到這一點。

【注　釋】❶秦王立帝　指秦昭襄王一度自立為西帝事。《史記・秦本紀》載，秦昭襄王十九年（西元前二八八年），昭襄王自立為西帝，不久又去之。❷宜陽　韓邑。據《史記・秦本紀》，自立西帝前二年，秦昭襄王曾至宜陽。❸令許綰誕魏王　指秦昭襄王派許綰騙魏王入秦朝拜。許綰，秦臣。誕，詐騙。魏王，指魏昭王。❹魏敬　魏臣。《戰國策・魏策》作周訢，且置此事於秦昭襄王三十四年白起擊敗魏華陽軍之後，即比《史記》所載後十五年。❺河內　指魏轄境黃河以北地區。❻梁　即大梁，今河南開封西北。魏惠王三十一年（西元前三四〇年），魏都由安邑遷至大梁。❼三論　指上文提到的河內、梁、自身三者比較之說。❽長平　趙邑，在今山西高平西北。秦將白起在此大敗趙軍，坑殺其卒四十萬。❾三年然後決　據《史記・白起王翦列傳》：秦昭襄王四十七年（西元前二六〇年），白起敗趙長平軍；四十八年秦許趙割地以和；四十九年正月罷兵。故稱三年然後決。❿糧食　疑下脫一字。據上下文意，當是糧食匱乏一類意思（依畢沅說）。⓫兩周全　指東周、西周尚未滅亡。其地正處於秦魏間，不僅可作為魏與秦抗衡的緩衝地帶，而且兩周名義上仍是天子，魏自可朝東西周而不朝秦。⓬其北存　譚戒甫認為「北」當是「北宅」。北宅又名宅陽（今鄭州滎陽西南），地處大梁與兩周之間，是魏西陲關隘，為秦進軍之要道。此句意謂魏大梁西部的門戶尚未被秦打開。⓭舉陶削衛　陶，今山東定都西北。衛，今河南濮陽。兩地均處大梁東北，為魏提供了頗大的活動餘地。舉，攻取。削，侵削。⓮有之勢是　當為「有之是勢」（依陶鴻慶說）。意謂有這樣的形勢。⓯蚤　通「早」。

【語　譯】秦昭襄王自立為西帝，在宜陽派出許綰去誆騙魏昭王入秦朝拜。魏昭王正要動身去秦國，魏敬對魏王說：「拿河內地區與大梁比哪個重要？」魏王說：「大梁重要。」魏敬又說：「大梁與大王自身比哪個重要？」魏王說：「自身重要。」魏敬說：「假使秦國向大王索取河內，那麼大王將給它嗎？」魏王說：「不給它。」魏敬說：「河內，在剛才所論的三個比較中屬於最下等，而大王自身，在這三者中屬於最上等。秦國索取最下等的，大王尚且不肯答應；索取最上等的，大王卻一口答應了。我私下裡以為大王的這種抉擇是不可取的。」魏王說：「你說得很對。」這才不去秦國。秦國雖然在長平打了大勝仗，但是拖了三年才結束。士兵和百姓都極疲憊，國內糧食亦很匱乏。在那個時候，東周和西周尚未滅亡，邊邑北宅還存在，魏國在大梁東北還可以從陶、衛那裡謀求發展，土地方圓六百里。具有這樣好的形勢，魏王卻要去朝拜秦王，為時太早了。其實，不須朝秦的根據是很明顯的，何必要等待魏敬勸諫呢？在不該去的時候去了，其禍害與該去的時候不去同樣嚴重。所以該去或不去的時機問題，不可不加以深思熟慮啊。

具備

【題解】本篇論述君主建功立業必得有相應的條件。「具備」，即指條件的預備。文章以即使是善射之人，有弓而無弦依然「必不能中」為喻，說明凡事要條件具備才能取得成功，條件不具備雖賢於湯、武、伊尹，也只能「勞而無功」。文中以主要篇幅敘述了宓子賤治亶父的事跡，指出其所以成功在於：㈠以巧妙的進諫，使魯君不遙為「掣肘」，為推行治理方略提供了前提條件；㈡君、臣、民三方都能以誠相待。全篇的結語是：「凡說與治之務莫若誠。……說與治不誠，其動人心不神。」

本覽此前七篇文章所論及的史實及人物，如勝書與周公，周公與成王，管仲與齊桓公，惠施與魏惠王，公孫龍與燕昭王等，無論從進說者的臣下或求治者的君主而言，其成敗得失皆取決於誠或不誠。誠則君臣「相諭不待言」（〈精諭〉一章），結果自然是功成名遂；不誠則「言心相離」、「言行相詭」（〈淫辭〉一章），結局難免國殘身危。所以本篇的結語，似亦有為全卷點題之意。

〔一〕八曰——

今有羿❶、蠭蒙❷，繁弱❸於此，而無弦，則必不能中也。中非獨弦也，而弦為弓❹中之具❺也。夫立功名亦有具，不得其具，賢雖過湯、武，則勞而無功矣。湯嘗約❻於郼薄❼矣，武王嘗窮於畢裎❽矣，伊尹嘗居於庖廚矣，太公嘗隱於釣魚矣，賢非衰也，智非愚也，皆無其具也。故凡立功名，雖賢必有其具然後可成。

【章 旨】以善射者雖有弓而無弦亦不能中為喻，說明即使賢者亦必須具備相應條件才能成其功。

【注 釋】❶羿 即后羿，傳為夏之諸侯，東夷族有窮氏部落之首領，以善射著稱。❷蠭蒙 一作逢蒙或逄蒙，傳為羿之弟子，善射。❸繁弱 良弓名。他書或作「蕃弱」。❹弓 當為衍文（依俞樾說）。❺具 器具。此處指條件。❻約 窮困。❼鄣薄 鄣即殷。薄，通「亳」。亳，湯時殷之都城，今河南商丘北。❽畢裎 畢，即畢原，在咸陽市北。裎，即程，古邑名，在今陝西咸陽東。周文王早年曾先後居此二地。

【語 譯】假如有像后羿、蠭蒙那樣善射的人，又有繁弱那樣的良弓，但弓沒有弦，那麼必定還是不能射中。要射中不是只靠弦，而弦卻是射中的必要條件。建立功名也必須具備足夠的條件。不具備必要的條件，即使賢明超過商湯和周武，也是勞而無功。商湯在鄣薄也曾經境況窮困，武王在畢裎也曾經遭遇窘迫；伊尹曾經在廚房中充當僕役，太公曾經隱居為垂釣老翁。但他們那時並非不賢德，也並非不睿智，都是因為不具備必要的條件啊。因此，大凡要建立功名，即便是賢者，也一定要具備條件然後才能取得成功。

〔二〕宓子賤❶治亶父❷，恐魯君之聽讒人，而令己不得行其術❸也。將辭而行，請近吏❹二人於魯君，與之俱至於亶父。邑吏皆朝，宓子賤令吏二人書。吏方將書，宓子賤從旁時掣搖其肘。吏書之不善，則宓子賤為之怒。吏甚患之，辭而請歸。宓子賤曰：「子之書甚不善，子勉❺歸矣。」二吏歸報於君，曰：「宓子不可為書。」君曰：「何故？」吏對曰：「宓子使臣書，而時掣搖臣之肘，書惡而有❻甚怒，吏❼皆笑宓子，此臣所以辭而去也。」魯君太息而歎曰：「宓子以此諫寡人之不肖也。寡人之亂子❽，而令宓子不得行其術，必數有之矣。微❾二人，寡人幾過。」遂發所愛❿，而令之亶父，告宓子曰：「自今以來，亶父非寡人之有也，子之有也。有便於亶父者，子決為之矣。五歲而言其要⓫。」宓子敬諾，乃得行其術於亶父。三年，巫馬旗⓬短褐衣弊裘⓭，而往觀化⓮於亶父，見夜漁者，得則舍之。巫馬旗問焉，曰：「漁為得也。今子得而舍之，何也？」對曰：「宓子不欲人之取小魚也。所舍者小魚也。」巫馬旗歸，告孔子曰：「宓子之德至矣。使民闇行⓯，若有嚴刑於旁。敢問宓子何以至於此？」孔子曰：「丘嘗與之言曰：『誠乎此者刑⓰乎彼。』宓子必行此術於亶父也。」夫宓子之得行此術也，魯君後得之也。魯君後得之者，宓子先有其備也。先有其備，豈遽⓱必哉？此魯君之賢也。

【章旨】言宓子賤通過巧妙的勸諫，具備了不受魯君「掣肘」這樣一個條件，才治理好了亶父。

【注釋】❶宓子賤　即孔子弟子宓不齊，字子賤。❷亶父　即單父，春秋時魯邑，今山東單縣。❸術　指求治之方略。❹近吏　指魯君身邊受信用的人。❺勉　盡力。此處有催促之意。❻有　通「又」。❼吏　指邑吏。❽亂子　當作「亂宓子」(依陶鴻慶說)。❾微　無。❿發所愛　派遣自己最信用的人。所愛，猶心腹。⓫言其要　指報告施政之要。⓬巫馬旗　又作巫馬期，孔子弟子，字子期。⓭短褐衣弊裘　穿著粗陋的衣服和破舊的皮衣。短，通「裋」。裋褐，粗賤的衣服。衣，用如動詞，穿。弊裘，破舊的皮衣。⓮觀化　察看教化情況。⓯闇行　指在無人監督情況下之行為。⓰刑　通「形」。⓱豈遽　難道。

【語譯】宓子賤要去治理亶父，擔心魯國君主聽信讒人的話，使得他無法實行自己既定的方略。為此在將要辭行時，他向魯君請求要兩個君主近身的官吏一起前往亶父。到了亶父，當地官吏都來拜會。宓子賤讓那兩個官吏作文書記錄。他們剛要書寫，宓子賤就從一旁搖晃他們的胳膊。兩個官吏寫得不好，宓子賤還為此大光其火。兩個官吏對此很怨恨，就告辭請求回去。宓子賤對他們說：「你們的字寫得很不好，還是趕快回去吧。」這兩個官吏回去向魯君稟報說：「宓子賤這個人，無法為他作書寫記錄。」魯君說：「這是為什麼？」兩個官吏回答說：「宓子賤要我們書寫記錄時，不時搖動我們的胳膊，字沒寫好，他還為此大發雷霆，連亶父的官吏也都嘲笑他。這就是我們所以離開他的原因。」魯君嘆息一聲感慨地說：「宓子是在用這種方法對我的過錯進行規諫啊。我干擾宓子，因而使得宓子無法推行他的治理方略，必定已經發生過許多次了。要沒有你們二位，我幾乎犯了錯誤。」於是特派自己愛幸的人到亶父去，告訴宓子說：「從今以後，亶父不屬於我所有，屬於你所有。凡是對亶父有利的，你獨自決定去做吧。五年以後，來報告你施政結果的要點。」宓子恭敬地滿口允諾，於是才得以順利地在亶父推行他的治理方略。過了三年，巫馬旗穿著平民穿的短襖和破舊皮衣，到亶父去察訪宓子施行教化的情況。看到晚上在那裡捕魚的人，捕到魚又丟回河裡。巫馬旗就問他：「打漁就是為了得到魚，如今你抓到了，反倒又丟回河裡去，這是為什麼？」那人回答說：「宓子不讓我們捕捉小魚。剛才丟回去的，就都是小魚呀。」巫馬旗回去後，稟告孔子說：「宓子的德行真是到家了。他能讓人們黑夜裡獨自做事時，好像有嚴刑放在旁邊一樣。請問宓子是用什麼方法達到這種境界的呢？」孔子回答說：「我曾經對他說過：『自己在這邊以赤誠之心行事，在那邊就會同樣以誠心表現出來。』宓子在亶父推行的，必定是這種方法。」宓子之所以能推行這個方法，是因為後來魯君領悟到了這一點；魯君之所以能領悟到這一點，是因為宓子事先就有了估計並做了準備。事先就有估計並做了準備，難道一般君主都能領悟到了嗎？那也未必。而魯君能領悟到，這正是他賢明的地方。

〔三〕三月嬰兒，軒冕❶在前，弗知欲也，斧鉞❷在後，弗知惡也，慈母之愛諭焉，誠也。故誠有誠乃合於情，精有精乃通於天。乃通於天，水木石之性，皆可動也，又況於有血氣者乎？故凡說與治之務莫若誠。聽言哀者，不若見其哭也；聽言怒者，不若見其鬥也。說與治不誠，其動人心不神❸。

【章旨】言進說與治事，只有出於至誠，才能動人心神。

【注釋】❶軒冕　分別指古代卿大夫乘坐的車輛和穿戴的禮服。❷斧鉞　古代兩種兵器。此處意為刑具。❸不神　不能感化人。

【語譯】三個月的嬰兒，尊貴的軒、冕在他面前，也不知道羨慕，森嚴的斧、鉞在他身後，也不懂得憎惡；但對身旁慈母的愛，他卻能領會，這是因為母子之間有赤誠之心相通啊。所以說，誠而又誠，才能合乎人間真情；精而又精，方可通達人之天性。只要通達人的天性，即使是水、木、石也能被感動，更何況對於有血氣的人呢？所以凡是臣下進說或君主求治的要務，沒有比誠心更重要的了。聽人訴說他如何悲哀，不如看到他傷心哭泣；聽人說他如何憤怒，不如看到他奮起搏鬥。臣下進說和君主求治而如果沒有一顆赤誠的心，他們縱能一時感動人，但卻終究不能感化人。

卷第十九　離俗覽第七

離俗　高義　上德　用民　適威　為欲　貴信

舉難

〈離俗覽〉以君主如何役使臣民為主線，分別論述了君、臣、民各自應採取的態度，並以君主必須嚴以責己、寬以責人，注重誠信，作為全覽結語。

全覽八篇文章，大致可分為三組。第一組三篇，〈離俗〉、〈高義〉、〈上德〉，分別從民、臣、君的角度，闡釋各自如何以理義為準則處理好相互關係。文中竭力頌揚布衣石戶之農等人拒受禪讓的所謂「高節厲行」（〈離俗〉），其要旨似在說明：平民對君權王位本不應存覬覦之心。文章對臣子的要求是「動必緣義，行必誠義」（〈高義〉）。具體表現在對賞罰的態度上，應如孔子、墨子那樣，「賞不當，雖與之必辭」（〈高義〉）；如子囊、石渚那樣，「罰誠當，雖赦之不外」（〈高義〉）。對君主的要求，強調治國施政應以德義為上，一味「嚴罰厚賞」（〈上德〉），只能是「衰世之政」（〈上德〉）。儘管文章對君、臣、民都提出應以理義為自己的行為標準，但他們體現於其中的生命價值，還是有高下之分。民和臣追求的最高境界，無非是以自己的生命去殉其所信奉的信義，而這種信義又大多以王權王命為指歸。君主的生命則高於城郭、高於土地、高於天下；他們若能治身修德，就將「迴乎天地，澹乎四海」（〈上德〉），甚至死後也依然「身隱而功著，形息而名彰」（〈上德〉），流芳後世。

第二組也是三篇，〈用民〉、〈適威〉、〈為欲〉，論述君主役使臣民的要訣。文章認為君主與臣民之間存在著一種互換關係，即君主欲役使民力得以滿足他們的欲望為前提。因而體現人的「欲」與「惡」兩種相反感情的「賞」與「罰」，就成了役使民力的綱紀：「壹引其綱，萬目皆張。」（〈用民〉）這組文章中先後用了兩個過度驅使馬力終致潰敗的故事，說明君主使用民力必須適度。作者對亂國之主那種專恃威懾、濫用民力的教訓，作了深刻的揭露和總結，並尖銳指出：那種做法是違反人的本性的；一個這樣做的君主，他自己的欲望也不可能是端正的；而「欲不正」的結果，必然是「以治身則夭，以治國則亡」（〈為欲〉）。特別值得一提的是吳王夫差那個「驕主使罷民」最終導致國亡身滅的教訓，在歷史上曾一幕一幕地反覆上演過，從而使得篇中那些古老的箴言，依然保持著清醒的現實感。

最後一組〈貴信〉和〈舉難〉，側重於對君主的要求。前者以天地四時尚且「不能以不信成物」為喻，以齊桓公見信於魯莊公、曹翽為範例，強調君主必須取信於民，才能得天下之用。後者通過齊桓公、魏文侯用人實例的正反對比，提醒君主對於人才不可求全責備，不可「以人之小惡，亡人之大美」，更不應偏私戚愛，「以私勝公」。

本覽〈用民〉、〈適威〉、〈為欲〉等篇中一再提到的「利」、「欲」等命題，在戰國時期曾是諸子論辯的一個熱點。儒家反對最為激烈。孟子說：「楊氏為我，是無君也；墨氏兼愛，是無父也。」（《孟子・滕文公下》）本書作者則明顯地傾向於楊、墨。

離俗

【題解】本篇旨在頌揚「布衣人臣」中那些以埋義為行為標準，具有不為世俗所理解的「高節厲行」的人，故以「離俗」名篇。

文章列舉了石戶之農等七人的四個帶有寓言性的故事，展開論證。石戶之農、北人無擇辭受舜的禪讓天下並為此而或入海，或沉淵。卞隨、務光不僅拒絕為湯伐桀出謀獻策，也不接受湯的辭讓帝位，並因此而先後沉水而死。文章稱頌四人能「視天下若六合之外」，具有「不漫於利，不牽於埶」的「高節厲行」。另三人平阿之餘子、叔無孫和賓卑聚，都是為勇而不可侮的「潔白清廉」之士。特別是賓卑聚，他只是在夢中見辱於一位壯士，竟然會由於無法與之較量而自刎。誠如文中所說，這種做法未必盡當，但此人那種不可受侮的品格，真正已到了無以復加的地步。

以堯、舜為濫觴的所謂禪讓制這樣一種國家最高權力和平轉移的特殊形式，原本就屬傳說，從那以來自然也沒有真正實行過。戰國年間有過二次嘗試。一是魏惠王欲讓位於惠施，惠施辭受（見前〈不屈〉二章）。一是燕王噲欲攫取禪讓之名而假意讓位與其相子之，結果弄假成真，試行三年，燕國大亂，齊乘機攻入燕都，燕王噲與子之皆死（見《史記・燕召公世家》）。至於堯、舜、禹之間的禪讓故事所以被古代許多典籍奉為神聖，主要還是由於儒家學派的竭力頌揚，在法家著作中就另有評價。如《韓非子・說林上》甚至認為「湯以伐桀，而恐天下言己為貪也，因乃讓天下於務光，而恐務光之受之也，乃使人說務光曰：『湯弒君而欲傳惡聲於子，故讓天下於子。』務光因自投於河」。這就是說，所謂禪讓云云，實在不過是一套權術把戲。本篇所載舜、湯讓位故事，採自《莊子・讓王》，情節固然雷同，但論旨互異其趣。《莊子》意在崇尚生命的自身價值，認為潔士不應苟合當世君主。本書雖一再提到堯舜禪位事，但筆墨大多花在那些隱逸高士的如何辭受上，在〈不屈〉篇中更把魏惠王與惠施的欲效禪讓之舉譏為沽名釣譽。此中大概就藏著作者的一個真意：布衣小民對至尊大位不應存有覬覦之心，君民之間的定位永遠不可移易。在本篇中，對石戶之農等四人的頌揚，著眼於他們的「高節厲行」皆本於理義。作者還特地對舜、湯另加了一段肯定性的評述，認為他們都是「因時而為」，而且能夠「以愛利為本，以萬民為義」。這就使本書在禪讓問題上的觀點，既不同於儒、法諸家之說，亦有別於莊子的藉此而對消極避世的宣揚。

〔二〕一曰——

世之所不足者，理義也；所有餘者，妄苟❶也。民之情，貴所不足，賤所有餘。故布衣人臣之行，潔白清廉中繩❷，愈窮愈榮。雖死，天下愈高❸之，所不足也❹。然而以理義斲削❺，神農、黃帝，猶有可非，微獨❻舜、湯。飛兔、要褭❼，古之駿馬也，材猶有短。故以繩墨取木，則宮室不成矣。

【章　旨】言行為能符合理義的人，世所少有，即使古代聖人「猶有可非」，故「布衣人臣」中的「潔白清廉」之士，尤為可貴。

【注　釋】❶妄苟　妄行苟為，行為不符合理義。❷中繩　符合規則或法度。❸高　尊崇。❹所不足也　據上文，此句之上當有「貴」字（依陳奇猷說）。❺斲削　衡量、繩律一類意思。❻微獨　豈但。❼飛兔要褭　皆古代駿馬名。

【語　譯】世上所不足的東西，是當理行義；所多餘的東西，是苟行妄為。人的常情，貴重不足的東西，輕賤多餘的東西。因此，即便是平民百姓和普通臣子的品行，如果符合純潔清廉和理義法度，那麼這樣的人越窮困越榮耀，即使死了，天下的人也會更加尊崇他們，這正是因為人們貴重這種世上所缺少的品德。然而如果依照理義的標準來衡量，即便是神農、黃帝那樣的聖人，也都還有可以非難的地方，不只是舜、湯而已。飛兔、要裹是古代的駿馬，但牠們也有力不足的時候，所以如果要嚴格按照繩墨直線取用木材，那麼宮殿和房屋也就造不成了。

〔二〕舜讓其友石戶之農❶。石戶之農曰：「棬棬❷乎后❸之為人也，葆力❹之士也。」以舜之德為未至也，於是乎夫負妻妻攜子❺以入於海，去之終身不反❻。舜又讓其友北人無擇❼。北人無擇曰：「異哉后之為人也，居於畎畝❽之中，而游入於堯之門❾。不若是而已，又欲以其辱行漫我❿，我羞之。」而自投於蒼領⓫之淵。

【章旨】敘述石戶之農、北人無擇先後以隱或死拒絕接受舜讓位的故事。

【注釋】❶石戶之農　石戶，地名。農，指該地之農民（依李頤說）。❷棬棬　《莊子・讓王》作「捲捲」。捲捲，用力貌。❸后　君王。此處指舜。❹葆力　恃力勤勞。葆，通「保」。恃。❺夫負妻妻攜子　疑此句中有衍文。陳奇猷認為應是「負妻攜子」。❻反　返還。❼北人無擇　北方之人名叫無擇。❽畎畝　田間。此處指鄉間。❾游入於堯之門　行走於堯的門下。指其欲求富貴。游，行走；干求。句中「入」字疑衍。❿辱行漫我　辱行，穢德。漫，玷汙。⓫蒼領　《莊子》作清泠，在南陽西崿縣界。

【語譯】舜要把天下讓給他的朋友石戶的農夫。石戶的農夫說：「孜孜不倦啊，君王的為人，真是個勞碌之士呢。」這是認為舜的品德還不夠完備。於是帶著妻子、攜著兒女，隱居到了海上，終身沒有再回來。舜又要把天下讓給他的朋友北人無擇。北人無擇說：「好奇怪啊，君王的為人！出身在鄉間田野，卻行走在堯的門下，弄到了一個王位。還不肯到此為止，又要用他那種可恥的行徑來玷污我，我為此感到羞恥。」於是自己跳到蒼領的深淵之中。

〔三〕湯將伐桀，因卞隨❶而謀。卞隨辭曰：「非吾事也。」湯曰：「孰可？」卞隨曰：「吾不知也。」湯又因務光❷而謀。務光曰：「非吾事也。」湯曰：「孰可？」務光曰：「吾不知也。」湯曰：「伊尹何如？」務光曰：「彊力忍訽❸，吾不知其他也。」湯遂與伊尹謀夏伐桀，克之，以讓卞隨。卞隨辭曰：「后之伐桀也，謀乎我，必以我為賊也。勝桀而讓我，必以我為貪也。吾生乎亂世，而無道之人❹再來詢我，吾不忍數聞也。」乃自投於潁水❺而死。湯又讓於務光曰：「智者謀之，武者遂之❻，仁者居之，古之道也。吾子胡不位之❼？請相吾子❽。」務光辭曰：「廢上❾，非義也。殺民，非仁也。人犯其難，我享其利，非廉也。吾聞之：『非其義，不受其利；無道之世，不踐其土。』況於尊我乎？吾不忍久見也。」乃負石而沈於募水❿。

【章旨】記述卞隨、務光初不苟合湯之伐桀，後又拒絕湯之禪讓。

【注釋】❶卞隨　姓卞名隨，夏末隱士。❷務光　姓務名光，夏末隱士。他本「務」或作「瞀」。「務」、「瞀」通。❸訽　同「詬」。恥辱。可能是指伊尹作媵女和為庖廚事。❹無道之人　指湯。卞隨認為湯是夏的諸侯，不應伐桀。❺潁水　淮河的支流，發源於河南登封，於安徽壽縣入淮河。❻遂之　成其事。❼位之　居天子之位。位，用如動詞。❽請相吾子　我甘願輔佐您。相，輔佐。吾子，對對方的尊稱。❾廢上　指廢除夏桀王位。❿募水　《莊子・讓王》作「廬水」。陳奇猷以為募水、廬水一也。《莊子釋文》注廬水在遼東西界。

【語譯】湯將要攻伐夏桀，去找卞隨謀劃。卞隨說：「這不是我的事。」湯問：「找誰可以？」卞隨說：「我不知道。」湯又去找務光謀劃，務光說：「這不是我的事。」湯問：「找誰可以？」務光說：「我不知道。」湯問：「伊尹怎麼樣？」務光說：「只知道他能強自忍受屈辱，別的我就不知道了。」湯就和伊尹謀劃如何攻伐夏桀，終於戰勝了夏桀。湯要把天下讓給卞隨，卞隨辭絕說：「君王伐桀的時候找我謀劃，必定以為我是殘忍的人；戰勝了夏桀，要把天下讓給我，一定以為我是貪婪的人。我生在亂世，而無道之人一再來羞辱我，我忍受不了一次又一次地聽這些侮辱人的話。」於是便自己跳入潁水而死。湯又要把天下讓給務光，對他說：「聰明的人謀劃它，勇武的人完成它，仁義的人享有它：這是自古以來的定則。先生何不就蒞位而君臨天下呢？我願意輔佐您。」務光辭絕說：「廢除君上，這不符合理義；殺害百姓，這不符合仁愛；別人冒險犯難，我坐享其利，這不符合清廉。我聽說過這樣的話：『不符合理義的，便不能接受它的利祿；無道的世代，就不應踏上它的國土。』更何況要尊我為君呢？我不忍心長久看到這種違背理義的事。」於是便背負石頭，自沉到募水之中。

〔四〕故如石戶之農、北人無擇、卞隨、務光者，其視天下若六合❶之外，人之所不能察❷；其視富貴也，苟可得已，則必不之賴❸；高節厲行，獨樂其意，而物莫之害；不漫❹於利，不牽於埶❺，而羞居濁世；惟此四士者之節。若夫舜、湯，則苞裹覆容❻，緣不得已而動，因時而為，以愛利為本，以萬民為義。譬之若釣者，魚有小大，餌有宜適，羽❼有動靜。

【章旨】此章在頌揚石戶之農等四位廉士的「高節厲行」的同時，也肯定舜湯係「因時而為」，雙方各有所宜。

【注釋】❶六合　總稱天、地與東南西北四方，亦即整個天下。❷察　見。❸不之賴　不把富貴當作有利的事。賴，利。❹漫　玷汙。❺不牽於埶　不受權勢所牽制。埶，同「勢」。❻苞裹覆容　包含容納。苞，通「包」。❼羽　釣魚用的浮標。

【語譯】所以像石戶之農、北人無擇、卞隨、務光這樣的人，他們看待據有天下的君位如同天外之物一般，這是常人所無法體察到的。他們看待富貴，即使可以得到，也一定不把它當作有利的事物。他們節操高尚，品行堅貞，獨自遊樂於自己的理想之中，因此外物的誘惑不能為害於他們。他們不會為利益而玷汙自己，不受權勢的牽制，而以居處於汙濁之世為恥辱——這便是這四位賢士所具有的節操。至於說到舜和湯，他們能無所不包，無所不容。他們出於不得已而採取行動，順應時勢而有所作為；以愛利百姓為根本，以萬民作為理義的準則。上面這兩種情況，就如同釣魚一樣：魚兒有大有小，釣餌各有相適，浮標亦有動有靜。

〔五〕齊、晉相與戰，平阿❶之餘子❷亡戟❸得矛，卻❹而去，不自快，謂路之人曰：「亡戟得矛，可以歸乎？」路之人曰：「戟亦兵也，矛亦兵也，亡兵得兵，何為不可以歸？」去行，心猶不自快，遇高唐之孤叔無孫❺，當其馬前曰：「今者戰，亡戟得矛，可以歸乎？」叔無孫曰：「矛非戟也，戟非矛也，亡戟得矛，豈亢❻責也哉？」平阿之餘子曰：「嘻！還反戰。」趨尚及之。遂戰而死。

叔無孫曰：「吾聞之：君子濟❼人於患，必離❽其難。」疾驅而從之，亦死而不反。今此將眾，亦必不北❾矣；今此處人主之旁，亦必死義矣。今死矣而無大功，其任小故也。任小者，不知大也。今焉知天下之無平阿餘子與叔無孫也？故人主之欲得廉士者，不可不務求。

【章旨】表彰平阿餘夫和叔無孫勇而當義的品行，進言君主務必求索這樣的廉士。

【注釋】❶平阿　齊邑名。❷餘子　古代兵制規定，家有一人為正卒，餘皆為羨卒，亦稱餘夫，即此處所謂餘子（依范耕研說）。❸戟　古代兵器。將戈、矛合成一體，既能直刺，又能橫擊。❹卻　退。❺高唐之孤叔無孫　高唐，齊邑名，在今山東禹城西南。孤，楊樹達認為無父稱孤，孤即孤兒。❻亢　抵；當。❼濟　高誘注：「濟，入也。」聯繫上下文，有「使之陷入」之意。❽離　通「罹」。遭遇。❾北　敗逃。

【語譯】齊國與晉國互相交戰時，有個來自平阿的餘夫，丟失了戟卻得了矛，就退下來離開了戰場，自己還感到不怎麼愉快。他問路旁的人說：「丟掉戟，得到了矛，可以回去嗎？」路旁的人說：「戟是兵器，矛也是兵器，丟失了一件兵器，得到了一件兵器，為什麼不可以回去呢？」他走了一程，心中還是不安。又遇到高唐的孤兒叔無孫，就站在他的馬前說：「我今天作戰時，丟失了戟，卻得到了矛，可以回去了嗎？」叔無孫說：「矛不是戟，戟不是矛，丟掉戟而得到矛，怎麼能互相抵銷交代過去呢？」平阿的餘夫說：「噢，那還是回去繼續作戰吧。」跑回戰場，還趕上了作戰，終於戰鬥而死。叔無孫說：「我聽說過這樣的話：君子既已使人陷入禍患，那就一定要與他共同患難。」急忙催馬加鞭去跟著作戰，結果也戰死沙場沒有回還。假如讓這兩個人統率軍隊，也一定不會戰敗逃跑；讓他們侍從在君主身旁，也必定會盡臣子之義而獻身。如今他們死了，卻沒有建立大功，這是由於他們位卑職微的緣故啊。位卑職微的人，是不可圖謀遠大功業的。現在怎麼能知道天下就沒有像平阿餘夫和叔無孫這樣的人呢？所以君主中凡是希望得到清廉之士的，不可不盡力求索啊。

〔六〕齊莊公❶之時，有士曰賓卑聚❷，夢有壯子，白縞❸之冠，丹績❹之袧❺，東布❻之衣，新素履❼，墨劍室❽，從而叱之，唾其面，惕然而寤❾，徒夢也。終夜坐不自快。明日召其友而告之曰：「吾少好勇，年六十而無所挫辱。今夜辱，吾將索其形，期得之則可，不得將死之。」每朝與其友俱立乎衢❿，三日不得，卻而自歿⓫。謂此當務則未也。雖然，其心之不辱也，有可以加⓬乎？

【章　旨】記述賓卑聚因夢中受辱無從報復而自殺。

【注　釋】❶齊莊公　名光，頃公之孫，靈公之子，在位六年（西元前五五三～前五四八年）。❷賓卑聚　人名，餘不詳。❸白縞　未染色的絹。❹丹績　紅麻線。❺袧　即纓，繫冠之帶。❻東布　東當為「柬」之誤（依譚戒甫引文廷式說）。即「練帛」，白色的熟絹。❼素履　白色的靴子。❽墨劍室　黑色的劍鞘。❾寤　醒。❿衢　四通八達的街坊。⓫歿　即刎。⓬加　超過。

【語　譯】齊莊公的時候，有個士人名叫賓卑聚。一次他夢見有個強壯的男子，頭戴白絹製的帽子，紅麻線的冠帶；身穿熟絹裁製的衣服，腳登白色的新靴，腰裡的佩劍插在黑色的劍鞘中。此人走上前來當面叱責他，還用唾沫吐他的臉。他突然一驚便醒來，發現不過是一個夢。他為此坐了一整夜，心裡很不愉快。第二天把他的朋友找來對他們說：「我年輕的時候便好勇，活到六十歲還未曾受到過挫折和侮辱。這回夜裡受到了侮辱，我將尋求此人形跡，希望能得到他那最好，倘若得不到，我將為此而死去。」於是每天與他的朋友一起站在四通八達的街道上，過了三天也沒有得到，回去後便自刎而死。要說這是應該做的，那倒未必；雖然如此，但此人內心那種不可陵辱的品格，難道還有誰能超過嗎？

高義

【題解】篇名「高義」，意為推崇義。因而一開篇便對君子提出了「動必緣義，行必誠義」的要求。從全篇看，這個義的原則，主要體現在如何正確對待賞罰上。其要旨是：為人臣者必須當功方能受賞，而當罪則必須受罰，一切都要「反於心不慙然後動」，這才符合「義」。文中孔子、墨子的事例，用來說明「賞不當，雖與之必辭」；子囊、石渚的事例，則用來說明「罰誠當，雖赦之不外」。本篇題旨，與上篇〈離俗〉相承，唯〈離俗〉所舉「潔白清廉」之士多為布衣平民，此篇四個範例，或為學士，或為人臣。

關於子囊的故事，《左傳》繫於襄公十四年：「子囊師於棠以伐吳。吳不出而還。子囊殿，以吳為不能而弗儆。吳人自皋舟之隘要而擊之。楚人不能相救，吳人敗之。」據此，子囊是在回師路上中伏而敗於吳的，與本文所述出入頗大。可能作者出於論證的需要，對史實作了較多的剪裁。石渚的故事又見於《韓詩外傳》二、《新序・節士》、《史記・循吏列傳》等。

〔一〕二曰──

君子之自行❶也，動必緣義，行必誠義❷，俗雖謂之窮，通❸也；行不誠義，動不緣義，俗雖謂之通，窮也；然則君子之窮通，有異乎俗者也。故當功以受賞，當罪以受罰。賞不當，雖與之必辭；罰誠當，雖赦之不外❹。度❺之於國必利，長久長久之於主必宜❻，內反於心不慙然後動。

【章　旨】言君子一切行動必須執守「義」的原則，在對待賞罰問題上尤應如此。

【注　釋】❶自行　獨自執守的品行。❷動必緣義二句　一切舉動都必須遵循和成就義的原則。緣，沿。誠，成。後文所舉孔子、墨子是「動必緣義」例，子囊、石渚為「行必誠義」例。❸通　達。❹外　摒棄。❺度　衡量。❻長久長久之於主必宜　此句各家句讀、訓釋不一。陳奇猷疑有訛誤，承上句，以為此句應是：「張之於主必宜」。張，施也。語譯姑依。

【語　譯】君子自己執守的品行要求，就是一切舉動都應遵循義的規範，一切行為都應成就義的原則。這樣做，世俗的人們雖然把它說成是窮厄，君子則認為是通達。反之，行為不成就義的原則，舉動不遵守義的規範，世俗的人們雖然把它說成是通達，君子則認為是窮厄。由此看來，君子對窮厄與通達的看法，不同於世俗的觀念。所以他們有功勞就領受相應的賞賜，有罪錯就承受相當的懲罰。如果賞賜不當，即使給他也一定謝絕；如果懲罰確實得當，即使受到赦免也不願迴避懲罰。他們為國家思慮必然有利，為君主謀事必然相宜，他們舉事總要捫心自問不感到慚愧才付諸行動。

〔二〕孔子見齊景公❶，景公致廩丘❷以為養❸，孔子辭不受，入❹謂弟子曰：「吾聞君子當功以受祿。今說❺景公，景公未之行而賜之廩丘，其不知丘亦甚矣。」令弟子趣❻駕，辭而行。孔子布衣也，官在魯司寇❼，萬乘難與比行，三王之佐不顯焉，取舍不苟也夫！

【章　旨】以孔子辭齊景公廩丘之賜，說明君子「取舍不苟」。

【注　釋】❶齊景公　春秋時齊國國君，名杵臼，在位五十八年（西元前五四七～前四九〇年）。❷廩丘　齊邑名。今山東鄆城西北。❸以為養　指作為孔子的食邑。❹入　當為「出」之誤（依松皋圓說）。❺說　遊說。❻趣　趕快。據《史記・

孔子世家》、《晏子・外篇》等記載，孔子的憤而辭齊，是因為齊景公聽信了晏子之讒，以禮見孔子卻不問其道。❼司寇　掌管獄訟刑罰的官吏。孔子在魯定公時，曾為魯國司寇。

【語譯】孔子謁見齊景公，景公贈給他廩丘，作為他的食邑。孔子辭謝沒有接受。出來後對弟子們說：「我聽說君子要有功績，才能接受相應的俸祿。剛才我去遊說齊景公，景公沒有聽取卻賞賜給我廩丘，他對我孔丘也太不瞭解啦。」他讓弟子趕快套車，告辭後立刻就走。孔子當時是布衣平民，他在魯國也只當過司寇的官，但他的品行，擁有萬乘兵車的國君也難以相比，夏禹、商湯、周武這三代聖王的輔佐也沒有他光耀。這是由於他為人的取捨進退都不苟且。

〔三〕子墨子游❶公上過❷於越。公上過語墨子之義，越王說之，謂公上過曰：「子之師苟肯至越，請以故吳之地，陰江之浦❸，書社❹三百，以封夫子。」公上過往復❺於子墨子。子墨子曰：「子之觀越王也，能聽吾言、用吾道乎？」公上過曰：「殆❻未能也。」墨子曰：「不唯越王不知翟之意，雖子亦不知翟之意。若越王聽吾言、用吾道，翟度身而衣，量❼腹而食，比於賓萌❽，未敢求仕。越王不聽吾言、不用吾道，雖全越以與我，吾無所用之。越王不聽吾言、不用吾道，而受其國，是以義翟❾也，義翟何必越，雖於中國❿亦可。」凡人不可不熟論。秦之野人⓫，以小利之故，弟兄相獄，親戚相忍⓬；今可得其國，恐虧其義而辭之，可謂能守行矣；其與秦之野人相去亦遠矣。

【章　旨】記述墨子因越王不聽其言、不用其道而辭受封賜的經過，讚頌他能夠保持自己的操行。

【注　釋】❶游　遊說。❷公上過　墨子弟子。❸浦　江邊。❹書社　古代以二十五家為社，書寫戶口姓名於冊籍，故稱「書社」。❺復　回報。❻殆　恐怕。❼量　度。❽賓萌　客居之民。萌，通「氓」。❾翟　交易。❿中國　指中原地區各諸侯國。⓫野人　指郊野村民。⓬忍　殘忍。

【語　譯】墨子派公上過到越國去遊說。公上過在越國闡述了墨子的主張，越王很喜歡，對公上過說：「您的師長如果肯到越國來，我願把過去吳國的屬地、陰江岸畔三百書社的地方，封賞給他老先生。」公上過回來向墨子作了回報。墨子說：「根據你對越王的觀察，他能聽從我的話，採用我的主張嗎？」公上過說：「恐怕未必能。」墨子說：「這麼看來，不僅越王不瞭解我的心意，就連你也不理解我的心意。如果越王能聽從我的話，採用我的主張，那麼我墨翟只要有衣服穿能夠遮身，有飯吃能夠果腹，住在越國就像普通外來客民一樣，不求一官半職。如果越王不聽從我的話，不採用我的主張，那麼即使把整個越國給我，對我也沒有什麼用處。越王不聽從我的話，不採用我的主張，而我接受他的國家，那就是出賣義換取利的交易啊。要做出賣義換取利的交易，何必到越國去，就在中原地區各個國家到處都可以。」所以大凡對於人的問題不可不加以仔細探究。同樣是人，秦國郊野的村民，為了一點蠅頭小利的緣故，竟不惜弟兄相與獄訟，親戚彼此殘害。可是墨子現在明明可以得到越王的國土，卻由於擔心損害自己的道義，而一口謝絕。墨子真可說是能夠執守自己的操行了，他與秦國那些郊野村民比較起來，兩者差距實在太遠了。

〔四〕荊人與吳人將戰，荊師寡，吳師眾，荊將軍子囊❶曰：「我與吳人戰，必敗。敗王師，辱王名，虧壞土，忠臣不忍為也。」不復於王而遁❷。至於郊，使人復於王曰：「臣請死。」王曰：「將軍之遁也，以其為利也。今誠利，將軍何死？」子囊曰：「遁者無罪，則後世之為王將者，皆依不利之名而效臣遁。若是則荊國終為天下撓❸。」遂伏劍而死。王曰：「請成將軍之義。」乃為之桐棺三寸❹，加斧鑕其上❺。人主之患，存而不知所以存，亡而不知所以亡，此存亡之所以數至也。郼、岐❻之廣也，萬國之順也，從此生矣。荊之為❼四十二世矣，嘗有乾谿、白公之亂❽矣，嘗有鄭襄、州侯之避❾矣，而今猶為萬乘之大國，其時有臣如子囊與？子囊之節，非獨厲❿一世之人臣也。

【章旨】言子囊臨戰撤走雖避免了一次必然的失敗，但係擅自所為，因而仍固請死罪，並伏劍而歿；他的節操激勵了楚國一代又一代將士。

【注釋】❶子囊　春秋時楚莊王之子。❷遁　走。❸撓　挫敗。❹桐棺三寸　指受刑人棺木之規格。古代貴族的棺木，按其生前地位高低而確定棺木的厚薄。據《禮記・喪服大記》規定，上大夫大棺八寸，下大夫大棺六寸。棺木只有三寸，表明是受刑而死。❺加斧鑕其上　這是受刑而死的標誌。斧，殺人刑具。鑕，殺人用的砧板。❻郼岐　代指殷、周。郼，湯滅夏以前的封國。岐，武王滅紂前周的居地。❼荊之為　疑下脫一「國」字（依陳奇猷說）。❽乾谿白公之亂　據《左傳》昭公十三年（西元前五二九年）記載，楚靈王因公子棄自立，被迫在楚邑乾谿自縊而死，此即所謂乾谿之亂。白公，指白公勝，楚平王太子建之子。❾鄭襄州侯之避　襄當為「褎」，即「袖」。鄭袖，楚懷王幸姬。州侯，楚襄王寵臣。此處指鄭袖助楚懷王、州侯助楚襄王行邪僻事。❿厲　激勵。

【語譯】楚國人將要與吳國人作戰。楚國的軍隊少，吳國的軍隊多。楚國帶兵的將領子囊說：「如果我按照命令與吳國的軍隊作戰，必定被打敗。讓君王的軍隊被打敗，讓君王的名聲受侮辱，讓國家的土地受損失，是忠臣所不忍心這樣做的。」於是不稟報君王便撤走了軍隊。來到郊外，再派人向國王回報說：「我請求君上處以死罪。」楚王說：「將軍的撤退，是因為這樣做對國家有利呀。現在看來亦確實有利，將軍為什麼還要請死呢？」子囊說：「擅自撤軍的如果不處罪，那麼今後替君王帶兵的將領，都會以不利作藉口像我一樣擅自撤軍了。如果這樣的話，那麼楚國最終會被天下諸侯所挫敗。」於是就伏劍自刎而死。楚王說：「讓我來成全將軍的道義吧。」於是就為他做了一具只有三寸厚的棺木，還把斧和砧這些刑具放在棺木上，以表示懲處。

一般君主的通病是當國家安存時，不知道為什麼能夠安存；而國家滅亡時，又不知道為什麼會被滅亡。這就是許多國家興亡交替之事多次出現的原因。像鄗、岐的迅速擴大，天下諸侯的紛紛歸順，就正是由此產生的。荊楚的成為國家，也已經歷了四十二世了，其間雖曾發生過楚靈王在乾谿自縊、白公勝殺子西攻陷國都那樣的禍亂；有過鄭袖助楚懷王、州侯助楚襄王肆行邪僻那樣的昏暗時期，但到現在仍然不失為一個擁有萬乘兵車的大國，是否因為常有像子囊那樣的臣子的緣故呢？子囊的節操豈獨激勵了一代臣子啊。

〔五〕荊昭王❶之時，有士焉，曰石渚❷。其為人也，公直無私，王使為政廷❸。有殺人者，石渚追之，則其父也。還車❹而返，立於廷曰：「殺人者，僕❺之父也。以父行法，不忍；阿❻有罪，廢國法，不可。失法伏罪，人臣之義也。」於是乎伏斧鑕，請死於王。王曰：「追而不及，豈必伏罪哉？子復事❼矣。」石渚辭曰：「不私❽其親，不可謂孝子。事君枉法，不可謂忠臣。君令赦之，上之惠也。不敢廢法，臣之行也。」不去斧鑕，歿頭乎王廷。正法❾枉必死，父犯法而不忍，王赦之而不肯，石渚之為人臣也，可謂忠且孝矣。

【章　旨】言楚之執法者石渚，因不忍處死犯法之父而伏鑕請死，赦之也不肯，作者讚其為忠孝兩全。

【注　釋】❶荊昭王　楚平王之子，名軫，在位二十七年（西元前五一五～前四八九年）。❷石渚　人名。他書作石奢。❸政廷　當作「廷理」，係楚國朝廷上之執法官（依陳奇猷說）。❹還車　掉轉車頭。❺僕　對自己的謙稱。❻阿　庇護。❼事　指職事、職務。❽私　愛。❾正法　主管法律者。正，主。

【語　譯】楚昭王時，有個賢士名叫石渚。他為人公正耿直，沒有私心，昭王便讓他在朝廷上做執法官。有人殺了人逃走了，石渚去追。追到了一看，原來是他父親。他掉轉車頭返回來，立在朝廷上說：「殺人的是我父親。要對自己父親執法，於心不忍；包庇有罪的人，廢棄國家法律，絕不可以。執法有失要受懲處，這是臣子應該遵循的道義。」於是就趴伏在殺人的刑具上，請求在昭王面前接受死罪。昭王說：「你追是追了，只是沒有追上，哪裡就一定要受懲處呢？你照舊任職履事吧。」石渚說：「不偏愛自己的父親，不可以稱為孝子；事奉君上而枉法曲斷，不可以稱為忠臣。君王下令赦免我，這是君上的恩惠；不敢廢棄法律，這是為臣者應有的品行呀。」他不讓拿掉刑具，在朝廷上自刎而死。主管法律而徇私枉法，必定要處死；父親犯法必須執法，自己又不忍心；君王赦免他，他又不肯接受。像石渚那樣作為臣子，真可以說是既忠又孝了。

上德

【題解】本篇旨在強調德治高於法治：「以德以義，不賞而民勸，不罰而邪止。」當然文章也不是主張要取消賞罰，只是認為單純依靠嚴罰厚賞，卻是「衰世之政」。文中列舉了舜以德服三苗、被瞻忠君行義、墨家鉅子孟勝及其弟子為義殉身等例說明，這些都不是靠賞罰所能促使的，只有「上德」——崇尚德義，才能做到。作者據此要求君主應效法古代聖君，既「順天」，又「順情」，使自己的德義像天覆地載那樣普施於民眾，做到「利行乎天下而民不識」。

本文思想既反映了道家排斥「匈匈焉終以賞罰為事」，提倡「安其性命之情」（《莊子・在宥》）的論旨，又博採眾長，兼通儒墨。文中所舉墨家鉅子孟勝及其弟子共一百八十人集體自殺以殉義之事，讀來驚心動魄。在先秦諸子中，墨家的傳布最為獨特，近似宗教團體，有自己的組織和家法，即所謂「墨者之法」。鉅子儼然就是教主，相互間有繼承關係，且世代相傳。《莊子・天下》稱墨者「以鉅子為聖人，皆願為之尸（主），冀德為其後世，至今不決」，可見在弟子心目中鉅子地位之高。本書提到的鉅子，除本篇中的孟勝、田襄子外，還有前〈去私〉篇的腹䵍。從地域看，他們分別屬於楚、宋、秦。

〔一〕三曰——

為❶天下及國，莫如以德，莫如行義。以德以義，不賞而民勸❷，不罰而邪止，此神農、黃帝之政也。以德以義，則四海之大，江河之水，不能亢❸矣；太華❹之高，會稽❺之險，不能障❻矣；闔廬之教❼，孫、吳之兵❽，不能當矣。故古之王者，德迴❾乎天地，澹❿乎四海，東西南北，極日月之所燭，天覆地載，愛惡不臧⓫，虛素⓬以公，小民皆⓭之其之敵⓮而不知其所以然，此之謂順天；教⓯變容改俗而莫得其所受之，此之謂順情。故古之人，身隱而功著，形息⓰而名彰，說通而化奮⓱，利行乎天下而民不識⓲，豈必以嚴罰厚賞哉？嚴罰厚賞，此衰世之政也。

【章旨】言德治高於法治，如果君主能以德義為上，不用嚴罰厚賞也能「利行乎天下」。

【注釋】❶為 治。❷勸 勉力。此處有勉力為善意。❸亢 通「抗」。抵禦。❹太華 西嶽華山。❺會稽 指浙江之會稽山。❻障 防。❼闔廬之教 指一種極嚴格的訓練方法。經過這種訓練的士民，可以做到不避刀劍，一往無前。參見下篇〈用民〉三章：「闔廬試其民於五湖，劍皆加於肩，地流血幾不可止。」闔廬，即吳王闔閭。❽孫吳之兵 指由孫武、吳起所訓練的士兵。意為勇猛異常的士兵。孫武，春秋時齊國人，為吳王闔閭之將，著有《孫子兵法》十三篇。吳起，衛國人，魏文侯以為西河守，後至楚為令尹。以善於用兵聞名，《漢書·藝文志》錄有《吳起》四十篇。❾迴 旋；運轉。❿澹 通「贍」。足。⓫愛惡不臧 不懷藏愛惡之心。即無有偏私。臧，通「藏」。⓬虛素 處虛服素，恬淡質樸。⓭皆 通「偕」。⓮之敵 相與適應。之，與。敵，通「適」。⓯教 疑上脫「其」字。其教，承上指王者之教化。⓰形息 據高誘注，形息意即身死。⓱說通而化奮 教令通達人心，教化激勵奮揚。⓲識 知。

【語譯】治理天下和國家，最重要的莫過於用德，莫過於行義。只要能夠用德行義，即使不予賞賜，臣民自會勤勉為善；不加懲罰，邪僻行為也自會止息。這便是神農、黃帝時代的政治。用德行義，天下無敵，即使有四海那麼廣大、江河之水那麼洶湧，也不能抵抗；有華山那麼崇高、會稽山那麼險峻，也不能阻擋；有經過闔閭那種特別教化的士民，孫武、吳起所帶領的軍隊，也不能抵擋。所以古代稱王的人，他們的德義遍布於天地，充盈於四海，無分東西南北，凡是日月之光所能照到的地方，都能像天覆地載那樣兼收並容，不因個人愛惡而藏匿恩澤。他們恬淡素樸，出以至公，因而小民亦都樂於一起這樣做。人們諧和安適，卻不知道何以會如此，這就稱之為順應了天性。王者的教化，改變了小民和習俗，人們卻不知道達到這一步的來由，這就稱之為順應了人情。所以古代的聖王，他們盡量隱藏自己，但功業卻卓著顯耀；他們本人雖已離世，名聲卻反而顯揚。他們教令深入人心，教化使人奮發。他們給天下人帶來利益，民眾卻並不知道這是由誰所賜。哪裡一定要用嚴酷的刑罰和豐厚的賞賜呢？嚴刑和厚賞，那只是衰落世代的政治。

〔二〕三苗❶不服，禹請攻之。舜曰：「以德可也。」行德三年，而三苗服。孔子聞之曰：「通乎德之情，則孟門❷、太行❸不為險矣。故曰德之速，疾乎以郵❹傳命。」周明堂❺，金在其後❻，有以見先德後武也。舜其猶此乎？其臧武❼通於周矣。

【章　旨】言舜以德服三苗，餘風流傳至周。

【注　釋】❶三苗　亦稱有苗，古部族名。居於彭蠡，今江西鄱陽湖一帶。❷孟門　古山名。在龍門之北，綿亙黃河兩岸。❸太行　山名。在山西、河北接界處。❹郵　古代傳遞文書的驛站。❺明堂　古代天子朝會和起居之所。❻金在其後　青銅兵器置於明堂之後。依五行說，金主肅殺之氣，是兵事的象徵。❼臧武　即上文所謂「先德後武」之意。臧，同「藏」。

【語　譯】三苗不肯歸順，禹請求用兵攻伐，舜說：「行德政就可以了。」推行德治三年，三苗便自動歸服。後來孔子聽到這件事情後說：「通曉了推行德治的真諦，那麼就是孟門、太行這樣的崇山峻嶺也不能成為險阻了。所以說德教的傳播，比驛郵傳達命令還要快。」周代的明堂，把兵器藏在堂後，用以表明先行德教後用武力。舜大概亦是這樣的吧，他這種「先德後武」的德治之風，流傳到周代了。

〔三〕晉獻公[1]為麗姬[2]遠太子。太子申生居曲沃[3]，公子重耳[4]居蒲[5]，公子夷吾[6]居屈[7]。麗姬謂太子曰：「往昔君夢見姜氏[8]。」太子祠而膳[9]於公，麗姬易之。公將嘗膳，姬曰：「所由遠[10]，請使人嘗之。」嘗人[11]人死，食狗[12]狗死，故誅太子。太子不肯自釋[13]，曰：「君非麗姬，居不安，食不甘。」遂以劍死。公子夷吾自屈奔梁[14]。公子重耳自蒲奔翟[15]。去翟過衛，衛文公[16]無禮焉。過五鹿[17]如齊，齊桓公死。去齊之曹，曹共公[18]視其駢脅[19]，使袒而捕池魚[20]。去曹過宋，宋襄公[21]加禮[22]焉。之鄭，鄭文公[23]不敬，被瞻[24]諫曰：「臣聞賢主不窮窮[25]。今晉公子之從者，皆賢者也。君不禮也，不如殺之。」鄭君不聽。去鄭之荊，荊成王[26]慢[27]焉。去荊之秦，秦繆公[28]入之[29]。晉既定，興師攻鄭，求被瞻。被瞻謂鄭君曰：「不若以臣與之。」鄭君曰：「此孤[30]之過也。」被瞻曰：「殺臣以免國，臣願之。」被瞻入晉軍，文公將亨之。被瞻據鑊[31]而呼曰：「三軍之士皆聽瞻也，自今以來，無有忠於其君，忠於其君者將亨。」文公謝[32]焉，罷師，歸之於鄭。且被瞻忠於其君，而君免於晉患也，行義於鄭，而見說於文公也，故義之為利博㉝矣。

【章旨】記述在晉伐鄭之戰中，鄭國大夫被瞻能以忠義感動晉君，不僅使自己免死於鼎鑊，也使鄭君得免於晉患，由以說明「義之為利博矣」。

【注釋】❶晉獻公　春秋時晉國國君，名詭諸。參見前〈權勳〉三章注❶。❷麗姬　即驪姬。晉獻公伐驪戎，得驪姬以為妃，生奚齊，獻公欲立奚齊而廢太子申生，太子申生及公子重耳、夷吾因而出奔。❸曲沃　古邑名。晉的別都，在今山西聞喜東北。❹重耳　即後之晉文公。❺蒲　晉邑名。在今山西隰縣西北。❻夷吾　晉獻公子，後即位為晉惠公。❼屈　晉邑名。在今山西吉縣北。❽姜氏　即齊姜。太子申生之生母。此事《史記・晉世家》繫於晉獻公二十一年，其時姜氏已去世。❾膳　奉獻食物。此處指祭祀過的肉。❿所由遠　指食物遠從曲沃送來。⓫嘗人　使人嘗。⓬食狗　讓狗吃。⓭釋　申辯；解說。⓮梁　春秋時古國名。嬴姓。後為秦所滅。故址在今陝西韓城南。⓯翟　也作「狄」。晉北邊陲部族名。⓰衛文公　春秋時衛國國君。名燬，在位二十五年（西元前六五九～前六三五年）。⓱五鹿　春秋衛邑名。今河南清豐西北。⓲曹共公　春秋時曹國君主，在位三十五年（西元前六五二～前六一八年）。⓳駢脅　指肌肉健壯得不顯肋骨。⓴使袒而捕池魚　讓他脫光衣服到池子裡捕魚。據《左傳》僖公二十三年記載，曹共公這樣做的目的，是「欲觀其裸」，是一種很不敬的行為。㉑宋襄公　春秋宋國國君，名茲甫，在位十四年（西元前六五〇～前六三七年）。㉒加禮　指宋襄公對重耳能以禮相待。《左傳》僖公二十三年：「宋襄公贈之（指重耳）以馬二十乘。」㉓鄭文公　春秋鄭國國君，名踕，在位四十五年（西元前六七二～前六二八年）。㉔被瞻　鄭大夫。《左傳》僖公二十三年作「叔詹」，疑是姓被名瞻，排行稱叔。㉕不窮窮　不永遠困窮。第一「窮」借為「終」。㉖荊成王　即楚成王，名惲，在位四十六年（西元前六七一～前六二六年）。㉗慢　怠慢；不敬。《左傳》記載重耳入楚事，只言及「楚子饗之」，並「送諸秦」，似無輕慢之意，與此處所記有異。㉘秦繆公　即秦穆公。㉙入之　指將重耳送回晉國為君。㉚孤　君主對自己的謙稱。㉛鑊　無足之鼎。㉜謝　道歉。㉝博　大。

【語譯】晉獻公因寵愛麗姬，疏遠了太子。太子申生住在曲沃，公子重耳住在蒲，公子夷吾住在屈。麗姬對太子申生說：「前幾天，君上夢見了你母親姜氏。」太子就在曲沃祭祀了生母姜氏，並把祭祀後的肉食獻給獻公。麗姬卻乘機換上有毒的食物。獻公將要嘗食時，麗姬說：「這肉食是從遠道送來的，請讓人先嘗一下吧。」結果是讓人嘗，人死；餵狗吃，狗死。獻公為此要誅殺太子。太子不肯為自己申辯，只是說：「君上如果沒有麗姬，睡不安穩，吃不香甜。」就這樣伏劍自刎而死。公子夷吾從屈逃到梁，公子重耳從蒲奔到翟。後來又離開翟，投奔衛，衛文公對公子重耳沒有以禮相待。經過五鹿，來到齊國，齊桓公剛好去世。於是又離開齊國，到了曹國。曹共公想看看公子重耳據說健壯得不見肋骨痕跡的肌肉，就要他脫光衣服下池去捕魚。這樣又離開曹國，到了宋國，宋襄公給了他優厚的禮遇。到鄭國，鄭文公對他很不尊敬。被瞻向鄭文公進諫說：「我聽說賢明的君主不會永遠困窮。現在晉公子的隨從，都是賢德之人。君上不能以禮接待他們，倒不如索性殺了他們。」鄭文公沒有聽從。重耳離開鄭國，到了楚國。楚成王對他很輕慢。重耳離開楚國，到了秦國。秦穆公送他回晉國就了君位，就是晉文公。晉文公在安定晉國內政後，便興兵攻伐鄭國，索取被瞻。被瞻對鄭文公說：「不如把我交給他們。」鄭文公說：「這是我的過錯呀。」被瞻說：「殺死我而能使國家免於受害，我願意這樣做。」被瞻到了晉國的軍營，晉文公要煮死他。被瞻抓住大鑊高聲呼道：「三軍將士都聽我被瞻說一句話：從今以後，再也不要忠於自己的君主了，因為忠於自己君主的將被煮死。」晉文公向被瞻道了歉，撤回了攻鄭軍隊，並送被瞻回鄭國。由於被瞻忠於自己的君主，從而使鄭君免受晉國的禍害。被瞻在鄭國按義的原則行事，卻贏得了處於對立地位的晉文公的喜悅。由此可見，義所能帶來的利益太大了。

〔四〕墨者鉅子❶孟勝，善荊之陽城君❷。陽城君令守於國，毀璜以為符❸，約曰：「符合聽之。」荊王❹薨❺，群臣攻吳起，兵於喪所❻，陽城君與焉，荊罪之❼。陽城君走，荊收其國❽。孟勝曰：「受人之國，與之有符。今不見符，而力不能禁，不能死，不可。」其弟子徐弱諫孟勝曰：「死而有益陽城君，死之可矣。無益也，而絕墨者於世，不可。」孟勝曰：「不然。吾於陽城君也，非師則友也，非友則臣也。不死，自今以來，求嚴師必不於墨者矣，求賢友必不於墨者矣，求良臣必不於墨者矣。死之所以行墨者之義而繼其業者也。我將屬❾鉅子於宋之田襄子。田襄子賢者也，何患墨者之絕世也？」徐弱曰：「若夫子之言，弱請先死以除路。」還歿頭前於❿。孟勝因使二人傳鉅子於田襄子。孟勝死，弟子死之者百八十。三人⓫以致令於田襄子，欲反死孟勝於荊，田襄子止之曰：「孟子已傳鉅子於我矣，當聽。」遂反死之⓬。墨者以為不聽鉅子不察⓭。嚴罰厚賞，不足以致此。今世之言治，多以嚴罰厚賞，此上世之若客⓮也。

【章　旨】以墨家鉅子孟勝及其弟子們為陽城君殉義一事，說明德義勝於嚴罰厚賞。

【注　釋】❶鉅子　亦稱巨子，戰國時期墨家對本學派有重大成就者的尊稱，猶言大師。❷陽城君　楚之宗室大臣。❸毀璜以為符　將玉璧一剖為二，各執其一以為信符。璜，玉器，形如璧。符，古代傳達重要命令的憑證。❹荊王　指楚悼王。❺薨　古代諸侯死稱「薨」。❻兵於喪所　指楚之宗室大臣作亂於靈堂，並射死吳起。事詳後〈貴卒〉二章。❼荊罪之　《史記・孫子吳起列傳》載，悼王葬後，肅王下令「盡誅射吳起而並中王尸者。坐射起而夷宗死者七十餘家」。「荊罪之」即指此事。❽收其國　指撤銷陽城君的封國。❾屬　託付。❿歿頭前於　歿頭，刎頸。前於，當為「於前」。⓫三人　據上文當為「二人」。⓬遂反死之　陳奇猷以為此句之前當有「不聽」二字。⓭不察　不明事理。⓮若客　義難明。陳奇猷以為當是「苦害」，形近致誤。姑依。

【語　譯】墨家學派的鉅子孟勝，與楚國的陽城君相互交好。陽城君讓孟勝代為守衛自己的封國，把璜一剖為二作為信符。他們約定：「合符以後才能聽從命令。」楚悼王一死，宗室大臣群起而攻擊吳起，在悼王停柩處所動起了干戈，陽城君也參與了這件事。後來楚國對這些大臣治了罪，陽城君逃出國外。這時楚國就要收回陽城君的封國。孟勝說：「我受人所託，替人看守封國，並且有信符為憑。現在並沒有見到陽城君的信符，而我勢單力薄，無法阻止他們來收回封國。看來非得為此而死不可。」孟勝的弟子徐弱勸阻說：「如果死而對陽城君有好處，那麼為此而死是值得的；但如果對他沒有什麼好處，反使墨家在世上斷絕了，那就不可以死。」孟勝說：「不對。我對於陽城君來說，不是師長便是朋友，不是朋友也是臣子呀。倘若不為他死難，從今以後，要尋找嚴師，一定不會到墨家中來尋找了；要選擇賢友，也一定不會到墨家中來選擇了；要物色良臣，也一定不會到墨家中來物色了。所以為陽城君殉死正是為了推行墨家所倡導的道義，繼承和發揚墨家的事業啊。我將把墨家鉅子的職務委託給宋國的田襄子。田襄子是一位賢德之人，何必擔心墨家的傳授會在世上斷絕呢？」徐弱說：「如果真像先生說的那樣，弟子徐弱請求先死，以便替先生清掃道路。」轉身就自刎在孟勝面前。孟勝於是就派了二個人把鉅子傳位的命令送達到田襄子。孟勝自殺後，弟子們為他殉死的有一百八十人。那二人把鉅子傳位的命令傳達到田襄子後，就準備趕回楚國為孟勝殉死。田襄子制止他們說：「孟子已把鉅子的職位傳給我了，你們得聽我的。」但這二人因原是孟勝的弟子，沒有聽田襄子的，還是回去自殺殉難。墨家認為不聽從自己鉅子，就是不懂得墨家道義。依靠嚴刑厚賞是不可能做到這一步的。當今世上人們議論如何治理天下及國家時，大多主張依靠嚴刑厚賞，可是在古代看來，嚴刑厚賞卻是一種禍害啊。

用民

【題解】上篇言為治須「以德以義」，本篇論用民「太上以義，其次以賞罰」，前後緊密相連。作者認為能否得民力之用是國家存亡的根本。自古以來，許多君主所以從有國到亡國，原因就是不懂得使用民力的要訣。文章以張網須舉綱紀為喻，說明用民也有綱紀，那便是體現了欲望和厭惡這兩種相反心理的賞與罰。篇中以「闔廬試其民於五湖」、「句踐試其民於寑宮」為例，說明正確運用賞罰的功效。文中還列舉了神農、商湯和文王、武王等古代聖君，他們之所以不但能使用自己屬下的民眾，還能使用不在自己屬下的民眾，其創興時「國雖小，卒雖少，功名猶可立」的奧祕，就在於他們能以高於賞罰的信義為本，故絕不能把自己的目光局限太小。兩下對照，以證實篇首提出的論旨：德義為首，賞罰畢竟是第二位的。

本篇末章以「宋人有取道者」的寓言故事，說明用民不可專恃威懾，必須「託於愛利」，這既是本篇主題的延伸，又是下篇〈適威〉要旨的提示。

〔一〕四曰——

凡用民，太上以義，其次以賞罰。其義則❶不足死❷，賞罰則不足去就❸，若是而能用其民者，古今無有。民無常用也，無常不用也，唯得其道為可。

闔廬之用兵也不過三萬，吳起之用兵也不過五萬。萬乘之國，其為三萬五萬尚多。今外之則不可以拒敵，內之則不可以守國，其民非不可用也，不得所以用之也。不得所以用之，國雖大，勢雖便，卒無眾❹，何益？古者多有天下而亡者矣，其民不為用也。用民之論，不可不熟❺。

【章旨】言用民之道行義為先，其次是賞罰；並以闔閭、吳起用兵為例，說明兵不在多，關鍵在於充分發揮民眾的作用。

【注釋】❶則　若。❷死　指為義殉身。❸去就　指去惡就善。❹卒無眾　句中「無」，諸本多為「雖」，且依上文句例，亦應為「卒雖眾」。此處當係錯排漏校。❺熟　深知。

【語譯】大凡使用民力，最上乘的做法是依靠道義，次一等的是用賞罰。道義如果不足以使民眾自覺效死，賞罰如果不足以使民眾去惡就善，這樣而能獲得自己民力之用的，古往今來還沒有見過。民力不可能永久為君主所用，也不可能永久不為君主所用。只有懂得正確使用民力之道，民力才可能被使用。

吳王闔閭用兵也只不過三萬，吳起用兵也不過五萬。當今擁有萬乘兵車的大國，他們用的兵遠比三萬五萬為多，可是他們對外無法抗禦敵國，對內無力保國守成。不是他們的百姓不可以使用，是他們自己不懂得如何使用民力。不懂得使用民力的方法，國家即使很大，形勢即使利便，士卒即使眾多，又有什麼用處呢？自古以來有多少原來享有天下而後來遭到滅亡的君主，就是因為民眾不為他們所用啊。可見如何使用民力的道理，不可不加以深思熟慮。

〔二〕劍不徒❶斷，車不自行，或❷使之也。夫種麥而得麥，種稷❸而得稷，人不怪也。用民亦有種，不審其種，而祈民之用，惑莫大焉。

當禹之時，天下萬國，至於湯而三千餘國，今無存者矣，皆不能用其民也。民之不用，賞罰不充❹也。湯、武因夏、商之民也，得所以用之也。管、商❺亦因齊、秦之民也，得所以用之也。民之用也有故❻，得其故，民無所不用。用民有紀有綱，壹引其紀，萬目❼皆起，壹引其綱，萬目皆張。為民紀綱者何也？欲也惡也。何欲何惡？欲榮利，惡辱害。辱害所以為罰充也，榮利所以為賞實也。賞罰皆有充實，則民無不用矣。

【章旨】以歷史上的正反實例，說明使用民力的綱紀在於「賞罰皆有充實」。

【注釋】❶徒　平白；無緣無故。❷或　有人。❸稷　粟的別稱。一說即高粱。❹不充　不能兌現。充，充實。❺管商　指管仲與商鞅，二人分別佐助齊桓公治齊、秦孝公治秦。❻故　原由。❼目　指綱上的孔眼。

【語譯】劍不會憑空自己砍斷東西，車子不會自己滾動行走，都是因為有人運用才使得它們那樣動作的。播種麥子收穫的是麥子，播種高粱收穫的是高粱，人們不會對此感到奇怪。使用民力亦有一個播的是什麼種子的問題。不審察播下的是什麼種子，卻要求民眾被隨心所欲地使用，沒有比這更糊塗的了。

在禹那個時代，天下有上萬個部落國家，到商湯時，也還有三千多個國家。可是如今那些國家幾乎沒有一個能夠保存下來，原因都是由於不能正確使用自己的民力。民眾之所以不為君主所用，關鍵就在於賞罰不能兌現。商湯和周武王能夠分別依賴夏、商百姓的力量，成就王業，是因為他們掌握了如何使用民力的方法。管仲、商鞅能夠分別憑藉齊國和秦國的民力，成就霸業，也是因為掌握了如何使用民力的方法。民力的被使用是有原由的，掌握了這個原由，那就沒有什麼民力不可以被使用。使用民力就如同張網一樣，有紀亦有綱，一旦牽引那紀，萬目頓時升起；一旦舉起那綱，萬目立刻開張。使用民力的綱紀是什麼？是民眾的期望，是民眾的厭惡。他們期望的是什麼？厭惡的又是什麼？期望榮耀和利益，厭惡屈辱和損害。這樣屈辱和損害可以用來作為懲罰的內容，榮耀和利益可以用來體現賞賜的實質。賞和罰都充實兌現了，那麼民眾就沒有不被使用的了。

〔三〕闔廬試❶其民於五湖❷，劍皆加於肩，地流血❸幾不可止；句踐試其民於寢宮❹，民爭入水火，死者千餘矣，遽擊金❺而卻之；賞罰有充也。莫邪❻不為勇者與❼懼者變，勇者以工，懼者以拙，能與不能也。

夙沙❽之民，自攻其君，而歸神農。密須❾之民，自縛其主，而與❿文王。湯、武非徒能用其民也，又能用非己之民。能用非己之民，國雖小，卒雖少，功名猶可立。古昔多由布衣定一世者矣，皆能用非其有也。用非其有之心，不可察之本⓫。三代之道無二，以信為管⓬。

【章旨】以闔閭、句踐用其民，與神農、湯武不僅能用己之民，還能用非己之民對比，說明賞罰畢竟屬末，用民還須以信義為本。

【注釋】❶試　演習；檢驗。❷五湖　即太湖。一說為太湖流域的湖泊總稱。❸地流血　陳奇猷疑此句有脫誤，當為「流血至地」。❹寢宮　宮室名。寢，同「寑」。越王句踐試其民於寢宮之事，見《韓非子・內儲說上》：「越王問於大夫文種曰：「吾欲伐吳可乎？」對曰：「可矣。吾賞厚而信，罰嚴而必。君若知之，何不試焚宮室？」於是遂焚宮室，人莫救之。乃下令曰：『人之救火者死，比死敵之賞；救火而不死者，比勝敵之賞；不救火者，比降北之罪。』人之塗其體、被濡衣走火者，左三千人，右三千人。此知必勝之勢也。」❺遽擊金　急速發出退兵信號。古代作戰，擊鼓則進，鳴金則退。遽，急速。❻莫邪　古代良劍名。也作「鏌鋣」、「鏌釾」或「鏌邪」。❼與　當為「興」（依王念孫說）。❽夙沙　古代聚居於東海之畔以煮鹽為生的部族。❾密須　亦稱密，古國名，姞姓，後為周文王所滅。故址在今甘肅靈臺西南。❿與　歸順。⓫不可察之本　當為「不可不察之本」，脫一「不」字（依畢沅說）。⓬管　準則；樞要。

【語　譯】闔閭在五湖組織他的士民進行軍事演習，劍加在肩上，血流到地上，還是幾乎無法阻止他們前進。句踐在寢宮檢驗他的百姓，宮內火起時，眾人爭著赴湯蹈火，因而死去的達千餘人，趕緊鳴金才使眾人後撤。這些，都是賞罰充實的緣故。莫邪良劍的鋒刃不會因使用人的勇敢或膽怯而有所變化，勇敢的人使用它更加靈巧，膽怯的人使用它則越發笨拙。這是由於他們對劍善於使用和不善於使用的緣故。

夙沙的百姓，自己起來殺死他們的君主，然後歸順神農氏。密須的百姓，自己起來綑上他們的君主，然後去依附周文王。商湯與周武王不僅能使用自己的百姓，還能使用原來不是屬於自己的民力。能夠使用不屬於自己的民力，那麼這個國家即使小，士卒即使少，依然可以建立功名。古代有不少君王是出身於布衣而平定天下的，他們都善於使用不屬於自己的民力。使用不屬於自己所有的民力的這種思想，不可不探明它的根本。夏商周三代能做到這樣的根本原則沒有別的，那就是把信義作為關鍵。

〔四〕宋人有取道❶者，其馬不進，倒❷而投之鸂水❸。又復取道，其馬不進，又倒而投之鸂水。如此者三。雖造父❹之所以威馬，不過此矣。不得造父之道，而徒得其威，無益於御。人主之不肖者，有似於此。不得其道，而徒多其威。威愈多，民愈不用。亡國之主，多以多威使其民矣。故威不可無有，而不足專恃。

譬之若鹽之於味，凡鹽之用，有所託也，不適則敗託而不可食。威亦然，必有所託，然後可行。惡❺乎託？託於愛利❻。愛利之心諭，威乃可行。威太甚則愛利之心息，愛利之心息而徒疾行威，身必咎矣，此殷、夏之所以絕也。君，利勢❼也，次官❽也。處次官，執利勢，不可而不察於此。夫不禁而禁❾者，其唯深見此論邪。

【章　旨】以宋國有趕路者一再威逼馬反而無益於御為喻，說明用民不可專憑威懾，威懾要「託於愛利」。

【注　釋】❶取道　趕路。❷倒　當作「剄」。剄，割頸；斷頭（依王念孫說）。❸鸂水　《水經注・淮水》有「雞水出雞坡」句，疑此鸂水即雞水。❹造父　古之善御者。相傳周穆王使造父御，西巡狩而見西王母，樂之忘歸。後賜造父以趙城，由此為趙氏。❺惡　何。❻愛利　愛民、利民。❼利勢　愛利與威勢。❽次官　義難詳。聯繫本篇多處論及賞罰，似可解釋為確定百官次第。君主處在唯一可以決定群臣官秩或升或降的地位上。❾不禁而禁　指不須威罰禁令而民能自禁為非，藉以說明論以愛利之心的功用。

【語　譯】宋國有個趕路的人，他的馬不肯前進，他便殺了馬，把牠扔進了鸂水。他重新上路，另一匹馬又不肯前進，他又把牠殺了，扔進了鸂水。這樣反覆了三次。即使是造父，對馬施威的方法，也不過如此了。不懂得造父駕馭馬的辦法，僅僅會用造父威嚇馬的那一套，這對於御車是沒有一點用處的。君主中那些不肖的人，與這個宋國人有些相像。他們不掌握使用民力的根本辦法，只是徒然不斷增加威懾力量。結果是威懾越多，民眾越不為他們效力。那些亡國的君主，就大多只知道用增加威懾的辦法去役使民力。威懾不能沒有，但不應當專靠威懾。這就如同鹽對於食品的味道一樣。凡是用鹽，總要依託於食品，如果使用量不恰當，那麼連同食品也一起敗壞而不可食用了。威懾的使用也是這樣，一定要有所依託，才能發揮作用。依託於什麼？

依託於愛和利。只有愛護民眾並使民眾獲得利益的心意為他們所知曉了，威懾才能發揮作用。威懾過分了，愛民利民的心意就會止息。愛民利民心意已經止息，一味強力厲行威懾，君主自身必定因此遭殃。這就是殷紂和夏桀所以滅亡的原因。所謂君主，對於臣民來說，就意味著愛利和威勢的消長，就意味著官秩的升降。君主既處於可以決定百官升降的地位，又執掌著利和勢的權柄，就不能不明察其中的道理。世上有不須刑罰禁令便能使人們自行禁止為非的，大概只有深刻懂得這個道理才能做到吧。

適威

【題解】「適威」意謂君主立威必須適度，過度則反受其害。全篇旨在論述君民關係是相輔相成的。君主若能以仁義、愛利、忠信待民，為民除災致福，就會得到百姓真心擁戴。在這種情況下的君民關係，就像印章與封泥那樣，「抑之以方則方，抑之以圜則圜」。臣民日夜祈求為君主效命，其勢「若決積水於千仞之谿，其誰能當之」？反之，君主若不能善待百姓，他們就會視君主如同仇敵；如此，則百姓即使很多，亦「不若無有」。

為論證上述觀點，文中舉了二個實例。一是李克回答魏武侯，認為吳國所以亡的原因是「驟戰而驟勝」。不斷發動戰爭必然導致百姓疲憊，而多次獲得勝利又往往使得君主驕橫。結論是「以驕主使罷民，然而國不亡者，天下少矣」。二是以善御著聞的東野稷儘管技藝高超，但由於濫用馬力，結果就因馬疲而敗。作者用意都在儆戒君主：用民必須本於人之性和情，不可無度。篇末結語特別指出，為人君的切不可「煩為教而過不識，數為令而非不從，巨為危而罪不敢，重為任而罰不勝」。上面苛政煩禁，下面在無法應對的情況下，只好「以為（偽）繼矣」，於是形式主義、弄虛作假到處風行。這的確是古往今來反覆出現的事實。

東野稷的故事當屬寓言，互見於《莊子・達生》。

〔一〕五曰——

先王之使其民，若御良馬，輕任新節❶，欲走❷不得，故致千里。善用其民者亦然。民日夜祈用而不可得，苟得為上用，民之走之也，若決積水於千仞❸之谿，其誰能當之？

【章旨】言先王使民之道若御良馬，輕載輕策。

【注釋】❶新節　以初生弱枝做成的馬鞭。意在不忍心用勁策重擊。節，策。即馬鞭。❷走　馳逐。此處指馬的旁出。❸仞　古代長度單位，周制為八尺，漢制為七尺。

【語譯】古代聖王役使他的百姓，就像駕馭良馬一樣，車上只有少量負載，用的是嫩枝輕策，不使馬恣意奔跑，所以能日行千里。善於役使百姓的君主，也是如此。民眾日夜祈求為在上者所用卻不能獲得如願，因而一旦能夠被君主使用，他們為君主效命奔走，就像積水從萬丈高的谿口沖決而出一般，還有誰能阻擋得了呢？

〔二〕《周書》❶曰：「民，善之則畜❷也，不善則讎❸也。」有讎而眾，不若無有。厲王❹，天子也，有讎而眾，故流于彘❺，禍及子孫，微召公虎而絕無後嗣❻。今世之人主，多欲眾之❼，而不知善，此多其讎也。不善則不有❽。有必緣❾其心愛之謂也，有其形不可謂有之。舜布衣而有天下。桀，天子也，而不得息❿，由此生矣。有無之論，不可不熟。湯、武通於此論，故功名立。

【章旨】引《周書》語，說明君主善待百姓，百姓就與君主親好；不善待他們，他們就視君主為仇敵。

【注釋】❶周書　相傳為周公所作。❷畜　取悅；討好。❸讎　通「仇」。❹厲王　即周厲王，西周末期有名暴君，厲王為國人所流事，見後〈達鬱〉一章。❺彘　古地名，在今山西霍縣東北。❻微召公虎而絕無後嗣　據《史記・周本紀》，厲王被逐後，太子靜藏於召公虎家，國人圍而欲殺太子靜，召公虎以己子代之，太子靜才免於死。召公虎即召伯虎，召公奭後代。召公與周公二相行政，號稱共和。共和十四年，召公虎立太子靜為王，即周宣王。微，無；非。❼眾之　使百姓眾多。❽不有　不能有其民，亦即不可能得到百姓擁護。❾緣　順。❿息　指安居其位。

【語　譯】《周書》上說：「百姓，善待他們，他們就和君主親好；不善待他們，他們就視君主如仇敵。」擁有眾多的百姓，而這些百姓卻視君主若仇敵，那還不如沒有的好。周厲王，原是個天子呀，他就是擁有眾多的百姓卻被百姓視為仇敵，所以自己被放逐到彘，災禍連累到子孫，如果沒有召公虎的救助，幾乎斷絕後嗣。當今的君主，都希望擁有更多的百姓，卻不知道善待百姓，這等於是在增加自己的仇敵。不能善待百姓就不能擁有百姓。所謂擁有百姓，就是必須順隨他們的心意和愛欲啊。形式上佔有百姓並不是真正擁有百姓。舜是布衣平民，卻能擁有天下；桀是天子，卻不能安居其位。兩種不同的結局，都是由能否贏得民心這一點產生的。因此民心得失的道理，不可不加以仔細審察。商湯與武王能通會這個道理，所以建立了功業。

〔三〕古之君民者，仁義以治之，愛利以安之，忠信以導之，務除其災，思致其福。故民之於上也，若璽❶之於塗❷也，抑❸之以方則方，抑之以圜❹則圜；若五種之於地也，必應其類，而蕃息於百倍；此五帝三王之所以無敵也。身已終矣，而後世化之如神，其人事審也。

【章　旨】言古代君王能以仁義、愛利、忠信治理、教化百姓，因而百姓對於君王亦能方圓由之。

【注　釋】❶璽　印章統稱。秦以後始專指皇帝印章。❷塗　封泥。古代公私簡牘皆封以黏土，蓋上印章，以防私拆。❸抑　按壓。❹圜　同「圓」。

【語　譯】古代君臨百姓的人，用仁和義治理百姓，用愛和利安定百姓，用忠和信導引百姓，盡力為他們祛除災害，設法為他們謀致幸福。所以百姓對於自己的君王，就像印章蓋在封泥上，用方形的按壓就方，用圓形的按壓就圓。就像五穀種在土地上，收穫的籽實必定與撒下的種子相同，而且能成百倍地增長。這就是五帝三王所以無敵於天下的原因。雖然他們人已去世，但後世的人們依舊蒙受他們的教化猶如受到神靈點化一般。這是由於他們對世間人事都作過認真審察的緣故。

〔四〕魏武侯之居中山❶也，問於李克❷曰：「吳之所以亡者何也？」李克對曰：「驟❸戰而驟勝。」武侯曰：「驟戰而驟勝，國家之福也。其獨以亡，何故？」對曰：「驟戰則民罷❹，驟勝則主驕。以驕主使罷民，然而國不亡者，天下少矣。驕則恣，恣則極❺物；罷則怨，怨則極慮❻。上下俱極，吳之亡猶晚，此夫差之所以自歿於干隧❼也。」

【章　旨】通過魏武侯與李克問對，闡明由屢戰屢勝而導致的主驕民疲，是吳國滅亡的原因。

【注　釋】❶魏武侯之居中山　魏武侯，魏文侯之子，名擊。魏文侯滅中山後，使太子擊居中山，李克相之。中山，古國名，春秋時白狄所建，後為魏所滅。❷李克　子夏的學生，魏文侯時任中山相。❸驟　數次；屢次。❹罷　通「疲」。❺極　用盡。❻慮　計謀。指民用計謀欺其君。❼干隧　吳地名。今江蘇蘇州西北。

【語　譯】魏武侯居於中山的時候，曾經問李克說：「吳國之所以滅亡的原因是什麼？」李克說：「是屢戰屢勝。」武侯說：「屢戰屢勝是國家的大好事，為什麼它卻偏偏因此而滅亡呢？」李克回答說：「屢戰，百姓就疲憊；屢勝，君主就驕傲。以驕傲的君主，役使已經疲憊不堪的百姓，這樣的國家卻還不滅亡的，天下少有啊。人一驕傲就放縱自己，放縱自己就會窮盡貪欲之物；百姓疲憊就會有怨憤，有怨憤就會竭盡巧詐誆騙君上。這樣上下對立達到了極點，吳國的滅亡還算晚的呢。這就是夫差所以自殺在干隧的原因。」

〔五〕東野稷❶以御見❷莊公❸，進退中繩❹，左右旋中規❺。莊公曰：「善。」以為造父❻不過❼也，使之鉤百而少及❽焉。顏闔❾入見。莊公曰：「子遇東野稷乎？」對曰：「然。臣遇之。其馬必敗❿。」莊公曰：「將何敗？」少頃，東野之馬敗而至。莊公召顏闔而問之曰：「子何以知其敗也？」顏闔對曰：「夫進退中繩，左右旋中規，造父之御，無以過焉。鄉⓫臣遇之，猶求其馬，臣是以知其敗也。」

【章　旨】言東野稷雖善御，卻不知愛惜馬力，終使馬力竭而敗。

【注　釋】❶東野稷　姓東野名稷，以善御著名。《荀子・哀公》作「東野畢」。❷見　現；顯示。❸莊公　有二說，一說衛莊公，一說魯莊公。❹中繩　符合規則。繩，繩墨。工匠取直之器具。❺中規　符合規則。規，圓規。工匠取圓之器具。❻造父　傳為古代善御者。❼過　勝。❽鉤百而少及　義難明。據陳奇猷考訂，大意謂趨走百里而少頃即返。鉤，通「奏」。走。及，《莊子・達生》載此作「反」。反，同「返」。❾顏闔　魯國賢者。❿敗　指馬累壞。⓫鄉　通「嚮」。剛才。

【語　譯】東野稷在莊公面前操演駕馭馬車的技術，前進後退像繩墨拉的那樣直，左轉右彎像圓規畫的一樣圓。莊公說：「很好。」並認為即使造父也不能勝過，讓他趨走百里頃刻就能返還。顏闔進來拜見莊公。莊公說：「你遇到東野稷了嗎？」顏闔說：「是的，我遇到了他。他的馬一定會累壞的。」莊公說：「為什麼會累壞？」

不一會，東野因馬累壞了而回來。莊公召見顏闔問他說：「您憑什麼知道他會把馬累壞的？」顏闔回答說：「既然馬匹前進後退像繩墨一樣，左轉右彎像圓規一樣，即使讓造父來駕馭也無法超過他，可是剛才我遇到他，還在苛求他的馬，我因此知道那馬一定要被累壞的。」

〔六〕故亂國之使其民，不論人之性，不反人之情，煩為教而過不識❶，數為令❷而非不從❸，巨為危❹而罪不敢❺，重為任而罰不勝❻。民進則欲其賞，退則畏其罪。知其能力之不足也，則以為繼矣。以為繼知❼，則上又從而罪之，是以罪召罪，上下之相讎也，由是起矣。故禮煩則不莊，業煩則無功，令苛則不聽，禁多則不行。桀、紂之禁，不可勝數，故民因而身為戮❽，極也，不能用威適❾。子陽❿極也⓫好嚴，有過而折弓者，恐必死，遂應猘狗⓬而弒子陽，極也。周鼎有竊⓭，曲狀甚長，上下皆曲，以見極之敗也。

【章旨】言使用民力須有限度。「令苛則不聽，禁多則不行」；物極必反，威極必敗。

【注釋】❶過不識　責難人不知。❷數為令　頻繁地制定和下達法令。❸非不從　非難不服從命令的人。❹巨為危　人為造成巨大危難。❺罪不敢　懲處不敢赴難的人。❻罰不勝　處罰不勝任重勞務的人。❼則以為繼矣二句　二句文義難通。《莊子．則陽》有「民知力竭，則以偽繼之」句，則此二句亦當作：「則以偽繼之矣，以偽繼之。」❽故民因而身為戮　百姓趁著桀紂禁煩多所造成的混亂，起而戮桀紂之身。❾不能用威適　此五字當係注文誤入正文（依陳昌齊說）。❿子陽　鄭相，好行嚴苛，終被殺。⓫極也　此二字疑涉上文而衍（依陳昌齊說）。⓬猘狗　瘋狗。⓭竊　據陳奇猷考訂，竊為「禼」之繁文。

《說文》：「禼，蟲也。」此處指鼎上之著象。

【語　譯】所以，那些混亂國家的君主役使他們的百姓，不瞭解人的本性，不順應人之常情。他們頻繁地頒布各種教令，又責難百姓不能理解和掌握；他們接連地制定大量法令，又非難百姓不能聽從；他們製造巨大的危難，又懲治不敢臨危而赴難的百姓；他們不斷加重勞役，又罪罰無法勝任這些勞務的百姓。民眾進取是為了得到恩賞，退縮是為了害怕罪罰。當百姓知道自己的力量不足以完成勞務時，他們就會繼之以弄虛作假。弄虛作假的事端一旦被發覺，君主又會跟著加以懲處，這就因畏罪而招來了新罪，是罪上加罪。君主與百姓之間的相互仇恨，也就由此產生了。

所以，禮節過於繁瑣就不莊重，事業過於繁瑣就不能成功；命令過於苛刻就不能被聽從，禁令過於眾多就會行不通。桀紂的禁令數不勝數，所以百姓反而趁勢而起，連他們自身也被民眾殺戮。這是由於他們過分到了極點的緣故。子陽喜好嚴刑峻法，有家僕不小心折斷了一張弓，擔心一定會被殺死，於是乘著人群追趕瘋狗的混亂機會，殺了子陽。這也是由於子陽過分到了極點的緣故。周鼎上鏤有「竊」的圖象，彎曲的形狀很長，上下都是彎曲的，以此來表現走極端所造成的危害。

為欲

【題解】本篇以君民關係是一種互換關係為主線，論述君主欲得民力之用，就必須滿足他們的欲望。篇名「為欲」，就點出了「為」與「欲」之間的這種依存關係：為的前提是欲：「使民無欲，上雖賢猶不能用。」這就是說，民有欲望，正是君主得以用民的基礎。這一點與把人的欲望視為畏途的儒家學說就有顯著區別。但民有欲望而君主沒有正確的方法去滿足這些欲望，百姓仍然不能為君主所用。文中認為正確的方法就是「審順其天而以行欲」，即審慎地依順人的本性去滿足他們的欲望。而且「能令人得欲無窮，故人之可得用亦無窮」。君主若能照此行事，百姓就會把自己命運寄託在他身上，國家就將無敵於天下。

不僅如此，文章還進言君主應採取「爭之術」，即要求把我們現在常說的競爭機制引入治國之道。正如把一隻烤雞丟給一群狗，便會引起群狗相爭那樣，君主要善於創造這種能引起人們相爭的條件和環境，並使之爭於為義，爭於為國效力，國家便能得到很好的治理和強大。

本篇分析層層深入，全文一氣呵成。二千多年前的文章，今天讀來尚能沁人心肺。呂不韋能把互換關係與競爭機制引到治國方略中來，該是他高明於先秦諸子處。也許這與他的陽翟大賈的經歷不無關係吧？

篇末晉文公攻原得衛的故事，既說明君主在實施本篇所述治國方略中必須恪守誠信，同時也對下篇〈貴信〉主旨預先作了提示。

〔一〕六曰——

使民無欲，上雖賢猶不能用。夫無欲者，其視為天子也與為輿隸❶同，其視有天下也與無立錐之地同，其視為彭祖❷也與為殤子❸同。天子至貴也，天下至富也，彭祖至壽也，誠無欲則是三者不足以勸❹。輿隸至賤也，無立錐之地至貧也，殤子至夭也，誠無欲則是三者不足以禁。會❺有一欲，則北至大夏❻，南至北戶❼，西至三危❽，東至扶木❾，不敢亂矣；犯白刃，冒流矢，趣❿水火，不敢卻也；晨寤興⓫，務耕疾庸⓬，⿰木異⓭為煩辱⓮，不敢休矣。故人之欲多者，其可得用亦多；人之欲少者，其得⓯用亦少；無欲者，不可得用也。

【章　旨】言人有欲望，君主才能驅使他們為其所用，甚至「犯白刃，冒流矢」也在所不辭。

【注　釋】❶輿隸　賤吏；奴僕。❷彭祖　古代傳說中的長壽者。❸殤子　未成年而夭折的孩子。❹勸　勉。❺會　適逢。❻大夏　西北方古國名。❼北戶　南方古國名。❽三危　極西方古國名。❾扶木　極東方古國名，又稱扶桑。❿趣　赴。⓫寤興　睡醒起身。⓬庸　通「傭」。指為人傭作。⓭⿰木異　高誘注為古「耕」字。⓮煩辱　繁雜勞苦。⓯其得　此二字間疑脫一「可」字（依孫鏘鳴說）。

【語　譯】假設民眾沒有欲望，君上即使賢明，仍然不可能使民眾為己所用。沒有任何欲求的人，他們看待做天子跟做奴僕相同，看待擁有天下與身無立錐之地一樣，看待當彭祖那樣的壽星和成為夭折的孩子亦全無區別。天子的地位是最尊貴的，擁有天下是最大的富豪，成為彭祖是最高的高壽。倘若人們果真沒有欲望，那麼就連這三樣東西也不能對他們有任何勸勉力。奴僕是最低賤的，沒有立錐之地是最貧窮的，夭折的孩子是最短命的。倘若人們果真沒有欲望，那麼就連這三樣東西，也不能對他們有任何禁戒作用。人們只要一有欲求，那麼北至大夏國，南至北戶國，西至三危國，東至扶木國，都不敢作亂了；人們就能迎著刀口，冒著飛箭，赴湯蹈火，不敢退卻了；人們就會黎明即起，竭力耕種，迅速勞作，儘管是那樣辛苦，也不敢休息了。所以欲望多的人，可以驅使和使用的地方也多；欲望少的人，可以驅使和使用的地方也少；而沒有欲望的人，君主也就不可能役使他們。

〔二〕人之欲雖❶多，而上無以令之，人雖得其欲，人猶不可用❷也。令人得欲之道，不可不審矣。善為上者，能令人得欲無窮，故人之可得用亦無窮也。蠻夷反舌❸殊俗異習之國，其衣服冠帶，宮室居處，舟車器械，聲色滋味皆異，其為欲使❹一也。

【章　旨】言君主要能「令人得欲」，才能驅使他們為自己所用；「令人得欲無窮」，則「可得用亦無窮」。

【注　釋】❶雖　則。❷不可用　按上下文句例，似應補一「得」字，作「不可得用」（依孫蜀丞說）。❸反舌　指與中原地區語言不同的民族。❹為欲使　為欲望所驅使。

【語　譯】人們的欲望是很多的，如果君主無法駕馭人們的欲望，那麼縱然某些欲望得到滿足，這樣的人，君主還是不能驅使他們為己所用。因此君主對滿足人們欲望的方法，不可以不審察清楚。善於做君主的，能使人獲得無窮的欲望，這樣也才能從人們身上得到無窮的用處。言語、風俗、習慣與華夏都不相同的蠻夷之國，他們衣服冠帶、宮室居處、車船器械、聲色飲食等方面的愛好都不一樣，但就他們亦能為欲望所驅使這一點來說，與華夏地區是相同的。

〔三〕三王不能革❶，不能革而功成者，順其天也；桀、紂不能離，不能離而國亡者，逆其天也。逆而不知其逆也，湛❷於俗也。久湛而不去則若性。性異非性❸，不可不熟。不聞道者，何以去非性哉？無以去非性，則欲未嘗正矣。欲不正，以治身則夭，以治國則亡。故古之聖王，審順其天而以行欲，則民無不令矣，功無不立矣。聖王執一，四夷皆至者，其此之謂也。執一者至貴也。至貴者無敵。聖王託於無敵，故民命敵焉❹。

【章　旨】言君主必先順應人要滿足自己欲望的天性，才能治身治國而天下無敵。

【注　釋】❶革　改變。❷湛　沉迷。❸性異非性　違逆欲望，並非人之本性。這是古人對人性異化現象的一種觀察。❹民命敵焉　百姓把自己的命運寄託於聖王。敵，通「適」。歸依；寄託。

【語　譯】「為」與「欲」的關係，古代三王也不能改變；在不能改變的情況下而成就了功業，是因為三王順應了人的天性。這種關係桀紂也不能背離，在不能背離的情況下，而國家遭到滅亡，是因為桀紂違逆了人的天性。違逆了人的天性卻還不知道這是違逆，那是由於沉迷在自以為是的習性中。長期沉迷其中而不能自拔，好似這就是人的本性一般。但這種習性絕不是人的本性，這一點不可不認真分辨清楚。不懂得正確運用「為」與「欲」之道的人，怎麼可能去掉違背人性的這種習性呢？無法去掉違背人性的這種習性，那麼他自己的欲望就不可能端正；自己的欲望不能端正，用來治身就會夭折，用來治國就會滅亡。所以古代的聖王總是審慎地按照人的天性來滿足人的欲望，那麼百姓就沒有不聽從役使的了，功業就沒有不能建立的了。聖賢君王執守這個根本，四方部族都來歸順，說的大概就是這種情況吧。

能夠執守根本的人是最尊貴的，最尊貴的人無敵於天下。聖賢君王依憑著無敵於天下的位勢，所以民眾都樂於把自己的命運寄託在他們身上。

〔四〕群狗相與居，皆靜無爭，投以炙雞❶，則相與爭矣，或折其骨，或絕❷其筋，爭術❸存也。爭術存因爭，不爭之術存因不爭。取爭之術而相與爭❹，萬國無一。凡治國令其民爭行義也，亂國令其民爭為不義也；彊國令其民爭樂用也，弱國令其民爭競不用也。夫爭行義樂用與爭為不義競不用，此其為禍福也，天不能覆，地不能載。

【章旨】言君主必須使民相與競爭，並爭於為義，爭於為君王所用，才能達到民治國強。

【注釋】❶炙雞　烤熟的雞。❷絕　斷。❸爭術　引起爭奪或競爭的條件。術，原指方法。此處含義較為寬泛，包括主觀的欲望和滿足這種欲望的客觀物質因素。❹相與爭　當是「相與不爭」，脫一「不」字。

【語譯】一群狗相聚在一起，都靜悄悄的，一無所爭。扔給牠們一隻烤雞，就開始相互爭奪了，有的被折斷了骨，有的被咬斷了筋，這是由於存在著引起爭奪的條件。存在著競爭的條件，就會因而引起競爭；存在著不競爭的條件，也會因而不競爭。君主採用引起競爭的條件，人們卻不相互競爭，這樣的事，任何國家都沒有發生過。凡是安定的國家，都是讓人們爭著做符合道義的事，混亂的國家則使它的百姓爭做不義的事；凡是強大的國家，都是讓人們爭著樂為國家所用，而衰弱的國家卻使它的百姓爭著不為國家所用。上面兩種相反的情況分別給國家帶來的或是福或是禍，天也不能覆蓋住，地也無法承載起。

〔五〕晉文公伐原❶，與士期七日，七日而原不下，命去之。謀士言曰：「原將下矣。」師吏請待之❷。公曰：「信，國之寶也。得原失寶，吾不為也。」遂去之。明年復伐之，與士期必得原然後反，原人聞之乃下。衛人聞之，以文公之信為至矣，乃歸文公。故曰「攻原得衛❸」者，此之謂也。文公非不欲得原也，以不信得原，不若勿得也，必誠信以得之，歸之者非獨衛也。文公可謂知求欲矣。

【章　旨】言晉文公執守誠信，故能「攻原得衛」。

【注　釋】❶原　古國名，今河南濟源南。晉文公伐原事，《左傳》繫於僖公二十五年（西元前六三五年）：「晉侯圍原，命三日之糧，原不降，命去之。」與此處所載不同：是三日，不是七日；是因糧盡而撤，不是因守信而撤。❷師吏請待之　孫蜀丞據《左傳》認為當補一「曰」字：「師吏曰：『請待之。』」❸衛　國名，始封君為周武王弟康叔，後為秦所滅。此處所記與他書有較大出入。據《左傳》及《史記・晉世家》記載，聞原降而歸晉文公的為溫而非衛。溫，古國名，原稱蘇，故城在今河南溫縣西南。

【語　譯】晉文公攻伐原國，與將士約定七天為期。七天過去了，原國卻還沒有攻下來，文公便命令軍隊撤退。有謀士說：「原國很快就要攻下來了。」將士們也說：「請允許再等待它一下吧。」晉文公說：「誠信，是立國的珍寶；為得到原國，卻丟失了珍寶，我不能這樣做。」於是便撤軍離去。第二年又準備攻伐原國，這回與將士們約定：一定要攻陷原國然後再回師。原國人聽到這個約定就投降了。衛國人聽到原國投降的消息，認為文公的信用真是達到極點了，於是也歸順了晉文公。所謂「攻原得衛」的典故，說的就是這件事。晉文公第一次攻原，並非不想得到原，只是認為以喪失信用去得到，還不如不得的好。必定要用誠信去得到所想要得到的東西，這樣歸順於文公的就不單是一個衛了。文公真可以說是深知如何來實現自己的欲求了。

貴信

【題解】本篇旨在崇尚誠信。強調君主只有誠信，才能鑒別虛言，才能控制六合，才能得天下之用，天地萬物就像內庫一樣為自己所有。文章以天地之廣大，四時之多變，尚且不能不以誠信成就萬物，由此推而論及人事，包括為君、處官、百工以及賞罰、交友等等，都非以誠信不可。文中以齊桓公為例，認為他對在被劫持的情況下所答應的承諾尚且能夠信守，這正是他後來能九合諸侯、一匡天下的原因。由此，作者強調指出：君主若要臣民認為可以與之共始終、同窮通，「其唯信乎」，只有誠信。誠信甚至可以感動天：「信而又信，重襲於身，乃通於天。」在這種情況下，就會出現「膏雨甘露降矣，寒暑四時當矣」的盛世。

在處理人們相互關係中，誠信確實是一項重要原則。然而在當時國家結構對至高無上的君權缺乏必要制衡機制的情況下，要君主信守諾言事實上是一件極困難的事。君主可以責信於人，卻往往不能責信於己。歷史上有些君王所以曾信守過某些承諾，無論是君主與臣民間的，或國家與國家間的，多半還是出於力量對比和自身利害的考慮。本篇所舉齊桓公當也不會例外。因此，不僅所謂信可通天不過是一種海市蜃樓式的誘惑，就是下一篇對君主提出的嚴於責己、寬於責人的要求，也只是言者之諄諄而已。

〔一〕七曰——

凡人主必信。信而又信，誰人不親？故《周書》❶曰：「允❷哉允哉！」以言非信則百事不滿❸也，故信之為功大矣。信立則虛言可以賞❹矣。虛言可以賞，則六合之內皆為己府❺矣。信之所及，盡制❻之矣。制之而不用，人之有也；制之而用之，己之有也。己有之，則天地之物畢為用矣。人主有見此論者，其王不久矣；人臣有知此論者，可以為王者佐矣。

【章旨】言君主必須以誠信為本，誠信所及，便能控制和擁有一切。

【注釋】❶周書　古佚書。❷允　誠信。❸滿　成。❹賞　鑒別。❺府　府庫。國家寶藏貨賄之所。❻制　控制。

【語譯】凡為君主，一定要誠信。誠信了又誠信，還有誰不會來親附呢？所以《周書》上說：「真誠啊，真誠啊。」這是說沒有了信用，那是什麼事情都做不成功的。所以，誠信的功用大極了。誠信一經確立，那些虛假的話便可以得到鑒別；虛假的話可以鑒別，那麼整個天下就都像自己府庫所藏那樣成為自己所有了。只要是誠信所能夠抵達的地方，都可以納入控制。但單是控制而不加以使用，那還是為他人所有；控制了同時又使用它，那就屬於自己所有。既已屬於自己所有，那麼天地間的一切事物便全都可以為自己所用了。做君主的如果懂得了這個道理，那麼稱王的時間不會很久了；為人臣的如果懂得了這個道理，那麼他就可以成為帝王的輔佐了。

〔二〕天行不信❶，不能成歲；地行不信，草木不大。春之德風❷，風不信，其華❸不盛，華不盛則果實不生；夏之德暑，暑不信，其土不肥，土不肥則長遂❹不精；秋之德雨，雨不信，其穀不堅❺，穀不堅則五種不成❻；冬之德寒，寒不信，其地不剛，地不剛則凍閉不開❼。天地之大，四時之化，而猶不能以不信成物，又況乎人事？君臣不信，則百姓誹謗，社稷不寧；處官不信，則少不畏長，貴賤相輕；賞罰不信，則民易犯法，不可使令；交友不信，則離散鬱怨，不能相親；百工不信，則器械苦❽偽，丹漆染色❾不貞❿。夫可與為始，可與為終，可與尊通，可與卑窮者，其唯信乎！信而又信，重襲⓫於身，乃通於天。以此治人，則膏雨甘露降矣，寒暑四時當矣。

【章旨】言天地以信成萬物，推而論及人事，上自君臣，下至百工，唯信方可與共始終、同窮通。

【注釋】❶天行不信　天時運行不遵循規律，節氣失調。❷春之德風　春的徵象是風。依五行說，春，木氣，多風，故稱「春之德風」。德，指事物的屬性。此處有表徵、徵象一類意思。後文「夏之德暑」：夏，火氣，炎熱，故有是稱；「秋之德雨」：秋，金氣，金為水之母，故有是稱；「冬之德寒」：冬，水氣，寒冷，故有是稱。❸華　即花。❹遂　成。❺堅　指飽綻。❻成　熟。❼開　據前〈孟冬〉末章有「孟冬行春令，則凍閉不密」句，此「開」似也應為「密」（依俞樾說）。❽苦　粗糙。❾染色　二字當是注文誤入正文（依孫鏘鳴說）。❿貞　正。⓫重襲　重疊。

【語譯】天時運行如果不信守規律，就不能形成年歲；地氣運行如果不信守規律，草木就不能長大。春天的徵象是風，風不能按時來到，花就不能盛開；花不能盛開，那麼果實就不能生長。夏天的徵象是炎熱，炎熱不及時到來，土地就不能肥沃；土地不肥沃，那麼作物的成長就不繁茂。秋天的徵象是雨水，雨水來得不及時，籽實就不飽綻；籽實不飽綻，那麼五穀就不能成熟。冬天的徵象是寒冷，寒冷不及時來到，土地的凍結便不堅固；土地凍結不堅固，那麼封閉就不會嚴密。天地如此之大，四時變化如此之多，尚且不能以不信守規律來成長萬物，更何況人世間之事呢？君臣不講誠信，那麼百姓就會非議和毀謗君王，國家就會不安寧。居官不講誠信，那麼幼輩就會不畏懼長輩，尊貴的與低賤的就會相互輕視。賞罰不講誠信，那麼百姓就容易違法行事，而且無法役使和命令他們。結交朋友不講誠信，那麼人們就會離散怨恨，不能互相親近。各種工匠不講誠信，那麼他們製作的器物就會粗劣作假，染製的色澤也不會純正。大抵一個人可以與他一起創始，可以與他一起終止；可以與他共貴共達，可以與他同困同窮的，恐怕就只有誠信吧？誠信而又誠信，以雙倍的誠信要求於自身，就能與天意相通。靠誠信來治理百姓，那麼膏雨甘露就會及時降臨，四季寒暑亦會得當了。

〔三〕齊桓公伐魯❶，魯人不敢輕戰，去魯國五十里而封❷之，魯請比關內侯以聽❸，桓公許之。曹翽❹謂魯莊公❺曰：「君寧死而又死❻乎？其寧生而又生❼乎？」莊公曰：「何謂也？」曹翽曰：「聽臣之言，國必廣大，身必安樂，是生而又生也。不聽臣之言，國必滅亡，身必危辱，是死而又死也。」莊公曰：「請從。」於是明日將盟，莊公與曹翽皆懷劍至於壇❽上。莊公左搏桓公，右抽劍以自承❾，曰：「魯國去境數百里，今去境五十里，亦無生矣。鈞❿其死也，戮於君前⓫。」管仲、鮑叔進，曹翽按劍當兩陛⓬之間曰：「且⓭二君將改圖，毋或進者。」莊公曰：「封於汶⓮則可，不則請死。」管仲曰：「以地衛君，非以君衛地，君其許之。」乃遂封於汶南，與之盟。歸而欲勿予。管仲曰：「不可。人特劫君而不盟⓯，君不知，不可謂智；臨難而不能勿聽，不可謂勇；許之而不予，不可謂信。不智不勇不信，有此三者，不可以立功名。予之，雖亡地亦得信。以四百里之地見信於天下，君猶得也。」莊公，仇也；曹翽，賊也。信於仇賊，又況於非仇賊者乎？夫九合⑯之而合，壹匡⑰之而聽，從此生矣。管仲可謂能因物矣。以辱為榮，以窮為通，雖失乎前，可謂後得之矣。物固不可全也。

【章　旨】言齊桓公能聽從勸諫，信守在被劫持下應允的承諾，以四百里地見信於天下，失地而得信，因而終成霸業。

【注　釋】❶齊桓公伐魯　此事《左傳》繫於莊公十三年（西元前六八一年）。❷去魯國五十里而封　句中「魯」字疑衍，「國」上不當有「魯」（依陳奇猷說）。意謂離開國都五十里封土為界，以防敵之深入。國，國都。封，起土為界。❸魯請比關內侯以聽　魯國請求允許它像齊國其他封邑大臣那樣聽從齊國的命令。意即以願意成為齊之附庸國的條件求齊撤軍。比，比照。關內侯，國內封有食邑的大臣。❹曹翽　春秋時魯國武士。《左傳》作曹劌，《史記》〈齊太公世家〉、〈刺客列傳〉作曹沫。❺魯莊公　春秋時魯國國君，名同，在位三十二年（西元前六九三～前六六二年）。❻死而又死　指下文所言身危國亡。❼生而又生　指下文所言身安國存。❽壇　古代積土為壇，在壇上舉行盟誓儀式。❾自承　指魯莊公抽劍自助，聯繫下文，並有刺桓公和自戮之意。《左傳》、《史記》等載此事，皆言曹沫劫桓公，與此處謂莊公自劫不同。❿鈞　同「均」。⓫戮於君前　指與桓公同歸於盡。⓬陛　宮殿的臺階。⓭且　今。⓮汶　水名。今稱大汶水或大汶河，源出山東萊蕪北。⓯人特劫君而不盟　意謂莊公只是為了劫持桓公，無意簽訂離魯國國都五十里為界的盟約。特，只是。⓰九合　多次會盟諸侯。九，多次。⓱壹匡　即壹匡天下。壹，統一。匡，匡正。

【語　譯】齊桓公攻伐魯國，魯國不敢輕率應戰，準備在距離國都五十里的地方與齊國起土為界，並且請求像齊國封邑臣子那樣聽從齊國。齊桓公答應了魯國的這個請求。

曹翽對魯莊公說：「君上是選擇死而又死呢，還是選擇生而又生？」莊公說：「這話是什麼意思？」曹翽說：「君上聽取臣下的話，國土必定廣大，君上自身必定安樂。這就是生而又生。如果不聽取臣下的話，那麼國家必定滅亡，君上自身必定遭到危難和恥辱。這就是死而又死。」莊公說：「我願意聽從您的話。」於是在第二天將要舉行盟誓儀式時，莊公與曹翽都懷藏著利劍來到土壇上。莊公左手抓住桓公，右手以利劍作勢，說：「魯國的國境線原來離國都有數百里，如今離邊境已只有五十里，反正也無法生存了，同樣是死，我就與你一起死吧！」管仲、鮑叔想要衝上去，曹翽橫劍擋在兩階之間說：「現在二位君主正在另作商量，誰也不許上去！」莊公說：「以汶水為封界，可以為盟，不然就請求一死。」管仲說：「土地是用來保衛君主的，不是要君主來保衛土地的。君上還是答應了吧。」於是便以汶水南岸為齊魯的封界，兩國訂立了盟約。回國後，桓公想不還給魯國土地。管仲說：「不能這樣。人家只是要劫持君上而無意立盟，君上事先沒有看出來，這不能算是明智；臨到危難而不能拒受脅迫，這不能算是勇敢；答應歸還卻又不肯兌現，這不能算是誠信。不智、不勇、不信，一個君主有這三方面缺憾，那就不能建功立名。歸還土地，雖然失去了已得的土地，但亦獲得了誠信的聲譽。用四百里方圓土地而能取信於天下，從君上看，還是得大於失啊。」

魯莊公是桓公的仇人，曹翽則是他的敵人。對仇人、敵人尚且能講信用，更何況對於不是仇敵的人呢？桓公所以能多次盟會諸侯而諸侯都能來會，統一匡正天下而天下都能聽從，正是從這一點開始的。管仲真可說是善於因勢利導了，使恥辱轉化為榮耀，把困窮轉變為通達，雖然有失於前，但卻可說有得於後了。事物原本就不可能十全十美的啊。

舉難

【題解】「舉難」言選拔、任用人之難。難就難在君主往往「以全舉人」，即求全責備。文章以古代聖賢尚且有招人非難之處，孔子也只能以居於龍魚之間的螭自況等為據，反覆說明「物豈可全」的道理。文中要求君主「責人則以人，自責則以義」，即責人須寬，責己應嚴。

全篇運用的是對比論證法，以魏文侯舉季成對比齊桓公用甯戚，一反一正，分別作了剖析。文侯舉季成故事，互見於《說苑》、《新序》、《韓詩外傳》及《史記・魏世家》。當魏文侯問李克，季成、翟璜二人誰可任相時，李克不作正面回答，卻提出季成推舉的樂騰、翟璜推舉的王孫苟端二者孰賢，實際上答案已包含其中。因為根據前〈論人〉三章所謂「貴則觀其所進」的原則，可以從被推舉人的優劣觀察到推舉者的賢不肖。但本篇則按「舉難」的題旨，從相反的角度作了論述。認為魏文侯、李克擇相的做法過失在於：㈠不知親，焉知疏，違反常理；㈡只有二名人選，擇而不博；㈢舉弟為相，以私勝公，比之齊桓公擢用其讎為相，相去甚遠。

齊桓公舉甯戚的故事，正面說明了「尺之木必有節目，寸之玉必有瑕適」，只能「權而用其長者」的道理。桓公能對「飯牛居車下」的甯戚，僅憑兩次談話便毅然委以重任。群臣諫諍須待派人到甯戚原地查詢證明確實賢明後，再任用。桓公沒有聽從，並說不能「以人之小惡，亡人之大美」，反映了這位春秋霸主在用人問題上的寬闊胸懷。

〔一〕八曰——

以全舉人固難，物之情也。人傷❶堯以不慈❷之名，舜以卑父❸之號，禹以貪位❹之意，湯、武以放弒❺之謀，五伯❻以侵奪之事。由此觀之，物豈可全哉？故君子責人則以人❼，自責則以義。責人以人則易足，易足則得人；自責以義則難為非，難為非則行飾❽；故任天地❾而有餘。不肖者則不然，責人則以義，自責則以人。責人以義則難瞻❿，難瞻則失親；自責以人則易為，易為則行苟；故天下之大而不容也，身取危、國取亡焉，此桀、紂、幽、厲之行也。尺之木必有節目⓫，寸之玉必有瑕瓋⓬。先王知物之不可全也，故擇物而貴取一⓭也。

【章旨】言君主應懂得「物之不可全」之理，責己以嚴，責人以寬，貴能取人之一善。

【注釋】❶傷　詆毀。❷不慈　不慈愛兒子。指堯不以帝位傳與子丹朱而授予舜。❸卑父　指舜放其父瞽瞍。❹貪位　指禹受舜之禪讓。❺放弒　指商湯伐桀而桀奔南方，武王伐紂而紂自焚而死。弒，下殺上。❻五伯　即春秋五霸。❼以人　按普通人的要求。❽飾　通「敕」。正。此處指行為嚴正。❾任天地　治天下。❿瞻　疑為「贍」。足。⓫節目　樹枝分叉處為節，紋理糾結不順部分稱目。⓬瑕瓋　玉石的斑點。⓭取一　取其長處。「一」與「全」相對而言，指一部分，即長處。

【語譯】用十全十美的要求推舉人必然很困難，這是因為事物的實際情況原本就不是十全十美。有人詆毀堯，說他有不慈愛兒子的惡名；貶低舜，說他有虐待父親的劣跡；責難禹，說他有貪圖王位的用心；毀謗商湯和周武王，說他們有放逐和篡殺君王的陰謀；非難春秋五霸，說他們有侵奪劫掠他國的行徑。由此看來，事物怎麼可能有十全十美呢？所以君主衡量別人只用一般人的要求，對自己則要以理義為標準。對別人只是提出一般人的要求那就容易接受他人，容易接受他人就能得到人們擁護；對自己按照理義的標準那就難以做錯事，難以做錯事自己行為就能嚴正。所以這樣的人即使承擔治理天下的重任，也還遊刃有餘。不肖之人就不是這樣。他們對人按照理義的標準，對自己則僅用一般人的要求。對別人按照理義標準便難以對人滿意，難以對人滿意就會失去人們對他的親近；對自己只用常人要求那就容易做到，容易做到，自己行為便會苟且。所以天下之大卻沒有他們容身之地。他們自身遭受危難，國家導致滅亡，這就是夏桀、殷紂、幽王、厲王的作為啊。一尺長的木材，必定會有結節；一寸方的玉石必定會有斑疵。古代聖王深知任何事物都無法十全十美，所以對事物的選擇只是看重它的長處。

〔二〕季孫氏❶劫公家❷，孔子欲諭術則見外❸，於是受養而便說❹，魯國以訾❺。孔子曰：「龍食乎清而游乎清，螭❻食乎清而游乎濁，魚食乎濁而游乎濁。今丘上不及龍，下不若魚，丘其螭邪。」夫欲立功者，豈得中繩哉？救溺者濡❼，追逃者趨❽。

【章旨】言孔子以介於龍、魚之間的「螭」自況，並以「螭食乎清而游乎濁」為喻，說明自己不得不受養於季孫氏，原是出於類似「救溺者濡」那樣的考慮。

【注釋】❶季孫氏　春秋時魯國最有權勢的貴族。此處指季平子，季武子之子。孔子曾受養於季平子，為季氏史。❷劫公家　指此時魯國由於公室衰落，政權為季氏所劫持。❸欲諭術則見外　欲以道術曉諭季氏，但又擔心會被疏遠。見外，不當自己人看待。❹而便說　便於進行勸說。❺訾　毀謗；非議。❻螭　傳說中與龍同屬的動物。❼濡　沾濕。❽趨　奔跑。

【語譯】季孫氏把持了魯國公室的政權，孔子想要向他們曉諭道術，又擔心會受到疏遠，為此便接受了季氏的供養，以為這樣向他們進說可以方便些。魯國有人因此而非議孔子。孔子說：「龍在清水裡進食，也在清水裡游動；螭在清水裡吃東西，而在濁水裡游動；魚則吃在濁水裡，游也在濁水裡。如今我孔丘，往上及不得龍，往下還不至於像魚；我大概像螭一類吧？」那些想要建立功業的人，哪能處處符合標準呢？要救助溺水的人，自己身上難免也被沾濕；要追趕逃跑的人，自己也非得跟著奔跑不可。

〔三〕魏文侯❶弟曰季成❷，友曰翟璜❸。文侯欲相之而未能決，以問李克。李克對曰：「君欲置相，則問樂騰與王孫苟端❹孰賢？」文侯曰：「善。」以王孫苟端為不肖，翟璜進之；以樂騰為賢，季成進之；故相季成。凡聽於主，言人不可不慎。季成，弟也，翟璜，友也，而猶不能知，何由知樂騰與王孫苟端哉？疏賤者知，親習者不知，理無自然❺。自然❻而斷相過❼，李克之對文侯也亦過。雖皆過，譬之若金之與木，金雖柔猶堅於木。

【章旨】就魏文侯與李克問對何人可以為相一事，進行分析評價。

【注釋】❶魏文侯　戰國時魏國始封之侯。❷季成　魏文侯之弟，名成。他書或稱魏成子。❸翟璜　又作翟黃。❹樂騰與王孫苟端　均為魏文侯臣。❺理無自然　無有此理。無自，無從。然，這樣。❻自然　依本書常見句式，似應補「理無」二字，即重複上句「理無自然」。❼斷相過　意謂既然沒有理由確定誰賢，卻斷定了誰為相，便是錯失。過，失。

【語譯】魏文侯有個弟弟名叫季成，有個朋友名叫翟璜。文侯想任其中一人為相，一時未能決斷，就此去詢問李克。李克回答說：「君上想選相，那就要看看樂騰與王孫苟端究竟哪個賢明些？」文侯說：「好。」文侯認為王孫苟端不肖，那是翟璜薦舉的；認為樂騰比較賢明，而那是季成薦舉的。所以就讓季成當了相。凡是能被君主聽信的人，評價別人不可不謹慎。季成是文侯的兄弟，翟璜是文侯的朋友。對這二人文侯尚且不能瞭解，又怎麼能知道欒騰與王孫苟端誰更賢明些呢？對疏遠、低賤的人倒能夠瞭解，對親信習近的人反而不知道，沒有這樣的道理。沒有這樣的道理，卻要據以斷定誰來擔任國相，這就錯了。李克對文侯的回答也有錯。雖然都有錯失，但如果拿銅與木打個比喻，那麼銅即使柔軟，還是要比木堅硬些。

〔四〕孟嘗君問於白圭曰：「魏文侯名過桓公❶，而功不及五伯，何也？」白圭對曰：「文侯師子夏，友田子方，敬段干木，此名之所以過桓公也。卜相曰：『成與璜孰可？』此功之所以不及五伯也。相也者，百官之長也。擇者欲其博也。今擇而不去二人，與用其讎❷亦遠矣。且師友❸也者，公可也；戚愛❹也者，私安❺也。以私勝公，衰國之政也。然而名號顯榮者，三士羽❻也。」

【章　旨】記述孟嘗君與白圭的一次問對，以魏文侯擇相不博與齊桓公用其讎為相作比，說明前者「以私勝公」，故其名雖過後者，但功業不及五霸。

【注　釋】❶桓公　即齊桓公。❷用其讎　指齊桓公任用與己有一箭之仇的管仲為相。❸師友　指魏文侯以子夏為師，田子方為友。❹戚愛　指魏文侯以其弟季成為相。戚，近親。愛，所寵愛之人。❺私安　私利。❻羽　佐助。

【語　譯】孟嘗君向白圭問道：「魏文侯的名望超過了齊桓公，但是他的功績不如五霸，這是為什麼呢？」白圭回答說：「魏文侯以子夏為師，以田子方為友，又禮敬段干木，這便是他的名望之所以超過齊桓公的原因。但在選擇相國時，只問：『季成與翟璜哪一個可以？』這便是他功業不及五霸的原因。相國，是百官之首，選擇時，要從廣泛的候選人中去物色。現在他只在這二個人中間進行選擇，這與桓公能夠任用自己的仇人管仲為相比較起來，相差也太遠了。況且如果能以師友為相，是為了公利；而以自己的近親和寵愛為相，那就只是為了私利。私心勝過公心，那是衰落之國的政治。至於魏文侯的名聲所以能顯赫榮耀，那是因為有三位賢士輔助他。」

〔五〕甯戚❶欲干❷齊桓公，窮困無以自進，於是為商旅將任車❸以至齊，暮宿於郭門❹之外。桓公郊迎客，夜開門，辟❺任車，爝火❻甚盛，從者甚眾。甯戚飯牛❼居車下，望桓公而悲，擊牛角疾歌。桓公聞之，撫其僕之手曰：「異哉！之歌者非常人也。」命後車❽載之。桓公反，至，從者以請。桓公賜之衣冠，將見之。甯戚見，說桓公以治境內。明日復見，說桓公以為天下。桓公大說，將任❾之。群臣爭❿之曰：「客，衛人也。衛之去齊不遠，君不若使人問之，而⓫固賢者也，用之未晚也。」桓公曰：「不然。問之，患其有小惡，以人之小惡，亡⓬人之大美，此人主之所以失天下之士也已。」凡聽必有以矣。今聽而不復問，合其所以也。且人固難全，權而用其長者。當舉⓭也，桓公得之矣。

【章旨】以齊桓公任用甯戚的故事，進一步闡述「人固難全」的道理，提出用人不能「以人之小惡，亡人之大美」，而應「權而用其長者」。

【注釋】❶甯戚　即甯遬。前〈勿躬〉三章有管仲薦其為大田的記載，當為桓公所重用的大臣之一。後〈直諫〉二章鮑叔在祝酒時，曾將其與管仲並提。❷干　謀求。❸任車　裝載客貨的車輛。❹郭門　外城的城門。❺辟　同「避」。❻爝火　小火把。❼飯牛　餵牛。❽後車　侍從於後的副車。❾任　用。❿爭　諫諍。⓫而　如。⓬亡　即忘。⓭當舉　指桓公任用甯戚這件事。

【語　譯】甯戚想向齊桓公謀求官職，由於窮困而無法自薦，於是就給流動商人趕車子來到了齊國的都城，傍晚就住宿在外城的城門外。桓公出城去郊外迎接賓客，晚上城門大開，令車輛迴避，一路火把通明，隨從眾多。甯戚正在車下餵牛，望見桓公，頓生悲涼之感，擊牛角，大聲歌吟。桓公一邊聽，一邊撫摩著車夫的手說：「奇怪了，這吟唱的，可不是個平常人啊。」便命令侍從的副車載了甯戚同行。桓公返回後，到了朝堂，隨從的人請示如何安置甯戚。桓公讓人賜給他衣服帽子，並準備親自接見他。甯戚拜見桓公，向桓公進說如何治理國家。第二天再次謁見桓公，又向桓公進說如何治理天下。桓公聽後非常高興，就準備委以重任。臣子們諫諍說：「這個客人是衛國人，衛離齊不遠，君上不如派人去查問一下，如果真是賢明的，再任用他也不遲。」桓公說：「不能這樣。如果去查詢，無非是擔心他有小毛病；抓住人家一點小毛病，忘記了他的大優點，這正是做君主的之所以常常失去天下傑出人才的原因啊。」大凡聽取別人進言，預先總有一定的目的；現在桓公聽取了甯戚的主張而不再去查問他的其他情況，就因為這種主張恰好符合桓公所預想的目的。況且人原本就很難十全十美，只能權衡之後，避其所短而用其所長。在任用甯戚這件事上，桓公真可說是懂得了箇中三昧。

卷第二十　恃君覽第八

恃君　長利　知分　召類　達鬱　行論　驕恣

觀表

本覽是〈八覽〉的最後一覽，側重論君道、君德，也涉及到臣道的某些方面。為論述這些問題，文中回溯了人類初始的生存狀態，君主、君道的由來亦即國家的起源，和設置天子、君主、官長的根本原則；還探討了國家內亂、外患的某些規律以及君主與臣民各自的生命價值等，內容頗為豐富。

全覽八篇文章，大致可分為以下三組：

〈恃君〉、〈長利〉、〈知分〉三篇論君道，圍繞一個主題：天下為公。〈恃君〉從君主、君道產生的歷史，論證設置君主的本義就在於利群。因而「置君非以阿君也，置天子非以阿天子也，置官長非以阿官長也」。而當「德衰世亂」之時，君主、天子、官長就會各以其所任圖謀私利，那就完全違背了本義。對此，文章激烈主張「廢其非君，而立其行君道者」。〈長利〉倡導天下之人士，要以天下長遠利益為計慮，其根本原則是「利雖倍於今，而不便於後，弗為也；安雖長久，而以私其子孫，弗行也」。其中似乎包含著朦朧的反對家天下的思想，值得注意。〈知分〉主要篇幅論述臣事君之道，提出賢士應「達乎死生之分」，做到據義行事，當義則死，一切「以義為之決而安處之」。結語仍回到君道，君主使用臣下應有區別：「使不肖以賞罰，使賢以義。」如此則「賢不肖盡為用矣」。

〈召類〉、〈達鬱〉、〈行論〉、〈驕恣〉自成一組，論述君德，提出了君主的若干行為準則。〈召類〉談內亂與外患關係。要抵制外寇來侵，「割地寶器，戈劍卑辭屈服」是無濟於事的，「唯治為足」：只有自身求治圖強，才能避免外敵欺陵。同樣，欲圖對別國用兵，亦應視對方的治亂狀況而定：「亂則用，治則止。」〈達鬱〉論君主應虛己納諫。文章以人的精氣鬱結必然百病叢生作比，推及國家也會鬱結，其表現是「主德不通，民欲不達」。這種鬱結一久，就會「百惡竝起」，「萬災叢至」。文章特別引用了周厲王用高壓「弭謗」的教訓：「防民之口，甚於防川；川壅而潰，敗人必多。」〈行論〉主張君主處事要能屈能伸，不可圖一時之痛快。形勢不利時，要沉得住氣，甚至不特「事讎以求存」；形勢利便時，也要適可而止，不該像齊湣王那樣，一旦攻宋得手，便驕橫倨傲，不可一世，終至因「驕而殘」。〈驕恣〉則進一步強調君主必不能「自驕」、「自智」、「輕物」。君主的驕恣奢侈是亡國之徵。文章列舉了晉厲公、魏武侯、齊宣王、趙簡子的故事，從正反兩個方面論證了這些道理。

〈觀表〉是獨立的一篇，論述察人心志的原理。由於「人之心隱匿難見，淵深難測」，所以應通過審察「徵表」，即由表象推知內心的方法，獲得「先知」。所舉二例，郈成子是對一種暗示的領悟，而吳起則是對已然或未然事變的推測和預見。文中特別指明，這既不神祕，也非僥倖，而是「其數不得不然」，即是對事物發生發展的客觀規律的一種認知和掌握。

恃君

【題解】〈恃君〉論述為君之道和君臣之義。恃猶「待」。篇名是就臣子如何對待君主說的。

文章從分析人類原始生活入手，說明君主的建立和君道的產生都有其必然性。人之所以能「裁萬物，制禽獸，服狡蟲，寒暑燥濕弗能害」，是由於人能群聚：「群之可聚也，相與利之也。」群聚發展到一定階段就必須設置君主，不然就會出現像當時中原以外四周邊遠地區那種類同「麋鹿禽獸」的混亂野蠻情景，甚至弄到「日夜相殘，無時休息，以盡其類」的地步。但立君又有個怎麼立法的問題。文章強調必須「利而物（勿）利」，即要為天下人謀公利，而不是為君主個人謀私利。而在「德衰世亂」時代的現實卻是：「天子利天下，國君利國，官長利官。」即各自依憑所任來為己謀私利。據此，作者提出了這樣的主張：「廢其非君，而立其行君道者。」篇中有關原始人類生活的追敘，以及對君主、君道的產生過程和設置天子、國君、官長的根本原則等方面的認識，不少地方超過了先秦其他諸家的論述。

本篇後半部分通過豫讓行刺趙襄子、柱厲叔為莒敖公殉死二個故事，竭力張揚所謂君臣之義，把臣對君的忠誠說成是絕對的，無論是否受到君主知遇都應堅守。關於豫讓的故事，本書各有側重地分列在前〈不侵〉三章、〈序意〉三章和本篇四章，合而成為一個完整的故事。這個故事還互見於《戰國策·趙策》、《史記·刺客列傳》等等。

〔一〕一曰——

凡人之性，爪牙不足以自守衛，肌膚不足以扞❶寒暑，筋骨不足以從利辟害，勇敢不足以卻猛禁悍，然且猶裁❷萬物，制禽獸，服狡蟲❸，寒暑燥濕弗能害，不唯先有其備，而以群聚邪。群之可聚也，相與利之也。利之出於群也，君道立也。故君道立則利出於群，而人備❹可完矣。

【章　旨】言孤立的個人不足以防備自然的侵襲，合群才能趨利避害，而君道的確立，正是為了體現和保護這種群居利益。

【注　釋】❶扞　抵禦。❷裁　主宰。❸狡蟲　指毒蟲。狡，凶戾。❹人備　指人們對各種自然災害的防備。

【語　譯】就本能來說，人的爪牙不足以防衛自己，肌膚不足以抵禦嚴寒和酷暑，筋骨不足以趨利避害，勇敢不足以擊退凶猛強悍的野獸，然而人還是能夠主宰萬物，制服猛禽、野獸和毒蟲，不受寒暑燥濕的侵害，那不正是由於人能事先防備，又能聚群而居的緣故嗎？人們可以成群而聚居在一起，是因為彼此都能從群居中獲得利益。正是出於這種群居共同利益的需要，才確立了君道。所以君道一經確立，群居的利益便能更好地體現出來，而人們對自然災害的防備也可以更完善了。

〔二〕昔太古❶嘗無君矣，其民聚生群處，知母不知父，無親戚❷兄弟夫妻男女之別，無上下長幼之道，無進退揖讓之禮，無衣服履帶宮室畜積之便，無器械舟車城郭險阻之備，此無君之患。故君臣之義，不可不明也。自上世以來，天下亡國多矣，而君道不廢者，天下之利也。故廢其非君❸，而立其行君道者。君道何如？利而物利章❹。

【章旨】言所謂君道之義，在於使初民社會生活從無秩序轉向有秩序，君道的原則就是「利而物利」。

【注釋】❶太古　遠古。❷親戚　指父母。❸非君　指不依據君道原則行事的召主。❹利而物利章　務在利民而勿以自利。物，通「勿」。章，俞樾注為衍文，陳奇猷則認為章可通「旃」，語尾，無義。

【語譯】從前遠古時代，曾經是沒有君主的。那時人們過著群居的生活，只知道有母親，不知道誰是父親，沒有父母兄弟夫妻男女的區別，沒有上下及長幼之間的行為準則，沒有進退揖讓的禮節，沒有衣服鞋履束帶宮室積貯等等使生活方便的物品，更沒有器械舟車城郭險隘一類設施，這些便是沒有君主的禍患。所以君臣之間的道義不可不明察啊。從上古以來，天下已經滅亡的國家已有很多了，而君道的原則之所以一直沒有被廢棄，就在於這是天下人共同的利益所在。所以要廢棄那些違逆君道原則的君主，擁立能夠按君道原則行事的人成為新的君主。君道的原則是什麼？就是為天下謀公利，而不是為一己謀私利。

〔三〕非濱❶之東，夷、穢❷之鄉，大解、陵魚、其、鹿野、搖山、揚島、大人❸之居，多無君；揚、漢❹之南，百越❺之際，敝凱諸、夫風、餘靡❻之地，縛婁、陽禺、驩兜❼之國，多無君；氐、羌❽、呼唐、離水❾之西，僰人、野人❿、篇笮⓫之川，舟人、送龍、突人⓬之鄉，多無君；鴈門⓭之北，鷹隼、所鷙、須窺⓮之國，饕餮、窮奇⓯之地，叔逆⓰之所，儋耳⓱之居，多無君；此四方之無君者也。其民麋鹿禽獸，少者使長，長者畏壯，有力者賢，暴傲者尊，日夜相殘，無時休息⑱，以盡其類⑲。聖人深見此患也，故為天下長慮⑳，莫如置㉑天子也；為一國長慮，莫如置君也。置君非以阿君也，置天子非以阿天子也，置官長非以阿官長也。德衰世亂，然後天子利天下㉒，國君利國，官長利官，此國所以遞興遞廢也，亂難之所以時作也。故忠臣廉士，內之則諫其君之過也，外之則死人臣之義也。

【章旨】以四周邊遠地區未嘗有君的原始民境況為據，說明聖人置君本意原是為了天下人長遠利益，但在「德衰世亂」之時，天子、國君、官長皆以其所任謀私利，「忠臣廉士」當不惜為改變這種狀況而死義。

【注釋】❶非濱　地名。畢沅謂「非」當作「北」。可能就是北海。❷夷穢　夷，古代對東方邊遠地區少數民族的總稱。穢，同「濊」。我國東北地區和朝鮮境內一些少數民族，古稱濊陌。❸大解句　傳說中東方地區各部族的名稱。❹揚漢　揚州、漢水。❺百越　古代對長江以南部落民族的總稱。以其眾多，故稱百越。❻敝凱諸夫風餘靡　傳說中的南方部族名稱。❼縛婁陽禺驩兜　傳說中的南方古國名。❽氐羌　古代西北地區少數民族部族名稱。❾呼唐離水　西北地區古地名。一說皆為水名。❿僰人野人　古代居住在西南地區的部族名稱。⓫篇笮　水名。疑即牂柯江（依陳奇猷說）。⓬舟人送龍突人　古代西南地區的部族名稱。⓭鴈門　即雁門山。在山西代縣西北。鴈，同「雁」。⓮鷹隼所鷙須窺　北方古國名。⓯饕餮窮奇　古代北方地名。⓰叔逆　古代北方部族名。⓱儋耳　古代極北方國名。⓲休息　止息。⓳盡其類　絕滅其同類。⓴慮　計。㉑置　立。㉒利天下　以天下為一己之私利。

【語譯】在非濱以東，夷人和穢人的家鄉，大解、陵魚、其、鹿野、搖山、揚島、大人所居住的地方，大多沒有君王；揚州、漢水以南，百越地區，敝凱諸、夫風、餘靡等部族居住之處，縛婁、陽禺、驩兜這些國度，大多沒有君王。氐人羌人的住地，呼唐、離水以西，僰人、野人、篇笮之川地區，舟人、送龍、突人這些部族居住的地方，大多沒有君王；雁門山以北，鷹隼、所鷙、須窺等國家，饕餮、窮奇這些地方，叔逆族那裡，儋耳國所在地，亦大多沒有君王。這些便是中原四周沒有君王的地方。那裡的人就像麋鹿禽獸一樣，年少的役使年長的，年長的害怕強壯的；有蠻力的可以成為賢者，暴虐驕橫的反被視為尊貴。這些人晝夜自相殘殺，無休無止，以此招致自己同類的滅絕。聖人清楚地看到這種危害，所以為天下作長遠之計，沒有比設置天子更好的了；為一個國家作長遠之計，沒有比設置國君更好的了。設置國君，不是為了迎合國君的私心；設置天子，也不是為了迎合天子的私心；設置官長，同樣不是為了迎合官長的私心。只有道德衰微、世道混亂的時代，然後才會出現天子用天下來謀私利，國君用國家來謀私利，官長用官位來謀私利。這正是國家之所以更迭興廢，動亂和災難之所以經常發生的原因。所以忠義之臣和廉正之士，對內就要敢於規諫君主的過失，對外要不惜為維護臣子的道義而獻身。

〔四〕豫讓欲殺趙襄子，滅鬚去眉，自刑以變其容，為乞人而往乞於其妻之所。其妻曰：「狀貌無似吾夫者，其音何類吾夫之甚也？」又吞炭以變其音。其友謂之曰：「子之所道❶甚難而無功。謂子有志則然矣，謂子智則不然。以子之材而索❷事襄子，襄子必近子，子得近而行所欲❸，此甚易而功必成。」豫讓笑而應之曰：「是先知❹報後知❺也，為故君❻賊新君❼矣，大亂君臣之義者無此❽，失吾所為為之❾矣。凡吾所為為此者，所以明君臣之義也，非從易也。」

【章　旨】借豫讓之口，說明他謀刺趙襄子並非單是為了報復，更是為了彰明君臣之義。

【注 釋】❶所道 指其所選取的行刺趙襄子的方法。❷索 求。❸欲 目的。❹先知 先知遇己者，指智伯。❺後知 指趙襄子。❻故君 指智伯。❼新君 指趙襄子。❽無此 猶「無如此」。❾所為為之 所以這樣做的目的。

【語 譯】豫讓想刺殺趙襄子，就剃去鬚眉，自己毀壞了臉容，裝扮成乞丐到他妻子那裡行乞。他妻子說：「形狀和面貌一點也沒有像我丈夫的地方，可是他的聲音怎麼這樣像我丈夫呢？」於是豫讓又吞食炭塊來改變自己的嗓音。他的朋友為此對他說：「您所採取的這種方法很艱難，而且又無法成功。要說您有這個決心那是的確的，說您這種做法明智那就不見得。憑著您的才幹謀求到襄子身邊去做點差使，那樣襄子必定與您親近，您就得以靠近他而達到自己的目的。這做起來很容易而且必定成功。」豫讓笑著回答說：「如果那樣做，那就是為先前知遇自己的人，去報復後來知遇自己的人；為過去的主人去殘殺新的主人，擾亂君臣之義的事，沒有比這更嚴重的了。如果用那種方法，也就失去了我所以要這樣做的宗旨了。我之所以要這樣做的宗旨，是為了彰明君臣之間的道義，並非想選取一條容易達到目的的近路呀。」

〔五〕柱厲叔❶事莒敖公❷，自以為不知，而去居於海上❸，夏日則食菱芡❹，冬日則食橡栗❺。莒敖公有難，柱厲叔辭其友而往死之❻。其友曰：「子自以為不知故去，今又往死之，是知與不知無異別❼也。」柱厲叔曰：「不然。自以為不知故去。今死而弗往死，是果知我也。吾將死之以醜❽後世人主之不知其臣者也，所以激❾君人者之行，而厲❿人主之節也。行激節厲，忠臣幸於得察。忠臣察則君道固矣。」

【章 旨】此章言柱厲叔雖不為莒敖公所知，但為激勵君臣之義，仍赴殉敖公之難。

【注 釋】❶柱厲叔 人名。《說苑・立節》載此作「莒穆公有臣曰朱厲附」。《列子・說符》則與此同。❷莒敖公 春秋時莒國國君。莒，在今山東莒縣。❸海上 即海隅。齊地，古代九藪之一。❹菱芡 均為水生植物。菱，俗稱菱角。芡，俗稱雞頭。❺橡栗 橡樹的果實。即櫟實。❻死之 為之而死。亦即殉難。❼異別 差別。❽醜 愧。❾激 發。❿厲 砥礪。

【語 譯】柱厲叔供職於莒敖公，自以為沒有受到知遇，因而便離開敖公到海上去居住。他夏天吃菱角芡實，冬天就吃橡樹籽。後來莒敖公遇了難，柱厲叔告別他的友人準備去為敖公殉死。他的朋友說：「你自以為沒有受到敖公知遇所以才離開他的，現在卻又要去為他殉難。這樣看來受到知遇和沒有受到知遇便沒有區別了。」柱厲叔說：「不對。當時我認為自己不被知遇，所以離開了他；現在他遇了難而我如果不去殉死，那就說明他果真知道我原本就不是一個忠義之臣。我要去為他殉死，為的是使後世那些不理解自己臣子的君主感到羞愧，激勵君主的品行，砥礪君主的節操。君主的品行得到激勵，節操得到磨礪，忠義之臣就有幸可得到君主的瞭解；而忠義之臣受到君主瞭解，那麼君道也就能鞏固發揚了。」

長利

【題解】本篇旨在倡導天下之士，必須以天下之長遠利益為其安身立命之本，不可為眼前利益丟棄長遠利益，不應為子孫私利犧牲國家公利。

篇中所列三個故事，都帶有寓言性質。伯成子高為「禁後世之亂」而辭諸侯歸耕，出自《莊子．天下》。原文旨在反對以刑賞代替德治，而本篇的立意則在不以一己一姓之私利而有損於天下之公利。周公出於不欲子孫「長為無道」的考慮，特意選擇「無山林谿谷之險」的魯地為都，是第二個故事。文中據以說明立國應本於德義，而不應依仗險阻，並以「善者得之，不善者失之」的古訓，來儆戒君主。第三則戎夷解衣救活弟子的故事，說明國士必須通達生死之分，唯有這樣才能顯示其仁愛之心於至誠。文章通過這些例證的分析，在正面闡明本篇題旨的同時，又對照著鞭撻了類似齊國大夫陳無宇那種只顧眼前利益和貪圖子孫私利的可恥行徑。

〔一〕二曰——

天下之士也者，慮天下之長利，而固處之以身若❶也：利雖倍於今，而不便於後，弗為也；安雖長久，而以私其子孫，弗行也。自此觀之，陳無宇❷之可醜❸亦重矣，其與伯成子高❹、周公旦、戎夷❺也，形❻雖同，取舍之殊，豈不遠哉？

【章旨】言天下之士當以「天下之長利」為計慮，並列出全篇實例人物，以啟下文。

【注　釋】❶若　如此。❷陳無宇　齊國大夫。齊景公十六年（西元前五三二年），陳無宇聯合鮑文子攻滅齊之大夫欒氏、高氏，共分其邑，並專齊國之政。❸醜　恥。❹伯成子高　傳為與堯同時的賢者。❺戎夷　當作「式夷」（依梁玉繩說）。齊之仁人。❻形　身形。指人之外表。

【語　譯】以天下為己任的士人，他們計慮的是天下的長遠利益，而且必定要如此地身體力行：即使對目前雙倍有利，只要對後世不利的就不去做；即使能長治久安，但只是為自己子孫私利的，那也不去做。按照這樣的標準來衡量，齊國陳無宇的行徑就是非常可恥的了。如果拿他與伯成子高、周公旦、戎夷相比，作為人的外表儘管相同，但他們取捨的差別，難道不是太遠了嗎？

〔二〕堯治天下，伯成子高立為諸侯。堯授舜，舜授禹，伯成子高辭諸侯而耕。禹往見之，則耕在野。禹趨就下風❶而問曰：「堯理天下，吾子立為諸侯，今至於我而辭之，故何也？」伯成子高曰：「當堯之時，未賞而民勸，未罰而民畏，民不知怨，不知說，愉愉❷其如赤子。今賞罰甚數，而民爭利且不服，德自此衰，利自此作❸，後世之亂自此始。夫子盍行乎，無慮❹吾農事。」協而耰❺，遂不顧。夫為諸侯，名顯榮，實佚樂❻，繼嗣❼皆得其澤，伯成子高不待問而知之，然而辭為諸侯者，以禁後世之亂也。

【章　旨】言伯成子高辭諸侯而耕，是為了「禁後世之亂」。

【注　釋】❶趨就下風　快步走到下風頭。以示謙恭。❷愉愉　和悅貌。❸作　興起。❹慮　《莊子・天下》作「落」（「無落吾事」）；《新序・節士》作「留」（「無留吾事」），可知慮、落、留自可同音相假。此處有煩擾、滯留一類意思。❺協而耰　協，和諧；協調。此處指動作熟練。耰，一種用來平整土地的農具。此處用如動詞，用耰平整土粒，覆蓋種子。❻佚樂　安樂。❼繼嗣　子孫後代。

【語譯】堯治理天下的時候，伯成子高被立為諸侯。堯把王位授給舜，舜把王位授給禹，伯成子高就辭掉諸侯去耕地。禹親自去探望，伯成子高正在田野裡耕作。禹快步走到下風頭謙恭地問道：「堯治理天下的時候，您就被立為諸侯；如今傳到我這裡，您卻辭去了，這是什麼緣故呢？」伯成子高說：「在堯的時候，用不到獎賞，百姓就勉力為善；用不到刑罰，百姓就畏懼為非。人們既不知道什麼是怨恨，也不知道什麼是歡悅，就如同嬰兒那樣怡然自樂。如今賞和罰都是那麼頻繁，而人們卻還是為私利而你爭我奪互不服氣。道德從此衰微，利欲自此大興，後世的動亂就由此開始了。先生為什麼還不走呢？不要來打擾我的農事吧。」說罷，便熟練地用耰平整土粒，覆蓋種子，不再回頭看禹一眼。作為諸侯，名聲顯赫而榮耀，生活安逸而歡樂，而且子孫後代都能受到恩澤。對於這些，伯成子高自然不待問就能明白的。但是他卻辭去了諸侯的位子，那是為了制止後世的動亂啊。

〔三〕辛寬❶見魯繆公❷曰：「臣而今而後知吾先君周公之不若太公望封❸之知也。昔者太公望封於營丘❹，之渚海阻山高險固之地❺也，是故地日廣，子孫彌隆。吾先君周公封於魯❻，無山林谿谷之險，諸侯四面以達，是故地日削，子孫彌殺❼。」辛寬出，南宮括❽入見。公曰：「今者寬也非周公」，其辭若是也。南宮括對曰：「寬少者❾，弗識也。君獨不聞成王之定成周❿之說乎？其辭曰：『惟余一人⓫，營居於成周。惟余一人，有善易得而見也，有不善易得而誅⓬也。』故曰善者得之，不善者失之，古之道也。夫賢者豈欲其子孫之阻⓭山林之險以長為無道哉？小人哉寬也！」今使燕爵⓮為鴻鵠鳳皇⓯慮，則必不得矣。其所求者，瓦之間隙，屋之翳蔚⓰也；與一舉則有千里之志，德不盛、義不大則不至其郊。愚庳⓱之民，其為賢者慮，亦猶此也。固妄誹訾⓲，豈不悲哉？

【章旨】言周公為了避免子孫後代「長為無道」，有意不選擇險固之地作為都城所在。

【注釋】❶辛寬　魯穆公臣。《說苑・至公》作辛櫟。❷魯繆公　即魯穆公，戰國時魯國君主，在位三十二年（西元前四○七～前三七六年）。❸封　指建立都城。此處引申為選擇建都之所在地（依陳奇猷說）。❹營丘　齊國國都，在今山東臨淄北。❺之渚海阻山高險固之地　句中「之」、「高」二字疑衍。李善注《文選》司馬相如〈子虛賦〉引辛寬言太公望封於營丘事，但有「渚海阻山」，無「之」、「高」二字。渚，海邊。全句大意為：濱海當山的險要堅固之地。❻魯　今山東曲阜。❼殺　衰弱。❽南宮括　即南宮適，孔子弟子。《說苑》作「南宮邊子」，《漢書・古今人表》無「子」字。據陳奇猷考訂，此處應為南宮邊，魯穆公良臣。❾少者　指辛寬年輕無知。❿成周　古邑名。周成王時，周公為防止殷民作亂，營建成周，遷殷民於此。故址在今河南洛陽東北。⓫余一人　殷周時期帝王自稱。⓬誅　責備。⓭阻　依仗。⓮爵　通「雀」。⓯鴻鵠鳳皇　鴻，大。鵠，天鵝。鳳皇，鳳凰。⓰翳蔚　遮蓋。⓱庳　低下。⓲誹訾　誹謗。

【語譯】辛寬謁見魯穆公時說：「我從今以後，知道我們先君周公在選擇建立都城地址上，不如太公望明智了。過去，太公望選擇營丘作為齊國都城的地址，那裡是傍海靠山，險要堅固的地方，所以後來土地日益廣闊，子孫愈益興盛。我們先君周公卻選擇魯作為國都所在地。這裡，沒有山林谿谷之險，各諸侯國可以四面入侵，所以國土日益削小，子孫越來越衰微。」辛寬出去後，南宮括進見。魯穆公說：「剛才辛寬在這裡非議周公。」便把辛寬的話如此這般說了說。南宮括回答說：「辛寬年輕無知，還不懂道理。君上難道沒有聽說過成王營建成周時說的話嗎？他說的話是：『我營建並居住在成周，我有什麼好的地方容易被發現，不好的地方也容易受到責備。』所以說，做好事的人得天下，做惡事的人失天下，這是自古以來的定則。賢明的君主難道會希望自己的子孫依仗山林險阻對國家的屏障，而後可以長期做昏庸無道之事嗎？這個無知的小人啊，辛寬！」假設讓燕雀來替鴻鵠鳳凰謀劃，那一定不會得當。燕雀所追求的只是瓦片的隙縫那樣的空間，屋簷下面這一點蔭庇的處所，哪裡比得上鴻鵠鳳凰一飛就是千里的遠大志向。如果君王的品德不隆盛，道義不廣大，鴻鵠鳳凰就不會停棲到他的郊外。愚昧卑下的平民，去為賢者謀劃，也是如此。他們固陋狂妄，橫加誹議，這難道不是很可悲嗎？

〔四〕戎夷違❶齊如魯，天大寒而後門❷，與弟子一人宿於郭外，寒愈甚，謂其弟子曰：「子與我衣，我活也；我與子衣，子活也。我國士也，為天下惜❸死；子不肖人也，不足愛也。子與我子之衣。」弟子曰：「夫不肖人也，又惡❹能與國士之衣哉？」戎夷太息歎曰：「嗟乎！道其不濟❺夫。」解衣與弟子，夜半而死，弟子遂活。謂戎夷其能必定一世，則未之識❻；若夫欲利人之心，不可以加矣。達乎分❼仁愛之心識❽也，故能以必死見其義。

【章旨】記述戎夷解衣救人而自己凍死，認為他做到了「以必死見其義」。

【注釋】❶違　去。❷後門　即「後於門」。門，用如動詞。意謂抵達時，城門已關閉。❸惜　愛惜。❹惡　安。❺不濟不成。❻識　知。❼達乎分　通達於生死之定分。意為當生則生，當死則死。❽識　當為「誠」之誤。

【語　譯】戎夷離開齊國到魯國去，天氣非常寒冷，而且又是在城門關閉以後才抵達的。他與一個弟子一起露宿在城門外。冷得越來越厲害了，戎夷就對他的弟子說：「你把你的衣服給我穿，我就能活；我把我的衣服給你穿，你就能活。我是國士，應該為天下愛惜自己的生命；你不是一個賢德之人，生命不值得像我那樣寶貴。你把你的衣服給我吧。」弟子說：「我既然不是一個賢德的人，又怎麼能把自己的衣服送給國士呢？」戎夷嘆息一聲說：「哎呀，道義看來行不通啦。」就脫下自己衣服給了弟子。到半夜，他就凍死了，而他的弟子終於活了下來。要說戎夷的才能必然能使當時社會安定，那也未必見得；然而他那想便利別人的心意，已到了無以復加的地步。他通達生與死的定分，對他人仁愛之心是真誠的。所以，他能用必死的行動來顯示自己的道義。

知分

【題解】本篇從士的修養角度，論述義與利的關係。篇名「知分」，亦即所謂「達乎死生之分」，要求士當義而死，不以貪生而害義。在生死問題上，能夠據義行事，豁達處之，那麼其他的利害存亡、榮辱窮達皆「弗能惑矣」。

文章所舉數例，均為「知分」之士。次非捨身入江刺鮫而得人、劍兩全；禹臨危泰然而使黃龍俯首曳尾離去；晏子與崔杼盟，置生死於不顧而不變其義。作者認為個人的生死榮辱是命運注定的，「不知所以然而然者也」。在上述那幾種情況下，貪生未必見得就能生，怕死倒也難保就不死。因而「知命」之士便能做到「以義為之決而安處之」。

全篇以末章白圭與夏后啟的問對為結語。白圭是中國古代著名經營者，營生言利，《史記・貨殖列傳》稱其為「治生之祖」。所以他的問話是基於利是人們一切行為的動機這一基本觀點提出來的。他問：「利弗能使乎？威弗能禁乎？」夏后啟的回答是：「生不足以使之，則利曷足以使之矣？死不足以禁之，則害曷足以禁之矣？」當然，能夠做到這樣的，只能是少數「知分」之士。所以君主還得有兩手：「使不肖以賞罰，使賢以義。」

關於義與利的辨析，也是當時廣泛爭論的一個命題。孟子見梁惠王，談話一開頭，便是惠王要談利而孟子則對以「何必曰利」；直到漢初董仲舒的「正其誼不謀其利」，重義輕利是儒家的一貫主張。其實儒學也並非不言利，只是更重視君王的根本大利罷了。這一點，本篇與儒家主張可說是大同小異。然在前〈為欲〉等篇中，則對人的欲求與利益又有較大的肯定以至強調。可能由於論證角度不同，各自側重互異的緣故。但這也反映了本書只求形式編排上的規整，思想體系上的一貫性往往注意不夠。

〔一〕三曰——

達士者，達乎死生之分❶。達乎死生之分，則利害存亡弗能惑矣。故晏子❷與崔杼❸盟而不變其義；延陵季子❹，吳人願以為王而不肎❺；孫叔敖❻三為令尹而不喜，三去令尹而不憂；皆有所達也。有所達則物弗能惑。

【章　旨】言士若能通達死生之分，那就會像晏子等人那樣，不受利害存亡所惑。

【注　釋】❶死生之分　生與死的本義。❷晏子　名嬰，字平仲，齊國大夫。❸崔杼　齊國大夫。據《左傳》記載，襄公二十五年（西元前五四八年），崔杼與慶封合而殺齊莊公立景公，自任為相，並劫持群臣與其盟誓。❹延陵季子　即季札，吳王壽夢少子，封於延陵，號延陵季子。吳人以其賢而欲立之，季札不受。❺肎　同「肯」。❻孫叔敖　春秋楚人，楚莊王時為令尹。《史記・循吏列傳》稱其「三得相而不喜，三去相而不悔」。

【語　譯】所謂達士，就是能夠通達死生之本義。通達了死生之本義，那麼利害存亡就不能使他產生惑亂了。所以像晏子與崔杼盟誓時，能夠不改變自己應執守的道義；延陵季子，吳國人要擁立他為王，他卻不肯接受；孫叔敖三次被任為令尹，不因此顯得高興，三次離開令尹職位，亦不因此而感到憂傷。這些都是由於他們有所通達。能夠通達死生之本義的人，那麼外物就不能迷惑他了。

〔二〕荊有次非❶者，得寶劍于干遂❷，還反涉❸江，至於中流，有兩蛟夾繞其船。次非謂舟人曰：「子嘗見兩蛟繞船能兩活❹者乎？」船人曰：「未之見也。」次非攘臂祛衣❺拔寶劍曰：「此江中之腐肉朽骨❻也。棄劍以全己，余奚愛焉❼！」

於是赴江刺蛟，殺之而復上船，舟中之人皆得活。荊王聞之，仕之執圭❽。孔子聞之曰：「夫善哉！不以腐肉朽骨而棄劍者，其次非之謂乎？」

【章　旨】言次非臨危不懼，捨身入江殺蛟，終得以既存劍又救人。

【注　釋】❶次非　楚國勇士。他書或作「茲非」、「佽非」。❷干遂　吳邑名。❸涉　渡。❹兩活　指人與蛟都活下來。❺攘臂祛衣　捋袖伸臂，撩起衣服。表示憤怒地將有所動作。攘，捋。祛，撩起。❻腐肉朽骨　次非自指。表示誓死與蛟龍相搏。❼棄劍以全己二句　如果以棄劍來保全自己，我又怎麼算是珍愛寶劍呢？古人有一種說法，以為蛟繞船是因欲得寶劍。❽執圭　春秋時楚國爵位名。據《淮南子・道應》許慎注：「楚爵功臣，賜以圭，謂之執珪。」圭、珪通用。

【語　譯】楚國有個叫次非的勇士，在干遂得到了一把寶劍。回來的時候渡長江，行至江心，有兩條蛟龍夾纏了他乘坐的船。次非對船工說：「你們曾經見過兩條蛟龍繞住船，人與蛟都能活下來的事嗎？」船上的人回答說：「從未見到過。」於是次非捋起袖管，伸出胳膊，撩起衣服，拔出寶劍，拍拍自己的身軀說：「這不過是江中的腐肉朽骨罷了。如果丟棄寶劍來保全自己，那我還算得上什麼珍愛寶劍呢！」他就這樣仗劍跳到江裡與蛟龍搏鬥。殺了蛟龍再上船，一船人都得以活命。楚王聽到這件事後，便賜給次非執圭爵位。孔子聽到這件事後說：「好啊。不因為自己將成為腐肉朽骨而丟棄寶劍的，大概說的就是次非這樣的人吧？」

〔三〕禹南省，方濟乎江，黃龍負舟。舟中之人，五色無主❶。禹仰視天而歎❷曰：「吾受命於天，竭力以養人。生，性也；死，命也。余何憂於龍焉？」龍俛耳❸低尾而逝。則禹達乎死生之分、利害之經❹也。凡人物者，陰陽之化也。

陰陽者，造乎天而成者也。天固有衰嗛廢伏❺，有盛盈蚠息❻；人亦有困窮屈匱❼，有充實達遂；此皆天之容、物理❽也，而不得不然之數也。古聖人不以感私傷神，俞❾然而以待耳。

【章旨】以禹渡江化險為夷為例，說明若把生死窮達皆視為天地自然，那就能對一切都處之安然。

【注釋】❶五色無主　指人因恐懼而臉色驟變。❷歎　《說文》：「歎，吟也。」段玉裁注：「古歎與嘆義別。歎與喜樂為類，嘆與怒哀為類。」❸俛耳　俛，同「俯」。耳，陳奇猷以為當是「首」。龍耳無外殼，不可言俯。❹經　道。❺衰嗛廢伏　衰落、虧缺、毀壞、伏藏。嗛，通「歉」。不足；虧缺。❻蚠息　積聚和蕃息。蚠，通「坌」。積聚。❼屈匱　竭盡和匱乏。❽物理　當是「物之理」，脫一「之」字（依譚戒甫說）。❾俞　安。

【語譯】禹到南方去巡視。正當他渡江的時候，一條黃龍把他乘坐的船馱了起來。船上的人大驚失色。禹泰然仰天詠嘆說：「我從上天接受使命，竭盡全力養育人民。生，是天然本性；死，是命中注定。我又有什麼好怕龍的呢？」於是黃龍便俯首曳尾離去。這是由於禹通達死與生的本義、利與害的根本啊。凡是人與物，都由陰陽之氣化育而成。而所謂陰陽，則由上天造出然後自然形成的。天原本就有衰微、虧缺、毀壞、藏伏的時候，也有興盛、充盈、聚集、蕃息的時候。人亦是如此，既有困頓、窘迫、竭盡、匱乏的時候，也有充足、豐實、通達、成功的時候。這些都是天地固有之態，萬物自然之理，是不能不如此的一種定數。古代聖人不以自己的私念感傷心神，而是安然地對待這一切罷了。

〔四〕晏子與崔杼盟，其辭曰：「不與❶崔氏而與公孫氏❷者受其不祥。」晏子俛而飲血❸，仰而呼天曰：「不與公孫氏而與崔氏者受此不祥❹。」崔杼不說，直兵❺造胸，句兵❻鉤頸，謂晏子曰：「子變子言，則齊國吾與子共之；子不變子言，則今是已❼。」晏子曰：「崔子！子獨不為夫《詩》乎？《詩》曰：『莫莫葛藟，延于條枚，凱弟君子，求福不回❽。』嬰且可以回而求福乎？子惟之矣❾。」崔杼曰：「此賢者，不可殺也。」罷兵而去。晏子授綏❿而乘，其僕將馳，晏子無良⓫其僕之手曰：「安之！毋失節。疾不必生，徐不必死。鹿生於山而命懸⓬於廚。今嬰之命，有所懸矣。」晏子可謂知命矣。命也者，不知所以然而然者也，人事智巧以舉錯⓭者不得與焉。故命也者，就之未得，去之未失。國士知其若此也，故以義為之決而安處⓮之。

【章　旨】以晏子不屈於崔杼的盟辭為例，說明國士應該「知命」，安然處之各種遭際，一切以義為先決。

【注　釋】❶與　親附。❷公孫氏　高誘注：「齊群公子之子，故曰公孫氏。」此處即指齊公室。❸飲血　即歃血。古代盟誓的一種儀式，口含牲血，以示信誓。❹不與公孫氏而與崔氏者受此不祥　此為晏子盟誓。但《左傳》記此則為：「晏子仰天歎曰：『嬰所不唯忠於君，利社稷者是與有如上帝。』乃歃。」似乎並未如此處所記直接與崔杼針鋒相對，故當時據實直書「崔杼弒莊公」的齊太史被殺，而晏嬰則得以幸免。❺直兵　矛一類兵器。❻句兵　戟一類兵器。句，即「勾」。❼則今是已　這是以死相脅的話，猶今語「現在就叫你完蛋」。❽莫莫葛藟四句　見《詩經・大雅・旱麓》。莫莫，茂盛貌。葛藟，藤本植物。凱弟，和易近人。不回，不違先祖之道。❾子惟之矣　據《晏子春秋》所記，惟當作「推」（依俞樾說）。推，進也。就當時刀劍迫身的情勢而言，其意也即「你就殺了我吧」。❿授綏　畢沅認為「授」當為「援」之誤。援綏，拉住供上車拉手用的繩子。⓫無良　「無」當作「撫」；「良」為衍文（依畢沅說）。⓬懸　繫。⓭錯　通「措」。⓮處　居。

【語 譯】晏子與崔杼盟誓。崔杼要他說的誓詞是：「不親附崔氏而親附公孫氏的，甘願遭受災殃。」晏子俯首含了一口血，仰起頭向蒼天呼告說：「不親附公孫氏而親附崔氏的，甘願遭受災殃。」崔杼很不高興。武士用矛對準晏子前胸，用戟鉤住他的脖子。崔杼對晏子說：「你改變你的誓言，我就與你共同享有齊國；你不改變你的誓言，那麼現在就宰了你！」晏子說：「崔子，你難道沒有讀過《詩》嗎？《詩》中說：『密密茂茂的葛藤，緣著樹枝上升；和悅近人的君子呵，求福不違祖訓。』難道我晏嬰會違背祖訓來求得福運嗎？你現在就殺了我吧。」崔杼說：「這是個賢德之人，不可以殺死他。」於是便命令撤了兵器離去。晏子拉著車上的繩索登上了車子。他的御僕準備趕馬快奔，晏子撫著御僕的手說：「安靜一點，不要失態。跑快不一定就是生路，跑慢也不一定就會死。麋鹿生活在山林之中，可是牠的命卻捏在廚師手心。如今我晏嬰的命，差不多也還握在別人手裡呢。」晏子可以說是懂得命運的含義了。所謂命運，是人的智能無法知道它為什麼會如此而自行成為如此的，人的作為、智巧等一切舉措都不能參與其事。所以命運這東西，追求它未必能得到；逃避它，卻又未必躲得開。國家中傑出的人士深知命運該是如此的，所以一切以義的標準來作為先決，安然地對待各種遭際。

〔五〕白圭❶問於鄒公子夏后啟❷曰：「踐繩之節❸，四上之志❹，三晉之事❺，此天下之豪英。以處於晉，而迭❻聞晉事。未嘗聞踐繩之節、四上之志，願得而聞之。」夏后啟曰：「鄙人也，焉足以問？」白圭曰：「願公子之毋讓也。」夏后啟曰：「以為可為，故為之；為之，天下弗能禁矣。以為不可為，故釋之；釋之，天下弗能使矣。」白圭曰：「利弗能使乎？威弗能禁乎？」夏后啟曰：「生不足以使之，則利曷足以使之矣？死不足以禁之，則害曷足以禁之矣？」白圭無以應。夏后啟辭而出。凡使賢不肖異：使不肖以賞罰，使賢以義。故賢主之使其下也必義，審賞罰，然後賢不肖盡為用矣。

【章　旨】通過白圭與夏后啟的問對，說明天下事可為則為之，「死不足以禁」；不可為則釋之，「生不足以使」，唯此才可謂「知分」。此亦即全篇結語。

【注　釋】❶白圭　本書提到白圭有二人。一為與惠施同時，是魏人。一為魏文侯時之周人，《史記・貨殖列傳》有其傳。他是最早把兵法權變之術用於經濟的人，以利為宗旨。此處白圭當為後者。❷鄒公子夏后啟　鄒，古國名，在今山東鄒縣東南。鄒公子是夏后啟的稱謂。「后」，當為「侯」。夏侯為複姓，啟為名。❸踐繩之節　猶如踐履繩墨那樣正直的節操。❹四上之志　義難詳。俞樾疑「四上」為「匹士」之誤。匹士之志，即所謂「匹夫不可奪志也」（《論語・子罕》）之意。❺三晉之事　指韓、趙、魏三家分晉的故事。❻迭　輪流；不斷。

【語　譯】白圭向鄒公子夏后啟問道：「正直之士那猶如踐履繩墨的節操，匹夫之中那不可越奪的志向，以及那三家分晉的事跡等，這些都是天下的英雄豪傑。由於我偏處於晉國一隅，對於三家分晉之事屢有所聞，就是沒有聽說過猶如踐履繩墨的節操，和那些不可越奪的志向。希望能聽到您說一說。」夏后啟說：「我是個鄙陋之人，哪裡值得下問。」白圭說：「希望公子不要謙讓。」於是夏后啟便說：「自己認為可以做，所以就去做；一旦做了，天下誰也無法禁止他。自己認為不可做，所以就放棄；既已放棄，天下誰都不能驅使他。」白圭說：「利益不能驅使他嗎？威懾不能禁止他嗎？」夏后啟說：「連生存的欲望也不足以驅使他，利益又怎麼能驅使他呢？連死亡的恐怖都不能禁止他，禍害又怎麼能禁止他呢？」白圭沒有話可以應答。夏后啟告辭而去。

大凡役使賢德之人與不肖之人，方法應該不同。役使不肖的人用賞罰，役使賢德之人用道義。所以賢明的君主役使他的臣屬必定據以道義，同時審慎地使用賞罰。這樣做了以後，無論賢德之人與不肖之人便都能為他所用了。

召類

【題解】本篇與前〈應同〉篇主旨相承，文字也多有類同處；其中第五章又是〈應同〉末章繫於「解在乎」後的史墨來而趙簡子輟襲衛一事的具體展開。以「召類」名篇，是因為文中藉某些事物之間常見的連類相應現象，來說明國家內亂和外患之間的相召關係。從防禦一方說，須懂得內亂必然招致外寇、割地獻寶、卑辭求和不足以制止他們進攻，唯有勵精圖治才可使敵人不再敢於來犯。從進攻一方說，也應依據對象國的治亂狀況來決定是否用兵：「亂則用，治則止。」因為只有攻亂，才能得利；只有攻亂，才是當義。

文中司城子罕能脩仁節於宋，從而使楚「釋宋而攻鄭」，宋國得以「無所相侵，邊境四益」一事，是從防禦一方說的：唯治能止攻。趙簡子因得悉衛國群賢聚朝，便中止襲衛的圖謀，這是從進攻一方說的：舉事時，唯有明察義理，才能「名實從之」。

上述二個實例，與史書記載均有較大出入。楚「釋宋而攻鄭」事，《左傳》不錄。有關楚與宋、鄭的瓜葛，則起於楚太子建。建因費無忌之亂（見後〈慎行〉二章）而出奔，先至宋，後轉鄭。而建所以要離宋，是因為宋元公與大夫華氏、向氏正在相互攻殺。這說明當時宋國內部並不安定。趙簡子中止襲衛一章中，提到衛以蘧伯玉為相、孔子為客事，時間上或前或後，難以湊合到一起。《史記・十二諸侯年表》記趙簡子伐衛在衛靈公三十三年（西元前五〇二年），而孔子初次入衛是在衛靈公三十八年，再次入衛是在衛出公八年（西元前四八五年），分別相差五年和十七年。〈衛康叔世家〉記到吳季札聘魯、適衛，說蘧伯玉、史鰌一節，是在衛獻公後三年（西元前五四四年），即離趙簡子執政（西元前五〇三年）尚有四十餘年，他與蘧、史當也難以同時。大概本篇作者為了論證自己觀點，對史實作了如是處理。

〔一〕四曰——

類同相召❶，氣同則合❷，聲比則應❸。故鼓宮而宮應，鼓角而角動；以龍致雨，以形逐影❹。禍福之所自來，眾人以為命，焉不知其所由❺。故國亂非獨亂，有❻必召寇❼。獨亂未必亡也，召寇則無以存矣。

【章旨】言事物皆類同相召，故個人禍福、國家治亂均有所由。

【注釋】❶類同相召 前〈應同〉篇作「類固相召」。作「同」、作「固」皆可通。《易經・繫辭上》有「方以類聚，物以群分」，指四面八方，萬事萬物，同類者則聚則群，異類者則分則散。故此處類的概念不僅指事物之屬性、形質相同，還包括互相吸引、有聚合趨向的事物。這是以陰陽五行說為據的一種分類法，它可以把物質屬性雖異，但動態屬性相似、功能行為方式相近，因而被認為互有感應與聯繫的事物，亦歸為同類。下文「氣」、「聲」的異同，便是依此來區分的。這是古代中國特有的一種思維方式。❷合 會。❸應 和。❹以龍致雨二句 古人心目中，雨隨龍至，影隨形至。藉以喻指事物皆有連類相召的直接或間接的因果關係。❺焉不知其所由 當作「焉知其所」(依王念孫說)。焉，哪裡。❻有 通「又」。❼寇 外敵。

【語譯】物類相同，便自相招引；氣質相同，就彼此投合；聲調相同，便互為應和。所以敲擊宮音，其他樂器的宮音就會應和；敲擊角音，其他樂器的角音就會共鳴。有了龍，就會招來雨水；依憑形體，便能找到影子。禍福之所以到來，一般人都認為是命中注定，哪裡能知曉它們的來處。因此，國家的動亂不會僅僅止於內部動亂，必定又會招致外寇的到來。僅有內部動亂未必一定滅亡，招致外寇一齊到來，那國家就無法保存了。

〔二〕凡兵之用也，用於利，用於義。攻亂則服❶，服則攻者利；攻亂則義，義則攻者榮。榮且利，中主猶且為之，有況於賢主乎？故割地寶器，戈劍❷卑辭屈服，不足以止攻，唯治為足。治則為利者不攻矣，為名者不伐矣。凡人之攻伐也，非為利則固為名也。名實不得，國雖彊大，則無為攻矣。

【章旨】論內亂與外患關係。要制止外患，一味向敵方割地求和無濟於事，唯有依靠自己國內的治理和安定。

【注釋】❶服　降服。❷戈劍　前〈應同〉四章無此二字。

【語譯】凡是用兵攻伐，總是用在可以得利的地方，用在符合道義的地方。攻伐有內亂的國家，就容易使之屈服，容易屈服對進攻者就有利；攻伐統治混亂的國家符合道義，符合道義就會給進攻者帶來榮耀。既有榮耀，又有利益，中等才智的君主尚且會去做，更何況那些賢明的君主呢？所以，即使割讓土地，獻出寶器，奉上金戈利劍，言辭卑恭以示屈服，也不足以制止對方進攻，只有治理好自己的國家才能做到這一點。如果國家治理得好，那些謀求利益的國家便不會來進攻了，那些謀取名聲而討伐的國家也不會來討伐了。大凡人們所以要發動進攻和討伐，不是為了利益，就一定是為了名聲。名和利兩樣都得不到，即使那個國家非常強大，也不會來發動進攻了。

〔三〕兵所自來者久矣：堯戰於丹水❶之浦❷，以服南蠻❸；舜卻苗民❹，更易其俗；禹攻曹魏、屈驁、有扈❺，以行其教；三王以上，固皆用兵也。亂則用，治則止。治而攻之，不祥莫大焉；亂而弗討，害民莫長焉。此治亂之化也，文武之所由起也。文者愛之徵也，武者惡之表也。愛惡循義，文武有常，聖人之元❻也。譬之若寒暑之序，時至而事生之。聖人不能為時，而能以事適時。事適於時者其功大。

【章　旨】以堯、舜、禹為例，說明為君者應有文武兩手；用武的一手應「以事適時」，即須依據對象國的國情狀況而定：「亂則用，治則止。」

【注　釋】❶丹水　即丹江，在今河南、陝西二者之間。❷浦　水濱。❸南蠻　南方部族名。❹苗民　即有苗或三苗，南方部族名。❺曹魏屈驁有扈　均為傳說中夏禹時的古國名。❻元　根本。

【語　譯】戰爭的由來已經很久遠的了。堯在丹水之濱作戰，用以征服南蠻。舜擊退了苗民，並改變他們的習俗。禹攻打過曹魏、屈驁、有扈，以便推行他的教化。由三王再往上推溯，原都曾用過兵。對治理混亂的國家，須用兵討伐；對治理好的國家就不應攻伐。如果一個國家治理得很好卻還對它發動進攻，禍患沒有比這更大的了；如果一個國家發生了動亂卻還不加以討伐，對百姓的危害沒有比這更大的了。這就是或治或亂不斷變化中的情況，用文還是用武的策略依據。用文是愛撫的顯示，用武是憎惡的表現。愛撫與憎惡都必須遵循道義，用文還是用武都應符合常規，這就是古代聖人處理國事的根本原則。它如同寒暑更迭的順序那樣，時令一到，相應的氣象物候便會自然而然地產生。聖人不能更易時令，但能使自己的行事適應時令；而行事能適應時令的，他所取得的功效就大。

〔四〕士尹池❶為荊使於宋，司城子罕❷觴❸之。南家之牆，犨❹於前而不直❺；西家之潦❻，徑❼其宮而不止。士尹池問其故。司城子罕曰：「南家，工人也，為鞔❽者也。吾將徙之。其父曰：『吾恃為鞔以食三世矣。今徙之，是宋國之求鞔者不知吾處也。吾將不食。願相國之憂吾不食也。』為是故，吾弗徙也。西家高，吾宮庳，潦之經吾宮也利，故弗禁也。」士尹池歸荊，荊王適興兵而攻宋，士尹池諫於荊王曰：「宋不可攻也。其主賢，其相仁。賢者能得民，仁者能用人❾。荊國攻之，其無功而為天下笑乎！」故釋宋而攻鄭。孔子聞之曰：「夫脩之於廟堂之上，而折衝❿乎千里之外者，其司城子罕之謂乎？」宋在三大萬乘⓫之間。子罕之時，無所相侵，邊境四益⓬，相平公、元公、景公⓭以終其身，其唯仁且節與？故仁節之為功大矣。故明堂茅茨蒿柱⓮，土階三等⓯，以見節儉。

【章　旨】言宋國司城子罕由於能施仁政於國內，因而制止了楚王攻宋之舉，孔子讚之為「脩之於廟堂之上，而折衝乎千里之外者」。

【注　釋】❶士尹池　「士尹」當為「工尹」之誤（依松皋圓說）。工尹，掌管百工之官，因以為氏，名池。❷司城子罕　司城，官名，即司空，掌管工程。宋國因武公名「司空」，故改為「司城」。子罕為字，其名為樂喜。❸觴　向人敬酒。❹犨　當。❺直　《說文》釋為「正見」。❻潦　地面的積水。❼徑　經過。❽鞔　鞋面。此處指鞋。❾用人　得人之用。❿折衝　擊退敵軍。衝，衝車，古代戰車。⓫三大萬乘　楚、齊、晉三國萬乘大國。⓬邊境四益　四周邊境因不受侵削而獲得好處。

⑬平公元公景公　都是宋國君主。平公名城，在位四十四年（西元前五七五～前五三二年）；元公名佐，在位十五年（西元前五三一～前五一七年）；景公名頭曼，在位六十六年（西元前五一六～前四五一年）。子罕相宋的時間，當在平公後期，經元公到景公前期這三十年左右。⑭故明堂茅茨蒿柱　故，疑為「周」之誤。《大戴禮・明堂》：「周時德澤洽和蒿茂大，以為宮柱，名蒿宮。」茅茨，茅草和蘆葦，用以覆蓋明堂屋頂。蒿柱，用大的蒿稈做成的明堂柱子。⑮土階三等　以土壘成的明堂臺階，只有三級。

【語譯】士尹池為楚國出使去宋國，司城子罕在自己宅院內宴請他。子罕南邊鄰居的牆，擋住了他宅前的視線，但他沒有去拆除它；西邊鄰居排出的水，流經他宅院，他也沒有去制止它。士尹池詢問其中原因。司城子罕回答說：「南鄰是一家工匠，是製作鞋履的。我要他搬遷，他的父親說：『我們家製作鞋履為生已有三代了，如果現在搬家，那麼宋國那些要買鞋的，就會找不到我的新住處，我們家也將因此斷絕生計。希望相國憐憫我們一家無法謀生的情況。』為了這個緣故，我沒有要他搬遷。西鄰地勢高，我的宅院地勢低，排水經過我的宅院比較便利，所以我沒有去禁止他們。」士尹池回到楚國，當時楚國恰好要發兵去攻打宋國。士尹池便勸諫楚王說：「不可去攻打宋國。它的君主賢明，國相仁愛。賢明的君主能得到民心擁護，仁愛的國相能獲得人力之助。楚國如果去攻打，恐怕不僅不能建立功業，而且還要為天下所取笑吧。」為此楚國就放棄了進攻宋國，轉而去攻伐鄭國。孔子聽到這件事後說：「在朝堂上修省自己的德行，卻能克敵制勝於千里之外的，司城子罕大概就稱得上是如此了吧？」那時，宋國處於齊、楚、晉三個擁有萬乘兵車的大國之間。在子罕執政時期，從未受到侵犯，四周邊境都獲得安寧和利益。他為相前後歷經平公、元公、景公三朝，直到壽終，這大概由於他的仁愛和節儉吧？所以仁愛和節儉的功用太大了。周天子的明堂只以茅草和蘆葦蓋屋頂，用蒿稈做柱子，由泥土壘成的臺階也只有三級。這些，都用以顯示節儉之意。

〔五〕趙簡子❶將襲衛，使史默❷往睹❸之，期以一月，六月而後反。趙簡子曰：「何其久也？」史默曰：「謀利而得害，猶弗察❹也？今蘧伯玉❺為相，史鰌❻佐焉，孔子為客，子貢❼使令於君前，甚聽。《易》曰：『渙其群，元吉❽。』渙者，賢也；群者，眾也；元者，吉之始也；渙其群元吉者，其佐多賢也。」趙簡子按兵而不動。凡謀者，疑也。疑則從義斷事，從義斷事則謀不虧，謀不虧則名實從之。賢主之舉也，豈必旗僨❾將斃而乃知勝敗哉？察其理而得失榮辱定矣。故三代之所貴，無若賢也。

【章　旨】以趙簡子因得悉衛有賢人為政而中止襲衛，說明君主舉事只要能明察事理，得失榮辱便可事先確定。

【注　釋】❶趙簡子　晉國大夫，名鞅。❷史默　史為官名，蔡姓，故又作蔡史默。前〈應同〉末章作史墨。❸睹　視。此處意為偵探。❹察　知。❺蘧伯玉　名瑗，字伯玉，衛大夫。❻史鰌　衛大夫，字子魚，亦稱史魚。❼子貢　孔子弟子端木賜，子貢為其字。❽渙其群二句　《周易・渙卦》六四爻的上半句爻辭。下文云：「渙者，賢也。」當係作者出於論旨需要借史默之口自行作出的訓釋，與原意不盡相符。按：〈象傳〉釋渙為水流，為沖洗。意謂以水沖洗群眾之汙垢，喻指清除人們品行上的汙垢，故為大吉。❾僨　仆倒。

【語　譯】趙簡子準備襲擊衛國，派史默去偵探。約定一個月為期，結果過了六個月才返還。趙簡子說：「怎麼去了那麼久？」史默說：「襲擊衛國原是為了得利，但現在看來得到的將是禍害，這是原先沒有估計到的。現在衛國有蘧伯玉為相，史鰌輔佐，孔子當賓客，子貢在衛君身旁供差遣，他們都很得衛君聽信。《易》上說：『渙其群，元吉。』渙，指賢者；群，是說賢者眾多；元，是吉的起始。所謂『渙其群元吉』，就是說君主的輔佐有很多賢德之人呀。」於是趙簡子便按兵不動，中止了襲擊衛國的圖謀。凡是進行謀劃，都是因為有疑惑。有疑惑，就要按照道義的原則去決斷事情；按照道義去決斷事情，那麼謀劃便不會虧損；謀劃不會虧損，那麼名聲和實利就會隨著到來。賢明的君主興舉征伐之事，難道一定要弄到軍旗倒伏、將帥斃命然後才知道勝敗嗎？只要仔細辨察事理，那麼得失榮辱也就可以預先確定了。所以夏商周三代所貴重的，沒有比賢者更首要的了。

達鬱

【題解】〈達鬱〉旨在進言君主必須重視解除自己與臣民之間的鬱塞，以使上下通達。文章運用類比論證法，由人體精氣因鬱結而致病，水流、草木因鬱結而腐臭、枯萎，說明國家鬱結亦會招來「百惡竝起」、「萬災叢至」。為此，君主應尊貴忠臣豪士，因為只有他們才敢直言勸諫，解除國家鬱塞。

文章從正反兩方面列舉了四個實例。以周厲王因所謂「弭謗」而被國人流於彘的教訓，說明「防民之口，甚於防川」；以侍者對列精子高的曲意逢迎，說明人主亟需賢士作為明鏡以臨照自己的缺失；管仲身處「貴樂」，仍能直言進諫；趙簡子不怕出醜，容忍臣下當眾揭短，都被作者認為難能而可貴。

篇中列精子高的情節，與同是發生在齊國的另一傳頌更廣的故事「鄒忌諷齊王納諫」（見《戰國策・齊策》）相類，可謂同曲同工。以自己受到近侍阿諛的體驗諷諫君主，可能會有一種親切感，或許容易被採納。但在我們現代人看來，這種溫情脈脈而又小心翼翼的制約機制，畢竟是軟弱無力的。事實上，在君權至高無上的專制制度下，曲意迎合、阿諛奉承乃是必然產物。所謂忠言直諫（本書後〈六論〉中的〈貴直論〉卷有較多論述），往往是代價極大而收效甚微。所以真正健康的制約機制，只有在專制制度的徹底解體後才可能產生。

〔一〕五曰——

凡人三百六十節❶，九竅❷五藏❸六府❹。肌膚欲其比❺也，血脈欲其通也，筋骨欲其固也，心志欲其和❻也，精氣欲其行也，若此則病無所居而惡❼無由生矣。病之留、惡之生也，精氣鬱也。故水鬱則為汙，樹鬱則為蠹❽，草鬱則為蕢❾。

國亦有鬱。主德不通，民欲不達，此國之鬱也。國鬱處久，則百惡並起，而萬災叢❿至矣。上下之相忍⓫也，由此出矣。故聖王之貴豪士與忠臣也，為其敢直言而決鬱塞也。

【章　旨】由精氣鬱塞會使人致病，推及國若鬱塞，亦會導致「百惡並起」，故明主應尊貴直士，以決鬱塞。

【注　釋】❶三百六十節　指人全身所有骨節。❷九竅　耳、目、口、鼻七竅加上尿道與肛門。❸五藏　也作「五臟」。心、肝、脾、肺、腎五臟器之總稱。中醫理論認為五臟具有貯藏精氣的功能。❹六府　也作「六腑」。膽、胃、小腸、大腸、三焦、膀胱的總稱。在人體中，用以完成食物消化吸收和排洩的過程。❺比　緻密；細密。❻和　調。❼惡　指惡疾。❽蠹　木中蛀蟲。❾蕡　疑為「菑」之誤（依畢沅說）。菑，原為木植立而死，此處借指草枯萎而死。❿叢　聚。⓫忍　殘忍。

【語　譯】凡是人的身體都有三百六十個關節，有九竅、五臟和六腑。肌膚要它細密，血脈要它通暢，筋骨要它堅固，心志要它平和，精氣要它運行。如果能夠這樣，病痛便無從居留，惡疾也就無由產生了。病痛的滯留，惡疾的產生，是由於精氣閉結的緣故。所以，水鬱結就會變得汙濁，樹鬱結便會招來蟲蛀，草鬱結就會枯萎而死。國家亦會有鬱結。君主的德行不通達，百姓的欲求不能滿足，這就是國家的鬱結。國家長期處於鬱結狀態，那麼各種邪惡就會一齊產生，所有的災難都會紛紛降臨，上下之間相互殘害的事，也便由此發生了。所以聖明的君王要尊貴豪傑之士與忠誠之臣，就因為他們敢於直言諫諍，來解除鬱塞啊。

〔二〕周厲王虐民，國人皆謗❶。召公❷以告曰：「民不堪命矣。」王使衛巫監謗者，得則殺之。國莫敢言，道路以目❸。王喜，以告召公曰：「吾能弭❹

謗矣。」召公曰：「是障❺之也，非弭之也。防民之口，甚於防川；川壅❻而潰❼，敗❽人必多。夫民猶是也。是故治川者決之使導，治民者宣之使言。是故天子聽政，使公卿列士正諫，好學博聞獻詩❾，矇箴師誦❿，庶人傳語⓫，近臣盡規⓬，親戚補察⓭，而後王斟酌⓮焉。是以下無遺善，上無過⓯舉。今王塞下之口，而遂上之過，恐為社稷憂。」王弗聽也。三年，國人流王於彘⓰。此鬱之敗也。鬱者，不陽也。周鼎著鼠，令馬履之，為其不陽也⓱。不陽者，亡國之俗也。

【章　旨】以周厲王因「塞下之口」、「遂上之過」，而被國人流於彘，說明鬱塞足以亡國。

【注　釋】❶謗　怨。❷召公　指召穆公虎，厲王之卿士。❸道路以目　在道路相遇，只是以目相視。說明人們敢怒不敢言。❹弭　消除。❺障　防。❻壅　堵塞。❼潰　決口。❽敗　傷害。❾詩　指諷諫之詩。❿矇箴師誦　指有專門樂官為之譜曲和朗讀吟誦。矇，盲者。矇、師，均為樂官。箴，規戒。⓫庶人傳語　無官位的平民，以傳語方式反映自己的願望。⓬盡規　進諫。盡，通「進」。⓭親戚補察　指宗室近親輔助君王省察。⓮斟酌　參考；取捨。⓯過　失。⓰彘　古地名。在今山西霍縣東北。⓱周鼎著鼠三句　周鼎上鏤刻著鼠的圖形，讓馬踩著牠，就因為牠不屬陽。按陰陽五行說，鼠屬陰，馬屬陽，以馬履鼠，即以陽尅陰。

【語　譯】周厲王殘害百姓，國人都怨恨、指責他。召公把這些情況稟報了周厲王，並且說：「百姓已無法忍受君王的政令了。」厲王就派衛巫去監視那些敢於怨謗時政的人，抓到後就處死。於是都城內沒有人再敢議論時政，彼此道路上相遇，只是四目相對一視而已。厲王很高興，把這種情況告訴召公說：「我已經能夠消除人們的怨謗了。」召公說：「這只是阻止人們說出來，並沒有消除他們的怨恨呀。堵百姓的嘴比堵塞河道的危害還要嚴重；河道被堵塞而一旦決口，傷害的人必定很多。百姓的怨謗也是如此。所以治理河道的人，就要排除阻塞使它通暢；治理百姓的人，應該引導百姓，讓他們暢所欲言。為此天子處理政務時，要讓公卿列士直言諫諍，讓好學博聞之士呈獻具有諷諫意義的詩謠，讓樂官進箴言，樂師為之吟誦。平民百姓的意見也要通過傳語轉達上來，左右侍臣也要讓他們進言規諫，宗室近親則輔助君王一起省察，然後由天子考慮取捨，加以實行。這樣，在下沒有遺漏的善言，在上就沒有錯失的舉事。如今王上的這種做法卻是堵塞人民的嘴巴，促成在上位的過錯。這恐怕會釀成國家的禍患。」厲王沒有聽從召公的勸告。三年後，國人就把厲王放逐到了彘地。這就是國家鬱結造成的災難。鬱結，就是陽氣的閉塞。周鼎上鏤刻有鼠的圖象，讓馬踩著牠，就因為鼠屬陰，亦即陽氣的閉塞。陽氣的閉塞，是亡國的徵兆。

〔三〕管仲觴❶桓公。日暮矣，桓公樂之而徵❷燭。管仲曰：「臣卜其晝，未卜其夜❸。君可以出矣。」公不說，曰：「仲父年老矣，寡人與仲父為樂將幾之❹？請夜之❺。」管仲曰：「君過矣。夫厚於味者薄於德，沈於樂者反於憂；壯而怠則失時，老而解❻則無名❼。臣乃今將為君勉之，若何其沈於酒也？」管仲可謂能立行矣。凡行之墮也於樂，今樂而益飭❽；行之壞也於貴，今主欲留而不許。仲志行理，貴樂弗為變，以事其主，此桓公之所以霸也。

【章旨】以管仲不留桓公夜宴，並勸諫弗沉湎於酒樂為例，說明管仲有「貴樂弗為變」的品德，以此事主，終使桓公成就霸業。

【注釋】❶觴　向人敬酒或自飲。此處指宴飲。❷徵　求。❸臣卜其晝二句　白天宴請君上我占卜過，夜間未有占卜。古代舉行宴飲一類事，須先卜可否，以示慎重。此處當是管仲的託辭。❹將幾之　還能有幾次。❺夜之　猶「以夜繼之」，即以夜繼晝。❻解　通「懈」。❼無名　指無善終之名。❽飭　嚴正。

【語譯】管仲宴請齊桓公。天已經黑了，桓公卻還在興頭上，要求點上蠟燭繼續宴飲。管仲說：「白天宴請君上我占卜過，但晚上我沒有占卜。君上可以回去了。」桓公不高興了，說：「仲父年老了，我與仲父像這樣一起歡樂，還能有幾次呢？晚上還是繼續下去吧。」管仲說：「君上錯了。貪圖美味的人德行就會淺薄，沉溺佚樂的人最終會得到憂傷；壯年時懈怠就會喪失時機，老年時懈怠就會使名聲不得善終。今天我願君上能以此勉勵自己，又怎麼能沉湎於酒中之樂呢？」管仲可以說是能為自己確立美好的品行了。大凡一個人品行的墮落，往往由於貪圖享樂，現在他卻能在享樂的時候更嚴正地要求自己；一個人品行的敗壞往往由於貪戀尊貴的地位，現在他卻在君上要求留下來時反而不應允。伸張遠志，推行理義，即使給予尊貴和享樂，亦不因此有所改變——管仲就是用這樣的態度來事奉自己君主的，這也正是桓公所以能成就霸業的原因。

〔四〕列精子高❶聽行❷乎齊湣王，善衣東布衣❸，白縞冠❹，顙推之履❺，特會朝雨袪步堂下❻，謂其侍者曰：「我何若？」侍者曰：「公姣❼且麗。」列精子高因步而窺於井❽，粲然❾惡❿丈夫之狀也，喟然歎曰：「侍者為吾聽行於齊王也，夫何阿⓫哉？又況於所聽行⓬乎萬乘之主，人之阿之亦甚矣，而無所鏡⓭，其殘亡無日矣。」孰當可而鏡？其唯士乎！人皆知說鏡之明己也，而惡士之明己也。鏡之明己也功細，士之明己也功大。得其細，失其大，不知類⓮耳。

【章旨】記述列精子高以自己受侍者阿諛的體驗，推論作為萬乘大國君主必然更處於人們曲意逢迎的包圍之中，因而他們能否以賢士為鏡明察自己缺失，實為國家存亡之所攸關。

【注釋】❶列精子高　戰國時賢者。❷聽行　指對君主的進言能夠被聽從和推行。❸善衣東布衣　當作「著東布衣」。第一「衣」字衍。「東」為「柬」之誤（依許維遹說）。柬布，即練布，白色的熟絹。❹白縞冠　大白之冠。當時在貴族階層中，穿練布衣、戴大白帽是儉樸的表示。❺顙推之履　義難詳。章炳麟認為「推當借為䫉」。如依此，則指頭部突出如大額頭的粗劣鞋履。顙，額。䫉，額突出。❻特會朝雨祛步堂下　特意在黎明時，撩起衣襟在堂下走路。會朝，黎明。雨，當為「而」（依陳昌齊說）。祛步，撩起衣服走路。❼姣　美貌。❽窺於井　臨井自照其容。❾粲然　鮮明。❿惡　簡樸。⓫阿　曲意奉承。⓬所聽行　所聽所行之人。指聽行列精子高之人，亦即齊湣王。⓭鏡　照。⓮類　相似。

【語譯】列精子高使齊湣王言聽計從，很得信用。有一次他穿了件素色的熟絹衣，戴了頂大白帽，穿了雙頭部突出的粗鞋，大清早，特意撩起衣襟在堂上走來走去，問自己的侍從說：「我的樣子怎麼樣？」侍從說：「大人又美好，又豔麗。」列精子高為此走到井邊一臨照，看到的卻分明是一個簡樸的男子模樣。他感慨地嘆息一聲說：「侍從就因為齊王對我言聽計從，竟這樣曲意逢迎我啊，更何況對於聽我言、行我意的萬乘君主呢，人們對他的阿諛奉承自然更嚴重了。在這種情況下，君王如果沒有鏡子用來臨照自己，那麼離國破身亡也就沒有多少日子了。」誰能充當幫助君主照見自己過失的鏡子呢？大概只有賢士吧。人們都知道鏡子能夠照見自己的面容，卻厭惡賢士指明自己的缺失。鏡子只能照見自己的面容，功用細小；賢士卻能指明自己的缺失，功用極大。如果只知道去取得小功用的鏡子，卻拋棄大功用的賢士，那就太不懂得小與大的類比了啊。

〔五〕趙簡子曰：「厥❶也愛❷我，鐸❸也不愛我。厥之諫我也，必於無人之所；鐸之諫我也，喜質❹我於人中，必使我醜❺。」尹鐸對曰：「厥也愛君之醜也，而不愛君之過也；鐸也愛君之過也，而不愛君之醜也。臣嘗聞相人❻於師，敦顏而土色❼者忍醜。不質君於人中，恐君之不變❽也。」此簡子之賢也。人主賢則人臣之言刻❾。簡子不賢，鐸也卒不居趙地，有況乎在簡子之側❿哉？

【章　旨】通過趙簡子與尹鐸的對話，說明君主應允許臣下當眾指責自己的錯失，不怕露醜。

【注　釋】❶厥　即趙厥，趙簡子家臣。❷愛　惜。❸鐸　即尹鐸，趙簡子家臣，以能直言聞。❹質　指正。❺醜　恥。❻相人　以觀察人之面相來推斷人之善惡吉凶。❼敦顏而土色　敦顏，面容敦厚。土色，黃色。都是指趙簡子的面相。❽變　改。❾刻　尖刻；尖銳。❿側　左右。

【語　譯】趙簡子說：「趙厥能顧惜我，尹鐸不能顧惜我。趙厥勸諫我時，必定在沒有旁人的場所；而尹鐸勸諫我時，喜歡當著眾人的面指責我，定要讓我出醜。」尹鐸說：「趙厥只顧惜君上會出醜，不顧惜君上有過失；我尹鐸顧惜君上有過失，不顧惜君上會出醜。我曾經從相師那裡學習過相面術。君上面貌敦厚，膚色土黃，說明能夠忍受羞辱，寬容別人。我之所以不得不在眾人面前指正君上的過失，是因為恐怕不這樣君上不能改呀。」這恰好說明趙簡子是一位賢明的君主。君主賢明，那麼臣下進諫的言辭也就能尖刻。趙簡子如果不賢明，那麼尹鐸最終將不能居留在趙國，更何況是侍奉在簡子左右呢？

論　行

【題　解】本篇論述君主在處於逆境或順境時，應如何行事。文中認為由於君主擔負著「執民之命」的重任，因而要有與布衣平民不同的行為準則：形勢不利時，不妨「事雠以求存」；形勢利便時，亦須「以義進退」。總之是在任何情況下，都「不得以快志為故」。

文中列舉了禹忍舜殺父之怨，悉心治水，以贏得舜之歡心；文王小心翼翼臣事暴虐無道的紂王，終使其子武王得以滅殷興周；燕昭王在受到齊國無禮暴虐的情況下，含垢忍辱以事齊湣王，最後取得了樂毅伐齊的大勝。末章是一個處於順境下的範例：楚莊王圍宋九月，不逞意自己強大，在宋君表示屈服後，即後退四十里，「為成而歸」。這也反襯了由勝而驕、因驕而敗的齊湣王，從而揭示了「將欲踣之，必高舉之」這樣一個深刻的歷史教訓。

篇中涉及到二個歷史事實，順便在這裡作點說明。一是楚莊王因何撤宋之圍事，作者為了使之能證明自己論點，對史實作了理想化的處理。據《左傳》、《公羊傳》記載，當時主要是楚晉二國爭霸，楚宋爭戰背後，是楚與晉的對立。楚軍在圍困宋國都城九個月後，宋國固然難以再守下去，楚國也已只剩下七天軍糧，取得有限勝利而撤軍，是當時楚國的最佳選擇。且與宋國華元協議撤軍的是楚軍統帥子反，楚莊王則是被迫勉強同意的。這與本篇把全部功績都歸之於楚莊王的「以義進退」，顯然不合。

二是傳說中的禹之父鯀，歷來被認為是「四凶」之一（其他三凶是：共工、驩兜、三苗）。《左傳》提到「四凶」之一的「檮杌」，杜預注「檮杌」即鯀，其意為「頑凶無儔匹」。但鯀被舜殛殺的原因，則多認為是治水九年而無功。這裡就有一個疑問：單是治水無功，怎麼會被列為「四凶」之一呢？對這個疑問，本篇二章提供了一個獨特的說明。文中隻字未及治水之事，卻詳細記述了鯀口出狂言，認為自己得到了與堯得的「天道」可以分庭抗禮的「地道」，並放出他所畜養的猛獸，「欲以為亂」，儼然是當時一個擁有暴力的反對派。這才是鯀被舜「殛之於羽山」的真正原因。對這段文字的史料價值，楊昭儁在《呂氏春秋補注》中作了很高評價：「非《呂氏》詳載其事，後世何從知鯀實為凶族乎？」

〔一〕六日——

人主之行與布衣異，勢不便，時不利，事讎❶以求存。執民之命❷，執民之命，重任也，不得以快志為故❸。故布衣行此，指❹於國，不容鄉曲❺。

【章旨】言君主處於逆境時，應如何行事。

【注釋】❶讎 通「仇」。❷執民之命 陳奇猷認為此四字上當有「人主」二字。❸故 事。❹指 指斥。❺鄉曲 鄉里。

【語譯】君主的行事，與一般平民百姓不同。如果形勢不好，時機不利，君主不妨事奉仇敵，以求得暫時的生存。君主執掌著臣民的命運；執掌臣民命運是一項巨大的責任，因而不能只求一時快意來行事。如果平民百姓這樣做的話，那就會受到國人的指斥，不能在鄉里容身了。

〔二〕堯以天下讓舜。鯀❶為諸侯，怒於堯曰：「得天之道者為帝，得地之道者為三公❷。今我得地之道，而不以我為三公。」以堯為失論❸。欲得三公。怒甚猛獸❹，欲以為亂。比❺獸之角，能以為城；舉其尾，能以為旌❻。召之不來，仿佯❼於野以患帝。舜於是殛❽之於羽山❾，副❿之以吳刀⓫。禹不敢怨，而反事之，官為司空⑫，以通水潦，顏色黎⑬黑，步不相過⑭，竅氣不通⑮，以中⑯帝心。

【章旨】記述禹不計舜殺父之仇，忍怨臣事，忘我治水，「以中帝心」。

【注釋】❶鮌　亦作鯀，傳說中的禹之父。❷三公　堯舜時天子無爵，未見有三公建制記載。周代設三公，有二說，一說指司馬、司徒、司空；一說指太師、太保、太傅。❸論　理。❹怒甚猛獸　當為「怒其猛獸」（依王念孫說）。意謂激奮起他所畜養的野獸。怒，奮。❺比　並比；排列。❻旌　旗上的裝飾物。這二句指鮌能馴獸作戰，群獸並其角若城牆，舉其尾若旌旗。❼仿佯　通「彷徉」。遊蕩不定。❽殛　誅殺。❾羽山　古地名，今山東郯城東北。❿副　剖。⓫吳刀　吳地所產之刀。⓬司空　主管水土之官。⓭黎　通「黧」。黑色。⓮步不相過　舉步後腳不能超過前腳，說明疲憊已甚。⓯竅氣不通　上氣不接下氣。也用以形容極度勞累之情狀。⓰中　贏得。

【語譯】堯把帝位禪讓給舜。當時鮌為諸侯，他憤怒地對堯說：「符合天道的可以為帝王，符合地道的可以當三公。現在我符合地道，你卻不讓我當三公。」認為堯這樣做違反了根本道理。鮌為了想得到三公的權位，就激奮起他馴養的猛獸，準備用來發動叛亂。這些猛獸的角並排起來，可以圍成城牆；舉起牠們的尾巴，就是滿天旌旗。舜召見他，他抗命不來，遊蕩在原野上，以此對舜構成禍患。於是舜便在羽山誅殺了鮌，並用吳刀剖解了鮌的軀體。禹不敢因此怨恨舜，反而盡力事奉舜。禹做了司空的官。為了治理水潦，他面孔曬得黧黑，勞累得步履艱難，氣喘不息，以此來贏得帝舜的歡心。

〔三〕昔者紂為無道，殺梅伯而醢之，殺鬼侯而脯之❶，以禮❷諸侯於廟。文王流涕而咨❸之。紂恐其畔❹，欲殺文王而滅周。文王曰：「父雖無道，子敢不事父乎？君雖不惠，臣敢不事君乎？孰王而可畔也？」紂乃赦之。天下聞之，以文王為畏上而哀❺下也。《詩》曰：「惟此文王，小心翼翼，昭事上帝，聿懷多福❻。」

【章　旨】記述文王謹事暴君紂王以求存的故事。

【注　釋】❶殺梅伯而醢之二句　梅伯、鬼侯，均為紂王時諸侯。據高誘注：「梅伯說鬼侯之女美，令紂取之。紂聽妲己之譖，曰以為不好，故醢梅伯、脯鬼侯，以其脯燕諸侯於廟中。」醢、脯均用如動詞，醢指斬成肉醬，脯指煮肉為脯。❷禮　用如動詞，作為禮物送給諸侯。❸咨　嗟嘆辭。❹畔　通「叛」。❺哀　愛憐。❻惟此文王四句　見《詩經・大雅・大明》。昭，借為「劭」。勤勉。聿，猶「以」也。懷，來。有招來之意。

【語　譯】從前紂王暴虐無道，殺了梅伯還把他剁成肉醬，殺了鬼侯又把他煮成肉脯，在宗廟裡作為禮物送給諸侯。文王為這事而流淚嘆息。紂王擔心文王會叛變，就想殺死文王，滅掉周國。文王說：「父親即使暴虐無道，做兒子的敢不侍奉自己的父親嗎？君王雖然對臣子不賜恩惠，做臣子的敢不侍奉自己的君王嗎？對於君王，怎麼可以背叛呢？」紂王於是便赦免了文王。天下人聽說這件事後，都認為文王敬畏在上位的人而又愛憐在下位的人。所以《詩》上說：「正是這位文王，言行謹慎恭敬；勤勉事奉上帝，因得福祚殷殷。」

〔四〕齊攻宋，燕王❶使張魁❷將燕兵以從焉，齊王殺之❸。燕王聞之，泣數行而下，召有司而告之曰：「余興事而齊殺我使，請令❹舉兵以攻齊也。」使受命矣。凡繇❺進見，爭之曰：「賢主故願為臣。今王非賢主也，願辭不為臣。」昭王曰：「是何也？」對曰：「松下亂❻，先君以不安、棄群臣❼也。王苦痛之而事齊者，力不足❽也。今魁死而王攻齊，是視魁而賢於先君。」王曰：「諾。」「請王止兵。」王曰：「然則若何？」凡繇對曰：「請王縞素辟舍❾於郊，遣使於齊，客而謝❿焉，曰：『此盡寡人之罪也。大王賢主也，豈盡殺諸侯之使者哉？然而燕之使者獨死，此弊邑之擇人不謹也。願得變更請罪。』」使者行至齊。齊王方大飲，左右官實⓫，御者⓬甚眾，因令使者進報。使者報言燕王之甚恐懼而請罪也，畢，又復之，以矜⓭左右官實。因乃發小使⓮以反令燕王復舍⓯。此濟上之所以敗⓰，齊國以虛也。七十城，微田單⓱固幾不反。湣王以大齊驕而殘，田單以即墨城而立功。《詩》曰⓲：「將欲毀之，必重累⓳之；將欲踣⓴之，必高舉之。」其此之謂乎？累矣而不毀，舉矣而不踣，其唯有道者乎！

【章　旨】由燕昭王忍辱事齊，終使齊湣王驕橫致敗的過程，揭示出「將欲踣之，必高舉之」的歷史教訓。

【注　釋】❶燕王　指燕昭王，燕噲王子，名平，於齊破燕後即位。參見前〈應言〉二章注❷。❷張魁　燕昭王將領。昭王二十六年（西元前二八六年），張魁率燕兵隨齊攻宋，即齊湣王滅宋之役。❸齊王殺之　齊王，指齊湣王。齊湣王殺張魁事，今存史書未載。近年長沙馬王堆漢墓出土帛書《戰國策》有某人自獻於燕王書，中云：「齊殺張庳，臣請屬事，辭為臣於齊。」又云：「庳之死也，王辱之。」（載《文物》民國六十四年第四期）「庳」可通「魁」，張庳即張魁。可見齊湣王確有殺張魁之事。❹請令　當作「請今」（依畢沅說）。今，即刻。❺凡繇　燕昭王臣。❻松下亂　即松下之難。松下，地名。齊伐燕，燕王噲與齊軍戰於松下，為齊所俘而死。下文「先君」，即指燕王噲。❼棄群臣　對燕王噲被俘而死的委婉說法。❽力不足　據《史記・燕召公世家》記載，燕王噲死後，齊大勝燕。燕昭王即位時，曾謂臣下：「齊因孤之國亂而襲破燕，孤極知燕小力少不足以報。」即此處凡繇之言所據。❾縞素辟舍　穿著白色喪服，避開自己宮室，表示自責之意。辟，通「避」。❿客而謝　恭敬地表示謝罪。客，敬。⓫官實　僚屬。⓬御者　侍御；侍從。⓭矜　誇耀。⓮小使　地位低微的使者。⓯復舍　返還宮室居住。照應上文「辟舍於郊」。⓰此濟上之所以敗　燕昭王二十八年（西元前二八四年），燕與秦楚韓趙魏五國共擊齊，樂毅率燕軍敗齊兵於濟水之旁，連下七十餘城，齊國因此而虛弱。⓱田單　戰國齊將。燕將樂毅破齊時，田單堅守了即墨（今山東平度東南）。燕昭王死，惠王立，齊使反間計，使惠王改派騎劫代樂毅為將。田單用火牛陣大敗燕軍，齊復得已失故城。故謂「七十城，微田單固幾不反」。⓲詩曰　下引詩句為《詩經》佚詩。⓳累　堆積。⓴踣　仆倒。

【語　譯】齊國攻打宋國，燕王派張魁帶了燕兵去隨從齊軍助戰。齊王卻殺了張魁。燕王聽到這個消息後，眼淚連連滾落不止，召見有關官吏對他們說：「我派兵去參戰，而齊國卻反而殺了我們統兵的將領。請立刻徵發軍隊去攻打齊國。」官吏們接受了命令。這時凡繇進來謁見燕王，諫諍說：「過去認為君王是賢德的君主，所以願意做您的臣子；現在看來君王並非賢德的君主，所以我希望辭去官職，不再做您的臣子。」昭王說：「這是為什麼？」凡繇回答說：「松下之難，先王得不到安寧而被俘，不幸拋下群臣而去。當時君王非常痛苦，卻又不得不事奉齊國，原因就是自己力量不足呀。現在張魁被殺，君王卻要去攻打齊國，這是把張魁看得比先王還重了。」燕王說：「那就聽你的吧。」凡繇說：「請求君王停止發兵的命令。」燕王說：「那麼應該怎麼辦呢？」凡繇回答說：「請君王穿上喪服，離開自己宮室避居到郊外，派遣使節到齊國去，恭恭敬敬地向齊王謝罪，並且說：『所以發生這一切，全是我的罪過。大王是賢德的君主，怎麼會把諸侯各國的使臣全殺死呢？然而燕國的使臣獨獨被殺，那就說明這是鄙國選擇人不慎重的緣故。懇求大王允許鄙國更換合適的人，並以此表示請罪。』」燕國使臣到了齊國，齊王正在大排宴飲。左右官員、侍從濟濟。齊王於是就叫燕國使者進來稟報。使臣稟報，說是燕王非常恐懼，特地派我前來請罪。使臣稟報完畢，齊王又命他重複一遍，藉以在左右近臣和官員面前炫耀自己。然後才派遣一個地位卑微的小使去讓燕王返還自己宮室居住。這就是齊國後來所以在濟上之戰中大敗於燕國的原因，齊國也因此而變得虛弱不堪。丟失的七十座城，如果沒有田單，幾乎全都不能收復。齊湣王憑藉強大的齊國反因驕橫而致敗，田單僅賴有即墨一城卻能立下大功。古詩說：「若要把它毀掉，必先使它重重疊起來；若要使它仆倒，必先把它高高舉起來。」說的大概就是這個道理吧？重疊起來而又不被毀壞，高舉起來而又不致仆倒，這大概只有有道之人才能做到吧？

〔五〕楚莊王使文無畏❶於齊，過於宋，不先假道❷。還反，華元❸言於宋昭公❹曰：「往不假道，來不假道，是以宋為野鄙❺也。楚之會田❻也，故鞭君之僕於孟諸❼。請誅之。」乃殺文無畏於揚梁❽之隄。莊王方削袂❾，聞之曰：「嘻！」投袂❿而起，履及諸庭⓫，劍及諸門，車及之蒲疏⓬之市，遂舍於郊，興師圍宋九月。宋人易子而食之，析骨而爨⓭之。宋公肉袒⓮執犧⓯，委服告病⓰，曰：「大國若宥圖之，唯命是聽。」莊王曰：「情⓱矣宋公之言也。」乃為卻四十里，而舍於盧門⓲之闔⓳，所以為成⓴而歸也。凡事之本在人主，人主之患，在先事而簡㉑人，簡人則事窮矣。今人臣死而不當，親帥士民以討其故㉒，可謂不簡人矣。宋公服以病告而還師，可謂不窮矣。夫舍諸侯於漢陽而飲至㉓者，其以義進退㉔邪？彊不足以成此也。

【章旨】言楚莊王圍宋九月，宋服而還師，做到了進退以義。

【注　釋】❶文無畏　楚申邑大夫，姓文，名無畏，字子舟。❷假道　借路。假，借。❸華元　宋大夫。❹宋昭公　名杵臼，在位九年（西元前六一九～前六一一年）。此事據《左傳》，應發生在宋昭公弟宋文公十六年（西元前五九五年）。❺以宋為野鄙　把宋國當作楚國的邊野城邑。意為輕視宋國。《左傳》宣公十四年，載華元稱此過宋不假道事為「鄙我也」。並云：「鄙我亡也，殺其使者，必伐我，伐我亦亡也，亡一也。乃殺之。」❻會田　指宋與楚會獵。田，行獵。❼孟諸　在商丘以北，泰山以南的一片沼澤地。當是宋楚會獵之地。❽揚梁　宋地名，今河南商丘東南。地近渙水，故有堤防。❾削袂　雙手套在衣袖之中，一種悠閒自得的狀貌。❿投袂　即擲袂，甩袖。常用來形容起身之急速。⓫履及諸庭　奉鞋的侍從追到庭院，才給莊王穿上鞋。履，代替奉鞋的侍從。下文「劍」、「車」，同此。庭，寢室前空地。⓬蒲疏　街市名。《左傳》宣公十四年作蒲胥。⓭爨　生火燒飯。⓮肉袒　脫下上衣，露出胸臂。表示請罪的一種方式。⓯犧　祭祀用的純色牲畜。⓰委服告病　表示屈服，哀求，並稟告城中困苦情況。病，困苦。⓱情　誠。⓲盧門　宋國一城門名。⓳闔　門扉。⓴成　和議。㉑簡　怠慢。㉒故　通「辜」。罪。一說故為「敵」之壞字。㉓舍諸侯於漢陽而飲至　舍，當為「合」之誤（依畢沅說）。合，會盟。飲至，國君因事外出歸來祭告祖廟宴飲群臣的一種儀式。全句大意為：在漢水之北會盟諸侯後，又返師宗廟告祭祖先宴飲群臣。但楚莊王盟諸侯於漢陽事，史籍無錄。《左傳》載有莊王與陳侯、鄭伯盟於辰陵，其事繫於宣公十一年（西元前五九八年）。盟後陳國夏徵舒弒其主陳靈公，楚興師入陳誅夏徵舒復封陳，隨即歸師。㉔以義進退　進與退都是依據理義的原則。

【語　譯】楚莊王派文無畏出使齊國，途經宋境沒有事先向宋國通報借道。回來時，又要路過宋國。華元對宋昭公說：「文無畏去的時候沒有通報借道，回來的時候又不通報借道。這是把我們宋國看作是他們楚國的邊遠城邑了。還有，那回楚王與君上一起在孟諸會獵，他們又故意鞭打君上的臣僕。請允許殺掉文無畏吧。」於是就在揚梁的堤岸上殺死了文無畏。莊王正袖著雙手悠閒自得的時候，一聽這個消息，驚怒地「啊」了一聲，頓時擲袖而起，急遽奔出，以致顧不得穿鞋、佩劍、乘車。奉履的侍從追到庭院，才給他穿上鞋；奉劍的侍從追到門口，才給他佩上劍；駕車的御者追到蒲疏街市上，才讓他乘上車。莊王就這樣住宿到了郊外，迅速發兵圍困宋國，前後達九月之久。宋國人被困在孤城之內，不得不交換孩子殺了充飢，折斷人骨當柴燒。宋昭公只好脫去上衣，袒胸露臂地捧著祭祀用的犧牲，向楚王表示屈服，哀求憐憫，稟報城內困苦情況，然後說：「貴國如果打算寬宥我的罪過，我將唯大王之命是從。」楚莊王說：「宋公的話，說得多誠懇啊。」於是就為他下令軍隊後撤四十里，駐紮在盧門附近，以便兩國達成和議，然後就率師回歸。

大凡事情的根本，都在於君主，君主的弊病多在於重視事而輕忽人，而輕忽人就會使事情陷入窘迫的境地。上面說的例子是臣子死得不應該，楚莊王便親自率領士卒前往討伐宋國之罪，這可以說是不簡慢人了。宋國君主表示屈服並訴說困苦情狀以後，莊王當即退兵，這就不會使自己陷入窘迫境地了。楚莊王在漢水之北與諸侯會盟，回國後在宗廟舉行「飲至」之禮，向祖先稟報戰功。所以能如此，大概就是由於楚莊王的或進或退都是依據理義原則的緣故吧？單憑國力強大是達不到這個境地的。

驕恣

【題解】本篇旨在告誡君主，謹防驕矜恣肆，切忌「自驕」、「自智」、「輕物」。自驕就會簡慢賢士，自智就會專斷獨行，輕物就會無儲備。所有這些都是亡國的徵兆。

文中所舉實例，大致可與上述「三忌」相應。晉厲公的教訓在於「自驕」而「簡士」。他竟欲盡除朝中大臣，而重任其左右親信。結果卻是以害人始而以害己終，雖然殺了逼己的大族三郤，自己也為欒書、中行偃所害。「謀事而當」的魏武侯，缺點在於「自智」而「專獨」。後來經過李悝的勸諫，才使他懂得了「人主之患也，不在於自少，而在於自多」這個「君人之道」。齊宣王大規模地營建宮庭園苑，過錯就在於「輕物」。賴有賢臣春居巧妙的勸諫，才使他終於停止了這項「幾為天下笑」的蠢舉。以上數例，可說是當時一般君主的通病，文中作了有力的針砭。末章趙簡子沉鸞徼於河的故事，說明君主必須「以理督責於其臣」，對那些以阿諛奉承為能事的小人，是一個嚴厲的警告。但按現代觀點看來，由曾經是主使者和受用者的趙簡子自己來懲處這個佞臣，用的又是沉河溺斃這樣一種殘酷的手段，無論如何不能說是公平的。

本篇中晉厲公殺三郤事，與史實有異。據《史記·晉世家》記載，這是晉公室企圖削弱諸大夫以挽回自己權力的一場鬥爭。不僅有公室與大夫的矛盾，還有諸大夫內部的激烈衝突。實際上欒書也參與了謀害三郤的事件。事後胥童要殺欒書與中行偃，晉厲公卻出面阻止。結果是當斷不斷，反受其亂，終為欒書與中行偃所害。厲公在軍事上曾經有過作為，即位之初，西敗秦而南勝楚，似乎不應列為無能之輩。可能由於他最後還是失敗了，才成了作者筆下的暴君。

〔一〕七日——

亡國之主，必自驕❶，必自智❷，必輕物❸。自驕則簡❹士，自智則專獨，輕物則無備。無備召禍，專獨位危，簡士壅塞❺。欲無壅塞必禮士，欲位無危必得眾，欲無召禍必完備。三者人君之大經❻也。

【章　旨】言為君切戒「自驕」、「自智」、「輕物」。

【注　釋】❶自驕　自我誇耀。❷自智　自以為聰慧。❸輕物　指對財物的揮霍無度，不注意儲備。❹簡　輕賤；怠慢。❺壅塞　指聽聞閉塞。❻經　常道。

【語　譯】亡國的君主，必然自我驕矜，必然自以為聰慧，必然輕視財物，揮霍無度。自我驕矜，那就會怠慢士人；自以為聰慧，那就會專斷獨行；輕視財物，那就會沒有儲備。沒有儲備就會招致禍患，專斷獨行君位就會危殆，怠慢賢士就會使自己聽聞閉塞。要想不閉塞，必須禮賢下士；要君位不危殆，必須得到眾人輔助；要避免禍患，必須有充分的儲備。這三條是君王治理國家的大原則。

〔二〕晉厲公侈淫，好聽讒人，欲盡去其大臣而立其左右。胥童❶謂厲公曰：「必先殺三郤❷。族大多怨，去大族不偪❸。」公曰：「諾。」乃使長魚矯❹殺郤犨、郤錡、郤至于朝而陳其尸。於是厲公游于匠麗氏❺，欒書❻、中行偃❼劫而幽❽之，諸侯莫之救，百姓莫之哀，三月而殺之。人主之患，患在知能害人，而不知害人之不當❾而反自及❿也。是何也？智短也。智短則不知化⓫，不知化者舉自危⑫。

【章旨】言晉厲公由於「智短」而「不知化」，終以「害人始而以害己終」。

【注釋】❶胥童　晉大夫，《史記・晉世家》稱其為厲公寵姬之兄，與欒書合計謀害三郤，後又擊欒書、中行偃，欲一併殺之，但為厲公所阻，結果反為欒書、中行偃所殺。此事件由晉公室與各大族之間摩擦日趨激化引起，以公室失敗而告終。❷三郤　即下文所言郤犨、郤錡、郤至。郤氏是當時晉國執政大夫。❸不偪　指不逼迫公室。偪，同「逼」。❹長魚矯　晉厲公寵臣。❺匠麗氏　晉厲公寵臣。❻欒書　即欒武子，晉大夫。❼中行偃　即荀偃，晉大夫。❽幽　囚禁。❾不當　不當其罪。❿反自及　反而自及於殺身之禍。⓫不知化　不能預察日後必將到來的發展變化。參讀後〈知化〉一章。⓬舉自危　舉事必自致危敗。

【語譯】晉厲公奢侈淫逸，又喜歡聽信讒人之言，想要全部除掉大臣，把身邊親信一個個提到重要職位。胥童對厲公說：「一定要先殺掉三個姓郤的。他們家族勢力大，對公室怨恨多。除掉那些大族，公室就不會受到威脅了。」厲公說：「好吧。」於是就派長魚矯在朝堂上殺了郤犨、郤錡、郤至，並且陳屍示眾。事後厲公到匠麗氏那裡去遊樂，欒書、中行偃便乘機起兵劫持厲公並囚禁了他。諸侯各國誰也不去援救他，百姓也沒有人愛憐他。過了三個月，欒書、中行偃便殺了厲公。君主的禍患，就在於只知道自己有能力去危害別人，卻不知道如果所害的人並不當罪，那就反而會使自己遭殃。這是為什麼呢？這是因為智力短淺。智力短淺就不能察知事物的發展變化；不能察知這種變化而輕舉妄動，必定自己危害自己。

〔三〕魏武侯謀事而當，攘臂疾言❶於庭曰：「大夫之慮莫如寡人矣！」立有間❷，再三言。李悝❸趨進曰：「昔者楚莊王謀事而當，有大功，退朝而有憂色。左右曰：『王有大功，退朝而有憂色，敢問其說？』王曰：『仲虺❹有言，不穀❺說之。曰：「諸侯之德，能自為取師者王，能自取友者存，其所擇而莫如己者亡。」今以不穀之不肖也，群臣之謀又莫吾及也，我其亡乎？』」曰，此霸王之所憂也，而君獨伐❻之，其可乎？」武侯曰：「善。」人主之患也，不在於自少，而在於自多。自多則辭受❼，辭受則原竭❽。李悝可謂能諫其君矣，壹稱❾而今武侯益知君人之道。

【章　旨】以李悝諫魏武侯事，說明君主之患「不在於自少，而在於自多」。

【注　釋】❶攘臂疾言　捋袖伸臂，大聲說話。❷有間　片刻。❸李悝　法家前期代表人物。曾為魏文侯相，武侯時尚在。又《荀子・堯問》、《新序・雜事》皆繫此事於吳起。❹仲虺　湯之左相。❺不穀　不善，諸侯的自我謙稱。❻伐　誇耀。❼辭受　拒絕接受。❽原竭　源泉枯竭。喻指進言之路被堵塞。原，水源。❾稱　說。指勸諫。

【語　譯】魏武侯謀劃事情總是很得當。一次，他在朝堂上捋袖挺臂大聲說道：「大夫們的謀慮，沒有一個及得上我啊！」只是站立了一會兒，他接連把這句話大聲說了三遍。李悝急步上前進諫說：「從前楚莊王遇到自己謀劃事情很得當，成就了大功業，退朝後往往面有憂色。左右侍從問他：『大王建立了大功業，退朝後反而面有憂色，請問這有什麼講究嗎？』楚王說：『仲虺有一句名言，我很喜歡。他說：「諸侯的品德，凡是能選取可以作為自己良師的人來輔佐自己的，就能稱王於天下；能夠選取可以作為自己益友的人來輔佐自己的，就能得到生存和發展；如果他所選擇在左右的人沒有一個及得上自己的，那麼就要亡國。」現在以我如此的不肖，而群臣的謀劃都還不及我，我豈不是就要亡了嗎？』所以說，這本該是成就王霸之業所擔憂的事，可是君上卻偏偏以此來自我誇耀，那怎麼可以呢？」武侯說：「你說得對。」作為君主的弊病，不在於感到自己才智的不足，而在於自以為才智過人。自以為才智過人便會拒絕接受應該接受的進言；不能接受應該接受的進言，那麼進諫的言路就會堵塞。李悝可以說是善於勸諫自己的君主了，他一進諫就使武侯更加懂得了如何君臨臣民的根本道理。

〔四〕齊宣王❶為大室❷，大益百畝，堂上三百戶❸。以齊之大，具❹之三年而未能成。群臣莫敢諫王。春居❺問於宣王曰：「荊王釋❻先王之禮樂而樂為輕❼，敢問荊國為有主❽乎？」王曰：「為無主。」「賢臣以千數而莫敢諫，敢問荊國為有臣❾乎？」王曰：「為無臣。」「今王為大室，其大益百畝，堂上三百戶。以齊國之大，具之三年而弗能成。群臣莫敢諫，敢問王為有臣乎？」王曰：「為無臣。」春居曰：「臣請辟矣。」趨而出。王曰：「春子！春子反！何諫寡人之晚也？寡人請今止之。」遽召掌書❿曰：「書之：寡人不肖，而好為大室，春子止寡人。」箴⓫諫不可不熟。莫敢諫若⓬，非弗欲也。春居之所以欲之與人同，其所以入之⓭與人異。宣王微⓮春居，幾為天下笑矣。由是論之，失國之主，多如宣王，然患在乎無春居。故忠臣之諫者，亦從入之，不可不慎，此得失之本也。

【章　旨】由春居運用巧妙方法進諫齊宣王不可「輕物」營造巨宮終獲聽從，說明為臣者進諫不可不注重方法。

【注 釋】❶齊宣王 戰國時齊國君主，名辟彊，在位十九年（西元前三四二～前三二四年）。《孟子．梁惠王下》，也有齊宣王喜好營建大規模宮室園苑的記述。❷大室 指宮殿。❸戶 門。❹具 備辦。❺春居 齊宣王臣。❻釋 放棄。❼樂為輕 猶「樂為之輕」。楚國音樂因而變得輕浮淫逸。前〈侈樂〉二章：「楚之衰也，作為巫音。侈則侈矣，自有道者觀之，則失樂之情。」❽有主 指有賢明的君主。❾有臣 指有敢於諫諍的賢臣。❿掌書 主管書寫記事的官員。⓫箴 勸告；規諫。⓬諫若 當為「諫者」之誤（依王念孫說）。⓭所以入之 所用來進諫的方法。⓮微 非；無。

【語 譯】齊宣王營建巨大的宮室，佔地面積之大超過一百畝，單堂上設置的門戶就有三百座。憑著齊國這樣的大國，修建了三年還未竣工。群臣中沒有一個敢出來勸諫齊王。春居問齊王說：「楚王拋棄先王的禮樂，楚國音樂因而變得輕浮淫逸。請問楚國稱得上有君主嗎？」齊王說：「應該說是沒有君主。」春居又問：「說起來楚國有賢臣數以千計，卻沒有人敢出來勸諫楚王。請問楚國稱得上有賢臣嗎？」齊王說：「應該說是沒有賢臣。」春居接著說：「如今君王營建如此宏大的宮室，佔地面積超過一百畝，單是堂上門戶便有三百座，以齊國這樣的大國，修建了三年還不能竣工，而群臣中沒有一個敢於出來勸諫。請問君王，您身邊稱得上有賢臣嗎？」齊王說：「應該說是沒有賢臣。」春居說：「請允許我離開吧。」說完便快步走了出去。齊宣王叫道：「春子，春子，快回來！為什麼這麼晚才勸諫我呢？我現在就下令停止這個工程。」立刻召來執掌書記的官員說：「快記下來：我不賢德，喜好營造大宮室。是春子勸阻了我。」所以，規諫的方法，不可不加以深思熟慮。不敢進諫的人，並不是不想諫呀。春居想要勸諫的願望與眾人相同，但他用來勸諫的方法，與眾人不同。齊宣王如果沒有春居那樣的賢臣，幾乎就要被天下人嘲笑了。由此推論，亡國的君主，大多像齊宣王一樣，只要勸諫方法得當，還是有可能聽從的，然而他們的憂患在於沒有像春居那樣的賢臣。因此，那些敢於進諫的忠臣，對於勸諫時應如何因勢利導，順從著對方進言，不可不慎重。這可是成敗的根本啊。

〔五〕趙簡子沈鸞徼❶於河，曰：「吾嘗好聲色矣，而鸞徼致之。吾嘗好宮室臺榭矣，而鸞徼為之。吾嘗好良馬善御矣，而鸞徼來之❷。今吾好士六年矣，而鸞徼未嘗進一人也，是長吾過而絀善❸也。」故若簡子者，能後以理督責於其臣矣。以理督責於其臣，則人主可與為善，而不可與為非；可與為直，而不可與為枉；此三代之盛教。

【章　旨】以趙簡子沉佞臣鸞徼於黃河為例，說明君主應「以理督責於其臣」。

【注　釋】❶鸞徼　趙簡子臣。《說苑・君道》作鸞激。❷來之　使之來。❸絀善　《說苑》作「絀吾善」。絀，減損。善，指好士而言。

【語　譯】趙簡子把鸞徼沉到黃河溺死。他說：「我曾經喜好聲色之樂，是鸞徼替我弄來的；我曾經喜好宮室臺榭，是鸞徼為我修建的；我曾經喜好良馬和好的馭手，是鸞徼給我招來的。如今我愛好賢士六年了，而鸞徼卻未曾進薦過一個人。這是助長我的過失而減損我的德行呀。」所以像趙簡子這樣的君主，能夠事後以理義來督責自己的臣下了。能夠以理義督責自己的臣下，那麼這樣的君主，可以與他一起為善，不可能與他一起為非；可以與他一起做正直的事，不可能與他一起做枉曲的事。這就是夏商周三代興隆的教化。

觀表

【題解】所謂「觀表」，就是通過觀察人們行為的某些外在表象，推測其背後的真實動機或意向，以達到「先知」並據以預作防範的目的。

人們相互間的思想交流，通常自然是借助於有聲的言辭，那就是前〈離謂〉篇所說的「夫辭者，意之表也」。但在雙方或一方出於種種原由不能、不便或不願說出口時，就須通過無聲的語言，即前〈精諭〉篇所謂「相諭不待言，有先言言者也」。本篇則是從觀察者的角度，研究如何領會對方無聲的語言並進而察知其內心的。可分二種情況：一是對方有心作暗示的。如郈成子過衛受到右宰穀臣的宴請，但「陳樂而不樂」，「酒酣而送之以璧」。郈成子通過對這些現象的精心觀察，預感到衛國將爆發內亂，危在旦夕的右宰穀臣正是用這種特殊語言在向他發出求援。以後，他出色地完成了右宰穀臣這種無聲的託付。另一種情況是對方故意隱蔽自己的動機或意向，需要觀察者自己運用聯想和推測的。如魏武侯從西河召回吳起，當然不會，也不願讓吳起知道事情的前因後果。但吳起還是從自己在西河明明治績卓著卻被召回這個有悖常理的現象中，推知武侯已聽信了讒人之議，自己已不被信用，並進而預見到西河將由此而失陷於秦，魏也將由此而日益削弱。後來事情的發展，果如其所料。文章最後引出古代十位著名相馬師的典實，是為了說明這樣一個道理：人、事、國與相馬一樣，都可以透過「一斑」，以窺「全豹」。

本篇（還有前面〈精諭〉、〈精通〉中的有關論述）所研究的問題，是頗有意義的。它強調在觀察人事時，不能止於表象，而應注重深入細緻地體察隱伏於表象背後的人們的行為意向。因為人不同於物或動物，人是有意志、欲念的：「事隨心，心隨欲。」這就把自然現象與社會現象的觀察研究，作了明確的區別和劃分。

〔一〕八日——

凡論人心，觀事傳❶，不可不熟，不可不深。天為高矣，而日月星辰雲氣雨露未嘗休❷矣；地為大矣，而水泉草木毛羽裸鱗❸未嘗息也。凡居於天地之間、六合之內者，其務為相安利也，夫為相害危者，不可勝數❹。人事皆然。事隨心，心隨欲。欲無度者，其心無度；心無度者，則其所為不可知矣。人之心隱匿難見，淵深難測，故聖人於事志焉❺。聖人之所以過人以先知，先知必審徵表❻，無徵表而欲先知，堯、舜與眾人同等。徵雖易，表雖難，聖人則不可以飄❼矣，眾人則無道至焉。無道至則以為神，以為幸。非神非幸，其數❽不得不然。郈成子❾、吳起近之矣。

【章　旨】由萬物的變化不息，推及人心的隱匿難測，強調唯有聖人才能透過事物外相觀察人的內心，即所謂「徵表」。並引出接近這種境界的郈成子、吳起，以提起下文。

【注　釋】❶事傳　人事之轉移與變化。傳，轉變。❷休　止。❸毛羽裸鱗　指各類動物。毛，虎狼一類猛獸。羽，飛禽。裸，麋鹿牛羊等裸蹄動物。鱗，魚蛇等。❹其務為相安利也三句　意謂天下萬物本該盡力做到相互安利，而實際卻是相互危害的甚多。這是古人通過自己觀察，初步萌生的一種生態觀。❺於事志焉　據下章有「不觀其事而觀其志」句，此句似亦應補一「觀」字，即「於事觀志焉」。意謂通過對事的考察進而觀其心志。❻徵表　徵，指事物之特異處，猶今言特徵。表，指相關人物內心動機或意向的不自覺的表露。❼飄　義難明。陳奇猷疑「飄」為「要」之同音假字，而「要」有「遮蔽」之意。

❽數 指理數或天數，即事物的必然性。❾郈成子 魯國大夫。

【語譯】凡是認識人的心志，觀察事物的變化轉移，不可以不熟習，不可以不精深。天當是很高的了，而天上的日月星辰雲氣雨露的運行，卻從未曾休止過；地該是很大的了，而地上的水泉草木飛禽走獸，也從未曾止息過。大凡居於天地之間、四方上下之內的萬物，本來應該盡力互安互利的，但實際上在相互危害的，卻多到不可勝數。人和事情也都是這樣。事情隨著人心，人心則隨著各自的欲望。欲望沒有一定的度量，人的心思也無從度量；心思無從度量，那麼各人的所作所為也就不可能掌握了。人們的心思隱匿而難以見到，就像深淵那樣無法窺測。所以聖人總是通過對事情的考察，來觀測相關人的內心意向。聖人所以超過一般常人是因為他能先知先覺。而要先知先覺，必須審察事情的特徵和相關人的內心的表象。沒有事情的特徵和相關人的內心的表象而要想先知先覺，就是堯舜也與尋常人一樣不可能做到。雖然事情的特徵容易掌握，內心的表象難以窺測，但對於聖人來說，後者也是不可能遮掩的。當然一般常人是無從做到這一點的；無從做到這一點，便以為聖人是靠神力，靠僥倖。其實先知先覺既不是靠神力，也不是靠僥倖，而是根據事物發展的理數不可能不是這樣。像郈成子、吳起，就可以說是接近於先知先覺了。

〔二〕郈成子為魯聘❶於晉，過衛，右宰穀臣❷止而觴之，陳樂而不樂❸，酒酣而送之以璧❹，顧反❺，過而弗辭❻，其僕曰：「曏❼者右宰穀臣之觴吾子也甚歡，今侯渫❽過而弗辭？」郈成子曰：「夫止而觴我，與我歡也；陳樂而不樂，告我憂也；酒酣而送我以璧，寄之我也。若由是觀之，衛其有亂乎？」倍❾衛三十里，聞甯喜之難❿作，右宰穀臣死之。還車而臨⓫，三舉⓬而歸。至，使人迎其妻子，隔宅而異⓭之，分祿而食之，其子長而反其璧。孔子聞之曰：「夫智可以微謀，仁可以託財者⓮，其郈成子之謂乎！」郈成子之觀右宰穀臣也，深矣妙矣，不觀其事而觀其志，可謂能觀人矣。

【章旨】言郈成子對右宰穀臣的觀察，能做到「不觀其事而觀其志」。

【注釋】❶聘　古代國與國之間派使臣通問修好。此處指出使。❷右宰穀臣　衛國大夫。右宰為氏（以官名為氏），穀為姓，臣為名。❸陳樂而不樂　陳設樂器奏樂，但所奏樂曲聽起來不歡樂。前「樂」為樂器奏樂，後「樂」為歡樂。❹璧　玉器，平圓，中有孔。朝聘、祭祀時作為禮器，亦可作裝飾品。❺顧反　回返。❻弗辭　指不向右宰穀臣告辭。❼曩　往昔。❽侯渫　侯，通「何」。渫，借為「疊」。再次。❾倍　通「背」。離開。❿甯喜之難　甯喜，即甯悼子，衛大夫甯惠子之子。據《左傳》記載，襄公十四年（西元前五五九年），甯惠子與孫林父攻衛獻公，獻公出奔齊國。十二年後，衛有內亂，齊、晉幫助獻公復國，公孫免餘藉此攻殺甯喜及右宰穀臣。此即所謂「甯喜之難」。⓫臨　哭悼死者。⓬三舉　指哭祭三場。⓭異　分。意指分別居住。⓮仁可以託財者　畢沅據《孔叢子》認為當作「仁可與託孤，廉可與寄財者」，語譯從之。

【語譯】郈成子為魯國出使去晉國，途經衛國，衛大夫右宰穀臣挽留並宴請了他。席間，陳設樂隊獻樂，但聽起來那樂曲並不歡樂。酒喝到盡興時，主人又送給他玉璧。郈成子出使完畢返國，再經過衛國時，沒有去向右宰穀臣告辭。他的僕人問道：「上回右宰穀臣宴請您，感情很歡洽；這回重新過境為什麼不去向他告辭？」郈成子說：「他那次挽留並宴請我，原是為了與我歡樂一番的；可是席間陳設樂器演奏的樂曲聽起來並不歡樂，這是在告訴我，他心裡有憂愁。酒喝到盡興時，又贈送給我玉璧，這就表示他把後事託付給了我。從這些跡象看來，衛國大概將要有內亂了吧？」郈成子離開衛國只三十里，果然聽到了甯喜之難發生的消息。右宰穀臣殉難而死。郈成子立即掉轉車頭，去哭祭右宰穀臣。接連哭祭三場後，才回國。到了魯國，便派人去迎接右宰穀臣的妻兒，隔離出一部分宅子來讓他們居住，分出一部分俸祿來供養他們。待到右宰穀臣的兒子長大成人，便把那塊玉璧還給了原主。孔子聽到這件事後說：「論智慧，可以通過隱微的方法與他謀劃；論仁義，可以託付給他遺孤；論廉潔，可以向他寄存財寶。郈成子大概稱得上是這樣的人了吧？」郈成子對右宰穀臣的觀察，真是深刻而又精妙了。不注重觀察對方做事情的表面，而是透過表象精心觀察對方內心所要表白的意向，郈成子真可說是善於觀察人了。

〔三〕吳起治西河之外，王錯❶譖❷之於魏武侯，武侯使人召之。吳起至於岸門，止車而休，望西河，泣數行而下。其僕謂之曰：「竊觀公之志，視舍天下若舍屣❸。今去西河而泣，何也？」吳起雪❹泣而應之，曰：「子弗識也。君誠知我，而使我畢能，秦必可亡，而西河可以王❺。今君聽讒人之議，而不知我，西河之為秦也不久矣，魏國從此削矣。」吳起果去魏入荊，而西河畢入秦，魏日以削，秦日益大。此吳起之所以先見而泣也。

【章　旨】言吳起能因事而知魏君之心志，並預知西河將入秦而魏國將日削。按：此章內容已見前〈長見〉五章，文字也基本相同。請參讀。注釋從簡。

【注　釋】❶王錯　魏大夫。❷譖　誣陷。❸舍屣　丟棄敝履。喻指毫不足惜。❹雪　拭。❺西河可以王　指可依憑西河致君主於稱王天下。

【語　譯】吳起在外為西河郡守，王錯在魏武侯面前誣陷他，武侯派人召回吳起。吳起行至岸門時，停下車來休息，回望西河，眼淚不禁連行流下。他的僕人對他說：「我私下觀察大人的心志，把放棄天下看作如同丟棄舊鞋一樣。這回離開西河卻流了眼淚，這是為什麼呢？」吳起擦著眼淚回答說：「你有所不知啊。如果君上理解我，讓我充分發揮才能，就一定可以滅掉秦國，憑藉西河，幫助君上成就王霸之業。現在君上聽信小人的讒言而不理解我，西河為秦國所有的日子不會太久了，魏國也從此就要被削弱了。」後來吳起果然離開魏國入了楚國。沒有多久，西河也完全為秦所併吞。魏國一天天被削弱，秦國一天比一天強大。這正是吳起當時預見到的因而要為之哭泣的結局啊。

〔四〕古之善相馬者：寒風是❶相口齒，麻朝相頰，子女厲相目，衛忌相髭，許鄙相尻❷，投伐褐相胸脅，管青相膹肳❸，陳悲相股❹腳，秦牙相前，贊君相後。凡此十人者，皆天下之良工也，其所以相者不同，見馬之一徵也，而知節❺之高卑，足之滑易❻，材之堅脆，能之長短。非獨相馬然也，人亦有徵，事與國皆有徵。聖人上知千歲，下知千歲，非意❼之也，蓋有自❽云也。綠圖幡薄❾，從此生矣。

【章　旨】由古代十位相馬良工皆能以「一徵」而知全馬為例，說明人、事、國亦都有徵象可以預知。

【注　釋】❶寒風是　即寒風氏，與下文麻朝等共十人，都是傳說中古代善相馬者的姓氏。❷尻　臀部。❸膹肳　即脣吻。膹，當為「脣」之誤。肳，同「吻」。❹股　腿。❺節　指品節。❻滑易　義難明。據上下文義，似指快慢。❼意　通「億」，即今之「臆」。揣測。❽有自　指有根據。❾綠圖幡薄　諸說不一。可能都是古代預測吉凶禍福一類書籍或器物。

【語　譯】古代善於相馬的人，寒風是觀察馬的口齒，麻朝觀察馬的面頰，子女厲觀察馬的眼睛，衛忌觀察馬臉部的毛髭，許鄙觀察馬的屁股，投伐褐觀察馬的胸脅，管青觀察馬的嘴唇，陳悲觀察馬的腿腳，秦牙觀察馬的前半身，贊君則觀察馬的後半身。這十個人，都是天下聞名的相馬大師。他們用來相馬的方法各不相同，但都是觀察馬的某一特異徵狀，就能知道整匹馬品節的高低，腿腳的快慢，體質的強弱，耐力的長短。不僅相馬是如此，人亦有徵象可供觀察，事情和國家亦都有徵象可據以推測。聖人所以能上知千年以前的事，下知千年以後的事，並非憑主觀隨意猜度，而是有根據才立言的。如綠、圖、幡、薄這些預言禍福吉凶的書籍或器物，正是由此產生的。

卷第二十一　開春論第一

開春　察賢　期賢　審為　愛類　貴卒

這是本書第三部分〈六論〉的第一卷。卷名取自第一篇篇名，對全卷內容並無通貫之意，例同前〈八覽〉。本書〈十二紀〉、〈八覽〉各卷在結構上經作者著意經營，大都有較明顯的共同母題。〈六論〉各卷則相對於〈紀〉、〈覽〉雖略為鬆散些，但各篇間也還是可以找到若干聯繫。本卷六篇論文，似以論述君主、賢者、民眾之間的關係為主。大致可分為三組：㈠君主的自身修養，如〈審為〉。在前〈貴生〉、〈重己〉等篇中一再倡說的重自身、輕天下的思想，在這裡又有了深一層的發揮。認為「身者所為也，天下者所以為也」，把自身與天下，看作是目的與手段的關係，若為天下而「危身傷生」，那就像「斷首以易冠」一樣的愚蠢。從文中所舉的太王亶父讓邠、韓昭釐侯與魏罷爭等實例看，此處所說的不應為天下而「危身傷生」，亦包括對平民百姓生命的愛惜。㈡君主要發現和任用賢者，如〈察賢〉、〈期賢〉；賢者要善於進諫，如〈開春〉。這一主題雖已多次見於本書，但本卷的論述還是頗有些新意。如把賢者之歸比作「蟬之走明火」，那麼具有決定意義的便是是否有這「明火」，即君主能否「明其德」。〈開春〉列舉了多位善於進諫的賢者，他們的共同特點是，不從具體的一人一事出發，而是致力於「言盡理」，即把道理說透。〈開春〉還有一層並未明說的意思，那就是君主要勇於納諫。㈢君主與賢者都應愛民，如〈愛類〉。要求做到三條：「當世之急、憂民之利、除民之害。」文中極力歌頌禹的勤勞為民，墨子的免宋之難，並認為「利民豈一道哉？當其時而已矣」。最後一篇〈貴卒〉，內容與前後無承續關係，注家多以為係「兵家之言」。

開春

【題解】此篇是本書除〈八覽〉中的〈順說〉外，又一篇以論述如何做到善說為題旨的專文。

文章認為善說的要領在於「言盡理」，即不是首先著眼於具體的「得失利害」，而是致力於把道理說透，那樣預期的效果就會像春雷鳴蟄蟲動、時雨降草木榮那樣，自然來到。從文中提到的三個善說的範例來看，惠施的說文王之義，析奚的說先王之德，都沒有一開始就直接提出自己的實際要求；至於為被段喬囚禁的縣吏去行說的封人子高，更是「匿己之為而為」，用的是「不言之言」（後〈士容〉篇中語）的高招，因而文章讚頌他的善說已經達到了精妙絕倫的境界。

與本書其他篇章以意名篇的體例不同，本篇則擷取首句「開春始雷」前二字作為篇名，與全篇內容無涉。

〔一〕一曰——

開春❶始雷則蟄蟲動矣，時雨降則草木育❷矣，飲食居處適則九竅❸百節❹千脈❺皆通利矣。王者厚其德，積眾善，而鳳皇❻聖人皆來至矣。共伯❼和修其行，好賢仁，而海內皆以來為稽❽矣。周厲之難❾，天子曠絕❿，而天下皆來謂⓫矣。以此言物之相應⓬也，故曰行也成也⓭。善說者亦然，言盡理而得失利害定矣，豈為一人言哉？

【章　旨】以自然界和歷史上若干因果關係的實例為喻，說明善說者著眼點在「盡理」（因），不在一人一事的利害得失（果）。

【注　釋】❶開春　當指夏曆二月。❷育　長。❸九竅　指人頭部的七孔（眼、耳、鼻、口）及下身大小便各一孔。竅，孔穴。❹百節　指周身所有的關節。❺千脈　全身所有經脈。❻鳳皇　即鳳凰，雄稱鳳，雌稱凰。古代傳說中的百鳥之王，被視為聖王出現的徵兆。❼共伯　注釋不一。此處似應據高誘注，共伯為夏時諸侯，共為國名，伯為爵稱。❽稽　稽留。此處有歸附之意。❾周厲之難　指周厲王末年的國內動亂。周厲，即周厲王，名胡，西周第十代國君，由於暴虐無道，被國人放逐，逃亡在外十數年而死。❿曠絕　空缺；斷絕。⓫謂　據〈釋詁〉：「謂，勤也。」此處有佐助之意。⓬物之相應　指事物之間相互聯繫、彼此應和的關係。⓭行也成也　陳奇猷認為當作「行以成也」。意謂什麼樣的行為，便會帶來什麼樣的結果。

【語　譯】開春剛剛響起雷聲，蟄伏的動物便紛紛蘇醒了。應時雨水一降，草木就萌生繁育了。飲食居處符合生命本性，全身的各種器官和骨節經脈就都暢通了。君臨天下者不斷增厚自己的美德，積累各種善行，鳳凰和聖人都會不召自來了。古代的共伯修養自身品行，善遇賢士仁人，海內就都因此而來歸附了。周代的厲王之亂，王位廢缺多年，天下諸侯都來佐助王室了。由此可見，事物是彼此聯繫、相互應和的，所以說怎樣的行為就必然會有怎樣的結果。善於說服別人的人也是這樣。他們著眼點在於把根本性道理說透，事情最終的得失利害也就確定了，何必專意為具體的一人一事而說呢？

〔二〕魏惠王❶死，葬有日❷矣。天大雨雪❸，至於牛目❹。群臣多諫於太子❺者曰：「雪甚。如此而行葬，民必甚疾之❻，官費又恐不給❼。請弛❽期更日。」太子曰：「為人子者，以民勞與官費用之故，而不行先王之葬，不義也。子勿復言。」群臣皆莫敢諫，而以告犀首❾。犀首曰：「吾未❿有以言之。是其唯惠公⓫

乎？請告惠公。」惠公曰：「諾。」駕而見太子曰：「葬有日矣。」太子曰：「然。」惠公曰：「昔王季歷⓬葬於渦山之尾⓭，欒水齧⓮其墓，見⓯棺之前和⓰。文王曰：『譆！先君必欲一見群臣百姓也夫，故使欒水見之⓱。』於是出⓲而為之張朝⓳，百姓皆見之，三日而後更葬，此文王之義也。今葬有日矣，而雪甚，及牛目，難以行，太子為及日⓴之故，得無嫌於欲亟㉑葬乎？願太子易日。先王必欲少留而撫社稷安黔首也，故使雨雪甚。因弛期而更為日，此文王之義也。若此而不為，意者㉒羞法文王也？」太子曰：「甚善。敬弛期，更擇葬日。」惠子不徒行說也，又令魏太子未葬其先君而因有說㉓文王之義。說文王之義以示天下，豈小功也哉！

【章旨】善說例一：惠子不僅說服太子改變葬期，還使他由此而愛好「文王之義」。

【注釋】❶魏惠王　戰國時魏國國君，名子罃，魏武侯子，在位三十六年（西元前三七〇～前三三五年）。魏原建都安邑（今山西夏縣北），後遷大梁（今河南開封），因而亦稱梁惠王。❷有日　很少幾天。意謂日期已臨近。❸雨雪　降雪。雨，用如動詞。❹至於牛目　形容積雪之厚。❺太子　即後來的魏襄王。❻疾之　對此感到困苦。之，代指葬事。❼給　充足。❽弛　寬延。❾犀首　名衍，戰國時魏之公孫，因稱公孫衍。縱橫家，曾在魏秦等國為相。❿未　無。⓫惠公　即惠施。⓬王季歷　周文王之父，名季歷，武王滅商後追尊為「王季」。⓭尾　山腳。⓮齧　「嚙」的異體字。嚙，咬。此處指水的侵蝕。⓯見　顯現；露出。⓰和　棺材兩頭突出部分。⓱使欒水見之　讓欒水侵蝕墓地，使棺材露出。⓲出　指把季歷的棺材挖出。⓳張朝　設置帷幕，讓群臣百姓朝見。張，掛帷幕。⓴及日　趕上預定的日期。㉑亟　急切。㉒意者　想來。表推測。㉓說通「悅」。

【語　譯】魏惠王死了，預定安葬的日期已經臨近，偏偏遇上天降大雪，積雪深得幾乎埋到牛眼。臣子們紛紛勸諫太子，說：「雪下得太大了！這樣大的雪還要舉行葬禮，百姓一定會感到很艱苦，公家的費用也恐怕不夠，請求寬緩一下日期，改日再安葬吧。」太子說：「做子嗣的，如果因為百姓勞苦和公家費用不足，就不舉行先王的葬禮，這是很不義的。你們不要再說了！」臣子們都不敢再勸諫，就把這件事告訴了犀首。犀首說：「我也沒有辦法可以去勸諫的。能夠勸諫的恐怕只有惠公吧？請允許讓我去告訴惠公。」惠公聽到後說：「好吧。」當即乘車去拜見太子說：「安葬的日期快到了吧？」太子說：「是的。」惠公說：「從前王季歷落葬在渦山腳下，旁邊的欒水浸塌了墓土，連棺木的前額也露了出來。周文王見了說：『嘿，先王一定是想看一看臣下和百姓吧，所以才讓欒水侵蝕墓土使棺木露了出來。』於是就把棺木挖出，張掛帷幕，舉行朝會，讓百姓都來謁見，三天以後才改葬，這就是文王之義啊。現在，安葬大王的日期已經迫近，但雪愈下愈大，深到幾乎埋住牛眼，路也沒有辦法走。太子為了趕上既定日期的緣故不想寬緩，會不會顯得急於安葬呢？希望您能改個日子。先王一定是想再稍作停留撫慰國家和百姓，所以才讓雪下得這麼大。為此而寬緩葬期另選時日，這也是文王之義啊。像這樣有重大意義的事還不做，想來是把效法文王當作羞恥了吧？」太子說：「你說得太好了！我謹從命緩期，另選安葬日子。」這樣，惠公不僅使自己的主張得以施行，又使魏太子由延期安葬先王進而喜好了文王之義。能使國君喜好文王之義並以此顯示於天下，難道還是小功勞嗎？

〔三〕韓氏城新城❶，期❷十五日而成。段喬為司空❸。有一縣後二日，段喬執其吏而囚之。囚者之子走告封人子高❹曰：「唯先生能活❺臣父之死，願委❻之先生。」封人子高曰：「諾。」乃見段喬，自扶而上城。封人子高左右望曰：「美哉城乎！一大功矣。子必有厚賞矣。自古及今，功若此其大也，而能無有罪戮者，未嘗有也。」封人子高出，段喬使人夜解其吏之束縛也而出之。故曰封人子高為之言❼也，而匿己之為❽而為也；段喬聽而行之也，匿己之行❾而行也。說之行若此其精也，封人子高可謂善說矣。

【章　旨】善說例二：封人子高為因延誤工期而被囚的縣吏去向段喬說情，用的是「匿己之為而為」的方法，卻收到了「段喬使人夜解其吏」的效果。

【注　釋】❶城新城　修築新城的城牆。第一個「城」字用如動詞，修築城牆。據高誘注：韓國原有國都，後又於潁川陽翟（故址在今河南禹縣）建立新都，故稱新城。❷期　規定；限定。❸司空　掌管工程的官吏。❹封人子高　封人，管理封疆的官吏。子高，人名。是當時的賢者。❺活　救活。❻委　拜託。❼為之言　意謂替被囚者說情。❽匿己之為　藏匿自己的用意。即不說出要求釋放囚者。為，此處為名詞。用意；目的。❾匿己之行　藏匿自己行動的實際意義。即段喬實際上釋放了囚者，但他卻不是明令釋放，而是暗暗使人「夜解」其縛。行，此處亦為名詞。

【語　譯】韓國修築新城的城牆，限期十五天完成。段喬擔任司空，掌管這項工程。有一個縣拖後了二天。段喬就逮捕了這個縣的主管官員，把他囚禁了起來。被囚禁人的兒子趕來求告封人子高說：「只有先生能夠把我父親從死罪中救出來，這件事我就拜託先生了。」封人子高答應說：「好吧。」就去拜見段喬。封人子高自己一步步攀登上城樓，舉目環望左右，讚道：「好壯美的一座新城啊！您立了一大功，定然能獲得重賞了。從古到今，功勞如此巨大而又能不處罰殺戮一個人的，還從未有過。」封人子高離去後，段喬就派人在夜裡解了那個被囚禁的官員的繩索，放走了他。所以說，封人子高為囚者說情，卻是藏匿了要求釋放囚者的實際用意去向段喬行說的；同樣，段喬聽從別人勸說並付諸行動，卻是藏匿了行動的實際意義而去這樣做的。論說的做法達到了如此精妙絕倫的境界，封人子高真可謂善於說服人了。

〔四〕叔嚮之弟羊舌虎善欒盈❶，欒盈有罪於晉，晉誅羊舌虎，叔嚮為之奴而朡❷。祈奚❸曰：「吾聞小人得位，不爭❹不祥；君子在憂，不救不祥。」乃往見范宣子❺而說也，曰：「聞善為國者，賞不過而刑不慢❻。賞過則懼及淫❼人，刑慢則懼及君子。與其不幸而過，寧過而賞淫人，毋過而刑君子。故堯之刑也，殛❽鮌於虞❾而用禹；周之刑也，戮管、蔡而相周公；不慢刑也。」宣子乃命吏出叔嚮。救人之患者，行危苦、不避煩辱，猶不能免。今祈奚論先王之德，而叔嚮得免焉。學豈可以已哉？類多若此。

【章　旨】善說例三：祈奚論說謹慎刑罰的先王之德，使范宣子釋放了因連坐弟罪而被「奴而朡」的叔嚮。

【注　釋】❶叔嚮之弟羊舌虎善欒盈　叔嚮、羊舌虎、欒盈，三人均為春秋晉國大夫。叔嚮，姓羊舌，名肸，字叔嚮，以賢能著稱。羊舌虎，叔嚮異母弟。欒盈，名懷子，欒黶之子。❷奴而朡　被沒為奴還上了刑具。奴，用為動詞。朡，以刑具加頸足。按當時法律，父兄犯罪，子弟連坐。此事參見《左傳》襄公二十一年或《國語・晉語》。❸祈奚　字黃羊。❹爭　諫諍。❺范宣子　即范匄，晉平公時為正卿，掌管晉國軍政，謚宣子。❻慢　輕忽；怠慢。❼淫　邪僻。❽殛　誅殺。❾虞　當為「羽」，指羽山。

【語　譯】叔嚮的弟弟羊舌虎與欒盈十分友善，欒盈在晉國犯了罪，晉國殺了羊舌虎，叔嚮亦為此事被沒入官府為奴，還上了械具。祈奚說：「我聽說當小人竊居官位時，不向君主諫諍是很不應該的；當君子處於患難時，不去援救亦不妥當。」於是就去拜見范宣子並行說。祈奚對范宣子說：「我聽說善於治國的人，行賞不過分，施刑也不輕忽。行賞過多，恐怕就會賞到奸佞小人；施刑輕忽，擔心可能會罰到正人君子。如果不得已做得太過了，那麼寧可行賞過分而賞賜了奸人，切不可施刑過度而懲罰了君子。所以，堯時依照刑律，誅殺鯀於羽山，卻同時起用了鯀的兒子禹；周時依照刑律，殺戮了管叔、蔡叔，卻同時任用他們的弟兄周公旦為相。這就是施刑的不輕忽啊。」范宣子聽後便命令官吏釋放了叔嚮。以往許多解救別人患難的人，冒著危險和困苦，不避煩勞和屈辱，往往還是不能使人免除患難。而如今祈奚一論說古代聖王的德政，叔嚮就得以幸免於難。由此可見，學習汲取各種知識怎麼可以休止呢？行說固然如此，許多其他事情也都類似這樣。

察賢

【題解】上篇首章言「王者厚其德」，則「聖人皆來至」。但若聖賢已至而君主不察，依然無補於事。本篇承此闡述「察賢」之要。但從全篇看，側重點似在「任賢」，不在「察賢」。文章分別列舉了治理天下、治理國家、治理縣邑三個方面的實例。治理天下的典範自然又是古代聖君：「堯之容若委衣裘」，即所謂「垂拱而治」，本書多處把它奉為圭臬。治理國家的是魏文侯，由於他能師友和禮遇賢者，因而得到「國治身逸」。對治理單父的宓子賤和巫馬期，則運用了對比法：雖是同樣實現了治，但前者「任人」，因而能做到身不下堂，鳴琴自樂；後者「任力」，結果只好披星戴月，勞身苦心，「雖治猶未至也」，被作者認為不可取。

〔一〕二曰──

今有良醫於此，治十人而起❶九人，所以求之萬也。故賢者之致功名也，必乎良醫❷，而君人者不知疾❸求，豈不過哉？今夫塞❹者，勇力、時日❺、卜筮、禱祠無事焉，善者必勝。立功名亦然，要❻在得賢。魏文侯師卜子夏，友田子方，禮段干木，國治身逸。天下之賢主，豈必苦形愁慮❼哉？執其要而已矣。雪霜雨露時❽，則萬物育矣，人民修❾矣，疾病妖厲去矣。故曰堯之容若委衣裘❿，以言少事也。

【章　旨】此章以良醫和善塞者為喻，說明君主建功立名的關鍵，在於求得賢者。

【注　釋】❶起　治癒。❷必乎良醫　意謂賢者佐助君主建功立名的必然性要勝過良醫治癒病人的必然性。❸疾　急速；急切。❹塞　亦作「簺」。古代一種賭戲，類同弈棋，又稱「格五」。❺時日　意謂時與日之或吉或凶。❻要　要領；要略。❼苦形愁慮　勞形苦身，積心聚慮。形，指身體。愁，通「揫」。聚集。❽時　及時；按時。❾修　善良；美好。❿若委衣裘　就像垂下寬大的衣裳，喻無為而治，即古人所謂垂衣拱手而天下治。委，垂。

【語　譯】假設現在有這麼一個高明的醫生，給人治病十個有九個能治好，那麼求他治病的人就成千上萬。賢人能佐助君主求致功業與名聲，那必然成功的把握要勝過高明的醫生，可是做君主的卻不懂得趕快去尋求，難道不是一種過失嗎？現在就以玩「塞」這種賭戲來說吧，勇力、時機、占卜、祭禱，在這裡是沒有用的，只要是技巧高超的就必定獲勝。天子的建功立名也是如此，關鍵在於得到賢人。魏文侯以卜子夏為師，與田子方交友，對段干木禮遇尊崇，從而達到國家的太平和自身的安逸。天下賢明的君主何必一定要勞形苦身、費心盡思呢？掌握治國要領就可以了。治國就像天道一樣，霜雪雨露各自正當時令，那麼萬物就能生長了，百姓就能安樂了，疾病、妖邪和災禍也就祛除了。所以人們談到堯做君主的儀容時，就說他從容地穿著寬大下垂的衣裳，這是說他很少有政務勞身啊。

〔二〕宓子賤治單父❶，彈鳴琴，身不下堂而單父治。巫馬期以星出，以星入❷，日夜不居❸，以身親之，而單父亦治。巫馬期問其故於宓子。宓子曰：「我之謂❹任人，子之謂任力。任力者故勞，任人者故逸。」宓子則君子矣，逸四肢，全耳目，平心氣，而百官以❺治義❻矣，任其數❼而已矣。巫馬期則不然，弊生事精❽，勞手足，煩教詔，雖治猶未至也。

【章 旨】以曾先後把單父同樣治理得很好的宓子賤與巫馬期作為對比，前者身逸神怡，後者勞形苦心，從而說明「任人」遠勝於「任力」。

【注 釋】❶單父 春秋時魯邑，在今山東單縣南。❷以星出二句 星星尚未沒時就出門，星星已經顯現才歸來。❸居 止息。❹謂 通「為」。治也。下句「謂」字同。❺以 同「已」。❻義 通「宜」。❼數 術數；策略。❽弊生事精 損傷生命，耗費精氣。弊，毀壞；損害。事，使用；耗費。

【語 譯】宓子賤治理單父，每天悠閒地彈彈琴，甚至連身子亦沒有下過堂，單父就治理得很好。巫馬期則天天披星戴月，早出晚歸，晝夜不得休息，各種政務都親自處理，單父才同樣得到治理。巫馬期向宓子詢問其中的緣故。宓子說：「我的做法是使用人才，您的做法是使用力氣；使用力氣自然勞苦，使用人才所以安逸。」宓子可說是一位君子了，四肢安逸，耳目清閒，心氣平和，而官府的人員各盡其職，所有政務都處理得很好，這是符合事理的，他只不過使用正確的策略罷了。巫馬期卻不是這樣。他損傷生命，耗費精氣，勞苦手足，繁瑣教令，縱然也治理得不錯，但還是遠未達到最高境界。

期賢

【題解】本篇承上篇〈察賢〉題旨，繼續闡述賢者對於國家興亡、君主榮辱，所具有的重要地位。首章的結語便是：「凡國不徒安，名不徒顯，必得賢士。」

上篇側重於國內政務，此篇側重於國與國關係。小小的衛國以十名士人出遊於強大的趙國，竟使趙簡子終其一生不敢再興兵伐衛。秦國本已做好了攻魏的準備，一聽司馬唐進諫說魏文侯對段干木如何禮敬，便馬上偃旗息鼓不再攻魏。何以會出現此類奇蹟呢？趙簡子說他是因為考慮到若伐衛，那十位士人都會責他「不義」；司馬唐則說魏文侯禮賢下士的名聲已經「天下莫不聞」，在這種情況下攻魏無疑得冒天下之大不韙。可見他們都不是不想進攻，而只是顧忌到輿論的普遍反對。賢者的道義和聲望，使他們有資格代表民眾，這似乎是古今皆然的一條定律。

〔一〕三曰——

今夫爚❶蟬者，務在乎明其火，振❷其樹而已。火不明，雖振其樹，何益？明火不獨在乎火，在於闇❸。當今之時世闇甚矣，人主有能明其德者，天下之士，其歸之也，若蟬之走❹明火也。凡國不徒❺安，名不徒顯，必得賢士。

【章旨】以用火光照蟬為喻，說明人主只要能彰明德行，天下賢士歸附就會像「蟬之走明火」。

【注釋】❶爚　用火光照。❷振　搖動。蟬可食，故我國有些地方於夜間捕蟬。其法為地上點火，搖動樹木，則蟬受驚而投向火光。❸闇　同「暗」。❹走　奔向。❺徒　無緣無故地。

【語　譯】如今用火光照蟬的人，要做的就是點亮火光、搖動樹木兩樁事罷了。火光不點亮，縱使搖動那樹，又有什麼用處呢？使火發出光亮不僅在於火本身，還在於黑暗的映襯。當今之世社會黑暗到極點了，國君中如果能夠有昭明自己德行的，那麼天下有識之士就會像蟬群奔向明亮的火光那樣，紛紛歸附於他。大凡國家都不會無緣無故地安定，國君的聲望也不會無緣無故地顯赫，一定要求得賢士的佐助才能實現。

〔二〕趙簡子❶晝居❷，喟然太息曰：「異哉！吾欲伐衛十年矣，而衛不伐❸。」侍者曰：「以趙之大，而伐衛之細，君若不欲則可也。君若欲之，請令❹伐之。」簡子曰：「不如而❺言也。衛有士十人於吾所。吾乃❻且伐之，十人者其言❼不義也，而我伐之，是我為不義也。」故簡子之時，衛以十人者按❽趙之兵，歿簡子之身。衛可謂知用人矣，遊❾十士而國家得安。簡子可謂好從諫矣，聽十士而無侵小奪弱之名。

【章　旨】衛有十士在趙，使趙簡子終其一生不再對衛征伐，這是衛善於用人；趙「聽十士而無侵小奪弱之名」，這是趙簡子善於聽諫。

【注　釋】❶趙簡子　即趙鞅，也稱趙孟，春秋末年晉國的卿。❷居　閒坐。❸不伐　不果伐（據高誘注），即沒有伐成。❹令　畢沅認為「令」疑為「今」。今，現在；當即。❺而　你。❻乃　副詞，表示強調語氣。❼其言　俞樾認為當作「言其」。其，代指伐衛事。❽按　止。❾遊　使之出遊。

【語譯】趙簡子白日閒坐，感慨地嘆息一聲說：「真是有些怪啊，我想要伐衛已經有十年了，可是一直沒有伐成。」在一旁侍從的人說：「以趙國這樣的大國去伐衛國那樣的小國，難道還有什麼難處嗎？您要是不想伐也就罷了，如果要伐，那就請立刻開始吧。」趙簡子說：「事情不像你說的那樣簡單啊。衛國有十位士人在我這裡。我確實想要伐衛，可這十個人都說伐衛不義。倘若我還硬要去伐它，那就是我做了不義的事啊。」所以在趙簡子的時候，衛國只用了十個人就止住了趙國的軍隊，一直到簡子去世。衛國真可謂是精通使用人才了，只需讓十位士人出遊趙國，衛國就贏得了安全。簡子亦可算是善於聽從勸諫的了，接受十位士人意見，從而避免了侵奪弱小的惡名。

〔三〕魏文侯過段干木之閭❶而軾❷之，其僕❸曰：「君胡為軾？」曰：「此非段干木之閭歟？段干木蓋賢者也，吾安敢不軾？且吾聞段干木未嘗肯以己易寡人❹也，吾安敢驕之？段干木光❺乎德，寡人光乎地❻；段干木富乎義，寡人富乎財。」其僕曰：「然則君何不相之？」於是君請相之，段干木不肯受。則君乃致祿百萬❼，而時往館❽之。於是國人皆喜，相與誦之曰：「吾君好正，段干木之敬；吾君好忠，段干木之隆。」居無幾何，秦興兵欲攻魏，司馬唐❾諫秦君❿曰：「段干木賢者也，而魏禮之，天下莫不聞，無乃⓫不可加兵乎！」秦君以為然，乃按兵輟不敢⓬攻之。魏文侯可謂善用兵矣。嘗聞君子之用兵，莫見其形，其功已成，其此之謂也。野人之用兵也，鼓聲則似雷，號呼則動地，塵氣充天，流矢如雨，扶傷輿死⓭，履腸涉血，無罪之民其死者量於澤⓮矣，而國之存亡、主之死生猶不可知也，其離仁義亦遠矣。

【章旨】用魏文侯禮敬段干木使秦國輟攻魏之兵的事例，說明真正的善於用兵在於禮敬賢者，兵戈未見其形，而大功已經告成。

【注釋】❶閭　據《周禮》：五家為比，五比為閭。此處泛指段干木居處。❷軾　車前供人憑依的橫木。此處用如動詞，即憑軾，是古人乘車時表示致敬的一種禮節。❸僕　駕車者。❹以己易寡人　以他自己換我的地位。魏文侯認為段干木德行高尚，即使用國君地位同他交換，亦未必肯。❺光　廣大。❻地　地位、權勢。❼百萬　極言致祿之多。❽館　用如動詞，意謂至其住處探問求教。❾司馬唐　戰國時秦大夫。《淮南子》作司馬庾。❿秦君　當為秦簡公。⓫無乃　恐怕；大概。⓬敢　疑為衍文，形近下一「攻」字而衍。⓭輿死　即輿屍。扛抬屍體。⓮量於澤　滿於澤。另一說，謂以澤量。均為喻其多。

【語譯】魏文侯乘車從段干木居住的里巷前經過，雙手憑依車軾表示致敬。駕車的僕人說：「您為什麼要憑軾致敬？」魏文侯說：「這不是段干木住的里巷嗎？段干木是個賢者呀，我怎麼敢不憑軾致敬！而且我聽說，即使拿我的君位去和段干木交換，他亦絕不會同意，我怎麼敢對他傲慢無禮呢？段干木擁有廣大的德行，我只是擁有顯耀的地位；段干木在道義上富有，我只是在財物上富有。」他的僕人說：「那麼您何不就請他做國相呢？」於是魏文侯就去請求段干木擔任國相，但段干木不肯接受。魏文侯就贈予他優厚的俸祿，並且常去他住處探望、求教。國人因而都很高興，相互歌頌道：「我們國君喜好廉正，把段干木來敬重；我們國君喜好忠誠，把段干木來尊崇。」過不了多久，秦國起兵想要攻魏，司馬唐進諫秦君說：「段干木是個賢者，魏國非常禮敬他，這事天下無人不知，恐怕不可以對魏國動兵吧？」秦君認為司馬唐說得對，於是便止住軍隊不再攻魏。魏文侯真可說是善於用兵的了。曾經聽說過君子用兵的那種高妙境界，還沒有見到軍隊的形跡，大功就已告成，大概說的就是魏文侯這種情況吧？至於那些粗鄙無知之徒的用兵，那就是鼓聲如雷，喊聲動地，塵煙滿天，飛箭如雨；扶著傷的抬著死的，踩著殘屍，淌著血泊，無辜百姓死於非命的，真是屍橫遍野啊！即使如此，國家的存亡，君主的生死，仍然不可料定。這種做法離仁義實在太遠了。

審為

【題解】本篇繼〈貴生〉等篇之後，再次論述天下與生命的關係。所謂「審為」，就是要審察「所以為」（天下）、「所為」（生命）究竟何者重、何者輕，何者為目的、何者為手段。自身是全部行為之終極目的，生命重於一切，這便是全篇的中心論旨。

文中提到的二個歷史典實，太王亶父讓狄離邠，和子華子以手臂重於天下為喻說服韓昭釐侯罷爭，都牽涉到土地問題。土地，生命所繫，國之根基，原是古代一切爭戰的焦點，但作者認為比起生命本身來，只是次要的。所以，太王亶父為了不讓百姓在保衛土地中喪生便離開邠地遷至岐山；昭釐侯為了不讓自己勞心傷生，就不再與魏國爭奪侵佔得來的土地。篇末尾聲頗為有趣：中山公子牟明知應重生輕利，但苦於對利不能自制問該怎麼辦？詹子的回答是：與其強自克制，不如任情放縱，否則將導致雙重傷害。比起儒家來，作為道家的詹子似乎更為坦誠些。

篇中太王亶父、中山公子牟、韓昭釐侯三事，先見於《莊子・讓王》，前二事又見於《淮南子・道應》。

〔一〕四曰——

身者所為❶也，天下者所以為❷也，審所以為而輕重得❸矣。今有人於此，斷首以易冠，殺身以易衣，世必惑之。是何也？冠所以飾首也，衣所以飾身也，殺所飾、要所以飾，則不知所為矣。世之走❹利，有似於此。危身傷生、刈頸斷頭以徇❺利，則亦不知所為也。

【章旨】以衣冠本用來飾身首，不應殺身首換衣冠為喻，論述目的與手段的關係，說明君主應以自身為重，天下為輕。

【注釋】❶所為　指為之服務的對象。即人們行為、動作的目的。❷所以為　指用以達到目的的憑藉、手段。❸得　懂得；瞭解。❹走　趨。❺徇　營求。

【語譯】君主自身的生命就是目的，他所治理的天下是用來保養生命的手段。明瞭天下只是手段，自身生命和天下的輕重位置就弄清楚了。假設現在有這麼一個人，砍下頭顱去換帽子，殘殺身軀去換衣裳，世上的人們一定認為他太糊塗。這是為什麼呢？因為帽子是用來裝飾頭部的，衣裳是用來裝飾軀體的，為了貪求作為裝飾用的衣冠而殘殺裝飾的主體頭和身軀，這就太不懂得自己的舉動該以什麼為目的了。世人的趨向財利亦與這類蠢事相似。他們危害身體、損傷生命，以至不惜割斷頸項、砍下頭顱去追求財利，這也是不懂得該以什麼為目的啊。

〔二〕太王亶父❶居邠❷，狄人攻之，事❸以皮帛而不受，事以珠玉而不肯，狄人之所求者地也。太王亶父曰：「與人之兄居而殺其弟，與人之父處而殺其子，吾不忍為也。皆勉處❹矣，為吾臣與狄人臣奚以異？且吾聞之：不以所以養❺害所養❻。」杖策❼而去，民相連而從之，遂成國於岐山❽之下。太王亶父可謂能尊生❾矣。能尊生，雖富貴不以養傷身，雖貧賤不以利累形。今❿受其先人之爵祿，則必重⓫失之。生之所自來者久矣，而輕⓬失之，豈不惑哉？

【章旨】用太王亶父不與狄人爭土地，即不以「所以養害所養」的範例，倡導「尊生」為尚，反對重爵祿、輕生命的時弊。

【注釋】❶太王亶父　周人祖先，周文王之祖父，號古公，故又稱古公亶父。武王滅商後，追尊為太王。❷邠　又作「豳」。在今陝西旬邑西。❸事　事奉；服事。❹勉處　勉力安居。❺所以養　指土地。❻所養　指民眾。❼杖策　拄著手杖。❽岐山　在今陝西岐山東北。❾尊生　遵循生命本性，使之得以保全。❿今　陳奇猷認為「今」下疑脫「世之人」三字。⓫重　看得很重。⓬輕　看得很輕。

【語譯】從前太王亶父居於邠的時候，北方的狄人常去攻打他。送去皮毛絲帛表示服事，他們不接受；又送去珍珠美玉表示服事，他們亦不答應。狄人想要得到的是土地啊。太王亶父說：「如果和人家的哥哥居住在一起，卻使他的弟弟在戰爭中被殺；和人家的父親相處在一起，卻使他的兒子在戰爭中被殺，我不忍心這樣做。你們都勉力在這裡居住下去吧，做我臣民與做狄人臣民有什麼兩樣呢？而且我還聽說，不該為了用以養育百姓的土地而去危害所養育的百姓。」說罷，便拄著拐杖離開了邠。民眾成群結隊的一起跟他走，終於在岐山下又建立了國家。太王亶父真可說是能夠看重和保全生命了。能夠看重和保全生命，那麼即使富貴，亦不會以過度的供養來損傷身心；縱然貧賤，亦不會因拼命追求財利而拖累身體。如今的世人，承受祖先的爵位俸祿，就生怕喪失；而生命的由來要長久多了，反而不在乎失去，這難道不是太糊塗了嗎？

〔三〕韓、魏相與爭侵地。子華子見昭釐侯❶，昭釐侯有憂色。子華子曰：「今使天下書銘❷於君之前，書之曰：『左手攫之則右手廢❸，右手攫之則左手廢，然而攫之必有天下。』君將攫之乎？亡其❹不與？」昭釐侯曰：「寡人不攫也。」子華子曰：「甚善。自是觀之，兩臂重於天下也，身又重於兩臂。韓之輕於天下遠，今之所爭者，其輕於韓又遠，君固❺愁身傷生以憂之臧不得❻也？」昭釐侯曰：「善。教寡人者眾矣，未嘗得聞此言也。」子華子可謂知輕重矣。知輕重，故論不過❼。

【章　旨】引子華子以左右手與天下孰輕孰重為喻，說服韓國不同魏國爭侵地的實例，說明只有「知輕重」，才能「論不過」。

【注　釋】❶昭釐侯　戰國時韓國國君。❷銘　銘刻於碑版或器物，用以稱功德或申鑒戒的文字。此處指一種誓言。❸廢　廢棄。此處指被砍掉。❹亡其　還是。❺固　通「顧」。反而。❻憂之臧不得　訓釋不一。陳奇猷認為句中「之臧」係「臧之」之誤倒。臧，通「贓」。指韓魏所爭之地，本非其原有故稱贓。全句大意為擔心贓物的得不到。❼過　失。

【語　譯】韓魏兩國相互爭奪侵佔得來的土地。子華子去拜見韓昭釐侯時，見到韓侯面有憂色。子華子就說：「如果現在天下人在您面前寫下一道誓言，是這樣寫的：『左手抓到它就砍掉右手，右手抓到它就砍掉左手，但是只要抓到就一定佔有天下。』您是抓呢，還是不抓？」昭釐侯說：「我是不抓的。」子華子說：「很好。由此看來，兩臂比天下重要，而整個身體又比兩臂重要。韓國比天下次要多了，現在您與魏國爭奪的土地，又比韓國次要得多了。那麼，難道為了爭奪那麼一點侵佔得來的土地，您反倒要成日憂愁損傷整個身心嗎？」昭釐侯說：「說得好。教導過我的人已有很多了，但我還從未聽到過像您說的這樣的話。」子華子可說是深知天下輕、生命重的道理了。正因為懂得輕重，所以議論不會失於偏頗。

〔四〕中山公子牟❶謂詹子❷曰：「身在江海之上❸，心居乎魏闕之下❹，奈何？」詹子曰：「重生。重生則輕利。」中山公子牟曰：「雖知之，猶不能自勝❺也。」詹子曰：「不能自勝則縱之，神無惡❻乎。不能自勝而強不縱者，此之謂重傷❼。重傷之人無壽類❽矣。」

【章旨】詹子與中山公子牟的對話，說明若對物欲不能自制，不如縱之；勉強自制，反會導致雙重傷害。

【注釋】❶中山公子牟　戰國時魏公子，名牟，封於中山，故稱中山公子牟。❷詹子　即詹何。道家人物。❸身在江海之上　指隱居不仕，遊心江海。❹心居乎魏闕之下　指心思依舊嚮往入世顯達。魏闕，代指朝廷。魏，即巍，高大。闕，古代宮殿兩旁的樓觀。❺自勝　自我節制。❻無惡　無所損害。❼重傷　雙重傷害。❽壽類　長壽之人。

【語譯】中山公子牟對詹子說：「我雖然身居江海之上，可是心思卻還在朝廷之中，該怎麼辦？」詹子說：「看重生命吧。看重生命，自然就會輕視名利的。」中山公子牟說：「這個道理我雖然知道，可是我還是不能克制自己。」詹子說：「不能克制那就放縱它吧。放縱了精神就不會有什麼損害。既不能克制自己，又強自不肯放縱，那就會導致雙重的傷害。雙重傷害的人沒有一個能長壽的。」

愛類

【題解】此篇以對「仁」的闡釋破題：「仁也者，仁乎其類者也。」這樣，「愛類」既是篇名，又是對仁的解釋，亦是全文的主旨所在。

文章進言當世君主，應當像上古聖王神農那樣，「身親耕，妻親績」，對於利民之事，「可以便之，無不行也」。接著又以眾多「聖王通士」的事跡為據，認為「利民」原則表現在三個方面：「當世之急、憂民之利、除民之害。」並分別舉出範例以作說明：墨子為「當世之急」，奔走十日十夜，說服楚王非攻；大禹「除民之害」，辛勤跋涉，為民治水；惠子「憂民之利」，用尊齊王為王的辦法，使百姓免遭戰禍。

本篇對「仁」的闡釋，含有儒家「樊遲問仁，子曰愛人」（《論語・顏淵》）之意，但更為接近的則是墨家無差等的「兼愛」思想。作為全篇結論的末章，特別指出利民非止一道，但必須恰當其時，亦體現了墨家不尚空談的求實精神。

〔一〕五日——

仁於他物，不仁於人，不得為仁；不仁於他物，獨仁於人，猶若❶為仁。仁也者，仁乎其類者也。故仁人之於民也，可以便❷之，無不行也。《神農之教》❸曰：「士有當年❹而不耕者，則天下或❺受其饑矣；女有當年而不績❻者，則天下或受其寒矣。」故身❼親耕，妻親績，所以見❽致民利也。賢人之不遠海內之路，而時往來乎王公之朝，非以要利也，以民為務故也。人主有能以民為務者，則天下歸之矣。王也者，非必堅甲利兵選卒練❾士也，非必隳人之城郭、殺人之士民也。上世之王者眾矣，而事皆不同。其當❿世之急、憂民之利、除民之害同。

【章　旨】以上古神農身親耕、妻親績為例，說明君主若能「仁乎其類」、「以民為務」，就必然能使天下歸心。

【注　釋】❶猶若　猶然；仍然。❷便　利。❸神農之教　當是偽託神農之書。傳說神農始教民為耒耜，興農業，並作方書以療民疾，故古代農書、醫書多託其名而行世。❹當年　成年。❺或　有。❻績　緝麻；把麻絲搓成線。❼身　指神農自己。❽見　顯示。❾練　挑選。❿當　承擔。

【語　譯】能把仁愛施於他物，卻不能對人仁愛，不能算「仁」；不能把仁愛施於他物，唯獨對人仁愛，依然可算是「仁」。所謂仁，就是人對自己同類的愛。所以仁德的人對於百姓，只要可以使他們得利的事，就沒有不做的。《神農之教》中說：「男子之中如果有已經成年而不耕作的，那麼天下就會有人因而遭受飢餓；女人之中如果有已經成年而不緝麻的，那麼天下就會有人因此而挨凍。」所以神農自己親自種田，他的妻子親自緝麻，以此來表示要盡力為百姓謀利。賢達人士之所以不以廣袤的海內之路為遙遠，時來時往於君主朝廷之間，並非藉此追求私利，而是以替百姓謀利為自己要務啊。國君如有能以替百姓謀利為自己要務的，那麼天下就都來歸附他了。為天下王者，並非一定要靠堅固的鎧甲、銳利的兵器和經過挑選的精兵猛士；亦並非一定要毀壞人家的城郭、殺戮人家的臣民。上古統一天下的聖王很多，事跡各不一樣，但他們承擔當世的急難、關懷百姓的利益、消除民眾的禍害，這些都是相同的。

〔二〕公輸般❶為高雲梯，欲以攻宋。墨子聞之，自魯往，裂❷裳裹足，日夜不休，十日十夜而至於郢❸，見荊王❹曰：「臣北方之鄙人❺也，聞大王將攻宋，信有之乎？」王曰：「然。」墨子曰：「必得宋乃攻之乎？亡其不得宋且不義猶攻之乎？」王曰：「必不得宋，且有❻不義，則曷為攻之？」墨子曰：「甚善。臣以宋必不可得。」王曰：「公輸般，天下之巧工也，已為攻宋之械矣。」墨子曰：「請令公輸般試攻之，臣請試守之。」於是公輸般設攻宋之械，墨子設守宋之備。公輸般九❼攻之，墨子九卻之，不能入，故荊輟不攻宋。墨子能以術禦荊、免宋之難者，此之謂也。

【章　旨】記述墨子以術禦楚而免宋於難。

【注　釋】❶公輸般　古代著名巧匠，姓公輸名般，春秋時魯國人，故世稱魯班。❷裂　撕。❸郢　楚國國都，故址在今湖北江陵西北。❹荊王　據孫詒讓考訂為楚惠王。❺鄙人　鄙陋之人。❻有　又。❼九　指多次。

【語　譯】公輸般為楚王製造了高大的雲梯，想用來攻打宋國。墨子聽到這個消息，便從魯國出發趕去。鞋子磨破了，就撕下衣裳裹著腳奔走，日夜不停。這樣趕了十天十夜到達郢都。墨子拜見楚王說：「我是來自北方的一個鄙陋之人，聽說大王想進攻宋國，確有此事嗎？」楚王說：「有的。」墨子說：「大王是認為一定可以得到宋國才進攻它呢，還是即使得不到宋國而且還要落個不義之名仍然要發動進攻呢？」楚王說：「如果一定得不到而又有不義之名，那為什麼還要進攻它？」墨子說：「您說得很好。我以為您一定得不到宋國。」

楚王說：「公輸般可是天下最有名的巧匠呀，他已經製造出進攻宋國的器械了。」墨子說：「請您讓公輸般來試著攻一攻，允許我來試著守一守。」於是公輸般設置進攻宋國的器械，墨子安排守護宋國的設備。公輸般一次又一次進攻，墨子每次都把他打退。公輸般不能攻進城去，所以楚國終止了進攻的準備，不再攻宋。所謂墨子能夠用他的方法抵禦楚國而解救宋國的危難，說的就是這件事。

〔三〕聖王通士❶不出於利民者無有。昔上古龍門❷未開，呂梁❸未發，河出孟門❹，大溢逆流，無有丘陵沃衍❺、平原高阜，盡皆滅❻之，名曰鴻❼水。禹於是疏河決江❽，為彭蠡❾之障，乾❿東土，所活者千八百國，此禹之功也。勤勞為民，無苦乎禹者矣。

【章　旨】記述禹疏河決江，退洪水，活千國。

【注　釋】❶通士　通曉事理、知識淵博的士人。❷龍門　山名。❸呂梁　山名。據胡渭《禹貢錐指》考訂：呂梁即〈禹貢〉所稱梁山，曾為禹所開鑿。此山在今陝西韓城。❹河出孟門　黃河之水漫過孟門。出，高出；漫過。孟門，山名，在山西吉縣西，綿亙黃河兩岸。❺衍　低廣平坦的土地。❻滅　淹沒。❼鴻　大。❽疏河決江　疏通黃河，導引長江。決，開通水道，導引水流。❾彭蠡　即鄱陽湖，在今江西省北部。❿乾　用如使動詞。

【語　譯】聖明的君主和通達的士人，沒有不是出於為民眾謀利的。往昔遠古時代，龍門山尚未開鑿，呂梁山還沒有打通，黃河之水漫過孟門山，大肆泛濫橫流，無論丘陵、沃野、平原、高山，全部淹沒。人們稱它為「鴻水」。在這種情況下，禹就疏通黃河，導引長江，給彭蠡澤築起堤防，從而使東方大地洪水消退，被拯救的國家達一千八百多個。這是禹的功績啊。為百姓辛勤操勞，沒有比得上禹的了。

〔四〕匡章謂惠子曰：「公之學去尊❶，今又王齊王❷，何其到❸也？」惠子曰：「今有人於此，欲必擊其愛子之頭，石可以代之。」匡章曰：「公取之代乎，其不❹與？」「施取代之。子頭所重也，石所輕也。擊其所輕以免其所重，豈不可哉？」匡章曰：「齊王之所以用兵而不休、攻擊人而不止者，其故何也？」惠子曰：「大者可以❺王，其次可以霸也。今可以王齊王而壽黔首之命，免民之死，是以石代愛子頭也，何為不為？」

【章旨】言惠子尊齊王為王而使百姓獲得安寧。

【注釋】❶去尊　徐時棟認為「尊」應為「爭」。去爭，廢棄爭戰。惠子主張偃兵去爭。❷齊王　指齊威王。齊敗魏後，於齊威王二十三年（西元前三三四年）迫使魏惠王至徐州朝見，互尊為王。❸到　即「倒」。相反。❹不　否。❺可以　可用以。

【語譯】匡章對惠子說：「您的學說主張廢棄爭戰，現在卻尊好戰的齊王為王，為什麼言行如此相反呢？」惠子說：「假如現在有這麼一個人，萬不得已一定要擊打自己愛子的頭，而愛子之頭又可以用石頭來代替……」匡章插嘴說：「您是用石頭代替呢，還是不這樣做呢？」惠子說：「我是要用石頭來代替愛子之頭的。兒子的頭是珍重的，石塊是輕賤的；用擊打輕賤的以避免珍重之物受到傷害，這難道不好嗎？」匡章又問：「齊王之所以用兵不休，攻打不停，原因何在呢？」惠子說：「因為他這樣做如果得手，那麼成效大的話可因而稱王天下，次一等的亦可用以稱霸諸侯。現在可以用尊齊王為王的辦法使齊王罷兵，使百姓得以延長壽命，免遭死亡。這正是用石頭代替愛子之頭呀，為什麼不去做呢？」

〔五〕民，寒則欲火，暑則欲冰，燥則欲溼，溼則欲燥。寒暑燥溼相反，其於利民一也。利民豈一道哉？當❶其時而已矣。

【章　旨】為全篇作結論：利民非一道，只要恰當其時即可。

【注　釋】❶當　正當；適合。

【語　譯】大凡平民百姓，寒冷了就希望得到火，炎熱了又希望得到冰；乾燥了就想要潮濕些，潮濕了又想要乾燥些。寒冷與炎熱，乾燥與潮濕，儘管相反，但它們在有利於百姓這一點上是一樣的。為民謀利豈止一種方法呢，只不過要恰當其時罷了。

貴卒

【題解】「貴卒」即「貴猝」。「猝，犬從草暴出逐人也。」（《說文解字》）貴猝，就是要重視突然地、急速地作出反擊或反應。本篇除首章點明論旨外，後四章皆為實例，從正反二個方面說明在激烈的爭戰和對抗中，在意外面臨的艱險或變異面前，反應的迅捷、機警顯得特別重要。前三例，吳起的拔箭插箭，鮑叔牙的使公子小白僵臥，伶悝的令子哭父被殺，都發生在險情突然降臨到自己的瞬息之間。由於他們能迅捷用智（「其智若鏃矢」），從而使得自己轉危為安，或化被動為主動，並使原處於優勢、主動的敵方，頃刻陷入敗亡的境地。

最後一例是反例：中山之人吾丘鴆，儘管勇力過人，橫衝直撞地獨自殺進敵營，但終不免一死。

注家多以為本篇係「兵家之言」。《孫子》中的「兵之情主速」，「攻其不備，出其不意」，正是此篇論旨。本書前〈孟秋紀〉、〈仲秋紀〉卷中有論兵專文多篇，可參讀。

〔一〕六曰——

力貴突，智貴卒❶。得之同則遬❷為上，勝之同則溼❸為下。所為貴驥者，為其一日千里也，旬日取❹之，與駑駘❺同。所為貴鏃❻矢者，為其應聲而至，終日而至，則與無至同。

【章旨】為全篇破題：鬥力鬥智都貴迅疾。

【注釋】❶卒　通「猝」。急速；出其不意。❷遬　同「速」。❸溼　遲滯。❹取　即「趣」，通「趨」。快步走。❺駑駘都是劣馬。❻鏃　原為銳利的箭頭，此處形容箭的輕疾。

【語　譯】鬥力貴在突發，鬥智貴在迅疾。同樣得到成功，動作快速的為上等；同樣戰勝敵方，進展遲緩的屬下等。人們所以珍貴駿馬騏驥，是因為牠能日行千里；如果要走上十天才到達，就跟駑駘一類劣馬相同了。人們所以珍貴銳利的快箭，是因它能應聲而至；如果要整整一天才飛到，那就跟沒有達到目標一樣了。

〔二〕吳起❶謂荊王❷曰：「荊所有餘者地也，所不足者民也。今君王以所不足益所有餘❸，臣不得而為也。」於是令貴人往實廣虛之地，皆甚苦之。荊王死，貴人皆來，尸在堂上，貴人相與射吳起。吳起號呼曰：「吾示子吾用兵也❹。」拔矢而走，伏尸插矢而疾言曰：「群臣亂王。」吳起死矣。且❺荊國之法，麗兵於王尸者❻，盡加重罪，逮三族❼。吳起之智，可謂捷矣。

【章　旨】「智貴卒」例一：吳起臨危用智，使眾敵陷入「亂王」重罪。

【注　釋】❶吳起　戰國兵家，衛國人。初任魯將，繼任魏將，後遭陷害，逃奔楚國，任令尹，輔佐楚悼王實行變法。悼王死，被殺害。❷荊王　指楚悼王，名熊疑，戰國時楚國國君，在位二十一年（西元前四〇一～前三八一年）。❸以所不足益所有餘　有二說。一為發動本來就不足的百姓去從事目的在於擴張本來就有餘的土地的戰爭。二為據《韓非子・和氏》記載，吳起曾進言楚悼王，認為楚國大臣太重，封君太眾，以至百姓大多為封君所有，造成了「上偪主而下虐民」的情勢。語譯從前說。❹吾示子吾用兵也　示，語也。第二「吾」字疑為「無」之誤。全句大意：吾語汝等不得用兵（依陳奇猷說）。❺且　發語詞。❻麗兵於王尸者　武器加在國王屍體上。麗，附著。兵，兵器。❼逮三族　連及三族。三族，說法不一，一般認為指父、母、妻三族。據《史記・孫子吳起列傳》記載，楚宗室大臣因吳起此案而被滅族的有七十餘家。

【語譯】吳起對楚王說：「楚國有餘的是土地，不足的是百姓。現在大王想用本來就不足的百姓去打仗，目的是擴張本來就有餘的土地，我是沒有辦法治理好這個國家的。」楚王接受了吳起的進諫，於是就下令顯貴之家遷居到空曠無人的地方去，這些家族都怨苦連天。楚王一死，他們又紛紛返回京城。楚王的屍體停在堂上，他們一起向吳起射箭。吳起大聲呼喊說：「我對你們說，不許你們動武！」隨即拔下身上被射中的箭奔到堂上，趴在楚王屍體旁，一面把箭插入王屍，一面高聲大叫道：「群臣作亂射王屍啦！」吳起就這樣死了。原來，按照楚國的法律，凡是武器加到國王屍體上的，都要處以重罪，並株連三族。吳起用智真可算是迅捷了。

〔三〕齊襄公❶即位，憎公孫無知❷，收其祿❸。無知不說，殺襄公。公子糾走魯，公子小白奔莒。既而國殺無知，未有君，公子糾與公子小白皆歸，俱至，爭先入公家❹。管仲扜弓❺射公子小白，中鈎❻。鮑叔御，公子小白僵。管子以為小白死，告公子糾曰：「安之。公子小白已死矣。」鮑叔因疾驅先入，故公子小白得以為君。鮑叔之智應射而令公子小白僵也，其智若鏃矢也。

【章旨】「智貴卒」例二：鮑叔牙急中用智，使公子小白搶先入朝為君。

【注釋】❶齊襄公　春秋齊國國君，僖公祿父之子，名諸兒，在位十二年（西元前六九七～前六八六年）。❷公孫無知　僖公祿父之弟夷仲年之子，即齊襄公的從弟。僖公在位時，對無知十分寵愛，使其衣服禮遇與作為太子的諸兒同等，所以諸兒即位後（齊襄公）憎惡他。❸祿　祿位。❹公家　指朝廷。❺扜弓　彎弓。❻鈎　同「鉤」。此處指衣帶鉤。

【語譯】齊襄公即位，因宿怨而厭惡公孫無知，並收回了他的祿位。無知很不高興，伺機殺了襄公。公子糾逃亡到魯國，公子小白投奔到莒國。不久，國內殺死了無知，齊國便沒有了君主。公子糾與公子小白一齊趕回國來。二人同時到達齊國，都爭著想自己先入主朝廷。這時隨從公子糾的管仲開弓射公子小白，射中了衣帶鉤。隨從公子小白的鮑叔牙一邊駕車，一邊讓公子小白趕緊仰面倒下去。管仲以為小白死了，告訴公子糾說：「放心吧，公子小白已經死了。」鮑叔牙乘機趕車快跑，搶先進入朝廷，公子小白因此而得以成為齊國國君。鮑叔牙機智地緊接著管仲射來的箭讓公子小白仰面倒下，他用智的敏捷真猶如飛箭啊。

〔四〕周武君❶使人刺伶悝❷於東周，伶悝僵，令其子速哭曰：「以❸誰刺我父也？」刺者聞，以為死也❹。周以為不信❺，因厚罪之。

【章　旨】「智貴卒」例三：伶悝遇刺用智，使刺客因「不信」而受到重罰。

【注　釋】❶周武君　戰國時西周國國君。❷伶悝　戰國時東周國的臣子。❸以　此。❹以為死也　據高誘注，此句下似尚有：「因報周君曰：伶悝已死矣。」❺周以為不信　此句「周」下當有「君」字。

【語　譯】周武君派人到東周國刺殺伶悝。伶悝在遇刺時立刻仰面倒下，同時叫他兒子趕快邊哭邊叫：「這是誰刺殺了我的父親呀？」刺客聽到哭聲，以為伶悝真的死了，便去向周武君作了回報。周武君認為刺客說話無信，因而重重地治了他的罪。

〔五〕趙氏攻中山。中山之人多力者曰吾丘鴆，衣鐵甲、操鐵杖以戰，而所擊無不碎，所衝無不陷，以車投車，以人投人也，幾至將所❶而後死。

【章　旨】「力貴突」反例：吾丘鴆雖勇猛過人，但不能出其不意打擊敵人，終不免敗亡。

【注　釋】❶將所　指趙軍將帥所在地。

【語　譯】趙國進攻中山國。中山國有個大力士叫吾丘鴆，穿著鐵甲、操著鐵杖作戰，擊到什麼，什麼都被擊碎；衝向哪裡，哪裡就被衝垮。戰車過來時，他能舉起戰車投擊敵方戰車；隊伍衝來時，他能舉起敵人投向敵方將士。他幾乎已經打到趙軍將帥的駐地了，但終於還是被殺死。

卷第二十二　愼行論第二

愼行　無義　疑似　壹行　求人　察傳

收錄於本卷的文章，不僅論述新穎，寓意深刻，所揭示的事實亦十分醒目，真實地反映了當時社會的某些側面。

〈慎行〉和〈無義〉可說是一組，論述義對行為的指導意義：「義者百事之始也，萬利之本也。」（〈無義〉）二文所列舉的費無忌等七例，都屬「動而不論其義」（〈慎行〉）的小人。這裡有慣於構陷作亂的佞臣、奸相，有出賣朋友的無恥之徒等等，文章一個個給了他們以害人始、以害己終的結局，有的即使做了官，亦「人莫與同朝」，連他們的子孫亦交不到朋友。從中可以看出作者對此種背義行為鞭撻之深。

〈疑似〉和〈察傳〉是又一組，專論對相似的人和物，對輾轉相傳的言辭，都須細加審察，不可貿然信從。文中所列實例，如厲王擊鼓戲兵，黎丘之鬼效人，丁氏穿井得人，晉師三豕涉河等，都已成為著名寓言，廣為流傳，給人以多方面的啟示。二文都以提醒君主慎於任人為指歸。警惕「亡國之臣似忠」（〈疑似〉），切莫「惑於似士者而失於真士」。「齊桓公聞管子於鮑叔」而「國霸諸侯」，「吳王聞越王句踐於太宰嚭」而「國亡身死」，便是一個鮮明的對比。

〈壹行〉和〈求人〉，各自獨立成篇。〈壹行〉論君主和國家的行為須誠信專一，應當像「陵上巨木」那樣，使人望而可知可信。針對當時「邦無定交，士無定主」（顧炎武《日知錄》）的現實，文章尖銳指出：「先王所惡，無惡於不可知。」只有「行可知」者，才能得天下，若行「不可知之道」，即使「威利無敵」，亦終究要滅亡。〈求人〉論求賢。求賢的主題，本書一再論及，但以本篇為最集中。為了求索賢人，要求君主像堯、禹那樣做到「極卑極賤，極遠極勞」，並造成一個吸引賢者來聚、充分發揮賢者才智的優越環境。

慎行

【題解】本篇倡導人們行事要謹慎：「行不可不孰（熟）。」但這個「熟」，非指時間上的充分思慮，而是內容上是否考慮到了「義」：「君子計行慮義，小人計行其（期）利。」這使人想起孔子的一句話：「君子喻於義，小人喻於利。」（《論語·里仁》）

但細讀全文，也並非一概反對功利。作者提倡的是「不利之利」，即犧牲眼前一己私利而能帶來根本大利。並且認為只有懂得這個道理的人，才可與之談論道義。文章認為人固有一死，但死必以義。只有那些以義為行為準則的人，才能做到與人相處「始而相與，久而相信，卒而相親」，從而為後世敬仰與效法。與此相反的則是那些「動而不論其義」的小人。從文中提到的費無忌、慶封二例來看，他們的行為特點是：都出於嫉妒；都想取對方而代之；都運用了卑鄙殘忍手段。他們又都只「知害人而不知人害己」，因而都以害人始而以害己終。

篇中有個小地方，也許作者並不經意，但多少可以窺測到行文時的一點用心。慶封為了取得崔杼的相位，曾將崔的妻兒老小以至親屬盡行殺絕。但後來諸侯軍強令他自數罪行時，卻對這多少條人命隻字未提，只讓他喊出「弒其君而弱其孤，以亡（盟）其大夫」三件直接與國家政權有關的事。聯繫到前〈士節〉篇也曾提到「義」對於士的重要，並認為「臨患忘利，遺生行義」的人，「大者定天下，其次定一國」；那麼本篇所說的義，其第一要義是否也還在於治國平天下呢？

〔一〕一曰——

行不可不孰❶。不孰，如赴深谿❷，雖悔無及。君子計行慮義，小人計行其❸

利、乃不利。有知不利之利❹者，則可與言理矣。

【章旨】以釋「慎行」破題，並揭出君子與小人、為義與為利二者行為動機的對立，以啟下文。

【注釋】❶孰　「熟」的古字。此處意謂仔細、謹慎。❷谿　無水的山谷。❸其　通「期」。❹不利之利　不謀求眼前一己私利最終將帶來的大利。

【語譯】行為不可不深思熟慮。不深思熟慮，就像盲目奔赴高山深谷，到那時即使懊悔也已不及。君子計議行動時思慮的是道義，小人計議行動時期望的是私利——但結果往往不利。如果有人能理解不謀求眼前私利實際上卻包含著真正利益，那麼就可以同他談論道義了。

〔二〕荊平王❶有臣曰費無忌❷，害❸太子建，欲去之。王為建取妻於秦而美，無忌勸王奪❹。王已奪之，而疏太子。無忌說王曰：「晉之霸也，近於諸夏❺，而荊僻也，故不能與爭。不若大城❻城父❼而置太子焉，以求北方❽，王收南方❾，是得天下也。」王說，使太子居於城父。居一年，乃惡❿之曰：「建與連尹⓫將以方城⓬外反。」王曰：「已為我子⓭矣，又尚奚求？」對曰：「以妻事怨。且自以為猶宋⓮也，齊、晉又輔之，將以害荊，其事已集⓯矣。」王信之，使執連尹。太子建出犇⓰。左尹郤宛⓱，國人說之。無忌又欲殺之，謂令尹子常⓲曰：「郤宛欲飲⓳令尹酒。」又謂郤宛曰：「令尹欲飲酒於子之家。」郤宛曰：「我賤人也，不足以辱令尹。令尹必來辱，我且何以給待⑳之？」無忌曰：「令尹好甲兵，子出而寘㉑之門，令尹至，必觀之，已，因以為酬㉒。」及饗㉓日，惟㉔門左右而寘甲兵焉。無忌因謂令尹曰：「吾幾禍令尹。郄宛將殺令尹，甲在門矣。」令尹使人視之，信㉕，遂攻郄宛，殺之。國人大怨，動作者㉖莫不非令尹。沈尹戌㉗謂令尹曰：「夫無忌，荊之讒人也，亡夫㉘太子建，殺連尹奢，屏㉙王之耳目，今令尹又用之，殺眾不辜，以興㉚大謗，患幾及令尹。」令尹子常曰：「是吾罪也，敢不良圖。」乃殺費無忌，盡滅其族，以說其國㉛，動而不論其義，知害人而不知人害己也，以滅其族，費無忌之謂乎！

【章　旨】用費無忌兩次設計殺人，最後自己亦被殺、宗族被滅的歷史事實說明，「動而不論其義，知害人而不知人害己」者，則必然以害人始而以害己終。

【注　釋】❶荊平王　即楚平王，春秋楚國國君，名熊居，在位十三年（西元前五二八～前五一六年）。❷費無忌　亦作費無極，楚平王時官太子少師。❸害　妒忌。❹奪　取。疑奪下脫「之」。❺諸夏　華夏地區各諸侯國，相對於所謂南蠻北夷而言。❻城　用如動詞。修築城牆。❼城父　楚北部邊邑，在今河南寶豐東四十里。❽求北方　謀求北方諸國的歸附、尊奉。北方，指處於楚北面的宋、鄭、魯、衛諸國。❾南方　指吳、越等國。❿惡　詆毀。⓫連尹　楚官名。此處指伍奢，即伍子胥之父。⓬方城　楚之北部要塞，在今河南葉縣南。⓭已為我子　指建已被立為太子。⓮猶宋　像宋國一樣。即與楚無有臣屬關係的獨立諸侯國。⓯集　成。⓰犇　「奔」的異體字。據《左傳》昭公二十年記載，三月太子建奔宋，秋奔鄭。⓱左尹　郄宛　左尹，楚國官名，位在令尹之下。郄宛，字子惡。據《韓非子・內儲說下》：費無忌為令尹近臣，郄宛新事令尹，令尹甚喜愛，故費無忌欲害之。⑱令尹子常　令尹，楚官名，百官之長。子常，名囊瓦。⑲飲　請人喝酒。⑳給待　酬報、款待。㉑寘　同「置」。㉒因以為酬　古人宴飲時，主敬客稱「酬」，客還敬主為「酢」。主酬客時，一般伴有禮物，故稱「因以為酬」。㉓饗　以酒食招待客人。㉔惟　通「帷」。用如動詞。意謂設置帷幕。㉕信　確實。即確如費無忌所言。㉖動作者　疑有誤。陳奇猷認為當作「董胙者」，即適值來楚代表周天子董督賜胙之事的人。胙為祭祀宗廟的肉。古代有天子向諸侯國「賜胙」之例，是作為統一的宗主國的一種權力象徵。文中提到的為春秋時代，周天子雖已不能令諸侯，但賜胙之事仍時有記載。㉗沈尹戌　楚國沈縣之尹（官長），名戌（《左傳》稱名「戌」）。高誘注為楚莊王之孫，杜預則注為楚莊王之曾孫。㉘夫　此為衍字。㉙屏　掩蔽。㉚興　產生。㉛以說其國　用以取悅國人。

【語　譯】楚平王有個臣子叫費無忌，嫉恨太子建，想要除掉他。平王為太子建從秦國娶了個妻子，這女子長得很美。費無忌便趁機慫恿平王去強佔她。平王強佔這個女子後，繼而開始疏遠太子。費無忌又鼓動平王說：「晉國能夠稱霸，是因為靠近華夏諸國；而楚國地域偏遠，所以不能同晉國去爭霸。現在不如大建城父，再把太子安置到那裡去，以謀求北方各國的尊奉，同時大王自己收取南方各國，這樣就能獲得整個天下了。」平王聽了很高興，便讓太子建居住在城父。過了一年，費無忌又誣陷說：「太子建和連尹伍奢就要憑藉方城外一帶地方謀反作亂。」平王說：「他已經做了我的太子，還有什麼要求呢？」費無忌回答說：「因為妻子的事他怨恨您。而且他還自以為像獨立的宋國一樣，不再臣屬於楚國。加上齊國、晉國又幫助他。他就要危害楚國了，謀反的事早已籌劃停當了。」平王聽信了費無忌的話，立刻派人逮捕了連尹伍奢。太子建逃到國外。左尹郄宛很得國人愛戴，費無忌又要設計殺掉他。費無忌先對令尹子常說：「郄宛想請令尹大人您去飲酒。」轉過來又對郄宛說：「令尹想到你家來吃酒。」郄宛說：「我是個卑賤的人，不值得令尹光臨。如果令尹一定屈尊枉駕，我該拿什麼去酬報和款待他呢？」費無忌說：「令尹愛好鎧甲兵器，你就把這些東西搬出來陳列在門口，令尹來了一定會觀賞它們。觀賞完後，你就趁機作為禮物進獻給他。」等到宴請那一天，郄宛就在門口兩旁張起了帷幕，再把鎧甲兵器安置其中，費無忌藉此就對令尹說：「我差一點害了大人！郄宛就要殺您，鎧甲兵器都藏在門口了！」令尹派人去察看，情況屬實。於是當即派兵進攻郄宛，殺了郄宛。

國人非常怨憤，連適值來楚主持賜胙儀式的人都沒有一個不指責令尹的。沈尹戌對令尹說：「這個費無忌是楚國的奸讒小人啊！就是他，使太子建出亡、連尹伍奢被殺，掩蔽了國王的耳目。可是現在您又聽信了他的話，殺害這麼多無辜的人，從而引起了國人一片憤怒的指責聲，災禍很快就會降臨到您身上。」令尹子常說：「這確實是我的罪過，怎麼還敢不認真想個好辦法來妥善處置呢。」於是就殺掉了費無忌，並誅滅了他的宗族，以此來取悅國人。行動舉措不以道義為先，只是一味地損害別人而忘了別人亦會損害自己，致使宗族亦全被誅滅，費無忌就是這類人吧。

〔三〕崔杼與慶封❶謀殺齊莊公，莊公死，更立景公❷，崔杼相之。慶封又欲殺崔杼而代之相，於是椓❸崔杼之子，令之爭後❹。崔杼之子相與私鬨❺，崔杼往見慶封而告之。慶封謂崔杼曰：「且留，吾將興甲以殺之。」因令盧滿嫳❻興甲以誅之，盡殺崔杼之妻子及枝屬❼，燒其室屋，報崔杼曰：「吾已誅之矣。」崔杼歸無歸，因而自絞❽也。慶封相景公，景公苦之。慶封出獵，景公與陳無宇、公孫竈、公孫蠆❾誅封。慶封以其屬鬥，不勝，走如魯。齊人以為讓❿，又去魯而如吳，王予之朱方⓫。荊靈王⓬聞之，率諸侯以攻吳，圍朱方，拔⓭之，得慶封，負之斧質⓮，以徇於諸侯軍，因令其呼之曰：「毋或如齊慶封，弒其君而弱其孤⓯，以亡其大夫⓰。」乃殺之。黃帝之貴而死，堯、舜之賢而死，孟賁之勇而死，人固皆死。若慶封者，可謂重死⑰矣。身為僇⑱，支屬不可以見⑲，行忮⑳之故也。

【章　旨】用慶封弒君、欺孤、殺幼，最後自己亦受盡陵辱後被殺的歷史事實說明，人固有一死，各有意義不同，但如慶封這樣的死則是最可鄙的「重死」。

【注　釋】❶崔杼與慶封　崔杼、慶封，均為春秋齊國大夫。崔杼，諡武子。慶封，字子家。❷景公　莊公之弟，名杵臼，在位五十八年（西元前五四七～前四九〇年）。❸㧻　挑唆。❹爭後　相互爭奪被立為後嗣。古時實行世卿世祿制，只有正式被立為後嗣，才有資格繼承爵位、俸祿。❺私鬮　鬮，諸本多為「鬮」。此「鬮」當係錯排而漏校。鬮，字書無此字。疑為「鬩」。私自興兵爭鬥。崔氏家族內鬩之爭，詳見《左傳》襄公二十七年。❻盧滿嫳　《左傳》作「盧蒲嫳」，齊國大夫。❼枝屬　宗族親屬。❽自絞　自縊。❾陳無宇公孫竈公孫蠆　三人均為齊大夫，後二人是齊國宗室，於景公為伯叔。❿以為讓　因接納慶封這件事而責備魯國。讓，責備。⓫朱方　吳國城邑，在今江蘇鎮江丹徒鎮南。⓬荊靈王　楚靈王，春秋楚國國君。初名圍，即位後改名虔，在位十二年（西元前五四〇～前五二九年）。⓭拔　攻克。⓮負之斧質　讓他背上斧鑕。斧質，殺人刑具。質，通「鑕」。殺人時的墊座。⓯弱其孤　弱，欺陵。孤，幼而無父。此處指父新死繼位的景公。⓰亡其大夫　亡借為「盟」。指強令大夫盟誓。崔杼、慶封強令晏子等盟誓忠於自己，事詳《左傳》襄公二十五年。⓱重死　負斧示眾、受盡陵辱是精神的死，然後再誅殺是肉體的死，故稱「重死」。⓲僇　侮辱。⓳支屬不可以見　身首四肢不可保全。意為被殺戮。見，王念孫認為當作「完」，隸書「見」、「完」相似而誤。完，保全。⓴忮　忌恨；殘害。

【語　譯】崔杼與慶封合謀殺死了齊莊公。莊公死後，二人另立景公為齊國國君，由崔杼擔任國相。這時慶封又想殺掉崔杼，由自己來代他做相。於是，他就去挑唆崔杼的幾個兒子，讓他們去爭奪做後嗣的資格。崔杼的幾個兒子就這樣相互私自爭鬥起來。崔杼去見慶封，告訴他這件事。慶封就對崔杼說：「您暫且留一下，我馬上派兵去殺掉他們。」隨即命令盧滿嫳起兵去誅殺。殺盡了崔杼一家的妻兒老少以及宗室親屬，還燒了房屋住室，然後慶封去回報崔杼說：「我已經把他們殺掉了。」崔杼回去一看，已是無家可歸，亦就自縊而死。慶封做了景公的相，景公深以為苦。一天慶封外出打獵，景公就與陳無宇、公孫竈、公孫蠆共同策劃起兵討伐慶封。慶封率領自己的屬下與景公交戰，不能取勝，逃到了魯國。齊國就以這件事向魯國提出責問。慶封又離開魯國去吳國。吳王封給他朱方邑。楚靈王聽到這個消息，就率領諸侯進攻吳國，包圍朱方，並很快攻佔了它。楚靈王俘獲了慶封，要他背負斧鑕，在諸侯軍中巡行示眾，並命令他大聲叫喊：「不要像齊國的慶封，殺害自己的君主，欺陵喪父的新君，又強迫大夫盟誓。」然後才殺了他。以黃帝的尊貴，最後不免死亡；以堯、舜的賢明，最後亦要死亡；以孟賁的勇武，最後亦還是要死。人原本都是要死的，但像慶封這樣的結局，可說是雙重的死了：先是受盡陵辱，再是身首分離，這都是他忌恨別人的緣故。

〔四〕凡亂人之動也，其始相助，後必相惡。為義者則不然，始而相與，久而相信，卒❶而相親，後世以為法程❷。

【章　旨】為亂者始相助終相惡，為義者始相與終相親，故後世以為義者為法度。

【注　釋】❶卒　終；最後。❷法程　法度。

【語　譯】大凡邪惡之人行事，開始時相互幫助，到後來必然相互憎惡。信守道義的人就不是這樣。他們開始時相互協助，時間一久相互愈益信賴，最後更是相親相愛。所以後世便把他們這種與人相處的信條作為必須遵守的法度。

無義

【題解】〈無義〉繼上篇〈慎行〉題旨，續論義對於行動的指導意義：「義動則無曠事矣。」對「義」的含義也作了進一步概括：「義者百事之始也，萬利之本也。」這個「萬利之本」，與上篇的「不利之利」，互為表裡，相得益彰。

上篇實例側重於君臣關係中「動而不論其義」，本篇所列四例則多在友朋關係中的「無義」。作為人倫關係之一的友朋關係，在《論語》裡有「四海之內皆兄弟」那樣充滿理想色彩的讚唱，在《莊子》中則有「相呴以濕，相濡以沫，不如相忘於江湖」這樣冷峻而曠達的告示。在本篇中，讀者看到的卻是無恥的背信棄義（公孫鞅等），和血淋淋的告密出賣（續經等）。也許這些記述在當時實際生活中更為普遍，因而也更加真實。作者對此類無義行為的鞭撻是嚴峻的。例如其中之一的續經，儘管由於告發別人而獲得官爵封祿，但文中特意交代：「人莫與同朝」，甚至連他的子孫都交不到朋友。

文章認為對義的認識和尊奉，不只是一個德行問題，還有一個智力問題，即所謂「中智之所不及也」：平庸的人們對義是認識不到的。這一點在前〈高義〉一章中已有所論及：「動必緣義，行必誠義」；君子認為照此做是「通」，世俗的人們無法理解，反以為這樣做是「窮」。

〔一〕二曰——

先王之於論❶也極之矣，故義者百事之始❷也，萬利之本也，中智之所不及也。不及則不知，不知趨利❸。趨利固不可必也，公孫鞅、鄭平、續經、公孫竭❹

是已。以義動則無曠❺事矣。人臣與人臣謀為姦，猶或與❻之。又況乎人主與其臣謀為義❼，其孰不與者？非獨其臣也，天下皆且與之。

【章旨】義與利在行動中的比較：趨利一定行不通，公孫鞅等人便是例證；為義則可得到天下人贊同，因而總能成功。

【注釋】❶論　泛指先王對於天地萬物事理的論述。❷始　首。❸不知趨利　句中疑脫一「則」字，應為「不知則趨利」。❹公孫鞅鄭平續經公孫竭　公孫鞅，即商鞅，衛國人，初為魏相公孫痤家臣，後入秦晉見秦孝公，受孝公重用，變法圖強；孝公死後被車裂。鄭平，當即《史記·范雎蔡澤列傳》中的鄭安平，秦將，後降趙。續經、公孫竭，分別為趙國、秦國人。❺曠　廢。❻與　贊同；援助。❼為義　從全篇主旨和上下句式看，似應為「為不義」或「為無義」。

【語譯】先王對於各種事理的論述真是深刻極了。說到義，它是所有事情的首端，一切利益的本源。這一點，是才智平常的人認識不到的。認識不到就無法懂得義，不懂義就會去奔趨私利。奔趨私利的道路一定是走不通的，公孫鞅、鄭平、續經、公孫竭等人就是例證。遵循道義去行動，那就不會有做不成的事情了。臣子與臣子謀劃做壞事，尚且有人贊同，何況是君主與他的臣子謀劃，而且是施行道義之事，還會有誰不贊同呢？不單是臣子，天下所有的人都會贊同他。

〔二〕公孫鞅之於秦，非父兄❶也，非有故❷也，以能用也，欲堙之責❸，非攻無以，於是為秦將❹而攻魏。魏使公子卬❺將而當之。公孫鞅之居魏也，固善公子卬，使人謂公子卬曰：「凡所為游而欲貴者，以公子之故也。今秦令鞅將，魏令公子當之，豈且忍相與戰哉？公子言之公子之主，鞅請亦言之主，而皆罷軍。」於是將歸矣，使人謂公子曰：「歸未有時相見❻，願與公子坐❼而相去別也。」公子曰：「諾。」魏吏爭❽之曰：「不可。」公子不聽，遂相與坐。公孫鞅因伏卒與車騎以取公子卬。秦孝公薨❾，惠王立，以此疑公孫鞅之行，欲加罪焉。公孫鞅以其私屬與母歸魏。襄疪❿不受，曰：「以君之反公子卬也，吾無道知君。」故士自行不可不審也。

【章旨】以公孫鞅對公子卬的背信棄義事例為戒，說明士人對自己的行為必須審慎。

【注釋】❶父兄　指宗親。公孫鞅不是秦王宗室。❷故　舊交。公孫鞅原為衛人，在秦沒有故舊。❸壍之責　為秦國盡職壍，塞；抵。之，指代秦國。❹將　率領軍隊。❺公子卬　戰國魏人，魏惠王時為將。❻未有時相見　即「相見未有時」。很難再相見。❼坐　指相聚而坐，促膝傾談。❽爭　同「諍」。諫也。❾薨　古代諸侯死稱薨。《禮記．曲禮》：「天子死曰崩，諸侯曰薨。」❿襄疪　魏人，魏惠王時曾為鄴令。鄴居魏秦接壤處，公孫鞅欲歸魏必先經鄴。

【語譯】公孫鞅對於秦國，既不是宗室，又沒有舊誼，只是憑著自己的才能被任用的。他要想對秦國克盡職責，除了進攻別國沒有其他辦法。就為這，公孫鞅替秦國率領軍隊去進攻魏國。魏國派公子卬領兵抵禦他。早先公孫鞅還在魏國的時候，與公子卬原本是好友，這時他便派人去對公子卬說：「我所以要出遊和追求顯貴，都是為了公子的緣故。現在秦國命令我率兵前來，魏國又命令公子與我相抗，難道我們能忍心相互爭戰嗎？請公子向您的君主稟告，我亦向我的君主稟告，就讓我們雙方都罷兵吧。」就在雙方都準備回師的時候，公孫鞅又派人去對公子卬說：「回去以後，看來我們再也沒有相見的時候了。希望能與公子再聚談一次，然後讓我們相互告別吧。」公子卬答應說：「好吧。」魏國的幕僚勸諫說：「不能這樣做。」公子卬不接受。於是便應邀去與公孫鞅相互促膝傾談。公孫鞅趁機埋伏下士卒與車騎俘獲了公子卬。秦孝公死後，秦惠王繼位，因為這件事而懷疑公孫鞅的品行，想加罪於他。公孫鞅就帶著自己的家僕、眷屬和母親準備回魏國去。魏國邊境的官吏襄疵不肯接納，說：「因為您對公子卬背信棄義，我無從瞭解您。」所以說，士人對自己的行為不可不審慎啊。

〔三〕鄭平於秦王❶臣也，其於應侯❷交也，欺交反主❸，為利故也。方其為秦將也。天下所貴之無不以❹者，重也。重以得之，輕必失之。去秦將，入趙、魏，天下所賤之無不以也，所可羞無不以也。行方❺可賤可羞，而無秦將之重，不窮奚待？

【章旨】言鄭平因利而欺友叛主，結果墮落到與可羞可恥者為伍。

【注釋】❶秦王　指秦昭王，名則，一名稷。在位五十六年（西元前三〇六～前二五一年）。❷應侯　即范雎，秦昭王相，封於應（今山西臨猗），故稱應侯。據《史記・范雎蔡澤列傳》：范雎原為魏人，因事為須賈所誣，被魏相魏齊使人笞擊折脅摺齒，棄置廁中。因鄭平（《史記》稱鄭安平）之助，才得以入秦並為相。後范雎與武安君白起有隙，奏而殺白起，並舉鄭平繼任而使之統兵擊趙。❸欺交反主　指鄭平降趙事。據《史記・范雎蔡澤列傳》：鄭平將兵擊趙，為趙所圍，急，以兵二萬降趙。按當時法律，鄭平叛秦降趙，作為保舉人的范雎將連坐。❹以　為；做。❺方　並比；並列。

【語譯】鄭平對於秦國國君來說是臣子，對應侯范雎來說是知交。但他降了趙，欺騙朋友，背叛君主，那是他追求私利的緣故。當他做秦將的時候，天下所尊貴的事，他似乎沒有一件不能做，原因就是位尊權重。但憑藉位尊權重獲得的，必然會隨著位卑身輕而失去。鄭平喪失了秦將的地位，進入趙國、魏國以後，天下所賤視的事，他沒有一件不做，天下以為可恥的事，亦沒有一件不做，品行降落到可羞可恥一流，又沒有做秦將時的重權尊位，這時不窮極潦倒還到什麼時候呢？

〔四〕趙急求❶李欬❷，李言❸續經與之俱如衛，抵❹公孫與❺，公孫與見而與入❻，續經因告衛吏使捕之，續經以仕趙五大夫❼。人莫與同朝，子孫不可以交友。

【章旨】言續經告密出賣友人而得官，人皆恥與同朝，連他的子孫也交不到朋友。

【注釋】❶求　搜捕。❷李欬　未詳。❸言　約。❹抵　歸附；投奔。❺公孫與　衛人，事未詳。❻與入　同意接納。❼五大夫　爵位名。師古注：「大夫之尊也。」

【語譯】趙國緊急搜捕李欬。李欬約續經同他一起去衛國投奔公孫與。公孫與會見了他並同意接納。續經卻乘機向衛國官員告密，讓他們逮捕了李欬。續經靠這件事在趙國當上了五大夫。人們沒有一個願意與他同朝為官，就連他的子孫也交不到朋友。

〔五〕公孫竭與❶陰君之事❷，而反告之樗里❸相國，以仕秦五大夫，功非不大也，然而不得入三都❹，又況乎無此其功而有行乎？

【章旨】言公孫竭自己參與密事，卻又以告發而得官，雖屬有功，仍然受到人們鄙視。

【注　釋】❶與　參與。❷陰君之事　陰君當為人名，其事未詳。❸樗里　即樗里疾，又稱樗里子，戰國時秦惠王異母弟，秦武王、昭王時為相。❹三都　據高誘注為趙、衛、魏三國國都。

【語　譯】公孫竭自己亦參與陰君之事，卻又反過來向相國樗里疾告發了此事，並因此而得以在秦國做了五大夫。他的功勞並非不大，但卻還是受到人們鄙視，不能進入趙、衛、魏三國國都，更何況那些沒有他這點功勞卻有他那種行為的人呢？

疑似

【題解】本篇提醒人們對於相似的人和物，要特別加以精細的審察，不然就會造成嚴重後果。文章列舉的兩個實例，周幽王無寇擊鼓而「失真寇」，黎丘老者人鬼莫辨而「殺於真子」，都生動有力地說明了辨察相似之跡的重要。

細讀全篇，可知作者用心依然在於勸諫君主精審擢用賢者。一是不應將「人之博聞辯言而似通者」誤認為真正通者，二是亦不要因「惑於似士者」而錯失真正賢士。文章進言：對真偽難辨的情況，聖人應加以深慮。

關於辨察疑似之跡的方法，作者提出「察之必於其人」，即必須是向那些恰好瞭解這方面情況的人請教。文章甚至認為，即使像堯、舜、禹這樣的大聖人，如果他們來到水澤之地，亦得問問牧童或漁翁。這種對尋常百姓擁有的直接經驗的破格重視，表現了作者不宥於習見的可貴膽識。

〔一〕三曰——

使人大迷惑者，必物之相似也。玉人之所患，患石之似玉者；相劍者之所患，患劍之似吳干❶者；賢主之所患，患人之博聞辯言而似通❷者。亡國之主似智，亡國之臣似忠。相似之物，此愚者之所大惑，而聖人之所加慮❸也。故墨子見歧道而哭❹之。

【章　旨】言相似之物為匠人所患，相似之人為君主所患，故聖人要加以深思。

【注　釋】❶吳干　即吳之干將。著名寶劍名。據《吳越春秋》：吳人干將善鑄劍，越王向吳王獻劍三把，吳王寶之，因以使劍匠再鑄二把，一曰干將，一曰莫邪。莫邪為干將之妻。後用以代稱名劍。❷通　指通達事理。❸慮　深思。❹墨子見歧道而哭　據《列子・說符》、《淮南子・說林》，哭歧道的應為楊朱（戰國初哲學家）。

【語　譯】讓人大為迷惑的，一定是相似的事物。玉匠所擔憂的，是與玉相似的石塊；相劍的人所擔憂的，是近似吳干的普通劍。賢明的君主所最感憂慮的，是那些見聞廣博、能言善辯貌似通達事理的人。亡國的君主似乎很聰慧，亡國的臣子彷彿很忠誠。這類相似的事物，是使愚昧的人大惑不解、聖人要加以深深思慮的，所以墨子看到可南可北、無有定向的岔路，就要為之哭泣。

〔二〕周宅❶酆鎬❷近戎人，與諸侯約，為高葆禱❸於王路❹，置鼓其上，遠近相聞。即❺戎寇至，傳鼓相告，諸侯之兵皆至救天子。戎寇當❻至，幽王❼擊鼓，諸侯之兵皆至，褒姒❽大說❾，喜之。幽王欲褒姒之笑也，因數擊鼓，諸侯之兵數至而無寇。至於後戎寇真至，幽王擊鼓，諸侯兵不至。幽王之身，乃死於麗山❿之下，為天下笑。此夫以無寇失真寇者也。賢者有小惡以致大惡⓫。褒姒之敗，乃令幽王好小說以致大滅。故形骸相離，三公九卿出走，此褒姒之所用⓬死，而平王⓭所以東徙也，秦襄、晉文⓮之所以勞王勞⓯而賜地也。

【章　旨】言幽王為博寵妃一笑，屢次弄假戲真，致使「以無寇失真寇」，由小惡成大惡。

【注　釋】❶宅　居住。❷酆鎬　酆為周文王時周的國都，在今陝西戶縣東。鎬，亦稱鎬京，周武王時周的國都，在今陝西西安西南。❸葆禱　即堢壔。土臺。❹王路　大路。❺即　如果。❻當　通「嘗」。❼幽王　西周最後一個國君，姬姓，名宮湦。因寵褒姒而廢申后和太子宜臼。申侯聯合戎人等攻周，幽王被殺於驪山下，西周亡。❽褒姒　周幽王寵妃，姒姓，本為褒國人，幽王伐褒時所得。❾大說　似應據《御覽》補「而笑」二字，句為：「大說而笑。」❿麗山　即驪山。在今陝西臨潼東南。⓫賢者有小惡以致大惡　陳奇猷認為此句有誤。有小惡以致大惡豈可稱為賢者？疑當作「賢者有小善以致大善，不肖者有小惡以致大惡」。語譯仍依原文。⓬所用　所以。⓭平王　周平王。幽王之子，名宜臼。幽王死，平王為避戎人，遷都於洛邑（今河南洛陽），是為東周。在位五十一年（西元前七七〇～前七二〇年）。⓮秦襄晉文　秦襄，秦襄公，春秋時秦國國君，在位十二年（西元前七七七～前七六六年）。晉文，晉文公，春秋晉國國君，在位三十五年（西元前七八〇～前七四六年）。秦襄、晉文都曾護衛平王東遷，有功於周。⓯勞王勞　後一「勞」當為衍文。勞王，即勤王。為君王辛勞盡力。

【語　譯】西周先後建都於酆、鎬，靠近戎人住地。為此與諸侯約定：在大路上壘築高大的土臺，上面架起大鼓，使遠近都能聽到鼓聲。一旦戎兵入侵，就擊鼓傳告，諸侯的軍隊聽到鼓聲就都來援救天子。一次戎兵來侵，幽王擂響大鼓，諸侯軍隊果然如約來到，褒姒看了高興地笑了起來。幽王十分喜歡寵妃的這一笑。為了看到褒姒的笑靨，幽王便一次又一次地去擊鼓，諸侯的軍隊亦多次應聲來到，卻並沒有敵兵。到後來戎兵真的來了，幽王再去擊鼓，但諸侯軍隊不再來到。幽王於是被殺死在驪山之下，為天下人所恥笑。這就是因為沒有敵寇亂擊鼓以致真的敵寇來到反被誤認成了假。賢明的人有小過失尚且會招致大災禍。褒姒對國事的敗壞，就是讓幽王喜好無聊的樂趣，最後導致毀滅性的大災難。就因這，幽王身首分離，三公九卿出逃。這既是褒姒自己所以身死、平王所以東遷的原因，亦是秦襄公、晉文侯所以起兵勤王有功，被賜以土地的由來。

〔三〕梁❶北有黎丘部❷，有奇鬼焉，喜效人之子姪昆弟❸之狀。邑丈人❹有之市而醉歸者，黎丘之鬼效其子之狀，扶而道苦之❺。丈人歸，酒醒而誚❻其子，曰：「吾為汝父也，豈謂不慈哉？我醉，汝道苦我，何故？」其子泣而觸地❼曰：「孽❽矣！無此事也。昔也往責❾於東邑人可問也。」其父信之，曰：「譆❿！是必夫奇鬼也，我固嘗聞之矣。」明日端⓫復飲於市，欲遇而刺殺之。明旦之市而醉，其真子恐其父之不能反⓬也，遂逝⓭迎之。丈人望其真子，拔劍而刺之。丈人智惑於似其子者，而殺於⓮真子。夫惑於似士者而失於真士，此黎丘丈人之智也。

【章旨】以黎丘丈人惑於奇鬼而殺其真子為喻，提醒人主不要「惑於似士者而失於真士」。

【注釋】❶梁　古國名，嬴姓，在今陝西韓城南，西元前六四一年為秦所滅。❷黎丘部　《後漢書・張衡傳》李賢注引為「黎丘鄉」。❸子姪昆弟　子孫兄弟。據王引之考訂：古代唯女子稱昆弟之子為姪，男子則否。故「姪」應為「姓」。子姓，子孫。❹丈人　對老人的尊稱。❺苦之　折磨他。❻誚　責備。❼觸地　指以頭觸地。即叩頭。❽孽　妖孽。此處用如動詞。遇到妖怪。❾責　同「債」。此處用如動詞。討債。❿譆　驚怒聲。⓫端　故意。⓬反　還。⓭逝　往。⓮於　其。

【語譯】梁國北部有個黎丘鄉，那裡常有奇鬼出沒，喜歡模仿過路人的子孫兄弟的樣子，作弄他們。鄉裡有位老者上市喝醉了酒回家，那黎丘奇鬼便模仿老者兒子的樣子，裝作過來攙扶，卻在路上苦苦折磨他。老人回到家，酒醒後責問他的兒子說：「我作為你的父親，難道能說對你不慈愛嗎？可是這回我喝醉了，你卻在路上苦苦折磨我，這是為什麼？」他的兒子哭著以頭觸地說：「出妖怪了，沒有這回事呀！昨天我到東鄉討債去了，這可以問問別人的嘛。」父親相信了兒子的話，說：「嘿，這一定是那個奇鬼作怪了，我原先就曾經聽人說起過它。」第二天老者故意又到市上去喝酒，希望再次遇到奇鬼乘機刺殺它。天剛亮老者就來到市上，又喝了個醉。這時老者的兒子怕父親回不了家，特意去接他。老者望見真兒子，拔出劍來就刺。老者的智力被像他兒子的奇鬼弄糊塗了，結果殺死了自己的真兒子。那些被貌似賢士的人所迷惑結果卻錯失了真正的賢士的君主，他們的智力不是與黎丘老人一樣嗎？

〔四〕疑❶似之迹，不可不察。察之必於其人❷也。舜為御❸，堯為左❹，禹為右❺，入於澤而問牧童，入於水而問漁師，奚故也？其知之審也。夫人子❻之相似者，其母常識之，知之審也。

【章旨】為全篇作結論：令人疑惑的相似之跡，不可不察；而欲察其跡，必須找「知之審」之人。

【注釋】❶疑　似。❷其人　恰當其人。即正好是熟悉所要詢問的情況的人。❸御　御者；駕車人。❹左　古時乘車，尊者居左。❺右　車右。職責是保衛尊者。❻人子　梁玉繩據《戰國策‧韓策》、《淮南子‧脩務》，認為「人子」當作「孿子」。

【語譯】對於極為相似跡象，不可不加以精細審察。而要審察此種現象，必須找到恰當的人。讓舜做御者，堯居尊座，禹做車右，如果他們進入草澤之地，就要問問牧童；到了水邊，還得問問漁夫。這是什麼緣故呢？因為他們知道得最清楚。孿生子是長得最為相像的，但他們的母親總是能夠辨認出來，這是因為母親對兒子知道得最清楚。

壹行

【題解】壹行，就是言行有則，誠信專一。個人或群體能否做到壹行，從觀察者一方來說，就是可知或不可知：言行誠信專一就是可知；言行詭異多變就是不可知。本文開篇第一句就是：「先王所惡，無惡於不可知。」此種「不可知之道」若行之於社會，則君臣、父子、兄弟、朋友、夫妻之間的界限都會遭到毀敗，人會變得與動物沒有區別；若行之於國家，則王者之君衰落，強大之國危殆，弱小之國滅亡。因而無論個人希望成功立業，強國圖謀君臨天下，弱國想要生存發展，都必須行可知，廢不可知。

文章在論述可知、不可知中，提到了二個喻體，陵上大樹和六十四卦之一的賁卦。據此，似乎可以把壹行的特徵歸結為：一、開誠布公，始終如一（大樹）；二、執守本色，反對文飾（賁卦）。

本篇在強調壹行的首要意義的同時，亦吸收了法家的某些主張，肯定「威」和「利」在成就王者之業中的重要作用。

〔一〕四曰——

先王所惡，無惡於不可知❶，不可知則君臣、父子、兄弟、朋友、夫妻之際❷敗矣。十際皆敗，亂莫大焉。凡人倫以十際為安者也，釋❸十際則與麋鹿虎狼無以異，多勇者則為制❹耳矣。不可知則知❺無安君、無樂親矣，無榮兄、無親友、無尊夫矣。

【章　旨】若人們言行詭異，不可察知，則十種人際關係將遭毀敗；若十際皆敗，則人與動物無異，天下將大亂。

【注　釋】❶不可知　指言行詭異不可察知。❷際　界限。指人倫關係中有關雙方應共同遵守的準則、法度。❸釋　拋棄。❹制　統制。❺知　此字當為衍文。

【語　譯】先王所憎惡的，莫過於言行詭異不可察知。不可察知，君臣、父子、兄弟、朋友、夫妻之間的界限就要毀敗了。一旦這十者相互間的界限全都毀敗，那就會出現莫大的禍亂。大凡人與人之間的倫理關係，是依賴這十者間的界限才保持安定的。如果拋棄了這些界限，那麼人和麋鹿虎狼就沒有什麼區別，凶悍多勇的人就要來做統治者了。不可察知，就沒有人保護國君，沒有人歡娛父母，沒有人敬重兄長，沒有人親近朋友，亦沒有人尊敬丈夫了。

〔二〕強大未必王也，而王必強大。王者之所藉❶以成也❷何？藉其威與其利。非強大則其威不威，其利不利。其威不威則不足以禁也，其利不利則不足以勸❸也，故賢王必使其威利無敵❹，故以禁則必止，以勸則必為❺。威利敵，而憂苦民、行可知者王；威利無敵，而以行不知❻者亡。小弱而不可知，則強大疑之矣。人之情不能愛其所疑，小弱而大❼不愛則無以存。故不可知之道，王者行之廢，強大行之危，小弱行之滅。

【章　旨】用對比論證說明，王者必須強大，而強大須靠「威利」；但威利無敵而「行不可知」仍不免亡，而威利有敵而「行可知」則可以王。由此得出結論：必須「行可知」，廢「行不可知」。

【注釋】❶藉　憑藉。❷也　猶「者」。❸勸　勸勉；鼓勵。❹無敵　無有匹敵。猶無雙。❺為　作。此處意謂民必勉力從事其業。❻不知　依本篇文例，當為「不可知」。❼大　依上下文例，當為「強大」。

【語譯】國家強大不一定就能統領天下，但統領天下的必須強大才行。君臨天下的人所以能獲得成功靠的是什麼呢？靠的是他的威勢和予民以利。如果國家不強大，那麼他的威勢不可能達到使人敬畏的程度，他的予民以利的政令亦不會給百姓帶來實際利益。威勢無法使人敬畏，就不足以禁止人們的不軌行為；予民以利的政令不能帶來實際利益，就不足以鼓勵百姓勉進其業。所以賢明的君主一定要使自己的威勢和給民眾的實利都無可匹敵。這樣，用以下禁令就立刻停歇，用以鼓勵某件事就一定去做。國君的威勢和予民以利益並非無敵，但卻能夠為百姓憂慮辛勞，言行有則誠信可知，亦可以君臨天下；而威勢和實利無可匹敵，但言行詭異不可捉摸，就會滅亡。國家弱小而言行又無定則不可察知，強大的國家就會猜疑它了。人們的常情，不會去喜愛自己所猜疑的對象。這樣，國家既弱小，又不被強大的國家所喜愛，自然就無法生存。所以，言行詭異讓人無法察知這種做法，統領天下者施行它就會衰落，強大的國家施行它就會危殆，弱小的國家施行它就會滅亡。

〔三〕今行者見大樹，必解衣縣❶冠倚劍而寢其下。大樹非人之情親❷知交也，而安之若此者信❸也。陵上巨木，人以為期❹，易知故也。又況於士乎？士義❺可知故也❻，則期為必矣。又況彊大之國？彊大之國誠可知，則其王不難矣。

【章旨】以大樹為路人信賴而歇蔭為喻，說明強大之國若「行可知」，則不難王天下。

【注釋】❶縣　同「懸」。❷情親　感情至深的親人。❸信　信賴。❹期　約會。❺義　指士人應具有的風範。❻故也　陳昌齊認為因上文有「故也」而誤衍。

【語譯】行路之人如果看見大樹，定會過去脫衣衫、掛帽子，把寶劍倚在樹旁躺下休息。大樹並非人們的至親好友，但他們卻對它如此放心，就因為大樹可以信賴。高山上的大樹，人們常常用來作為約會的標誌，就由於它容易被人看到的緣故。樹木尚且如此，更何況士人呢？士人的風範如果誠信可知，那麼他的成為眾望所歸便是必然的了。士人尚且如此，更何況強大的國家呢？強大的國家如果確實誠信可知，那麼它的君臨天下的功業就不難實現了。

〔四〕人之所❶乘船者，為其能浮而不能沈也；世之所以賢君子者，為其能行義而不能行邪辟也。

孔子卜，得賁❷。孔子曰：「不吉❸。」子貢曰：「夫賁亦好矣，何謂不吉❹乎？」孔子曰：「夫白而❺白，黑而黑，夫賁又何好乎？」故賢者所惡於物，無惡於無處❻。

【章旨】言世人敬重君子是因為君子能操守信義；斑雜不純、失去本色是最可憎惡的。

【注釋】❶所　按下文句例，「所」下當有「以」字。❷賁　卦名，六十四卦之一。❸不吉　〈序卦〉稱：「賁者飾也。」飾，就是文飾。其色既非正白，亦非正黑，斑雜不純，本質的美惡不得而知，故孔子以為不吉。❹何謂不吉　《周易・賁卦》：「賁，亨，小利有攸往。象曰：賁如濡如，永貞吉。」所以子貢以為吉。❺而　則。❻處　定；常。

【語譯】人們所以要乘船，是因為船能浮在水面不會下沉；世間所以要敬重君子，是因為君子操行誠信不會做邪惡的事。

孔子占卜，得了個賁卦。孔子說：「不吉利。」子貢說：「賁卦也好嘛，怎麼說不吉利呢？」孔子說：「白就應該正白，黑就應該正黑。賁卦斑雜不純，本色都看不到了，又好在哪裡呢？」所以賢者對於事物的憎惡，莫過於憎惡事物的不守常態。

〔五〕夫天下之所以惡❶，莫惡於不可知也。夫不可知，盜不與期，賊不與謀。盜賊大姦也，而猶所得匹偶❷，又況於欲成大功乎？夫欲成大功，令天下皆輕❸勸而助之，必之❹士可知。

【章旨】言士人欲得天下人佐助，必須「行可知」，不然連盜賊亦不願與之為伍。

【注釋】❶所以惡　依上文句例，似當作「所惡」。❷所得匹偶　畢沅認為似應為「得所匹偶」。意謂尋找與自己相稱的伴當。❸輕　疾。❹之　此。

【語譯】天下所憎惡的，莫過於不可察知。一個人如果言行詭異，不可捉摸，就連竊賊亦不願與他結約，強盜亦不會同他合謀。竊賊、強盜是大邪大惡的人了，尚且要找認為和自己相稱的人才肯結夥，更何況是希望成就大功業的人呢？要想成就大功業，使天下人都競相激勵來佐助自己的，必定是那些言行誠信可知的士人。

求人

【題解】「求人」說的是「求賢」。文章反覆強調的是賢人對於治國的至關重要的意義，從上古以來歷代君主的得失成敗中得出了這樣一個結論：「得賢人，國無不安，名無不榮；失賢人，國無不危，名無不辱。」

本文主要篇幅則是論述君主對賢者的態度。概而述之有四：一是必須屈尊下士，像堯對舜那樣，「禮之諸侯，妻以二女，臣以十子，身請北面朝之」（即文中所說「極卑」）；二是不計較賢者社會地位的微賤，就像原為庖廚之臣的伊尹和服役刑徒的傅說，都可以「上相天子」（「極賤」）；三是為了求得賢者，要像禹那樣，不顧路途遙遠和歷盡辛勞，幾乎找遍了四方極地（「極遠極勞」）；四是要為賢者提供一個適宜的環境，既不應以外物去妨害他們，又不得容許君主的親戚故舊從中作梗而使他們受到傷害。只有這樣，才能充分發揮賢者的才智，四方賢者因而亦就會紛紛來聚。

末章以皋子眾和鄭國賴有賢者得以為安的實例，進一步說明「身定、國安、天下治，必賢人」的道理。

〔一〕五曰——

身定、國安、天下治，必賢人。古之有天下也者，七十一聖❶。觀於《春秋》❷，自魯隱公以至哀公十有二世，其所以得之，所以失之，其術一也。得賢人，國無不安，名無不榮；失❸賢人，國無不危，名無不辱。先王之索賢人無不以❹也，極卑極賤，極遠極勞。虞用宮之奇、吳用伍子胥之言，此二國者，雖至於今存可也，則是國可壽也。有能益人之壽者，則人莫不願❺之。今壽國有道，而君人者而不求，過矣。

【章　旨】以上古和春秋歷史上諸多君主治國得失的實例說明，若要安國、治天下，必須求索賢人。

【注　釋】❶七十一聖　指自上古至周歷代聖王。當係約數。❷春秋　編年的《春秋》史，儒家經典之一。相傳為孔子據魯國史官所編《春秋》加以整理修訂而成。起於魯隱公元年（西元前七二二年），終於魯哀公十四年（西元前四八一年），計二百四十二年。❸矢　諸本多為「失」，此處當係錯排漏校。❹以　用。❺願　傾慕。

【語　譯】君主要使自身安全、國家安寧、天下太平，必須求得賢人。古代據有天下的君主，其中有七十一位聖王。從《春秋》看來，自魯隱公直到魯哀公，共經歷十二世。考察各個諸侯之所以會獲得君位或喪失君位，其理數是一樣的：得到賢人，國家沒有不安定的，名聲沒有不顯榮的；失去賢人，國家沒有不危殆的，名聲沒有不是恥辱的。所以，古代聖王為了尋求賢人，用盡了所有辦法，做到了所能做的一切。他們對賢人極為卑躬，只要是賢者，即使地位極其卑微亦可舉用。為了尋求賢人，不顧路途遙遠，不計歷盡辛勞。如果虞國採用了宮之奇的勸諫，吳國採用了伍子胥的進言，那麼這兩個國家即使存在到現在亦是完全可能的。這就是說，一個國家的國運是有辦法使它延長的。若是有這麼一個人，他能延長人們的壽命，那麼所有人都會傾慕他的；如今明明有著一個可以延長國運的辦法，而那些做君主的卻不去尋求，這就錯了。

〔二〕堯傳天下於舜，禮之諸侯，妻以二女，臣以十子，身請北面朝之，至卑也。伊尹，庖廚之臣也；傅說❶，殷之胥靡❷也。皆上相天子，至賤也。禹東至榑木之地，日出、九津、青羌之野❸，攢樹之所，揞天之山❹，鳥谷、青丘之鄉，黑齒之國❺，南至交阯、孫樸、續樠之國❻，丹粟、漆樹、沸水、漂漂、九陽之山❼，羽人、裸民之處，不死之鄉❽；西至三危之國，巫山❾之下，飲露、吸氣❿之民，積金之山⓫，共肱、一臂、三面之鄉⓬；北至人正之國⓭，夏海之窮⓮，衡山⓯之上，犬戎之國⓰，夸父⓱之野，禺彊⓲之所，積水、積石之山⓳。不有懈墮⓴，憂其黔首，顏色黎黑，竅藏不通，步不相過㉑，以求賢人，欲盡地利㉒，至勞也。得陶、化益、真窺、橫革、之交㉓五人佐禹，故功績銘乎金石㉔，著於盤盂㉕。

【章旨】堯、舜和殷、周聖君「極卑極賤，極遠極勞」地求賢，因得賢者之助，終致「功績銘乎金石，著於盤盂」。

【注釋】❶傳說 相傳原為傅岩（今山西平陸東）地方從事築版的奴隸，後被殷王武丁任為大臣，治理國政。❷胥靡 受刑而被罰作勞役的罪人。❸榑木之地二句 皆為古地名，多屬傳說。其中榑木，即扶木。❹攢樹之所二句 攢，聚集。揗，撫。可能是指該所樹木叢生，該山高到可以撫摩天，因以此為名。❺鳥谷青丘之鄉二句 松皋圓認為「鳥谷」應為「暘谷」，亦湯谷。據《山海經・海外東經》「下有湯谷」，又稱：「青邱國在其北」，「黑齒國在其北，為人黑齒」。❻交阯孫樸續樠之國 阯，通「趾」。交趾，古地名，約指五嶺以南，今兩廣一帶。孫樸，不詳。樠，疑為「蠻」的假音。續蠻可能是南蠻的一種。❼丹粟漆樹沸水漂漂九陽之山 當均為南方地名，難詳考。丹粟，可能產丹砂。沸水，大概有溫泉。❽羽人裸民之處二句 神話傳說中的三個國名。羽人國人長翅膀，裸民國人不穿衣，不死國人長生不老。❾巫山 在四川巫山東。古代有許多神話傳說附會於此山，故此處巫山亦係被染上神話色彩的地名。❿飲露吸氣 神話傳說中的西方國家。《山海經・大荒西經》記巫山之下有「沃民之處，鳳鳥之卵是食，甘露是飲」。所謂飲露、吸氣國可能就是沃民國的別稱。⓫積金之山 不詳。可能依五行說西方屬金，故有積金之山。⑫共肱一臂三面之鄉　神話傳說中的三個國名。「共肱」似應為「其肱」，即奇肱。據《山海經・海外西經》：「三身國，在夏后啟北，一首而三身。一臂國在其北，一臂一目一鼻孔。奇肱之國在其北，其人一臂三面。」⑬人正之國　據說在北極。⑭夏海之窮　指傳說中的北海。夏，大。窮，盡頭。⑮衡山　傳說中的北極之山。⑯犬戎之國　傳說中的北方之國。⑰夸父　神話中的勇士，立志追趕太陽，至太陽入口處，焦渴而死。見《山海經・海外北經》。⑱禺彊　傳為北海之神。⑲積水積石之山　陳奇猷以為「積水」應為「積冰」。《淮南子・時則》：「北方之極，有……積冰之野。」積石山有大小之分，大積石山在今青海省南部，小積石山在今甘肅臨夏西北。傳說禹治水曾至此二山。又，楊樹達認為：首章有「極卑極賤，極遠極勞」句，上文已提到「至卑」、「至賤」二事，下文說「至勞」一事，獨「極遠」無所見。疑此句「積水、積石之山」下應有「至遠也」一句。⑳墮　通「惰」。㉑步不相過　走路後腳不能超過前腳。說明勞累已極。㉒欲盡地利　指禹治水以求充分發揮土地之利。㉓陶化益真窺橫革之交　陶，即皐陶。化益，即伯益。真窺（畢沅疑為「直窺」之誤）、橫革亦是禹之輔臣。之交，梁玉繩疑為「支父」之訛。㉔銘乎金石　銘刻於金石，以使長期流傳。金，指鐘鼎等銅器。石，指碑碣。㉕盤盂　盤，淺而敞口的器皿。盂，碗狀食器，一般均為銅製。

【語　譯】堯把天下傳給舜，在諸侯面前禮敬他，兩個女兒嫁給他為妻，十個兒子當他的臣屬，自己要求以臣子的身分朝拜舜。堯真是做到了謙卑之極。伊尹是服役於廚炊之事的奴隸，傳說是殷商服勞役的囚徒，二人都被擢升為天子之相；他們出身都極其微賤。禹東行直到榑木之地，日出、九津、青羌的廣闊原野，樹木茂密的攢樹之所，高聳雲天的搢天之山，和鳥谷、青丘、黑齒這些東土之國；南行直到交阯、孫樸、續樠之國，丹粟、漆樹、沸水、漂漂、九陽之山，和羽人、裸民、不死這些南方國家；西行到達三危之國，在巫山之下，來到飲露、吸氣國人所居之地，越過積金之山，直到共肱、一臂、三面這些西方之國；北行到達人正之國，夏海之濱，衡山之巔，犬戎之國，又到夸父逐日所經之野，海神禺彊居住之所，最後直到積水、積石之山。禹四處奔走，毫不懈怠。他為百姓擔憂，面色黧黑，周身不適，疲憊到步子亦跨不動。為了尋求賢人，治好洪水，充分發揮土地的效益，禹是多麼辛勞啊。這樣終於求得了陶、化益、真窺、橫革、之交五位賢人的佐助。故而得以功績鐫刻於金石，著錄於盤盂。

〔三〕昔者堯朝許由❶於沛澤❷之中，曰：「十日❸出而焦火不息❹，不亦勞乎？夫子為天子，而天下已❺治矣，請屬天下於夫子❻。」許由辭曰：「為天下之不治與？而❼既已治矣。自為與？啁噍❽巢於林，不過一枝；偃鼠❾飲於河，不過滿腹。歸已君乎！惡用天下？」遂之箕山❿之下，潁水⓫之陽，耕而食，終身無經⓬天下之色⓭。故賢主之於賢者也，物莫之妨；戚愛習故⓮，不以害之；故賢者聚焉。賢者所聚，天地不壞，鬼神不害，人事不謀，此五常⓯之本事也。

【章　旨】以堯讓天下於許由，許由辭受而隱居於箕山為例，說明君主不應以外物妨礙或以親戚故舊傷害賢者，以造成一種賢者來聚的環境。

【注　釋】❶許由　賢人。除此處所述辭堯讓天下事外，還有「洗耳」的典故：堯又請他做九州長官，因惡聞其聲，他特地到潁水邊洗耳。❷沛澤　當為古地名，今址不詳。❸十日　指許由的德行猶如十個太陽那樣光亮。❹焦火不息　火炬還不熄滅。焦，通「爝」。火炬。息，通「熄」。堯以爝火喻自己。❺已　則。❻夫子　古代對男子的敬稱，此處指許由。❼而　您。❽啁噍　即鷦鷯。常活動於低矮、陰濕叢中的一種小鳥，善於築玲瓏小巢，故俗稱「巧婦鳥」。❾偃鼠　即鼴鼠。體形矮胖，耳朵幾乎退化，前肢特別強大，便於挖土生活，俗稱「地老鼠」。❿箕山　在今河南登封東南。⓫潁水　源出河南登封嵩山西南，流至安徽壽縣正陽關入淮河。⓬經　理；治。⓭色　神色。⓮戚愛習故　指四種與君主親近的人。戚，親屬。愛，愛幸的人。習，習近；身邊侍從。故，故舊。⓯五常　有多種含義，此處似指人倫五常，即前〈壹行〉一章所列「君臣、父子、兄弟、朋友、夫妻」五種關係。

【語　譯】從前堯到沛澤這個地方去拜見許由，對他說：「十個太陽都出來了，火把卻還不熄滅，不是徒勞嗎？您如果出來做天子，天下定將得到很好的治理。我希望天下歸您來管。」許由推辭說：「這是為了天下無人治理嗎？那您不是已經治理得很好了嗎？倘說是為我自己吧，要知道鷦鷯在樹林中築巢，牠要佔據的不過一棵樹中的一條樹枝；鼴鼠到河裡飲水，牠所需要的不過喝個滿肚。請您回去吧，我哪裡用得著天下？」就這樣，許由去到箕山山下、潁水北岸，種田自食，終其一生都沒有要過問天下事務的表示。所以賢明的君主對於賢者，不用外界事物妨礙他們，不因親屬、愛寵、近習、故舊的關係而傷害他們，正因為這樣而四方賢者紛紛向他聚來。賢人薈萃之處，天地不會降災，鬼神不會作祟，不肖之徒亦無法伺機謀算。這就是人倫五常的根本啊。

〔四〕皋子眾❶疑取國，召南宮虔、孔伯產❷而眾口❸止。

晉人欲攻鄭，令叔嚮❹聘❺焉，視其有人與無人。子產❻為之詩曰：「子惠思我，褰裳涉洧；子不我思，豈無他士❼？」叔嚮歸曰：「鄭有人，子產在焉，不可攻也。秦、荊近，其詩有異心❽，不可攻也。」晉人乃輟攻鄭。孔子曰：「《詩》云：『無競惟人❾。』子產一稱❿而鄭國免。」

【章旨】皋子眾召賢者來聚而止眾口之謗，叔嚮聞賢者吟詩而輟攻鄭之舉，由此說明求賢的必要。

【注釋】❶皋子眾　不詳。據文意當為治理國事的大臣。❷南宮虔孔伯產　當時賢者，事無考。❸眾口　眾人的議論。❹叔嚮　晉國大夫。❺聘　聘問；諸侯國之間相互遣使訪問。❻子產　即公孫僑、公孫成子，子產是其字。鄭簡公二十二年（西元前五五四年）為卿，三十三年執政。❼子惠思我四句　見《詩經・鄭風・褰裳》。褰，撩起衣服。裳，下衣。洧，鄭國水名，即今河南雙洎河。原詩為情人之間的戲謔之詞。❽其詩有異心　叔嚮聽出子產特意向他吟誦這首詩，是別有用心的。子產暗示：如果晉國不與我鄭國修好（「子不我思」），我就將與他國結盟（「豈無他士」）。❾無競惟人　見《詩經・大雅・抑》。無，發語詞。競，強。意謂國家強大得靠賢人。⑩稱　引用。此處指吟上文四句詩。

【語　譯】皐子眾被人懷疑要竊取國柄。及至皐子眾召來南宮虔、孔伯產二位賢者，眾人的誹議當即停止。

晉國想要進攻鄭國，就派叔嚮到鄭國去聘問，伺機察看一下鄭國有沒有賢人。子產在接見叔嚮時吟誦了《詩經》中的一節詩：「如果你真心思戀著我，就請撩起衣裳涉過洧河；如果你已不再把我思戀，難道我就沒有其他男子可以挑選？」叔嚮回到晉國，說：「鄭國有賢人，有子產這樣的賢人在那裡，進攻不得。鄭國離秦國、楚國又都比較近，子產吟誦的詩句已經流露出對晉國有二心，所以鄭國是進攻不得的。」於是晉國便終止了攻鄭的打算。孔子說：「《詩經》上有句詩：『國家強大完全在於有賢人。』子產只是吟誦了一首詩，鄭國就免了一次戰禍。」

察傳

【題解】輾轉相傳之言，往往離事實愈來愈遠。本文以一組生動、形象而又十分貼切的層遞比喻開篇：狗似玃——玃似獮猴——獮猴似人；但這條連類線終端的「人」與始端的「狗」差別可謂大矣！由此，一下點明了「察傳」——對傳言必須加以審察的題旨，並給讀者一個鮮明深刻的印象。

文中所列因傳聞而致訛之例，大多與日常生活接近，故讀來親切，且文字幽默，不時使人忍俊不禁。魯哀公聘問孔子，辨明「夔一足」與「夔者一而足」之別，說明必須「驗之以理」；丁氏「穿井得一人」實為「得一人之使」，晉師「三豕涉河」實為「己亥涉河」，都在強調對傳言應「緣物之情及人之情」加以審察，不可盲目聽信。

本篇一開頭就指出：「夫得言不可以不察，數傳而白為黑，黑為白。」這不只是一般性的告誡，也是對當時社會眾說蠭起、莫衷一是那種現實的一個寫照。從前〈知度〉、〈淫辭〉等篇中看，本書作者對所謂「空言虛辭」、「淫學流說」是持否定態度的。故本篇意在向君主建白聽言應審慎，文中特以齊桓公、楚莊王與吳王、智伯作對比，前者「聞而審」，結果是「國霸諸侯」；後者「聞而不審」，結局是「國亡身死」。

〔一〕六曰——

夫得言不可以不察，數傳而白為黑，黑為白。故狗似玃❶，玃似母猴❷，母猴似人，人之與狗則遠矣。此愚者之所以大過也。聞而審則為福矣，聞而不審，不若無聞矣。齊桓公聞管子於鮑叔，楚莊聞孫叔敖於沈尹筮，審之也，故國霸諸侯也。吳王聞越王句踐於太宰嚭，智伯聞趙襄子於張武，不審也，故國亡身死也。

【章　旨】以輾轉相傳而黑白顛倒為喻，以齊桓公、吳王等之或得或失為例，說明對傳聞之言不可不細加審察。

【注　釋】❶玃　獸名。似獼猴而形體較大。❷母猴　古人稱獼猴為母猴，亦稱沐猴；非指雌性猴。

【語　譯】聽得傳聞之言不可不審察清楚。一經多次輾轉相傳，往往白的成了黑的，黑的成了白的。譬如狗像玃，玃像獼猴，獼猴像人，但是人和狗可就差得遠了。這就是愚蠢的人之所以常常鑄成大錯的原因。如果聽到傳聞能加以審察，就會帶來莫大的好處；聽到傳聞而不加審察，那還不如沒有聽到。齊桓公從鮑叔那裡聽到關於管仲的情況，楚莊王從沈尹筮那裡聽到關於孫叔敖的情況，聽後都作了仔細審察，所以終於使自己國家稱霸諸侯；吳王夫差是從太宰嚭那裡聽到有關越王句踐情況的，智伯是從張武那裡聽到有關趙襄子情況的，他們聽後都沒有仔細審察，最終導致國敗身亡。

〔二〕凡聞言必熟論❶，其於人必驗之以理。魯哀公❷問於孔子曰：「樂正夔❸一足，信乎？」孔子曰：「昔者舜欲以樂傳教❹於天下，乃令重黎❺舉夔於草莽❻之中而進之，舜以為樂正。夔於是正六律❼，和五聲❽，以通八風❾，而天下大服。重黎又欲益求人，舜曰：『夫樂，天地之精❿也，得失之節⓫也，故唯聖人為能和。樂之本也⓬。夔能和之，以平天下。若夔者一而足矣。』故曰夔一足，非一足也。」宋之丁氏，家無井而出溉汲⑬，常一人居外⑭。及其家穿井，告人曰：「吾穿井得一人。」有聞而傳之者曰：「丁氏穿井得一人。」國人道之，聞之於宋君，宋君令人問之於丁氏，丁氏對曰：「得一人之使，非得一人於井中也。」求能之若此，不若無聞也。

【章旨】用「夔一足」和「穿井得一人」兩個寓言故事，說明對傳言一定要審察，涉及到人的傳聞更必須「驗之以理」，否則「不若無聞」。

【注釋】❶熟論　深入研究、辨察。❷魯哀公　春秋魯國國君，在位二十七年（西元前四九四～前四六八年）。❸樂正夔　樂正，樂官之長。夔，傳為舜時樂正。❹傳教　即傅教。「傳」、「傅」古通。傅教，輔助教化。❺重黎　據《史記・楚世家》，重黎為顓頊之後，帝嚳之「火正」。此處稱舜臣，則可能是重黎之後代。❻草莽　草野。指民間。❼六律　十二音律中屬於陽聲的律，即黃鐘、太蔟、姑洗、蕤賓、夷則、無射。❽五聲　指古代音樂中的五個基本音階，即：宮、商、角、徵、羽。❾八風　八方之風。❿精　指天地之氣的精華。古人以為音樂是協和天地自然的音響而成。⓫節　關節；標誌。古人認為從音樂的興衰，可以看出國家的治亂存亡。⓬樂之本也　許維遹認為此句「樂」上當增一「和」字：「和，樂之本也。」文義才順。⓭溉汲　溉，洗滌。汲，從井中引水。⓮一人居外　派一人住在外面，專任打水。

【語譯】凡是聽到傳聞一定要作深入的研究和辨察，傳聞涉及到人的還必須依據事理加以驗證。魯哀公有一次問孔子說：「聽說樂正夔只有一隻腳，是真的嗎？」孔子說：「從前舜想用音樂輔助教化天下，於是就派遣重黎走訪民間，把夔從平民中選拔出來，進獻到朝廷上。舜讓夔擔任樂正。夔就開始訂正六律，調和五音，以與八方之風相協和，因而天下全都歸服。重黎還想去多尋求幾個像夔這樣的人，舜說：『音樂是天地之氣的精華，國運興衰的標誌，所以只有聖人才能使之和諧。和諧，正是音樂的根本。而夔就能使音樂和諧，並用以安定天下。像夔這樣的人，有一個就足夠了。』所以說『夔一足』，並不是說夔只有一隻腳啊。」宋國的丁氏，家裡沒有井，要到外面去洗滌、打水，經常得有一個人在外面專管這件事。等到他家掘了井，他告訴別人說：「我掘井得到一個人。」有人聽到後傳言說：「丁家掘井掘得了一個人。」都城裡的人就這樣一傳兩、兩傳三的在這樣說，最後讓宋國國君亦聽到了這件事。他派人去詢問丁氏，丁氏回答說：「我是說，等於得了一個人做幫手，不是說從井裡掘出了一個人。」如果訪賢求能亦像上二例那樣得之於傳聞而又不加審察，那實在還不如沒有聽到的好啊。

〔三〕子夏之晉，過衛，有讀史記❶者曰：「晉師三豕涉河❷。」子夏曰：「非也，是己亥也。夫『己』與『三』相近❸，『豕』與『亥』相似❹。」至於晉而問之，則曰「晉師己亥❺涉河」也。辭多類非而是，多類是而非。是非之經❻，不可不分，此聖人之所慎也。然則何以慎？緣物之情及人之情以為❼所聞則得之矣。

【章　旨】由子夏糾正「三豕涉河」之訛，說明辭多「類是而非」、「類非而是」，必須遵循物與人之情理，加以謹慎審察。

【注　釋】❶史記　記載歷史的書。據文意，應為《衛春秋》，早佚。❷三豕涉河　豕，豬。涉河，渡黃河。❸己與三相近　己，古文作「㔾」與「三」形近。❹豕與亥相似　古文豕、亥作「[illegible]」、「[illegible]」，形似。❺己亥　指己亥這一天。古時用天干、地支紀時。❻經　界限。❼為　指審察。

【語　譯】子夏到晉國去，途經衛國，聽到有人在朗讀史書說：「晉國軍隊『三豕』渡過黃河。」子夏說：「錯了。『三豕』應該是『己亥』。『己』與『三』字形相近，『豕』與『亥』寫法類似。」到了晉國一問這事，果然是「晉國軍隊己亥這天渡過黃河」。言辭有很多像是錯誤其實倒是正確的，亦有很多彷彿正確其實是錯誤的。正確與錯誤的界限，不可不區分清楚，這正是聖人所特別謹慎的地方。那麼怎樣謹慎呢？遵循事物的實際和人之常情來審察和辨別所聽到的傳聞，那就可以得到實情了。

卷第二十三　貴直論第三

貴直　直諫　知化　過理　壅塞　原亂

本卷六篇論文，大致分屬於二個總題：君與臣的納諫和進諫，禍亂的起因和發展。

屬納諫、進諫的有四篇，分別從君、臣兩個方面和正反兩個側面作了論述。〈貴直〉和〈直諫〉題旨相同，內容連貫，互論君、臣對「諫」應持的態度，強調唯有賢者才能「直言」，亦唯有賢主才能聽「直諫」。〈知化〉論君主應有遠見，但主要篇幅則是記述吳王夫差拒絕接受伍子胥具有遠見的忠諫，從而導致身死國亡，因而不妨亦歸之於上述主題範圍之內。第四篇〈壅塞〉，篇名所揭示的就是君主由於「不可以直言」而造成的那種視聽昏闇、心志閉塞的昏庸狀態。文章運用生動的實例和寓言式的故事，探究了「亡國之主」何以不能聽諫的多種原因，頗給人以啟示。

〈過理〉和〈原亂〉，分別探討了禍亂的起因和發展過程。文章認為起因於君主的種種悖理行為，而發展過程則有其自身規律，通常總是「亂未嘗一」（〈原亂〉），會給全國上下帶來長時間的深重災難。所以應當聽從古詩的教誨：「毋過亂門。」（〈原亂〉引）

貴直

【題解】「貴直」是直接對君主而言的，即要求君主能夠尊崇直言敢諫之士，認識到士人的可貴之處正在於敢直言。

文中所舉三例，代表了對待直言的三種不同態度。趙簡子儘管開始對燭過在陣前當著眾人對他規諫亦「艴然作色」，但在聽了燭過頗具說服力的申述以後，當即用行動改正了過失，而且果然收到了立竿見影的奇效。齊宣王對來謁見的能意起初似乎表現出一副虛懷若谷的模樣，主動詢問來客能否直言，但當聽出能意答話中巧妙地暗藏諷意時，立刻勃然大怒，並「將罪之」。虧得能意有一張巧嘴，一番插科打諢，才得以「王乃舍之」收場。第三例齊湣王，非但沒有聽從狐援的忠言直諫，還藉了「哭國」的罪名，將他處斬於國都東門之外。但齊國亦從此戰禍連連，齊湣王本人不久亦被迫出亡並被殺。

作者對三位進諫者有不同評論。狐援的忠烈，文中有極生動的描繪。作者認為他的出言雖「非平論」，但為了挽救面臨敗亡的國家，不得不有所過激。對能意，如果他能「謹乎論於主之側」則「亦必不阿主」，似乎稍有微詞。文章竭力讚頌的是燭過，說他「可謂能諫其君矣」，賞罰不變，僅憑他一句話，「而士皆樂為其上死」。

〔一〕一曰——

賢主所貴莫如士。所以貴士，為其直言也。言直則枉❶者見矣。人主之患，欲聞枉而惡直言，是障其源而欲其水❷也，水奚自至？是賤其所欲而貴其所惡也，所欲奚自來？

【章　旨】此章言君主「欲聞枉」，就不應「惡直言」，不然就是「障其源而欲其水」，永遠無法聽到自己的不正之處。

【注　釋】❶枉　枉曲；不正。❷水　當從《御覽》作「流」，喻指對君主枉曲、不正之處的反映。

【語　譯】賢明的君主所尊貴的莫過於士人。之所以要尊貴士人，是因為他們能正直進諫；進諫正直，君主的不正之處就顯現出來了。世俗君主的弊病，就在於想要聽聞自己的不正之處，卻又厭惡直言進諫。這就如同阻塞了源頭卻又想得到水流，水流從何而來呢？這就等於輕賤自己想要得到的，而又尊尚自己所厭惡的，所欲得到的又從何而來呢？

〔二〕能意❶見齊宣王❷。宣王曰：「寡人聞子好直，有之乎？」對曰：「意惡能直？意聞好直之士，家不處亂國，身不見汙君。身今得見王，而家宅乎齊，意惡能直？」宣王怒曰：「野士也！」將罪之。能意曰：「臣少而好事❸，長而行之，王胡不能與❹野士乎，將以彰其所好耶？」王乃舍之。能意者，使❺謹乎論於主之側，亦必不阿主。不阿主之所得豈少哉？此賢主之所求，而不肖主之所惡也。

【章　旨】以能意對齊宣王的一次直言爭辯為例，說明如此直言進諫之士，正是賢主之所求，不肖主之所惡。

【注釋】❶能意　戰國齊人，姓能名意。❷齊宣王　戰國時齊國國君。田氏，名辟彊，在位十九年（西元前三四二～前三二四年）。❸好事　陶鴻慶認為「事」應為「爭」，形近而誤。好爭，喜好直言規諫。❹與　採用；聽取。❺使　若。

【語譯】能意拜見齊宣王。宣王說：「我聽說您喜好直言，有這樣的事嗎？」能意回答說：「我哪裡能做到直言進諫呢？我聽說能夠直言進諫的士人，家室不會居處於混亂失治的國家，自身不會去拜見德行汙濁的君主。如今我身來見大王，家又住在齊國，我哪裡還算得上能夠直言之士呢？」宣王聽了發怒說：「鄙野的傢伙！」就要治能意的罪。能意說：「我年少時喜好直言爭辯，成年後依然照著這樣做。大王為什麼不能聽取我這個鄙野之士的言論，以彰明我的這種愛好呢？」宣王於是赦免了他。像能意這樣的士人，如果能謹慎地議事於君主左右，亦一定不會曲從君主的。一個不曲從君主的士人使君主獲得的教益難道會少嗎？這樣直言進諫的士人正是賢明的君主所企求的，不肖的君主所厭惡的。

〔三〕狐援❶說齊湣王❷曰：「殷之鼎❸陳於周之廷，其社❹蓋於周之屏，其干戚之音❺，在❻人之游。亡國之音，不得至於廟；亡國之社，不得見於天；亡國之器陳於廷，所以為戒❼。王必勉之。其無使齊之大呂❽陳之廷，無使太公❾之社蓋之屏，無使齊音充人之游。」齊王不受。狐援出而哭國❿三日，其辭曰：「先出也，衣絺紵⓫；後出也，滿囹圄。吾今見民之洋洋然⓬東走而不知所處。」齊王問吏曰：「哭國之法若何？」吏曰：「斮⓭。」王曰：「行法。」吏陳斧質⓮

於東閭⑮，不欲殺之，而欲去之。狐援聞而蹷⑯往過之。吏曰：「哭國之法斮。先生之老歟昬⑰歟？」狐援曰：「曷為昬哉？」於是乃言曰：「有人自南方來，鮒入而鯢居，使人之朝為草而國為墟⑱。殷有比干，吳有子胥，齊有狐援。已不用若⑲言，又斮之東閭。每⑳斮者以吾參㉑夫二子者乎！」狐援非樂斮也，國已亂矣，上已悖矣，哀社稷與民人，故出若言。出若言非平論㉒也，將以救敗也，固嫌於危㉓。此觸子㉔之所以去之也，達子㉕之所以死之也。

【章　旨】言狐援直言忠諫卻反被齊湣王處斬於國都東門一事，正是後來齊國二將一走一死，齊國從此衰敗的原因。

【注　釋】❶狐援　《戰國策・齊策》作「狐咺」，戰國齊臣。❷齊湣王　齊宣王之子，名地，一作遂。❸鼎　古器，三足兩耳，大小不一，用途亦異。傳說禹收九州之金鑄為九鼎，因而又成為立國之重器、政權的象徵。❹社　祭祀土神處。亦為國家政權的象徵。❺干戚之音　武舞的音樂。古代舞蹈分文武兩種，文舞執羽旄，武舞持干戚。干，盾。戚，斧。此處以「干戚之音」代指殷的宮廷音樂。❻在　許維遹認為應作「充」。下文「充人之游」即承此而言，前後不應異。❼戒　警戒。❽大呂　齊國鐘名。此後不久，燕將樂毅攻入齊國都臨淄，此大呂鐘亦被遷至燕，陳列於元英宮。狐援的預言果然應驗。❾太公　指田常之孫田和。和原為齊康公相，周安王十一年（西元前三九一年）遷齊康公於海上，五年後正式由周安王承認和為諸侯，故被田氏尊為太公。❿哭國　為國事而哭。⓫衣絺紵　此句和後文都是狐援警告齊國將亡。絺，用葛草纖維織成的較細的布。紵，用苧麻織成的粗布。皆為常人衣料。此處意為：先出走者，入於他國，還可著絺紵，仍可像自由民那樣生活。⓬洋洋然　猶茫茫然。無所歸依，莫知所措狀。⓭斮　斬。⓮斧質　殺人刑具。⓯東閭　齊國都東門。⓰蹷　顛仆。此處指跌跌撞撞地走。⓱昬　同「昏」。⓲有人自南方來三句　鮒入而鯢居，初進入時像鮒一樣恭順謙卑，待其居住下來後，卻像鯨鯢那樣強暴凶殘。鮒，鯽魚，體小，性柔。鯢，雌鯨，體大，性殘。陳奇猷認為這是狐援的一個隱語式的預言。《史記・田敬仲完世家》：「（齊湣王四十年）燕將樂毅遂入臨淄，……楚使淖齒將兵救齊，因相齊湣王，淖齒遂殺湣王而與燕共分齊之侵地鹵器。」淖齒自楚入齊，故曰「有人自南方來」。淖齒是依附（「鮒」諧「附」）楚國之勢而入齊，初為相，後即倨傲，故曰「鮒入而鯢居」。最後，淖齒殺湣王而與燕共分齊，故曰「使人之朝為草而國為墟」。⑲若　代詞。其。⑳每　通「誨」。古「謀」字。㉑參　動詞，使之比並為三。㉒非平論　不是舒平之論。意謂含有過激之詞。㉓固嫌於危　必須近於危言聳聽。固，必。嫌，近。㉔觸子　齊湣王將。㉕達子　齊湣王將。

【語　譯】狐援進諫齊湣王說：「殷商的九鼎被陳列於周的朝廷，它的神社被周遮蓋上屏障，它的宮廷舞樂被隨意充斥於民間遊樂之中。這是因為亡國的音樂不得進入宗廟，亡國的神社不許見到天日，亡國的重器被陳列於勝利之國的朝廷，這樣做都是用來警戒後人的。大王一定要勉力而行啊，希望不要讓齊國的大呂鐘陳列到別國的朝廷上去，不要讓太公建立起來的神社被人遮蓋起屏障，不要讓齊國的宮廷音樂充斥到常人的遊樂之中。」齊王拒絕接受。狐援走出朝廷後，為國家即將面臨的災難哭了三天。哭詞說：「先逃亡的尚可穿絺著紵，後逃亡的難免身入囹圄；我已經看到百姓東奔西走，多麼茫然啊，因為他們不知道哪裡才是安身之處。」齊王問司刑的官吏說：「給國家哭喪的，按法令該治什麼罪？」官吏回答說：「當斬。」齊王說：「執行法令吧。」官吏把斧鑕放到國都東門，不願真的殺狐援，只是想嚇跑他。不料狐援聽說後，反倒自己跌跌撞撞奔到東門去見司刑的官吏。官吏說：「給國家哭喪的依法當斬。您老先生是老糊塗了呢，還是一時頭腦發昏了呢？」狐援說：「哪裡會發昏呢？」於是進一步說道：「有這麼一個人將從南方來：他來時像鮒那樣恭順卑謙，一旦居住下來卻就像鯢那樣強暴凶殘；他將使別人的朝廷荒草連天，國都變成廢墟一片。從前，殷商有個比干，吳國有個子胥，現在齊國又有了個狐援。既不聽我的這些話，又要在東門把我殺掉。謀劃殺我的人，大概是要使我與比干、子胥並列為三吧？」狐援自然不是樂於被斬。國家太混亂了，君主太昏庸了，他憐惜國家和百姓，所以才說出這樣一番話。這些話不是心平氣和的議論，但為了用以挽救面臨敗亡的國家，不能不把話說得近乎危言聳聽。他所揭示的這些情況，正是後來觸子陣前棄而他走的原因，亦是達子戰敗死於齊難的原因。

〔四〕趙簡子攻衛附郭❶，自將兵。及戰，且遠立❷，又居於犀蔽屏櫓❸之下，鼓之而士不起，簡子投桴❹而歎曰：「嗚呼！士之遬弊❺一若此乎？」行人燭過❻免冑橫戈❼而進曰：「亦❽有君不能耳，士何弊之有？」簡子艴然❾作色曰：「寡人之無使，而身自將是眾也，子親謂寡人之無能，有說❿則可，無說則死。」對曰：「昔吾先君獻公即位五年，兼國十九，用此士也。惠公即位二年，淫色暴慢，身好玉女，秦人襲我，遜去絳七十⓫，用此士也。文公即位二年，底⓬之以勇，故三年而士盡果敢；城濮之戰，五敗荊人；圍衛取曹，拔石社⓭；定天子之位⓮，成尊名於天下；用此士也。亦有君不能耳，士何弊之有？」簡子乃去犀蔽屏櫓而立於矢石⓯之所及，一鼓而士畢乘⓰之。簡子曰：「與⓱吾得革車千乘也，不如聞行人燭過之一言。」行人燭過可謂能諫其君矣，戰鬥之上⓲，枹⓳鼓方用，賞不加厚，罰不加重，一言而士皆樂為其上死。

【章旨】由於行人燭過犯顏直諫，終於使趙簡子甘冒矢石陣前擂鼓，從而收到「賞不加厚，罰不加重」而「士皆樂為其上死」的奇效。

【注 釋】❶附郭 即郛郭。外城。❷遠立 指立於矢石射程所不及之地。❸屏蔽屏櫓 孫蜀丞據《御覽》認為應作「屏蔽屏櫓」。屏蔽，掩蔽物。屏櫓，犀牛皮製成的大盾。❹桴 鼓槌。❺遬弊 很快地變壞。遬，疾。弊，惡。❻行人燭過 行人為官名，其人姓燭名過。據《周禮》，行人主管朝覲聘問事。❼免胄橫戈 這是武器在手、甲胄在身的臣下謁見君主的禮節。免胄，脫去頭盔。❽亦 只是。❾艴然 盛怒貌。❿說 解釋。⓫遯去絳七十 「七十」後當據《韓非子》補「里」字。意謂退卻到離絳城只有七十里的地方。遯，退縮。絳，新絳，晉國都，在今山西曲沃西南。⓬底 通「砥」。砥礪。⓭石社 當為地名，所在未詳。⓮定天子之位 晉文公元年（西元前六三六年），周襄王之弟叔帶率狄人伐周，襄王出奔鄭。第二年晉文公興兵誅叔帶，復納襄王，故稱「定天子之位」。⓯石 石砮。石製之箭鏃。⓰乘 登。⓱與 與其。⓲上 間。⓳枹 同「桴」。鼓槌。

【語 譯】趙簡子親自統率軍隊，進攻衛國國都外城。正式交戰時，他卻站到了遠為弓箭石砮射程所不及的地方，又站立在屏障和大盾後面。簡子擂鼓催戰，士卒卻動也不動。他扔下鼓槌感嘆地說：「哎呀，士卒變壞之快竟然到了這個地步！」這時有位擔任行人職務的官吏叫燭過的，脫盔橫戈走來進言說：「只是君上沒能做到罷了，士卒哪有什麼不好。」簡子勃然發怒板著面孔說：「我不委派他人而親自統率這些士卒，你卻當面說我沒有能耐。你能說出緣故便罷，說不出就治你死罪！」燭過回答說：「從前我們先君獻公，即位五年就兼併了十九個國家，用的就是這支軍隊。惠公即位二年，縱情聲色，殘暴傲慢，又喜好美女。那次秦人侵襲我國，晉軍退卻到離絳城只剩下七十里的地方，用的亦是這支軍隊。文公即位二年，以勇武砥礪士卒，所以三年之後士卒一個個都變得勇猛果敢，城濮那一戰，五次打敗楚軍，圍困衛國，奪取曹國，攻克石社，安定周天子的王位，一舉完成霸業，威名播揚天下，用的亦是這支軍隊。所以說只是君上沒能做到罷了，士卒哪有什麼不好。」簡子於是就離開屏障和大盾，站到弓箭石砮所及的地方，只擂一次鼓，士卒就全部登上城牆。簡子說：「與其讓我獲得兵車千輛，還不如聽到行人燭過說的一句話。」行人燭過真可謂是能夠勸諫他的君主了。正當擂鼓開戰之時，賞賜不增多，懲罰不加重，只說了一句話，就使得士卒都樂於為君主去效死。

直諫

【題解】本篇承上篇主旨，繼續從君與臣兩個方面論述聽諫、進諫之道，並以聽或進「極言」貫串全篇。文章認為言而極，往往會引起聽者的憤怒，「怒則說者危」。因而進言者必須敢於「犯危」；聽言者應當使自己「可與言極言」。只有這樣，才能做到國存主安。聽極言和進極言，文中分別舉有範例，前者有齊桓公，後者為葆申。當鮑叔舉杯祝酒告誡桓公「毋忘出奔在於莒」時，桓公沒有因此話有損自己今日尊嚴而光火，卻「避席再拜」，謙恭承教。當沉湎淫樂的楚文王經葆申極諫總算勉強接受鞭刑，但很快又故態復萌時，葆申便欲「自流於淵」，並「請死罪」，即最後還要以死相諫，這才終於出現了「王乃變更」的轉機。這些古人一再稱道的做法，在現代人看來總難免有幾分矯情，這是因為他們都被一個更大的目標抑制著的緣故：齊桓公為的是「齊國之社稷」，葆申為的是「先王之令」。而這，正是本書作者所倡導的。

「極言」既是本篇論述的重點，因而如何理解「極言」亦可說是讀懂全篇的關鍵。高誘注：「極，盡也。」意謂無保留地盡進其言。聯繫文中實例，「盡」似乎只說到了「量」的一面，未及「質」的一面。鮑叔、葆申的進言，前者深沉、痛切，後者堅執、激烈，均非「盡」所能說盡。我們在注譯中作了一點新的解釋，未必允當，意在引發讀者自行求索，融會貫通。

〔一〕二曰——

言極❶則怒，怒則說者危，非賢者孰肯犯危？而❷非賢者也，將以要利矣。要利之人，犯危何益？故不肖主無賢者。無賢❸則不聞極言，不聞極言則姦人比周❹、百邪悉起，若此則無以存矣。凡國之存也、主之安也，必有以❺也。不知所以，雖存必亡，雖安必危，所以不可不論❻也。

【章　旨】言只有賢者才能進極言，亦只有賢主才能聽極言；不聞極言「百邪悉起」，聽取極言國存主安。

【注　釋】❶極　窮盡；極甚。指說話毫無保留，感情深切而態度堅決。❷而　如。❸無賢　譚戒甫認為依上文句例，應為「無賢者」。❹比周　比，與壞人勾結。周，與人團結。「比周」連用則單取「比」義，意謂植黨營私。❺以　原因。❻論　知。

【語　譯】臣下進諫如果言辭尖銳深切，就會引起君主發怒。君主一怒，進諫的人就十分危險。除非賢者，誰肯去冒這個危險？如果不是賢人，就想憑著進言的機會謀求私利了。在這種謀求私利的人看來，冒這種危險對他有什麼好處？所以在不肖君主周圍沒有賢人。沒有賢人就聽不到尖銳深切的進言；聽不到尖銳深切的進言，奸人就會植黨營私，各種邪說惡行都會趁機興起。真是這樣的話，國家就沒有辦法生存了。大凡國家的生存、君主的安寧，必定是有原因的。不瞭解其中原因，即使目前存在著，但遲早總要滅亡；即使暫時安寧，亦是將遭到危險。因此，國存主安有賴聽聞尖銳深切的進言，這是不可不察知的啊。

〔二〕齊桓公、管仲、鮑叔、甯戚相與飲酒酣，桓公謂鮑叔曰：「何不起為壽❶？」鮑叔奉杯而進曰：「使公毋忘出奔在於莒也，使管仲毋忘束縛而在於魯也，使甯戚毋忘其飯牛而居於車下。」桓公避席❷再拜曰：「寡人與大夫能皆毋忘夫子之言，則齊國之社稷幸於不殆❸矣。」當此時也，桓公可與言極言矣。可與言極言，故可與為霸。

【章旨】以桓公接受鮑叔尖銳深切的敬酒辭為例，說明桓公是能夠聽取極言的，因而亦「可與為霸」。

【注釋】❶為壽　敬酒並獻祝壽、祝福之辭。這是古人飲酒時的一種禮節。❷避席　古人席地而坐，離座起立稱避席。是表示恭敬、惶恐的一種禮節。❸殆　危險。

【語譯】齊桓公、管仲、鮑叔、甯戚一起飲酒。酒飲得正興濃時，桓公對鮑叔說：「何不來一個敬酒祝壽？」於是鮑叔便捧起酒杯獻詞說：「希望您不要忘記逃亡在莒國的情景，希望管仲不要忘記被囚禁在魯國的情景，希望甯戚不要忘記餵牛待在車下的情景。」桓公離座起立再次拜謝鮑叔說：「我和各位大夫如果都能不忘先生剛才的教誨，那麼齊國的社稷可望得以長存了。」在這個時候，是可以向桓公進諫尖銳深切的話了。正因為可以無所顧忌地向他直言極諫，所以能夠與他共同成就霸業。

〔三〕荊文王❶得茹黃之狗❷，宛路之矰❸，以畋於雲夢❹，三月不反；得丹❺之姬，淫❻，朞年不聽朝。葆申❼曰：「先王卜以臣為葆，吉。今王得茹黃之狗，宛路之矰，畋三月不反；得丹之姬，淫，朞年不聽朝。王之罪當笞❽。」王曰：「不穀❾免衣繈緥❿而齒⓫於諸侯，願請變更而無笞。」葆申曰：「臣承先王之令，不敢廢也。王不受笞，是廢先王之令也。臣寧抵罪於王，毋抵罪於先王。」王曰：「敬諾。」引席，王伏。葆申束細荊⓬五十，跪而加之於背，如此者再，謂：「王起矣⓭。」王曰：「有笞之名一也。」遂致⓮之。申曰：「臣聞君子恥之，小人痛之。恥之不變，痛之何益？」葆申趣⓯出，自流於淵⓰，請死罪。文王曰：「此不穀之過也，葆申何罪？」王乃變更，召葆申，殺茹黃之狗，析⑰宛路之矰，放⑱丹之姬。後荊國，兼國三十九。令荊國廣大至於此者，葆申之力也，極言之功也。

【章　旨】以葆申對耽於淫樂的楚文王的二次極諫，終使其改弦易轍，後來楚才得以兼併眾國，說明極言之功何等巨大。

【注　釋】❶荊文王　即楚文王，武王之子，在位十三年（西元前六八九～前六七七年）。❷茹黃之狗　茹地出產的黃犬。茹當為楚地，故《廣雅》又稱其為「楚黃」。❸宛路之矰　宛地出產的竹製成的矰。路，即「簬」。簬，同「簵」。一種質地優良的竹，可以製箭杆。矰，帶絲繩的短箭。❹雲夢　古澤藪名。❺丹　丹山。在楚地（依陳奇猷說）。❻淫　迷惑。❼葆申　名叫申的太葆。太葆，即「太保」，周代設置的輔弼國君的官。❽笞　鞭打；杖擊。❾不穀　古代諸侯自稱的謙詞。穀，善；好。❿免衣襁緥　不再穿襁褓。意謂已由嬰兒長成兒童。襁緥，即「襁褓」，背負嬰兒的布帶、布兜。⓫鹵　並列。⓬荊　一種灌木，古時多用荊條作為刑杖。⓭王起矣　據高誘注：「起，興也。」則此「王起矣」非單指從伏席起來，更含有「振興起來」之意。⓮致　委置。⓯趣　同「趨」。快步疾行。⓰自流於淵　訓釋不一。范耕研據《說苑·正諫》作「欲自流」，認為應補「欲」字，姑從。「欲自流於淵」，意謂想要自沉於深淵。流，古通「沉」。⓱析　折。⓲放　遣送。

【語　譯】楚文王得到茹黃的獵犬、宛簬的矰箭，就帶著它們到雲夢澤打獵，三個月不回來。又從丹山選到了美女，迷戀粉黛，整整一年不上朝聽政。葆申說：「先王占卜讓臣做太保，卦象吉利。如今君王得到茹黃之犬和宛簬之矰，出去打獵三個月不回來，又選了丹山美女，縱情紅袖，一整年沒有上朝聽政。君王的罪當施以鞭刑。」文王說：「我從離開襁褓就列位於諸侯了。希望能改變這種做法，不要鞭打。」葆申說：「臣下敬受先王之命，不敢廢棄。君王不肯接受鞭刑，那就是臣廢棄了先王的成命。臣下寧願獲罪於君王，不能獲罪於先王。」文王說：「遵命。」於是葆申鋪上席子，文王伏在上面。葆申把五十根細荊條束捆在一起，跪著放到文王的背上，隨即拿起。這樣做了二次樣子，對文王說：「大王振興起來了。」文王說：「這倒好，不管有沒有真鞭打，鞭刑的名稱反正一樣。」於是委置此事於不顧，淫樂如初。葆申說：「臣聽說，對於君子，重要的是使他內心感到羞恥；只有對於小人，才應讓他皮肉覺到痛楚。如果已經使他羞恥而仍然不能改變，那麼即使再讓他覺到疼痛又有什麼用處呢？」葆申說罷，急步離開朝廷，想要自沉於深淵，請求文王治他死罪。文王說：「這全是我的過錯呀，葆申有什麼罪！」文王這才改弦易轍，召回葆申，殺了茹黃之狗，折了宛簬之矰，遣送了丹山美女。後來楚國兼併了三十九個國家。使得楚國疆土擴展到如此廣大的，這是葆申的功績，是強言極諫的功效。

知化

【題解】本篇以吳王夫差身死國亡的歷史教訓，說明君主必須重視「知化」。文中一再提醒君主，「不先知化」是導致國危身困的「危困之道」，警惕不要像某些糊塗君主那樣，「化未至則不知」，「患既至，雖知之無及矣」。

所謂知化，就是要求能預見隨著事物發展必將到來的變化。本書作者認為這是作為賢者應具備的一種才能，並一再闡釋。如〈似順〉認為：「事多似倒而順，多似順而倒。有知順之為倒、倒之為順者，則可與言化矣。」這就是說：「知化」屬於理性思維範疇，不是通常的直觀感性認識所能達到。因而，只有智者才能「告之以遠化」（〈知接〉），只有像孔子這樣的聖人才能「見之以細，觀化遠也」（〈察微〉）。〈樂成〉以禹治水為例，對這種認識論上分屬低級、高級二個階段作了通俗、生動的解釋：「禹之決江水也，民聚瓦礫。事已成，功已立，為萬世利。禹之所見者遠也，而民莫之知。故民不可與慮化舉始，而可以樂成功。」

本篇的題旨亦正是這樣：只有賢者、智者才能「知化」，因此君主欲「知化」，就必須聽取他們的進言。吳王夫差所以不能「知化」而最後「身死國亡」，就在於他惑於急功近利而又剛愎自用，頑固地拒絕伍子胥的忠諫。文末對夫差臨死時那種「雖知之無及」的悔恨作了著意渲染，從中可以窺到作者的用心所在。

〔一〕三曰──

夫以勇事人者以死❶也，未死而言死，不論❷，以❸雖知之與勿知同。凡智之貴也，貴知化❹也。人主之惑者則不然。化未至則不知，化已至，雖知之與勿知一貫❺也。事有可以過❻者，有不可以過者。而身死國亡，則胡可以過？此賢主之所重，惑主之所輕也。所輕，國惡得不危？身惡得不困？危困之道，身死國亡，在於不先知化也。吳王夫差是也。子胥非不先知化也，諫而不聽，故吳為丘墟，禍及闔廬❼。

【章旨】言君主欲避免「國危身困」以至「身死國亡」的結局，必須重視事先察知事物發展變化的必然趨勢，聽取像伍子胥這樣能夠「知化」的死難之士的忠諫。

【注釋】❶死　死難。❷論　辨察。❸以　同「已」。指以勇事人者已經死難（依王念孫說）。❹化　變化。指儘管目前尚未出現，但隨著事物發展日後必將來到的變化。❺一貫　一樣。❻過　過失；失誤。❼禍及闔廬　闔廬，即闔閭，吳王夫差之父。夫差國破身亡，闔閭不得享受祭祀，故稱「禍及闔廬」。

【語譯】那些以勇武事奉人君的人，以死難為己任。如果他在生前談論如何效忠死難，人君無法辨察；他死難後雖然知道了這個人能夠這樣做，但這種事後的知與不知完全一樣。大凡智慧的可貴，就貴在能事前察知事物必將來臨的變化。君主中的糊塗人卻不是這樣。變化未到他們一無所知，變化已經來到，雖然亦能知道，但這與不知道完全一樣。事情有可以失誤的，有不可以失誤的，像將導致君主身死、國家滅亡這樣的大失誤怎麼能夠容許發生呢？這正是賢明君主特別重視之處，卻亦是糊塗君主輕慢疏忽的地方。輕慢疏忽了這一點，國家怎麼能不危殆？自身怎麼能不困厄？導致國危身困的原因，直至產生身死國亡的後果，都在於不能事先察知事物未來的變化。吳王夫差就是這樣。伍子胥並非沒有預先察知事物的變化，他亦進諫了，但夫差不聽，所以吳國成為一片廢墟，災禍甚至殃及到已經作古的闔閭。

〔二〕吳王夫差將伐齊❶，子胥曰：「不可。夫齊之與吳也，習俗不同，言語不通，我得其地不能處，得其民不得使❷。夫吳之與越也，接土鄰境，壤交通屬❸，習俗同，言語通，我得其地能處之，得其民能使之。越於我亦然。夫吳、越之勢不兩立。越之於吳也，譬若心腹之疾也，雖無作，其傷深而在內也。夫齊之於吳也，疥癬之病也，不苦其已❹也，且其無傷也。今釋越而伐齊，譬之猶懼虎而刺猏❺，雖勝之，其後患未央❻。」太宰嚭曰：「不可。君王之令所以不行於上國❼者，齊、晉也。君王若伐齊而勝之，徙其兵以臨❽晉，晉必聽命矣，是君王一舉而服兩國也，君王之令必行於上國。」夫差以為然，不聽子胥之言，而用太宰嚭之謀。子胥曰：「天將亡吳矣，則使君王戰而勝。天將不亡吳矣，則使君王戰而不勝。」夫差不聽。子胥兩祛高蹶❾而出於廷，曰：「嗟乎！吳朝必生荊棘矣。」

【章　旨】吳王夫差不聽伍子胥釋齊伐越的忠諫，反用太宰嚭之言而興兵伐齊，子胥預言「吳朝必生荊棘」。

【注　釋】❶吳王夫差將伐齊　吳王夫差七年（西元前四八九年），聞齊景公死，夫差將興師北伐齊。其時，越已為吳所敗，越王句踐正棲會稽求和於吳，故伍子胥有下文所言之進諫，夫差不聽。❷不得使　不能役使。孫蜀丞認為據上下文校之，「得」當為「能」。使，役使。❸壤交通屬　土地交錯，道路相連。通，陶鴻慶以為係「道」之誤。屬，連。❹已　治癒。❺猏　同「豣」。三歲的豬。❻央　盡。❼上國　指中原地區各諸侯國。因地勢高於江南諸國，故有是稱。❽臨　據《戰國策・西周策》「以臨韓魏」注：臨，猶伐也。❾兩祛高蹷　兩手撩起衣襟，憤怒地大步走出。祛，撩起（衣服）。高蹷，高蹈；高高舉足，大步走路。

【語　譯】吳王夫差準備攻打齊國，伍子胥說：「不行。齊國與吳國習俗不同，言語不通，即使我們佔有了它的土地亦不能居住；獲得了它的百姓亦無法役使。而吳國和越國，疆域毗鄰，土地交錯，道路相連，習俗相同，言語相通，我們佔有它的土地能夠居住，獲得它的百姓可以役使。反過來，越國對我國亦是這樣。吳越之間的這種情勢決定了兩國無法並存。越國對於吳國，好比心腹之疾，即使眼前沒有發作，但它的危害極大而且深藏於體內。至於齊國對於吳國，那不過只是疥癬小疾而已，用不著急於治好它，而且它亦無傷大體。現在如果放棄越國而去攻打齊國，那就好比畏懼猛虎卻去刺殺豬玀那樣，就算得到了勝利，留著那猛虎，那就會後患無窮。」太宰嚭說：「伍子胥的話不可行。大王的命令之所以不能推行於中原各國，就是由於齊、晉兩國的緣故。大王倘若攻伐齊國而戰勝它，然後移兵以大軍壓境之勢討伐晉國，晉國必然俯首聽命了。這樣大王一舉而征服了兩個國家，大王的命令必定可以推行於中原各國。」夫差認為太宰嚭說得對，不聽從子胥的話，而採用了太宰嚭的計謀。伍子胥說：「上天如果要滅亡吳國的話，就會使君王打勝這一仗；上天如果不滅亡吳國的話，就會使君王打不勝這一仗。」夫差還是不聽。伍子胥兩手一撩衣襟，大踏步地走出朝堂，說道：「啊，吳國的朝堂必然要生荊棘了！」

〔三〕夫差興師伐齊，戰於艾陵❶，大敗齊師，反而誅子胥。子胥將死曰：「與❷！吾安得一目以視越人之入吳也？」乃自殺。夫差乃取其身而流之江❸，抉❹其目，著❺之東門，曰：「女胡視越人之入我也？」居數年，越報吳，殘其國，絕其世，滅其社稷，夷其宗廟，夫差身為擒。夫差將死曰：「死者如有知也，吾何面以見子胥於地下？」乃為幎❻以冒面死。夫患未至，則不可告也；患既至，雖知之無及矣。故夫差之知慙於子胥也，不若勿知。

【章旨】言吳雖勝齊並誅殺子胥，但終如子胥預言為越所滅；夫差臨死方「知慙於子胥」，但已「雖知之無及」。

【注釋】❶艾陵　春秋齊地，在今山東萊蕪東。❷與　借為「吁」。嘆詞。❸取其身而流之江　據《國語・吳語》：「申胥自殺，（吳）王慍曰：『孤不使大夫得有見也。』乃使取申胥之尸，盛以鴟夷（革囊），而投之於江。」故稱「流之江」。❹抉　挑出；挖出。❺著　附著。此處為「掛」的意思。❻幎　指幎目。覆蓋死者面部的布巾。據《儀禮・士喪禮》，幎目用方尺二寸的黑布做成。陳奇猷對此句另有訓考。認為「為幎」當為「援幔」。古文「爰」、「為」形似易誤。「爰」即「援」。幎，《說文》訓為「幔」。考慮到其時夫差身已就擒，死時不可能有正式葬禮，因而隨手拿了古代室內通常備有的幔布覆面，似乎更合情理些，故錄此。語譯依原文。

【語譯】夫差發兵攻打齊國，在齊地艾陵一戰，大敗齊國軍隊。返還後就誅殺伍子胥。子胥臨死時說：「唉，我怎麼才能留下一隻眼睛以便看著越軍進入吳都呢？」說完就自殺。夫差就把他的屍體投進江中讓江水沖走。挖出他的眼珠，掛到國都東門上，說：「看你還怎麼看著越軍侵入我的吳國！」過了幾年，越人報復吳國，攻破了吳國的國都，滅絕了吳王的後代，毀滅了吳國的社稷，夷平了吳王的宗廟，夫差本人亦被擒獲。夫差臨死時說：「死人如果有知的話，我還有什麼面目見子胥於泉下？」於是以黑巾覆面自殺而死。

那些糊塗的君主就是這樣：禍患還沒有到來時，無法使他們明白；禍患已經降臨，即使明白過來亦已來不及了。所以夫差臨終時雖然「知道」自己愧對子胥，還不如不知道。

過理

【題解】本篇通過對歷史上各不相同的亡國君主的總結，認為有一個共同的教訓：「樂不適。」從而提醒當世君主注意，如果一味以背逆理義作為自己的快樂，那麼國家就必然「不可以存」。

文中列舉的一批亡國君主，大多已為本書一再提到。如對桀紂、晉靈公的凶殘暴虐，齊湣王、宋康王的昏憒狂亂，都有深刻的揭露。其中，宋康王昏憒可笑行狀，在下篇〈壅塞〉中有更生動的記述，他亦終於自取滅亡。齊湣王則與其他各例另有不同處：他是在故國已為燕將樂毅所破，輾轉出亡，於居衛期間繼續受惑於佞臣公王丹的。相類的記述在前〈審己〉四章中已有過一次，在那裡他是作為亡國而仍「不知其所以」的代表，在此篇則為亡國而依舊「樂不適」的典型。

同一個齊湣王，被作者認為既「不知其所以」，又「樂不適」，可知事物的「適」亦就是事物的「所以」，亦即事理。據此，篇名「過理」，似可理解為喪失或違背常理、理義，亦就是「不適」。

〔一〕四曰——

亡國之主一貫，天時雖異，其事雖殊，所以亡同者❶，樂不適❷也。樂不適，則不可以存。糟丘酒池，肉圃為格❸，雕柱❹而桔❺諸侯，不適也。刑鬼侯❻之女而取其環❼，截涉者脛而視其髓❽，殺梅伯❾而遺文王其醢❿，不適也。文王貌受以告諸侯。作為琁室⓫，築為頃宮⓬，剖孕婦而觀其化⓭，殺比干⓮而視其心，不適也。孔子聞之曰：「其⑮竅通則比干不死矣。」夏、商之所以亡也。

【章　旨】言縱然天時、人事有異，但亡國之主所以敗亡的原因同為一條：「樂不適」，並歷數夏商末世種種「不適」行跡以證之。

【注　釋】❶所以亡同者　陶鴻慶認為當作「所以亡者同」。❷樂不適　以不適為樂。不適，違反理義。❸糟丘酒池二句　極言生活奢侈無度。糟丘，用酒糟堆起的小山。酒池，存酒的池子。肉圃，肉林。為格，設置炮格。據俞樾訓考，炮格有二義，一為刑具，一為炊具，烤肉用的銅架。前一義指其淫刑酷烈，後一義指其飲食奢侈。此處與酒池、肉圃相並，當為後一義。❹雕柱　雕，通「鑄」（依許維遹說）。鑄柱，鑄造銅柱。即鑄造施行炮烙的刑具。❺桔　孫詒讓以為當是「梏」之誤。梏，械繫；拘禁。❻鬼侯　商末諸侯。殺鬼侯之女事，《史記・周本紀》有記，稱為九侯之女：「九侯有好女，入之紂。九侯女不喜淫，紂怒，殺之，而醢九侯。」❼褱　懷於衣衾內的玉塊（依陳奇猷說）。❽戲涉者脛而視其髓　相傳紂王看到有個人涉水不怕冷，感到奇怪，就命人捉來砍斷他的腳脛，看他的骨髓與別人有什麼不同。戲，「截」的本字。❾梅伯　商末諸侯。❿醢　古代一種酷刑，把人剁成肉醬。此處指由梅伯的肉做成的肉醬。⓫琁室　用美玉砌成的居室。琁，美玉。⓬頃宮　他書又作傾宮、瓊宮，疑亦指由玉石建築的宮室。⓭化　指腹內未成形的胎兒。⓮比干　紂王諸父。相傳比干多次力諫，紂說：「我聽說聖人的心有七竅，確實是這樣嗎？」於是剖比干的心。⓯其　指紂王。

【語　譯】亡國君主都是一樣的。縱然天時各異，行事有別，但他們之所以滅亡的原因是同一的：都把做出背逆理義的行為當作了快樂。君主以背逆常理為樂，那麼國家就不能存在。如營造糟丘、酒池，設置肉圃、炮格，鑄造銅柱暴虐諸侯，這是背逆理義的。屠殺鬼侯之女，因為要奪取她懷藏的玉塊；砍斷涉水者的腳脛，就為的要看看他的骨髓；剮殺梅伯，還把他的肉醬送給文王，這亦是背逆理義的。文王表面接受下來，並就此通報了各個諸侯。再如修砌琁室，建築瓊宮，剖開孕婦之腹觀看未成形的胎兒；殺死比干說是要看一看他的心竅，這些都是違背理義的。孔子聽到這些暴行說：「紂的心竅如果能有一點通達理義的話，比干就不會被殺死了。」這就是夏桀、商紂所以滅亡的原因。

〔二〕晉靈公❶無道，從上彈人而觀其避丸也；使宰人❷臑熊蹯❸不熟，殺之，令婦人載而過朝以示威，不適也。趙盾❹驟❺諫而不聽，公惡之，乃使沮麛❻。沮麛見之，不忍賊❼，曰：「不忘恭敬，民之主也。賊民之主不忠，棄君之命不信，一於此❽不若死。」乃觸廷❾槐而死。

【章　旨】言晉靈公多行「不適」，並欲殺害敢於屢諫的趙盾，終而遭致國亡身死。

【注　釋】❶晉靈公　春秋晉國君，襄公之子、文公之孫，名夷皋，暴虐無道，後為臣下所殺，位十四年（西元前六二〇～前六〇七年）。❷宰人　廚師。❸臑熊蹯　煮熊掌。臑，通「胹」。煮熟；煮爛。蹯，野獸的足掌。❹趙盾　即趙宣子。晉國大夫，晉襄公時掌握國政。晉靈公十四年（西元前六〇七年），因避靈公殺害而出走，走出境靈公已為其族人趙穿殺死，盾回而擁立晉成公繼續執政。❺驟　多次。❻沮麛　當是晉靈公手下武士，《左傳》稱「沮麑」。《左傳》記此事為：「乃使沮麑賊之。晨往，寢門闢矣，盛服將朝。尚早，坐而假寐。」據此，疑此處有較多脫文，致使文義不甚連貫。語譯姑依原文。❼賊　殺害。❽一於此　二者若居其一。此，代指上文「不忠」、「不信」兩種行為。❾廷　通「庭」。

【語　譯】晉靈公暴虐無道，他從高處用彈弓彈人，看人家怎樣躲避彈丸為樂。叫廚師煮熊掌，說是熊掌沒有煮熟就把廚師殺掉。還命令女人用車子載著屍體拉過朝廷藉以炫耀淫威。這些都違背了理義。趙盾為此多次勸諫，靈公非但不聽，還厭惡趙盾，就派沮麛去殺害他。沮麛看到趙盾，不忍殺害，他說：「趙盾時刻不忘恭謹，那真是百姓的主啊。殺害百姓的主，就是對百姓不忠；但是，拋棄國君的命令，就是對國君不信。不忠、不信，這兩條中只要犯上一條，就不如死的好。」於是就一頭撞在庭前槐樹上死去。

〔三〕齊湣王亡居衛，謂公王丹❶曰：「我何如主也？」王丹對曰：「王賢主也。臣聞古人有辭❷天下而無恨色者，臣聞其聲，於王而見其實。王名稱東帝❸，實辨❹天下。去國居衛，容貌充滿，顏色發揚，無重國❺之意。」王曰：「甚善！丹知寡人。寡人自去國居衛也，帶益三副❻矣。」

【章　旨】言齊湣王出亡居衛，還繼續喜好佞臣獻媚，毫無亡國之恨，居然還「容貌充滿」、「帶益三副」。

【注　釋】❶公王丹　即公玉丹。古玉字作「王」。❷辭　拋棄；失掉。❸王名稱東帝　據《史記・田敬仲完世家》：齊湣王三十六年（西元前二八八年），自稱東帝。在此同時，秦昭王自稱西帝。❹辨　治理。❺重國　重，用如意動詞。把離開或丟失國家看得很重。❻帶益三副　高誘注：「副或作倍。帶益三倍，苟活者肥，令腹大耳。」衣帶增大三倍，當係誇張之詞。陳奇猷提出：「人無論如何增肥，無可能腹帶增至三倍之多。」並以「判」訓「副」，引申為分一物為若干分，因而「帶益三副」，猶言「帶增三分」。但仍覺勉強。語譯暫用意譯。

【語　譯】齊湣王出亡寄居在衛國。一次他問公王丹說：「我是怎樣的一個君主呢？」公王丹說：「大王可真是個賢明的君主啊。從前我聽說古代聖王有失去天下而無有憾色的，但亦只是耳聞其名罷了，如今在大王身上才見到了事實。大王名義上稱為東帝，實際上卻治理著天下。但自從離開齊國居住到衛國以來，大王更顯得體貌豐盈，容光煥發，毫無丟不開國家的想法。」湣王說：「太好了。王丹真是瞭解我啊。我自從離開齊國到了衛國，衣帶已經放寬三次啦。」

〔四〕宋王❶築為蘖帝❷，鴟夷❸血，高懸之，射著甲冑❹，從下，血墜流地。左右皆賀曰：「王之賢過湯、武矣。湯、武勝人，今王勝天，賢不可以加❺矣。」

宋王大說，飲酒。室中有呼萬歲者，堂上盡應，堂上已應，堂下盡應，門外庭中聞之，莫敢不應，不適也。

【章　旨】記述宋康王木櫱作帝、囊血射天等「不適」之事。

【注　釋】❶宋王　指宋康王。❷築為櫱帝　此句各家訓釋多異，姑依李寶洤、陳奇猷說。意謂用木櫱製成天帝形象（李說）。築字當為衍文，因俗書「櫱」為「蘗」，「築」與「蘗」形近而誤入（陳說）。❸鴟夷　大皮囊。❹甲冑　指披戴在木製天帝身上的鎧甲、頭盔。按：此段文字錯訛較多，幾至不可通讀，語譯只能就其大意。此事《史記》、《戰國策》均有記載，文字略簡。《史記・宋微子世家》為：「盛血人韋囊，懸而射之，命曰射天。」❺加　超過。

【語　譯】宋康王用木櫱做成天帝模樣，用大皮囊盛上血當作天帝的心臟，再給它披上鎧甲、戴上頭盔，高高懸掛起來。然後站在下面向上射，射中了血一直流到地上。他的左右侍從便一齊祝賀說：「大王的賢明大大超過湯、武了。湯、武只能勝人，如今大王戰勝了天，大王的賢明真是無以復加了。」宋康王非常高興，又設宴飲酒。室中有人一歡呼萬歲，堂上的人全都應和；堂上應和了，堂下跟著一齊應和，門外和庭中的人聽到了，沒有一個敢不應和的。這些都是背逆理義的。

壅塞

【題解】此篇從「亡國之主」何以「不可以直言」，以致造成視聽昏闇、心志壅塞這個角度，承本卷中〈貴直〉等篇主旨，繼續論述君主的納諫之道。

從全篇看，大致論述了這樣幾個方面的原因：㈠妄自尊大。只有看到自己的「不智」才能「聽智」；只有認識到自己的「非」才能接受別人的「是」。但像齊王那樣，「自以賢過於堯舜」，人家還怎麼能進諫呢？㈡沉湎酒樂。如戎王。㈢愛聽恭維。齊宣王用的弓明明只有三石拉力，由於喜歡別人說他能用硬弓，左右侍從便投其所好，竟至終身以為自己用的是九石弓。這個寓言式的故事，確實深刻地點出「亂國之主」的一個共同病根——卻又不限於「亂國之主」。㈣宥於認識。文章對宋王的揭露不止於他的昏憒，他又殘忍地屢屢枉殺按實情稟報「齊寇近矣」的偵探者；同時還以登高而下視牛羊為喻，從認識論上剖析了這個「狂夫」的錯誤。站在自己一邊而遠望敵方，總以為自己強大而別人渺小，這樣怎麼還能聽得進與此相反的稟報呢？文中認為這是宋國「所以絕」的原因。

篇末，作者有一段頗耐人尋味的感慨：「非直士其孰能不阿主？世之直士，其寡不勝眾，數也。」既深含著對君主規諫的苦心，又從一個側面道出了處於戰國末世那種直道愈益難行的苦衷。

〔一〕五曰——

亡國之主，不可以直言。不可以直言，則過無道❶聞，而善❷無自至矣。無自至則壅❸。

【章旨】言亡國之主在位時都不能聽信直言，故必然耳目不通，心志壅塞。

【注釋】❶道 由；從。❷善 指善人、賢者。❸壅 阻塞。指視聽、心志阻塞不通。

【語譯】亡國的君主，在位時都不可以直言相諫。君主不讓人直言相諫，過失就無由聽到，賢人亦無從來至。賢人無從來至，君主就會耳目不通，心志壅塞。

〔二〕秦繆公時，戎彊大，秦繆公遺之女樂二八❶與良宰焉。戎王大喜，以其故，數飲食，日夜不休。左右有言秦寇之至者，因扜弓❷而射之。秦寇果至，戎王醉而臥於樽❸下，卒生縛而擒之。未擒則不可知，已擒則又不知。雖善說者❹猶若此，何哉？

【章旨】言昏主如戎王，日夜耽於酒樂，直至身已被擒猶且醉而不知，即使有善說者亦無用。

【注釋】❶女樂二八 女子歌舞伎十六人。古代宮廷歌舞，以八人為一行，稱一佾，二八，即二佾、二行。❷扜弓 彎弓。❸樽 盛酒的容器。❹善說者 後〈不苟〉三章載同一事有「由余驟諫而不聽」之語，陳奇猷據而認為此「善說者」即指由余，並應將其驟諫不聽句補上，否則文義不足。語譯仍依原文。

【語譯】秦穆公時，戎人勢力強大。穆公就送給他們二隊歌舞伎和一些技藝精良的廚師。戎王非常高興。因為這個緣故，經常大吃大喝，日夜不休。左右侍從中有誰膽敢說秦軍將會來到的，就馬上開弓射他。後來，秦軍果然來到，戎王卻還喝得酩酊大醉，倒在酒樽下睡覺，終於被活活捆綁捉住。戎王在被捉前，不可能由勸諫使他知道將會被捉；已經被捉時，又醉在夢中還是不能知道。對於這種人，即使有善於進諫的說者又能有什麼辦法呢？

〔三〕齊攻宋❶，宋王❷使人候❸齊寇之所至。使者還，曰：「齊寇近矣，國人恐矣。」左右皆謂宋王曰：「此所謂肉自至蟲❹者也。以宋之強，齊兵之弱，惡能如此？」宋王因怒而詘❺殺之。又使人往視齊寇，使者報如前，宋王又怒詘殺之。如此者三。其後又使人往視：齊寇近矣，國人恐矣。使者遇其兄。曰：「國危甚矣，若將安適？」其弟曰：「為王視齊寇，不意其近，而國人恐如此也。今又私患鄉❻之先視齊寇者，皆以寇之近也報而死。今也報其情❼，死；不報其情，又恐死；將若何？」其兄曰：「如報其情，有且❽先夫死者死，先夫亡者亡。」於是報於王曰：「殊❾不知齊寇之所在，國人甚安。」王大喜。左右皆曰：「鄉之死者宜矣。」王多賜之金。寇至，王自投❿車上馳而走，此人得以富於他國。夫登山而視牛若羊，視羊若豚⓫。牛之性不若羊，羊之性不若豚，所自視之勢過也，而因怒於牛羊之小也，此狂夫之大者。狂而以行賞罰，此戴氏⓬之所以絕也。

【章旨】言當齊興兵攻宋時，宋王卻屢屢枉殺按實情稟報的偵探者，而重賞謊報敵情的人，如此「狂而以行賞罰」，終於導致宋國滅絕。

【注釋】❶齊攻宋　此為戰國時齊湣王滅宋之役。據《史記・六國年表》事在齊湣王三十八年（西元前二八六年）。❷宋王　即宋康王。❸候　刺探。❹肉自至蟲　此當是當時習語，意謂自找禍害。今仍有與此義相反的俗語：「物必先腐之，然後蟲生之。」❺詘　同「屈」。枉也。❻鄉　即「嚮」、「向」。以前。❼情　實情。❽有且　又將。此句意謂：如果稟報實情，你又將比國破後一般人死的、亡的先一步遭到這種災難。❾殊　極；很。❿投　奔向。⓫豚　小豬。⓬戴氏　指宋國。據蘇時學考證，宋本為子姓國，後其國內公族戴氏篡奪了子氏政權直至為齊湣王所滅，故此處以戴氏代稱宋國。

【語　譯】齊國進攻宋國，宋康王派人去刺探齊軍已到了什麼地方。派去的人回來說：「齊寇已經臨近了，國都裡人們已經恐慌了。」左右侍臣卻對宋王說：「這就是俗話說的『肉自至蟲』——禍由自找啊。憑著宋國的強大，齊國的虛弱，怎麼可能這樣呢？」宋王一聽大怒，便把派去刺探的人屈殺了。接著又派人去察看，派去的人回來稟報的像前一個人一樣。宋王又大怒，把他屈殺了。這樣派了三次，殺了三次。然後又派人去察看。這時齊軍確實已經迫近了，國都裡人們確實非常恐慌了。派去的人路上遇到了他的哥哥。哥哥說：「國家已經非常危險了，你還要到哪裡去？」弟弟說：「我是為君王去察看齊寇動向的。沒有想到齊寇已離得這麼近，國都裡人們恐慌到了這個地步。現在我擔心的是，以前派去察看齊寇的人，都是因回報齊寇迫近而被殺的。如今我若稟報實情，亦會死；不報實情，恐怕亦難免一死。該怎麼辦呢？」他的哥哥說：「齊軍一到，人們固然都死的死，逃的逃；但如果你回報真情，又將比他們還要先一步遭受這種災難。」於是，他就回來稟報宋王說：「根本沒有看到齊寇在哪裡，國都裡人們都非常安定。」宋王聽了非常高興，左右侍臣都說：「可見以前被殺的人都是該殺的了。」宋王就賞賜這個謊報敵情者大量錢財。齊軍一到，宋王自己奔到車上驅車逃跑了；這個人亦帶著賞賜徙居他國，十分富足。如果登上高山往下看，就會覺得牛小得像羊，羊小得像小豬；但實際上牛本身要比羊大，羊本身要比小豬大。之所以會產生這種錯覺，是由於觀察時站的地勢不對的緣故。倘若因此而對牛羊的變得這樣小而大光其火，這種人可真算是頭等的大狂夫，在狂亂狀態下施行賞罰，這便是宋國所以滅絕的原因。

〔四〕齊王❶欲以淳于髡❷傅太子，髡辭曰：「臣不肖，不足以當此大任也，王不若擇國之長者而使之。」齊王曰：「子無辭也。寡人豈責❸子之令太子必如寡人也哉？寡人固生而有之也。子為寡人令太子如堯乎？其❹如舜也？」凡說之行也，道不智聽智，從自非受是❺也。今自以賢過於堯、舜，彼且胡可以開說哉？說必不入，不聞存君。

【章　旨】以齊王竟以為自己生而賢明超過堯舜為例，說明這樣的君主必然聽不進臣下進諫，而進諫必然不入則「不聞存君」。

【注　釋】❶齊王　指齊宣王。❷淳于髡　戰國時齊人，以博學多智著稱，曾仕於齊威王、齊宣王和魏惠王之朝，事跡散見《戰國策・齊策》、《史記》〈孟子荀卿列傳〉、〈滑稽列傳〉等。❸責　要求。❹其　表示選擇的連詞。還是。❺自非受是　自以為不是而接受是。

【語　譯】齊王想讓淳于髡做太子的師傅。淳于髡推辭說：「我才疏德薄，不配擔當這樣的重任。大王不如選擇國中德高望重的長者加以委任吧。」齊王說：「您不必推辭了。我怎麼會要求您使太子像我一樣呢？我的才德原本是天生就具有的。您替我把太子教得像堯那樣，或者像舜那樣，總可以吧？」大凡臣下的進說得以施行，總要君主能夠自認為不智，才能聽取別人明智的見解；自以為不對，才能接受別人正確的建議。現在齊王自以為賢明已經超過了堯、舜，人家還怎麼可以對他陳說進諫呢？臣下的進諫如果總是不能被接受，從未聽說過這樣的君主還能存在。

〔五〕齊宣王好射，說人之謂己能用彊弓也。其嘗所用不過三石❶，以示左右。左右皆試引之，中關❷而止，皆曰：「此不下九石，非王，其孰能用是？」宣王之情，所用不過三石，而終身自以為用九石，豈不悲哉？非直士其孰能不阿主？世之直士，其寡不勝眾，數❸也。故亂國之主，患存❹乎用三石為九石也。

【章旨】以齊宣王所用弓拉力實際只有三石卻被誤為九石為喻，說明「用三石為九石」，便是一切「亂國之主」的病根。

【注釋】❶石　古代重量單位。一百二十斤為一石。❷中關　把弓拉到一半。中，一半。關，滿弓。❸數　定數。此為陰陽家用語，猶言必然結果。❹存　在。

【語譯】齊宣王愛好射箭，喜歡別人說他能用硬弓。他平日常拉的那張弓拉力不過三石，拿給左右侍從看，侍從們試著拉這張弓，都有意只拉到一半為止，然後一個個說：「這張弓的弓力不會低於九石，除了大王，誰還能用這樣的弓？」宣王的真實情況是所用的弓拉力不過三石，但卻一輩子自以為用的是九石弓，這難道不可悲嗎？不是正直之士誰能不阿諛君主？因此世上正直之士寡不敵眾，就成了定數。那些給國家帶來禍亂的君主，他們的病根就在於用的「弓」實在只有三石而自以為九石啊。

原亂

【題解】篇名「原亂」，意謂推究禍亂的根源。但文章著重論述的則是禍亂之門打開後，那種大小災難連番頻仍、一發而不可收拾的情勢，和隱藏在這些現象後面的規律性的東西，即所謂「亂必有弟」，「亂未嘗一」。這可說是作者觀察了數百年禍亂蠭起的春秋戰國歷史和現實後獲得的一個有價值的發現。

從本篇所據以立論的晉國驪姬之亂來看，所以「亂未嘗一」，原因大致可歸結為二：一是作亂雙方都採取了極端手段；一是外國勢力的借用或介入，而這，正是那個時代的普遍現象。文中提供君主們效法的榜樣，周武王「以武得之，以文持之」，修文偃武，守成王業；晉文公對內實行一系列寬鬆政策，對外保持必要實力，從而做到「外內皆服」。這說明止亂同樣亦是有規律可以尋找的。

篇末特別警告那些禍亂的肇始人，他們都以為禍亂可以一次就終止，即只想到亂人，沒想到人亦亂己，就像前〈慎行〉二章所說的那樣：「知害人而不知人害己。」但無情的歷史卻總是與他們的願望相反：「凡作亂之人，禍希不及身。」

〔一〕六曰——

亂必有弟❶，大亂五❷，小亂三，討❸亂三，故詩曰：「毋過亂門❹。」所以遠之也。慮福未及，慮禍之❺，所以皃❻之也。武王以武得之，以文持之，倒戈弛弓❼，示天下不用兵，所以守之也。

【章旨】言禍亂一開就難以停息，故應遠離亂門，像武王那樣「以武得之，以文持之」。

【注釋】❶弟　通「第」。次第。此處指禍亂發生、發展到結束的過程、規律。❷五　約數。意謂多次。下文兩「三」字同。❸訓　未詳。畢沅、李寶淦疑為「討」字之訛。❹毋過亂門　不要從禍亂處所經過。此句不見於今《詩經》，高誘注為「逸詩」。❺慮禍之　陳昌齊據《淮南子・人間》有「計福勿及，慮禍過之」句，認為「慮禍」下應補「過」字。❻皃　當為「完」。隸書書此形似而誤（依王念孫說）。完，保全。❼倒戈弛弓　把戈倒掛，把弓弦放鬆。弛，即「弛」。

【語譯】禍亂一旦開啟，必然會依照它固有次第接連而至。三五次大亂過後，還會有兩三次小亂，然後經過數次討伐，禍亂才能平息。所以古詩有道：「不要從正在發生禍亂的處所經過。」就為的是要遠離禍亂。對福祉無寧期望不足，對災禍不如估計過分，這是保全自身的方法。武王以武力取得天下，以文德治理天下，倒置戈戟，鬆開弓弦，以昭示天下不再用兵，就為的是守成王業。

〔二〕晉獻公立驪姬以為夫人，以奚齊❶為太子，里克❷率國人以攻殺之。荀息❸立其弟公子卓❹，已葬，里克又率國人攻殺之。於是❺晉無君。公子夷吾❻重賂秦以地而求入❼，秦繆公率師以納❽之，晉人立以為君，是為惠公。惠公既定於晉，背秦德而不予地。秦繆公率師攻晉，晉惠公逆之，與秦人戰於韓原。晉師大敗，秦獲惠公以歸，囚之於靈臺❾。十月，乃與晉成❿，歸惠公而質太子圉⓫。太子圉逃歸也。惠公死，圉立為君，是為懷公。秦繆公怒其逃歸也，起奉公子重耳以攻懷公，殺之於高梁⓬，而立重耳，是為文公。文公施舍⓭，振廢滯⓮，匡⓯

乏困，救災患，禁淫慝⑯，薄賦斂，宥罪戾，節器用，用民以時，敗荊人于城濮，定襄王⑰，釋宋，出穀戍⑱，外內皆服，而後晉亂止。故獻公聽驪姬，近梁五、優施⑲，殺太子申生，而大難隨之者五⑳，三君死，一君虜㉑，大臣卿士之死者以百數，離咎㉒二十年。

【章　旨】以晉國驪姬之亂起後，大小禍亂輪番更迭，災難延續達二十年之久為據，證明「亂必有弟」的道理。

【注　釋】❶奚齊　晉獻公之子，驪姬所生。❷里克　晉大夫。❸荀息　晉大夫。曾為太子奚齊少傅。❹公子卓　晉獻公之子，驪姬之妹所生。❺於是　在此時。❻公子夷吾　即後來的晉惠公。❼以地而求入　以贈送土地的辦法要求秦國幫助他入晉為君。驪姬亂起後，獻公之子夷吾、重耳等，都被迫出亡國外。又據《左傳》僖公十五年，賂秦土地為「河外列城五」。❽納　使接納。❾靈臺　高臺名。❿成　平。指雙方媾和，猶今之達成協議。⓫質太子圉　以太子圉為人質。太子圉，晉惠公之子。⓬高梁　晉地，在今山西臨汾東北。⓭施舍　寬免；寬鬆。據《周禮・遂師》等注，均讀「施」為「弛」。弛有解除、免除等意。⓮振廢滯　起用被廢棄和長期不得升遷的人。⓯匡　救助。⓰淫慝　邪惡。⓱襄王　指周襄王。事見前〈不廣〉五章。⓲釋宋二句　王念孫據《左傳》等所載認為「釋宋」下當有「圍」字。《左傳》僖公二十七年（西元前六三三年），楚及陳、蔡、鄭、許等圍宋，因晉文公伐曹、衛，楚為救曹、衛而與晉達成諒解，從而解宋之圍，並同時撤離了駐守在穀的楚軍。出，使離開。穀，齊邑，在今山東東阿。⓳梁五優施　俱為晉獻公嬖幸之臣。優施，名為施的優伶。⓴大難隨之者五　李寶淦認為五大難除下文「三君死，一君虜」外，再加一「秦穆公率師納惠公」。㉑三君死二句　死者為奚齊、卓子、懷公；虜者為惠公。㉒離咎　遭受災禍。離，通「罹」。遭受。

【語　譯】晉獻公立驪姬作為夫人，以奚齊為太子。獻公剛死，里克就率領國都裡的人攻殺了奚齊。荀息又立奚齊的弟弟公子卓為君。獻公才落葬，里克再次率領國都裡的人攻殺了公子卓。這時候晉國便處於無君主狀態。公子夷吾用厚禮——五座城邑送給秦國，以求得幫助讓他回國做君主。秦穆公率領軍隊把他送入晉國。晉人立夷吾為國君，這就是惠公。惠公既已在晉國安定了君位，就背棄秦國恩德不肯踐約給予土地。秦穆公率領軍隊進攻晉國，晉惠公迎戰，與秦軍戰於韓原。晉軍大敗。秦軍俘獲了晉惠公並帶回秦國，囚禁在靈臺。到了這年十月，才與晉國媾和，釋放惠公回國，而用太子圉作為人質。後來太子圉逃了回來。惠公死了，太子圉被立為國君，這就是懷公。秦穆公對圉的逃回十分惱怒，就扶植公子重耳助他進攻懷公，並在高梁殺死了懷公，立重耳為國君，這就是文公。晉文公行寬厚之政，舉用被廢黜的舊臣和長期不得升遷的人，救助食用困乏的人，賑濟遭受災荒禍患的人；嚴禁邪惡，減輕賦稅，寬宥罪犯，節省器用，按照時令差役民眾。在這同時，在城濮大敗楚軍，安定周襄王王位，為宋國解圍，使楚軍撤離它駐守的齊地穀邑。這樣做了以後，國內國外歸服，晉國的亂事才終於止息。所以獻公聽信驪姬，寵幸梁五、優施，殺害太子申生，隨之而來的大禍亂有五次，三個君主被殺，一個國君被俘，大臣卿士死於禍亂的數以百計，使全國遭受災禍長達二十年之久。

〔三〕自上世以來，亂未嘗一。而亂人之患也，皆曰一而已❶，此事慮不同情也。事慮不同情者，心異❷也。故凡作亂之人，禍希❸不及身。

【章旨】言作亂人的通病是不懂得「亂未嘗一」的道理，因而結局總大多是禍及自身。

【注釋】❶已 止。❷異 非常。《釋名・釋天》：「異者，異於常也。」❸希 稀。

【語譯】自上古以來，禍亂從未有一次就終止的。而那些作亂人的通病，就正在於都說只發生一次就會停息。這是對事物的思慮不符合實際的緣故。思慮違反實際，就在於心志背離了常理。所以凡是作亂的人，災禍極少有不連及到自己身上的。

卷第二十四　不苟論第四

不苟　贊能　自知　當賞　博志　貴當

本卷六篇文章，側重論述君臣關係和君與臣各自應執守的原則。主要內容可概括為：

㈠臣子應盡職和守節。〈贊能〉提出：「功無大乎進賢。」臣下對君主最好的事奉便是進薦賢人。文中舉了鮑叔薦管仲、沈尹莖舉孫叔敖二個範例。當時，管、孫二人都還處在困厄之中，推舉他們，不僅要出以公心，還須具有相當的膽識。〈不苟〉以五佐不肯為武王繫襪帶、蹇叔不肯為穆公出不義之謀等四例，說明臣下事奉君主應遵守四項原則，即：「雖貴不苟為，雖聽不自阿，必中理然後動，必當義然後舉。」

㈡君主應自知和聽諫。〈自知〉指出：「存亡安危，勿求於外，務在自知。」這裡所說的「知」，是指瞭解自己的缺失。人們通常總是不能自知，而「人主猶其（尤甚）」。為此，古代聖王要設置「欲諫之鼓」、「誹謗之木」等等，以鼓勵和便利民眾「舉過」。文中用了「掩耳椎鐘」的寓言，說明「過」是客觀存在，君主若實行「掩蔽之道」，那就會鬧出類似掩耳椎鐘的笑話。

㈢論賞罰標準。卷中〈當賞〉及〈不苟〉、〈贊能〉等篇都對此有所論及。要點是：賞罰應以「歸」，即實際功過為唯一標準，君主不應介入個人或愛或惡的感情因素（秦獻公與右主然、菌改）；賞罰應以義、禮為上，勞徒為下，即所謂「先德而後力」（晉文公與陶狐）；賞賜的面「欲其博」，既要賞其「本」，即謀術的提出者，又要賞其「末」，即謀術的實施者（晉文公與趙衰、郤子虎）。

㈣論成功之道。〈博志〉和〈貴當〉都從事物的發展有其自身規律這一點出發，論述了君主應如何去建立功名。前者認為凡事不可「兩大」、「兩成」，因而舉事應選擇「大務」，專一執著。後者則進一步指出，舉事必須遵循「道」，即事物的本性。事物的本性原係「天地之數」，人力既不可增，亦無法損，只能「因其固然而然之」。所以舉事前要細加審察，「以為不可，弗為；以為可，故為之」。

不苟

【題解】本篇論臣子當明確職守和堅持節操，做到一絲不苟。文中提出應堅持的四條：「雖貴不苟為，雖聽不自阿，必中理然後動，必當義然後舉。」大致說來，前兩條屬於臣子自身際遇：雖「貴」、雖「聽」亦不能忘記自己的職守和節操；後兩條有關舉事的屬性：必須「中理」、「當義」然後才能行動。只有實行了這四條，方能稱之為「忠臣」。

篇中列舉了四個實例，從正反兩個方面作了論述，並與上述四條保持著一定的對應關係。譬如「雖貴不苟為」與公孫枝越職請見客和百里奚的為之說情；「雖聽不自阿」與趙衰的「勝鄰之術」被晉文公採納，事成卻辭受賞賜，都可以明顯看到其間的聯繫。至於五輔臣不為武王繫襪帶，大概就是說明「必中理然後動」的，而蹇叔不為繆公出不義之謀，則正是「必當義然後舉」的注腳。

本篇陳說對象主要是臣子，但有一段話卻是專門講給君主聽的：「子胥見說於闔閭而惡乎夫差，比干生而惡於商，死而見說乎周。」這說明只有賢主，才能識得忠臣。

〔一〕一曰——

賢者之事❶也，雖貴不苟為，雖聽❷不自阿，必中❸理然後動，必當義然後舉，此忠臣之行也。賢主之所說，而不肖主雖不肖其說❹，非惡其聲❺也。人主雖不肖，其說忠臣之聲與賢主同，行其實則與賢主有異。異，故其功名禍福亦異。異，故子胥見說於闔閭而惡乎夫差，比干生而惡於商、死而見說乎周。

【章旨】論述賢者舉事從不苟為，「必中理然後動，必當義然後舉」，故為賢主所悅和不肖主所惡。

【注釋】❶事　舉事；做事。❷聽　指被君主聽信。❸中　符合。❹不肖主雖不肖其說　句中因涉下文而衍「肖其」二字，當為「不肖主雖不說」（依陳奇猷說）。❺聲　聲名。此處指被認為喜好忠臣、賢士的這種聲名。

【語譯】賢明的臣子舉事，縱然爵位顯貴亦不輕率而行，即便能為君主聽信亦不以曲說惑上；必定是切中事理才行動，符合道義才去做。這就是忠臣的德行。它為賢明的君主所喜悅，不肖的君主所厭惡。但不肖君主雖然不喜悅忠臣的德行，卻並不厭惡有喜好忠臣賢士的這種聲名。這些君主雖不肖，但喜歡有喜好忠臣賢士的聲名與賢主還是相同的，只是實際做起來與賢主不同。正因為實際行動不同，所以兩者的功名禍福亦就迥異。又因為實際行動不同，所以伍子胥受闔閭賞識，卻被夫差厭惡；比干活著的時候被商厭惡，死後卻得到周的頌揚。

〔二〕武王至殷郊，係墮❶。五人❷御於前，莫肯之為❸，曰：「吾所以事君者非係也。」武王左釋白羽❹，右釋黃鉞❺，勉而自為係。孔子聞之曰：「此五人者之所以為王者佐也，不肖主之所弗安❻也。」故天子有不勝細民者，天下有不勝千乘者。

【章旨】以武王襪帶解落，身旁五輔臣不為之代繫一事說明臣子事君，不「中理」的事不應做。

【注釋】❶係墮　襪帶因鬆懈而垂落下來。係，即「繫」。帶子。此處指襪帶。❷五人　武王的五位輔臣。即周公旦、召公奭、太公望、畢公高和蘇公忿生。❸莫肯之為　沒有一個人肯為武王結上襪帶。❹白羽　古代儀仗。用白羽裝飾的旗幟。❺黃鉞　古代儀仗。用黃金裝飾的大斧。❻安　據《後漢書・安帝紀》注：「寬容和平曰安。」

【語　譯】周武王率軍到了殷都郊外，襪帶鬆落了下來。當時五個輔臣都陪侍在左右，卻沒有一個人肯替他繫一繫。他們說：「我們自有用來事奉君主的，但並不是替他繫襪帶呀。」武王左手放下白羽，右手放下黃鉞，費力地自己繫好了襪帶。後來孔子聽到這件事情說：「這正是這五個人所以能夠成為王者輔臣的原因。而他們這樣做，又正是不肖君主所不能容忍的。」由此看來，天子有時亦有不勝小民之處，君臨天下的有時亦有不如一個普通國家君主的地方。

〔三〕秦繆公見戎由余❶，說而欲留之，由余不肯。繆公以告蹇叔❷。蹇叔曰：「君以告內史廖❸。」內史廖對曰：「戎人不達於五音與五味，君不若遺之。」繆公以女樂二八人與良宰遺之。戎王喜，迷惑大亂，飲酒，晝夜不休。由余驟諫而不聽，因怒而歸繆公也。蹇叔非不能為內史廖之所為也，其義不行❹也。繆公能令人臣時立其正義，故雪殽之恥❺，而西至河雍❻也。

【章　旨】以蹇叔沒有直接進言繆公向戎王贈送女樂良宰以使其迷亂為例，說明臣子事君不「當義」的事不應做。

【注　釋】❶由余　亡入西戎之晉人後裔，後歸附秦穆公，佐助穆公稱霸西戎。❷蹇叔　春秋時秦國大夫。❸內史廖　即王廖。內史為官名，掌管爵祿賞罰。❹其義不行　蹇叔以為遺女樂良宰使戎王迷亂等等，於義不合，故不為。❺雪殽之恥　殽之恥，指秦師在殽地大敗於晉，戰後三年，秦伐晉，取晉地，並埋葬死於前殽之戰的秦軍屍骨，起土為墳。❻河雍　指古雍州。約為今陝西、甘肅和青海三省的部分地區。

【語譯】秦穆公見到戎國的由余十分賞識，想把他留下。由余不願意。穆公把這事告訴了蹇叔。蹇叔說：「請君上去告訴內史廖。」內史廖聽後回答說：「戎人不懂得音樂和美味，君上不如把這些東西送給他們。」穆公就把二隊樂伎和幾個技藝精湛的廚師送給戎人。戎王很高興，為之神智迷亂，胡作非為，日夜只顧飲酒作樂。由余多次勸諫不聽，為此一怒之下歸附了秦穆公。蹇叔並非不能做內史廖所做的事，而是由於他所執守的道義不容許他這樣做。秦穆公能使臣下隨時堅持他們遵奉的道義，所以能洗刷殽之戰的恥辱，並把疆域向西擴展到河雍一帶。

〔四〕秦繆公相百里奚，晉使叔虎❶、齊使東郭蹇❷如秦，公孫枝請見之。公曰：「請見客，子之事歟？」對曰：「非也。」「相國使子乎？」對曰：「不也。」公曰：「然則子事非子之事❸也。秦國僻陋戎夷❹，事服其任❺，人事其事，猶懼為諸侯笑。今子為非子之事，退，將論而❻罪。」公孫枝出，自敷❼於百里氏。百里奚請之❽。公曰：「此所聞於相國歟。枝無罪，奚請？有罪，奚請焉？」百里奚歸，辭公孫枝。公孫枝徙❾，自敷於街。百里奚今吏行其罪❿。定分官⓫，此古人之所以為法也。今繆公鄉⓬之矣，其霸西戎，豈不宜哉？

【章旨】以公孫枝越職行事而穆公論其罪，即使相國求情亦不予寬宥為例，說明臣子雖貴當不「苟為」。

【注釋】❶叔虎　晉大夫，即下章郤子虎，姓郤，名豹，字叔虎。❷東郭蹇　齊大夫，姓東郭，名蹇。❸子事非子之事您現在做的不是職務分內應做的事。第一個「事」為動詞，第二個「事」為名詞。❹僻陋戎夷　偏僻荒遠接近戎夷之地。戎、夷，古代對西方、東方各族的泛稱。此處則是偏義複詞，只有「戎」義，沒有「夷」義。❺事服其任　事事都有專職。服，使用。其任，指適合於擔任該項政事的人。❻而　你。❼敷　陳述。❽請之　為他求情。❾徙　指從百里奚處辭出。❿行其罪　按照公孫枝的罪對他施行懲罰。罪，懲罰。⓫定分官　陳奇猷以為當是「定分治官」。意謂明確職守，治理百官。⓬鄉　同「嚮」。嚮往。

【語譯】 秦穆公任百里奚為相國。一次，晉派叔虎、齊派東郭蹇出使秦國，公孫枝來請求穆公會見他們。穆公說：「請求會見客人，這是你職務分內的事嗎？」公孫枝回答說：「不是。」「那麼是相國委派你的嗎？」公孫枝又回答說：「沒有。」穆公說：「這麼看來，你是做了不該你做的事。我們秦國偏僻荒遠，接近戎夷之地，縱然做到事事都有專職，人人各盡其責，猶且擔心會被中原諸侯恥笑。而你現在卻做了本不該你做的事。下去吧。我要審定你的罪行懲治你。」公孫枝退出後，去向百里奚陳述了自己的委屈。百里奚便為他去向穆公求情。穆公說：「這樣的事該是相國過問的嗎？再說，如果公孫枝沒有罪，何必來求情？如果有罪，求情幹什麼呢？」百里奚回到自己那裡，回絕了公孫枝。公孫枝出來後，又到街市上去陳訴。百里奚立刻命令司法官吏對公孫枝進行論罪施罰。明確職守，治理百官，這是古人用來作為法治的根本原則。秦穆公正是朝著這個目標做的，因此他的稱霸西戎，難道不是情理之中嗎？

〔五〕晉文公將伐鄴，趙衰❶言所以勝鄴之術，文公用之，果勝。還，將行賞。衰曰：「君將賞其本❷乎？賞其末❸乎？賞其末則騎乘者❹存，賞其本則臣聞之郤子虎❺。」文公召郤子虎曰：「衰言所以勝鄴，鄴既勝，將賞之，曰：『蓋聞之於子虎，請賞子虎。』」子虎曰：「言之易，行之難。臣言之者也。」公曰：

「子無辭。」郤子虎不敢固辭，乃受矣。凡行賞欲其博也，博則多助。今虎非親言者也，而賞猶及之，此疏遠者之所以盡能竭智者也。晉文公亡久矣，歸而因❻大亂之餘，猶能以霸，其由此歟？

【章旨】以趙衰向晉文公進言「勝鄴之術」，事成卻辭受賞賜而推薦另賞最先提出是項建議的郤子虎，說明臣子事君應「雖聽不自阿」。

【注釋】❶趙衰　即趙成子，曾從公子重耳（即晉文公）出亡，回國後任原（今河南濟源北）大夫，後任新上軍之將和中軍之佐，輔助文公創建霸業。❷本　指提出勝鄴之術的人。❸末　指執行伐鄴命令的人。❹騎乘者　泛指直接參加戰鬥的將士。❺郤子虎　即前章叔虎。❻因　承接。

【語譯】晉文公準備伐鄴，趙衰向文公建白如何勝鄴的方法。文公採納後，果然獲得了勝利。凱旋歸來，文公就要賞賜趙衰。趙衰說：「君上是要賞賜本源呢，還是要賞賜末節？倘要賞賜末節，那麼有參戰的將士在；若是賞賜本源，那麼我的建議原是從郤子虎那裡聽來的。」文公召來郤子虎說：「趙衰向我進說如何勝鄴的方法，現在鄴已被戰勝，我準備賞賜他，可是他說：『我原是從子虎那裡聽來的，請賞賜子虎吧。』」郤子虎說：「說起來容易做起來難，我只不過說說而已。」文公說：「你不要推辭了。」郤子虎不敢強為推辭，這才接受了賞賜。凡是行賞，範圍宜大；範圍大，得到的幫助就多。這個郤子虎並非直接進言的人，尚且賞賜到了他，這就是即便不是接近君主的人亦能夠為國家竭盡自己才智的原因。晉文公在外流亡很久，回國後承接的又是大亂後的殘破局面，卻依然能夠憑藉這樣的條件成就霸業，大概就是由於上面那個原因吧？

贊 能

【題 解】「功無大乎進賢」，篇末的這句結語說明：一、本篇主要論述進薦賢能；二、篇名「贊能」之「贊」，可以與「進」互用。《漢書・東方朔傳》「朔自贊」句顏師古注：「贊，進也。」亦可佐證。

文中列舉的範例是，鮑叔向齊桓公進薦管仲，沈尹莖向楚莊王進薦孫叔敖。鮑、沈都是在自己受到君主信用、將被委以國政的情況下，提出另薦賢者的。做到這一點，可謂難能而可貴。除了要求捐棄私利，能以國家前途命運為重以外，還須對自己和被推薦者有清醒而審慎的評估。鮑叔幾番進薦的管仲，其時尚處於異國縲紲之中；沈尹莖為之遊說五年的孫叔敖，原係「期思之鄙人」。但鮑、沈都認為自己在主宰國運方面「不若」對方，而後來的事實確也證明了他們評估的正確。這些都表現了那個時代特有的氣度，因而千百年來為人們所傳頌。

臣下進賢，對於君主來說，就是要舉賢任能。文中要求君主：㈠認識「得地千里，不若得一聖人」的道理，獲得賢者對於成就王霸之業具有決定意義；㈡對於真正的賢者，應像桓公、莊王那樣隆重接納，並委以重任；㈢事成後，「凡行賞欲其本」，即不要忘了進薦者。

〔一〕二曰——

賢者善人❶以人❷，中人以事❸，不肖者以財。得十良馬，不若得一伯樂；得十良劍，不若得一歐冶❹；得地千里，不若得一聖人。舜得皋陶而舜受之❺，湯得伊尹而有夏民，文王得呂望而服殷商。夫得聖人，豈有里數哉❻？

【章　旨】以賢者與中人、不肖者的高下對比和古代聖君得賢人而王天下的歷史典實為據，說明「得地千里，不若得一聖人」的道理。

【注　釋】❶善人　與人相親善、相友好。❷人　陳奇猷以為這是一個特殊名詞，意為「為人之道」。❸事　事功。❹歐冶　春秋時冶工，善鑄劍。❺舜受之　陳昌齊認為，據上下文義，「舜受之」當作「堯受之」，言舜得皋陶而堯授之以天下。受，通「授」。❻豈有里數哉　此句與上文「得地千里」對應，意為得聖人即得天下，而天下的土地何止千里萬里呢？

【語　譯】賢明的人與人親善，因為這個人通達為人之道；普通人與人親善，由於這個人勤於功業；不肖的人與人親善，為的是這個人擁有財富。得到十匹好馬，不如得到一個伯樂；得到十柄寶劍，不如得到一個歐冶。對於國君來說，得到千里方圓的土地，還不如得到一個聖人。舜得到皋陶便獲得堯禪讓的天下；湯得到伊尹就擁有了夏的民眾；文王得到呂望就征服了殷商。一旦得到了聖人，所得的土地何止千里萬里呢？

〔二〕管子束縛在魯。桓公欲相鮑叔。鮑叔曰：「吾君欲霸王❶，則管夷吾在彼❷，臣弗若也。」桓公曰：「夷吾，寡人之賊❸也，射我者也。不可。」鮑叔曰：「夷吾為其君❹射人者也。君若得而臣之，則彼亦將為君射人。」桓公不聽，強相鮑叔。固辭讓而❺相，桓公果聽之。於是乎使人告魯曰：「管夷吾，寡人之讎也，願得之而親加手❻焉。」魯君❼許諾，乃使吏鞹❽其拳，膠其目，盛之以鴟夷❾，置之車中。至齊境，桓公使人以朝車❿迎之，祓以爟火⓫，釁以犧猳⓬焉，生⓭與之如國，命有司除廟筵几⓮而薦⓯之，曰：「自孤之聞夷吾之言也，目益明，耳益聰，孤弗敢專，敢⑯以告於先君。」因顧而命管子曰：「夷吾佐予。」管仲還走⑰，再拜稽首⑱，受令而出。管子治齊國，舉事有功，桓公必先賞鮑叔，曰：「使齊國得管子者，鮑叔也。」桓公可謂知行賞矣。凡行賞欲其本也，本則過無由生矣。

【章　旨】言鮑叔執意辭讓相位而竭力進薦管仲，使桓公獲得賢佐，因而以後凡管仲舉事有功，桓公必先賞鮑叔，以賞其「本」。

【注　釋】❶霸王　成就王霸之業。❷彼　指魯國。❸賊　殺人者。❹君　指公子糾。❺而　其。❻親加手　親手施以刑戮。加，施也。❼魯君　指魯莊公。❽韈　皮革。此處用如動詞，用皮革套住。❾鴟夷　大皮囊。❿朝車　大臣上朝的乘車。⓫祓以爟火　用葦燒火，置於桔皋之上，照之以除不祥。祓，除不祥。爟火，燒葦束置桔皋上。⓬釁以犧猳　宰殺公豬舉行血祭。釁，殺牲取血以祭。猳，通「豭」。公豬。⓭生　苑耕研疑「生」係「身」，音近而訛。身，躬身。⓮筵几　筵，竹席。几，供憑靠的矮桌。此處均用如動詞，擺設筵几。⓯薦　進獻。⓰敢　表敬副詞，無實際意義。⓱還走　逡巡退避。表示因禮過隆而惶恐。⓲稽首　一種跪拜禮，叩首到地。古有所謂九拜禮，稽首列為第一，是最恭敬的。

【語　譯】管仲被囚禁在魯國。這時候，齊桓公想起用鮑叔擔任國相。鮑叔說：「君上倘若想成就王霸之業，那麼一定得用管夷吾，他現在在魯國，我不如他。」桓公說：「這個夷吾，是謀害我的凶手，用箭射過我的，不能用他。」鮑叔說：「夷吾是為他當時的君主射人的，君上如果得到他，用他做臣子，那麼他亦將為您射別人。」桓公不聽，硬是要讓鮑叔做相。鮑叔執意辭讓這個相位。桓公最終還是採納了鮑叔的建議。於是就派人通報魯國說：「管夷吾是我的仇人，我希望得到他，親手來把他殺死。」魯國國君答應了，派官吏用皮革箍住管仲雙手，用黏膠封住他的眼睛，再把他裝在大皮袋裡，放到車上給齊國送去。一到齊國邊境，齊桓公立即派人用朝車迎接管仲。點燃爟火祓除不祥，宰殺公豬舉行血祭。然後桓公親自陪同管仲一起回到國都。桓公命令主管官吏打掃宗廟，設筵置几，把管仲進薦給祖先。桓公說：「我自從聽了夷吾的談論，目光越發明亮，耳朵更加靈敏。我準備任他為相，不敢擅自決定，冒昧地以此告請先君。」桓公說完，回過頭來對管仲說：「夷吾，輔佐我。」管仲惶恐地退避幾步，向桓公再拜叩頭，鄭重地接受任命後，離開了宗廟。

此後管仲治理齊國，凡遇興舉政事有了功勞，桓公就一定先賞賜鮑叔，說：「使齊國得到管仲的是鮑叔啊。」桓公可算得是懂得如何行賞了。凡是行賞，應該賞賜根本；賞賜根本，過失就無從發生了。

〔三〕孫叔敖、沈尹莖相與友。叔敖遊於郢三年，聲問❶不知，修行❷不聞。沈尹莖謂孫叔敖曰：「說義以❸聽，方術❹信行，能令人主上至於王，下至於霸，我不若子也。耦世接俗❺，說義調均❻，以適主心，子不若我也。子何以不歸耕乎？吾將為子游❼。」沈尹莖遊於郢五年，荊王❽欲以為令尹❾，沈尹莖辭曰：「期思❿之鄙人⓫有孫叔敖者，聖人也。王必用之，臣不若也。」荊王於是使人以王輿⓬迎叔敖以為令尹，十二年而莊王霸，此沈尹莖之力也。功無大乎進賢。

【章旨】言沈尹莖既為孫叔敖遊說，又薦其擔任楚莊王令尹，從而為楚國成就霸業立下了大功。

【注釋】❶聲問　即聲聞。名聲；名望。❷修行　美好的品行。修，善良；美好。❸以　則。❹方術　猶今之所謂策略、措施。❺耦世接俗　和合世俗。耦、接，都是合的意思。❻調均　調和。❼游　遊說。❽荊王　指楚莊王。❾令尹　楚國設置的最高官位，掌握軍政大權。❿期思　春秋楚邑，故址在今河南固始西北。⓫鄙人　郊野之人。⓬輿　本謂車廂，因即指車。

【語　譯】孫叔敖、沈尹莖相互交好。孫叔敖來到楚國郢都遊歷了三年，依然是名聲不為人所知，美德不被人瞭解。沈尹莖對孫叔敖說：「進說道義總能使人聽從，所出方略措施必定順利推行，能夠使君主上而至於君臨天下，下而至於稱霸諸侯，在這些方面我不如您。順隨社會，附和世俗，進說道義調和中庸，用以投合君主的心意，在這些方面您不如我。您何不先暫作隱居、歸耕田壟呢？我將為您去遊說。」沈尹莖在郢都遊歷了五年，楚莊王想讓他擔任令尹。沈尹莖辭讓說：「期思地方有個村野細民孫叔敖，實在是位聖人。請大王一定要任用他。同他相比我差得遠了。」楚莊王於是就派人用君王才能乘坐的車輦把孫叔敖迎來，委以令尹重任。過了十二年楚莊王便成就了霸業。這是沈尹莖的功勞啊。在所有功勞中，舉薦賢人是最大的。

自知

【題　解】有關君主修養自身，瞭解、改正自己過失的主題，本書一再論及。如〈先己〉、〈審己〉和〈貴直〉、〈直諫〉以及〈制樂〉、〈悔過〉等篇，都從各自不同角度作了闡發。本篇則是集中論述「自知」——瞭解自己過失的專文。

全篇主要內容可歸納為：

㈠不可不「自知」。儘管「人故不能自知」，而且「人主猶其（尤甚）」，但不可不「自知」，因為這是「存亡安危」所在。文中用五組歷史人物敗亡的實例，得出了「敗莫大於不自知」的結論；同時還引了一個掩耳椎鐘的寓言，說明君主的過失猶如椎擊鐘必發聲那樣一個客觀存在，絕不會因為主觀上的掩飾而悄然消失，若是實行「掩蔽之道」，那就成了可笑的掩耳椎鐘者。

㈡保證「自知」的若干措施。如為君主「立輔弼，設師保」，或「司過之士」。為了接受民眾監督，古代聖王堯舜等並設有「欲諫之鼓」、「誹謗之木」和「戒慎之鞀」。

㈢「自知」要依靠「直士」。這一命題，和前〈貴直〉中的「言直則枉者見」，〈直諫〉中的「無賢則不聞極言」是相通的；但本篇中列舉的實例卻別有深意。當任座因直言而險些喪命的時候，卻出來一個翟黃，頓使劍拔弩張的情勢發生了戲劇性的變化，甚至終任座一生都被魏文侯尊為上賓。奧祕就在翟黃為任座說情的那番話上。他先把魏文侯奉為賢主，然後說：「臣聞其主賢者，其臣之言直。今者任座之言直，是以知君之賢也。」文侯聽了果然大喜。這裡用的近似所謂三段論法。但作為大前提的「其主賢者，其臣之言直」本身就不是必然而是或然：主賢並不能使所有的臣下都「言直」，臣直更不能決定主就一定賢。因而翟黃據此作出的「是以知君之賢」的判斷只能是虛假的。這一點翟黃自然心知肚明，本文作者更是一清二楚，文末分明寫著只是為了「順乎主心」。以虛假作為手段，達到了一個真實的目的——這或許就是那個時代經常扮演的一種悲喜劇吧？

〔一〕三曰──

欲知平直，則必準繩；欲知方圓，則必規矩；人主欲自知❶，則必直士。故天子立輔弼❷，設師保❸，所以舉過也。夫人故❹不能自知，人主猶其❺。存亡安危，勿求於外，務在自知。

【章旨】言君主的「自知」乃國家「存亡安危」所繫，故必須依賴直士，並採取「立輔弼，設師保」等措施。

【注釋】❶自知　指認識自己，尤指認識自己的過錯。❷輔弼　輔政大臣。古有「左輔右弼」之說。弼，輔佐。❸師保　負責輔導、教養帝王或太子的官。如太師、太保，統稱師保。❹故　通「固」。❺猶其　當為「尤甚」。「猶」、「尤」音訛，「其」、「甚」形訛（依陳昌齊說）。

【語譯】想要測知平直，必得依賴水準墨線；想要驗證方圓，定要依靠圓規矩尺；君主想要瞭解自己的過失，一定要依靠正直之士。所以天子要設立輔弼，設置師保，用以舉發自己的過錯。通常，人們原本就不能發覺自己的過失，作為人君尤其如此。對君主來說，國家的存亡，個人的安危，都用不著到外部尋求原因，關鍵就在於要瞭解自己的過錯。

〔二〕堯有欲諫之鼓❶，舜有誹謗之木❷，湯有司過之士❸，武王有戒慎之鞀❹，猶恐不能自知，今賢非堯、舜、湯、武也，而有掩蔽之道，奚繇❺自知哉？

【章　旨】列舉堯、舜、湯、武為求得「自知」而採取的種種措施，告誡賢未及上古聖君的當世君主，如果還要施行「掩蔽之道」，就絕不會有「自知」。

【注　釋】❶欲諫之鼓　供想要進諫的人敲擊的鼓。❷誹謗之木　一稱「謗木」、「華表木」。供書寫帝王過失而設立於交通要道的木牌。❸司過之士　王念孫校本，改「過」為「直」。司直之士，主管匡止帝王過錯的官吏。直，匡正。❹戒慎之鞀　供想要告誡帝王使之謹慎的人搖的鼓。鞀，長柄搖鼓。❺繇　通「由」。

【語　譯】堯時專門設有供進諫人敲擊的鼓，舜時有供書寫帝王缺失的木牌，湯時設有主管糾正帝王過錯的官吏，武王時有告誡君主慎於政事的人使用的搖鼓。即使這樣，他們尚且擔心不能瞭解自己的過失。當世君主，賢明遠不如堯舜湯武，倒反採取掩塞視聽、堵絕言路的做法，那還能靠什麼瞭解自己的過失呢？

〔三〕荊成、齊莊❶不自知而殺，吳王、智伯❷不自知而亡，宋、中山❸不自知而滅，晉惠公、趙括❹不自知而虜，鑽荼、龐涓、太子申❺不自知而死，敗莫大於不自知。

【章　旨】列舉五組因不「自知」而敗亡的歷史人物，得出了「敗莫大於不自知」的結論。

【注　釋】❶荊成齊莊　荊成，指楚成王。名惲，在位四十六年（西元前六七一～前六二六年）。據《左傳》文公元年：楚成王不聽令尹子上勸諫，立商臣為太子，既而又欲黜商臣，商臣以宮甲圍成王，王縊。齊莊，指齊莊公。據《左傳》襄公二十五年：齊莊公通崔杼之妻棠姜，後為崔杼所殺。❷吳王智伯　吳王，指吳王夫差。智伯，晉六卿之一的智襄子，為趙襄子所殺。❸宋中山　宋，宋國。指宋國為齊所滅事。中山，指中山國。其國君昏庸，習俗荒淫，為魏文侯所滅。❹晉惠公趙括　晉惠公背秦之德，在韓原之戰中為秦所俘。趙括，戰國趙人，名將趙奢之子，性高傲，好空談。趙孝成王時代廉頗為將，與秦戰於長平，全軍覆沒。據《史記・廉頗藺相如列傳》，趙括戰敗被殺，而此處止說被俘，可能為了與晉惠公對舉才這樣說的。❺鑽荼龐涓太子申　據高誘注：鑽荼、龐涓，魏惠王之將；太子申，魏惠王之子。《史記・魏世家》稱：魏惠王三十年（西元前三四〇年），魏伐趙，齊救趙擊魏，太子申等與齊戰於馬陵，大敗，太子申被俘，龐涓被殺。

【語譯】楚成王、齊莊公因為不瞭解自己的過失而被殺；吳王、智伯因為不瞭解自己的過失而滅亡；宋國、中山國因為不瞭解自己的過失而絕國；晉惠公、趙括因為不瞭解自己的過失而當了俘虜；鑽荼、龐涓、太子申因為不瞭解自己的過失而兵敗身死。所以，沒有比不瞭解自己的過失更壞事的了。

〔四〕范氏之亡❶也，百姓有得鍾❷者，欲負而走，則鍾大不可負，以椎毀之，鍾況然有音，恐人聞之而奪己也，遽揜其耳。惡人聞之可也，惡己自聞之悖矣。為人主而惡聞其過，非猶此也？惡人聞其過尚猶可❸。

【章旨】以「掩耳椎鐘」的寓言說明，作為君主而「惡聞其過」，亦就成了自欺欺人的掩耳椎鐘者。

【注釋】❶范氏之亡　范氏，指范吉射。晉定公二十二年（西元前四九〇年），范吉射為趙簡子所伐，出亡齊國。一說亡為滅亡，晉出公十七年（西元前四五八年），智伯與韓、趙、魏共分范氏地，范氏於是滅亡。❷鍾　同「鐘」。❸惡人聞其過尚猶可　范耕研、陳奇猷認為，按上文句例，此句下應有「惡己自聞其過悖矣」句，文義才完整。語譯依此。

【語譯】范氏出亡的時候，百姓中有個人得到了范家一口鐘。他想背了鐘趕快跑掉，可是鐘太大，沒法背。於是就想用椎子先敲碎再搬走。可是椎子一落，鐘轟然作響。他又怕別人聽見來同他爭奪，趕忙把耳朵捂了起來。不願別人聽到鐘聲的想法是可以理解的，但是不讓自己聽到鐘聲的辦法，那就荒謬了。作為人君卻不願聽到自己的過失，不正像這種情況一樣嗎？不願別人聽到自己的過失倒還可以理解，但是不願自己聽到自己的過失，那就荒謬了。

〔五〕魏文侯燕❶飲，皆令諸大夫論己。或言君之智也❷。至於任座❸，任座曰：「君不肖君也。得中山不以封君之弟❹，而以封君之子❺，是以知君之不肖也。」文侯不說，知❻於顏色。任座趨而出。次及翟黃❼，翟黃曰：「君賢君也。臣聞其主賢者，其臣之言直。今者任座之言直，是以知君之賢也。」文侯喜曰：「可反❽歟？」翟黃對曰：「奚為不可？臣聞忠臣畢其忠，而不敢遠其死。座殆❾尚在於門。」翟黃往視之，任座在於門，以君令召之。任座入，文侯下階而迎之，終座❿以為上客。文侯微⓫翟黃，則幾失忠臣矣。上順乎主心以顯賢者，其唯翟黃乎？

【章旨】以魏文侯的一次拒諫—納諫過程說明，君主要「自知」還須依靠像翟黃這樣的近臣的忠諫。

【注釋】❶燕　通「宴」。❷或言君之智也　畢沅引《御覽》卷六百二十二作「或言君仁，或言君義，或言君智」，疑此句上有脫文。語譯仍依原文。❸任座　魏文侯臣。❹弟　魏文侯之弟即季成。❺子　魏文侯之子擊。魏文侯曾以中山地封擊。❻知　表現；顯露。❼翟黃　又作翟璜，名觸，魏文侯之臣。❽反　同「返」。❾殆　高誘注：「殆，猶必也。」❿終座　終任座之身。亦即直到他死。⓫微　沒有。

【語　譯】魏文侯宴飲，讓大夫們都來評論他。有的人說君主很睿智啊。輪到任座，任座說：「您是個不肖的君主。得到中山國，不把它封給您的弟弟，卻封給了您的兒子，所以知道您的不肖。」文侯聽了很不高興，臉色上亦顯露了出來。任座急步走了出去。依次輪到翟黃，翟黃說：「君上是個賢君。我聽說凡是君主賢明的，他臣下的進言就能徑情直率。剛才，任座說話很直率，由此我知道君上是位賢明的君主。」文侯聽了很高興，說：「還能讓他回來嗎？」翟黃回答說：「怎麼不能？我聽說忠臣總要竭盡自己的全部忠心，從不敢躲避可能因此獲致的死罪。任座一定還在門口。」翟黃出去一看，任座果真還在門口。翟黃就以君主的命令召喚他進去。任座一進門，文侯便走下臺階去迎接他，此後任座終生都被待為上賓。魏文侯如果沒有翟黃，就差點失去了一個忠臣。在尊尚、順應君主心意的前提下，同時尊顯賢者，這說的大概正是翟黃吧？

賞當

【題解】本篇論君主對臣下的賞賜必須得當。

有關賞賜的論述，本書已多見。如〈高義〉、〈上德〉、〈用民〉、〈不苟〉、〈贊能〉等都有論及，〈義賞〉和本篇則是以此為題旨的專文。本篇著重論述賞賜應恰當地處理好以下二種關係：

㈠德與力的關係，以晉文公三次賞賜跟隨他流亡的臣下，每次都不及陶狐為例。儘管陶狐同樣跟隨流亡，看來亦同樣忠實和賣力，但因他做的只是「勞徒」之事，所以未入功臣之列。作者借周內史興之口，說這樣做是符合聖王「先德而後力」的遺教的，單憑這一點，就可看出晉文公將成就霸業。

㈡主觀愛憎與客觀功過關係，以秦獻公聽從臣下諍諫，不處罰他所記恨的右主然為例。作者據此認為君主在施行賞賜時，必須排除私人感情上的愛憎，而以臣下的客觀行為結果，即所謂「歸」為據：「所歸善，雖惡之賞；所歸不善，雖愛之罰。」由此可以看出，在當時的歷史條件下，儘管所謂國家、天下，無非是君主一己，最多是他那個宗室的國家或天下，但仍然還是有為私為公之分，即眼前的、局部的利益，與長遠的、全局的利益之分。正是在這一點上，那些後來成就了王道霸業的君主要比一般世俗庸主有更為高明的選擇。

〔一〕四曰——

民無道知天，民以四時寒暑日月星辰之行知天。四時寒暑日月星辰之行當，則諸生有血氣之類皆為得其處❶而安其產❷。人臣亦無道知主，人臣以賞罰爵祿之所加知主。主之賞罰爵祿之所加者宜，則親疏遠近賢不肖皆盡其力而以為用❸矣。

【章　旨】以人們只有通過四時和日月運行才能瞭解天作，說明人臣也只有通過「賞罰爵祿之所加」才能瞭解君主。

【注　釋】❶皆為得其處　畢沅據《黃氏日抄》作「皆得其處」，認為「為」字當衍。❷安其產　安其生；安於自己生存的處境。❸為用　指為君主所用。

【語　譯】人們沒有途徑直接瞭解天，人們依據四季寒暑的嬗變和日月星辰的運行間接地瞭解了天。如果四季寒暑的嬗變和日月星辰的運行是適宜的，那麼各種有生命有血氣的物類，就能各得其所、各安其生。臣子亦沒有途徑直接瞭解君主，臣子憑藉君主賞罰爵祿的如何施予間接地瞭解了君主。如果君主賞罰爵祿施予都是得當的，那麼無論親疏遠近、賢明的和不肖的，便都能盡心竭力地為君主所用了。

〔二〕晉文公反國，賞從亡者，而陶狐不與❶。左右曰：「君反國家，爵祿三出❷，而陶狐不與。敢問❸其說。」文公曰：「輔我以義、導我以禮者，吾以為上賞。教我以善、彊❹我以賢者，吾以為次賞。拂❺吾所欲、數舉吾過者，吾以為末賞。三者所以賞有功之臣也。若賞唐國❻之勞徒，則陶狐將為首矣。」周內史興❼聞之曰：「晉公其❽霸乎！昔者聖王先德而後力，晉公其當❾之矣。」

【章　旨】以晉文公多次賞賜只及功臣、不及從事勞役的陶狐說明，文公能實行「先德而後力」的聖王遺教，所以後來能成就霸業。

【注　釋】❶陶狐不與　陶狐不在其中。即沒有賞賜到。陶狐，曾跟隨晉文公出亡的賤臣。❷爵祿三出　三次拿出爵祿賞賜臣下。❸問　通「聞」。❹彊　勉強；強制。此處意為約束、管束。❺拂　違逆。❻唐國　疑為「唐圃」，形近而訛（依陳奇猷說）。唐圃，水塘和園圃。一說唐為晉之古稱，唐國即晉國。❼內史興　周大夫。內史，官名。興，名字。據高誘注，其時內史興恰好奉周天子之命有事來晉國。❽其　表揣測的副詞。❾當　符合。

【語　譯】晉文公回到晉國，賞賜跟隨自己流亡的臣下，而陶狐不在其中。左右侍從說：「君王回國後，已經三次拿出爵祿賞賜臣下，但陶狐都不在其中。冒昧地想請求聽聽這樣做的道理。」文公說：「以義來輔佐我的，以禮來引導我的，我給他們上等賞賜；用善行來教化我的，用賢德來管束我的，我給他們中等賞賜；違逆我的意願，多次舉發我的過失的，我給他們末等賞賜。上面三種賞賜都是嘉獎有功之臣的。至於陶狐，如果賞賜為塘圃辛勞的隸役，那麼他倒是可以列為首等的。」周天子派來的使者內史興聽到這件事後說：「晉公大概會成就霸業的吧！從前聖王把德行放在首位，而把武力放在其次，晉公的這種做法差不多已經相符了。」

〔三〕秦小主夫人❶用奄變❷，群賢不說自匿，百姓鬱怨非上。公子連❸亡在魏，聞之，欲入，因群臣與民從❹鄭所❺之塞。右主然守塞，弗入❻，曰：「臣有義，不兩主。公子勉去矣。」公子連去，入翟，從焉氏塞❼，菌改入之。夫人聞之，大駭，令吏與卒，奉命曰：「寇在邊。」卒與吏其始發也，皆曰：「往擊寇。」中道因變曰：「非擊寇也，迎主君也。」公子連因與卒俱來，至雍❽，圍夫人，夫人自殺。公子連立，是為獻公，怨右主然而將重罪之，德❾菌改而欲厚賞之。

監突⑩爭⑪之曰：「不可。秦公子之在外者眾，若此則人臣爭入亡公子矣。此不便主。」獻公以為然，故復⑫右主然之罪，而賜菌改官大夫，賜守塞者人米二十石。獻公可謂能用賞罰矣。凡賞非以愛之也，罰非以惡之也，用觀歸⑬也。所歸善，雖惡之賞；所歸不善，雖愛之罰；此先王之所以治亂安危⑭也。

【章旨】以秦獻公接受諍諫，不處罰他所記恨的右主然為例，說明賞賜必須排除個人愛憎，而以行為結果的善與不善為準，這正是先王「治亂安危」之道。

【注釋】❶小主夫人　小主，秦惠公之子秦出公，名出子。據《史記·秦本紀》記載，出子即位時（西元前三八六年）僅二歲，故稱小主。小主夫人，指出子之母。❷用奄變　信用宦官，惑亂朝政。奄，宦人。❸公子連　秦靈公之子，出子堂兄，後殺出子而自立（西元前三八五年），是為獻公，在位二十三年（西元前三八四～前三六二年）。❹從　接近；走向。❺鄭所　古地名。陳奇猷以為其址在今陝西華縣附近。❻弗入　不接納。❼焉氏塞　秦國要塞。❽雍　其時為秦國都城，在今陝西鳳翔南。❾德　感激。❿監突　秦大夫。⓫爭　即「諍」。規諫。⓬復　免除。⓭用觀歸　依據觀察到的由其行為所產生的不同結果，決定或賞或罰。歸，歸宿；結果。⓮治亂安危　轉亂為治，轉危為安。

【語譯】秦小主夫人信用宦官，惑亂朝政，許多賢者都義憤填膺，隱匿不出，百姓則憂鬱怨忿，紛紛非議君主。公子連此時正亡居在魏，聽到這種情況，便打算乘機入秦。他依靠群臣與百姓的幫助，來到秦國鄭所邊塞，想要進去。把守要塞的官吏右主然，不肯接納，說：「我作為人臣有人臣的道義，不應當同時侍奉兩個君主。請公子趕快離去吧。」公子連離開後，進入北翟，然後轉向秦國的另一個邊塞焉氏塞。把守這個要塞的官吏菌改讓他進了秦國。小主夫人聽到這個消息，大吃一驚，立刻命令將帥發兵去阻截擊殺。將士接到命令說：「敵寇在邊境上。」這些將士剛出發的時候，都說：「去迎擊敵寇。」走到半路，乘機兵變，改口說：

「不是去迎擊敵寇，是去迎接君主的。」公子連因而得與士卒一起回來。到了國都雍城，包圍了小主夫人，小主夫人自殺。公子連立為國君，這就是獻公。獻公記恨右主然，想重重處罰他；感激菌改，想多多賞賜他。大夫監突諫諍說：「不能這樣做。秦國亡居在外的公子很多，如果這樣做，臣子們便會紛紛效仿，爭著把流亡在外的公子放進來了，這對主上是很不利的。」獻公認為他說得對，所以就赦免了右主然的罪，同時賜給菌改官大夫的爵位，賞給守邊塞的士卒每人二十石米。獻公可說是能夠使用賞罰了。大凡賞賜一個人，並非因為私人感情上喜愛他；處罰一個人，亦並非出於私人感情上憎惡他。賞和罰，都是要看這個人的行為產生了什麼樣的結果來決定的。所產生的結果好，即使憎惡他，亦同樣給予賞賜；所產生的結果不好，即使喜愛他，亦必須給予懲罰。這正是先王使亂世轉為太平，使危局轉為平安的一個原則。

博志

【題解】篇名「博志」，當為「摶志」。「摶」與「專」通。本篇論述君主要成就大事，必須專心致志；而要專心致志，則必須「去其害」，即排除主觀、客觀一切干擾、妨礙成就大事的因素。

從全篇看，作者認為人們在功名或學業上要有所成就，須有四個條件：相當的才具；恆久的努力；刻苦的學習精神；還有一個就是本篇作為重點論述的專一。關於專一，文章先從理論上作了闡述，認為舉凡四時運行、萬物生長都不能「兩成」、「兩大」，因而做事必須選擇重點，專一執著。接著，又引用歷史事實作對比論證：先王能專一，「此功名之所以立也」；俗主反其道，「此所以無能成也」。然後列舉善學的典型加以說明。甯越專一學習先王道術，「有便於學者，無不為也；有不便於學者，無肯為也」。尹儒學御三年仍然不得要領，日思夜念到了著魔的地步，以致「夜夢受秋駕（一種高超的駕車技藝）於其師」。這正如文中所言：「精而熟之，鬼將告之。非鬼告之也，精而熟之也。」果能用心如此精誠專一，還有「何事而不達？何為而不成」？

篇中有關反對走極端的論述，值得細讀。文章依據萬物不能兩成、兩大這個「天之數」，要求君子舉事必須「不處全，不處極，不處盈」。這確是一個迭經歷史和現實證實的真理。違反這一真理，只能得到與願望相反的結果：「全則必缺，極則必反，盈則必虧。」

〈八覽〉中的〈去尤〉和〈去宥〉，要求人們在認識客觀事物時，應該排除各種牽累；本篇則是論述成就某些事業時，必須排除種種妨礙。從這個意義上說，三篇的題旨亦可說是一致的。

〔一〕五曰——

先王有大務❶，去其害❷之者，故所欲以❸必得，所惡以必除，此功名之所以立也。俗主則不然，有大務而不能去其害之者，此所以無能成也。夫去害務與不能去害務，此賢不肖之所以分也。使獐疾走，馬弗及至，已而❹得者，其時顧❺也。驥一日千里，車輕也；以重載則不能數里，任❻重也。賢者之舉事也，不聞無功，然而名不大立、利不及世者，愚不肖為之任也。

【章　旨】言君主欲成就大事，必須排除干擾，專心致志。

【注　釋】❶大務　重大的事務。亦即大事。❷害　妨礙。❸以　猶「則」。下「以」同。❹已而　不久。❺時顧　不時回頭看。❻任　擔負。

【語　譯】古代聖王有了大事，就要去掉妨礙大事的種種因素，因此他所希望的一定能做到，他所憎惡的一定能清除，這便是他們得以功成名立的原因。那些庸俗的君主卻不是這樣，有了大事還是不能排除種種干擾大事的因素，這就是他們不能成功的原因。能不能去掉妨礙政務的各種因素，這正是賢明之主和不肖之主的區別啊。假設讓獐專一地飛跑，那麼就連快馬亦追不上牠；但是後來獐卻被人捕獲了，那是牠不時回過頭來張望的緣故。駿馬能日行千里，那是因為車輕；如果換上拉重車，一天就走不到幾里，那是因為負擔重。賢明的臣子做事，從未聽說沒有功效的，但是往往名聲不能顯赫，利祿不澤及後世，那是由於愚昧不肖的君主成了他們的拖累啊。

〔二〕冬與夏不能兩刑❶，草與稼不能兩成，新穀熟而陳穀虧，凡有角者無上齒❷，果實繁者木必庳❸，用智褊❹者無遂功❺，天之數也。故天子不處❻全，不處極，不處盈。全則必缺，極則必反，盈則必虧。先王知物之不可兩大，故擇務，當而處❼之。

【章旨】言事物不能「兩成」、「兩大」，故君主舉事必須處置恰當，不可片面要求「全」、「極」、「盈」。

【注釋】❶刑　通「形」。成。❷有角者無上齒　指頭上長有犄角的牛、羊等反芻類動物，上顎多缺門齒及犬齒。由此說明事物不能兩全之理。❸庳　低矮。果實繁多，枝葉下垂，果樹就顯得比較低矮。❹褊　狹小。❺無遂功　陶鴻慶認為當作「功無遂」。遂與上文虧、齒、庳為韻。❻處　《廣雅・釋詁》：「處，止也。」止有至、臨等義。❼處　處置。

【語譯】冬夏寒暑不能同時形成，野草與稼禾不能一起長大；當新穀成熟的時候，陳穀已經虧缺。凡是頭上長犄角的動物，都沒有上齒；果實繁多的樹木，一定長得低矮；智力褊狹的人，做事就不會成功。這些都是上天的定則。所以天子舉事不要求達到十全十美，達到登峰造極，達到飽和滿盈。完美必定轉向缺損，極端必定轉向反面，滿盈必定變成虧失。古代聖王深知事物不可能兩個方面同時形成和長大，所以凡是擇定要舉辦的事，處置都十分得當。

〔三〕孔、墨、甯越❶，皆布衣之士也，慮於天下，以為無若先王之術者，故日夜學之。有便於學者，無不為也；有不便於學者，無肯為也。蓋聞孔丘、墨翟，晝日諷誦❷習業，夜親見文王、周公旦而問焉❸。用志如此其精❹也，何事而不達？何為而不成？故曰：「精而熟之，鬼將告之。」非鬼告之也，精而熟之也。今有寶劍良馬於此，玩之不厭，視之無倦。寶行❺良道❻，一而弗復❼，欲身之安也，名之章也，不亦難乎？

【章旨】以皆為布衣的孔、墨、甯越，經過長期晝夜學習先王道術而各有所成為例，說明只要用志專一，「精而熟之」，那麼「何事而不達？何為而不成」？

【注釋】❶甯越　戰國時趙國人。❷諷誦　誦讀。❸夜親見文王句　參見《論語．述而》：「子曰：『甚矣吾衰也！久矣，吾不復夢見周公！』」❹精　精誠；專一。❺寶行　寶貴之德行。❻良道　善道。❼一而弗復　只學一次就不再繼續。

【語譯】孔丘、墨翟、甯越，都是沒有官職的普通讀書人。他們思慮了天下所有事務，以為沒有比先王道術更重要的了。所以就日夜學習。凡是有利於學習先王道術的事，沒有一件不努力去做；凡是不利於這種學習的事，一件也不肯做。據說，孔丘、墨翟白天誦讀經典研習學業，夜裡夢見向文王、周公當面請教。他們用心如此精誠專一，還有什麼事情做不到？還有什麼作為不能成功？所以說：「只要精心熟讀，將有鬼神來告。」並非真的有鬼神來告知，是因學習得精誠和諳熟啊。假如這裡放著寶劍良馬，那麼人們定會把玩起來不知滿足，觀賞起來不知疲倦。但對於寶行良道——先王的德行道術，卻總是淺嘗輒止。抱這種學習態度，而還想使自己平安，名聲顯揚，那不是太困難了嗎？

〔四〕甯越，中牟❶之鄙人也，苦耕稼之勞，謂其友曰：「何為而可以免此苦也？」其友曰：「莫如學。學三十歲則可以達矣。」甯越曰：「請❷以十五歲❸。人將休，吾將不敢休；人將臥，吾將不敢臥。」十五歲而周威公❹師之。矢之速也，而不過二里止也；步之遲也，而百舍❺不止也。今以甯越之材而久不止，其為諸侯師，豈不宜哉？

【章旨】以甯越苦學十五年而成為周威公之師為例，說明只要立志苦學並持之以恆，即使像甯越這樣原為村野耕夫，亦會大有所成。

【注釋】❶中牟　戰國趙地，在今河南湯陰西。❷請　表敬副詞，無具體意義。❸十五歲　蔣維喬據《焦氏類林》等認為，「十五歲」上應有「學」字。❹周威公　戰國西周國君。❺舍　三十里為一舍。

【語譯】甯越原是中牟地方的草野之民，苦於耕耘田壟的辛勞，一次對他的朋友說：「怎樣才能擺脫這種勞苦呢？」他的朋友說：「沒有比學習更好的了。學習三十年就可以顯達了。」甯越說：「讓我以十五年為期吧。別人休息，我還不敢休息；別人就寢，我還不敢就寢。」這樣學了十五年，果然學業大成，周威公以他為師。箭的速度雖快，射程卻不超過二里，因為它停了下來；步行速度雖慢，卻可以走到幾百里之外，因為腳步走著不停。如今憑甯越的才具而又恆久地努力不止，而成為諸侯的學師，難道不是理所當然的嗎？

〔五〕養由基、尹儒❶，皆文藝❷之人也。荊廷嘗有神白猨，荊之善射者莫之能中，荊王請養由基射之。養由基矯❸弓操矢而往，未之射而括❹中之矣，發之則猨應矢而下，則養由基有先中中之者❺矣。尹儒學御三年而不得焉，苦痛❻之，夜夢受秋駕❼於其師。明日往朝其師，望而謂之❽曰：「吾非愛道❾也，恐子之未可與也。今日將教子以秋駕。」尹儒反走，北面再拜曰：「今昔❿臣夢受之。」先為其師言所夢，所夢固秋駕已⓫。上二士者可謂能學矣，可謂無害之矣，此其所以觀⑫後世已。

【章旨】以養由基弓未開發而猿已中箭，尹儒夜夢師授而秋駕之技已成，說明用心精誠專一，便能出現奇蹟。

【注釋】❶養由基尹儒　養由基，春秋楚人，以善射著稱。尹儒，著名御者。❷文藝　此為偏正詞，意謂高超的技藝，非指今之「文學藝術」。❸蟜　通「撟」。舉起。❹括　箭的末端。此處指箭。❺有先中中之者　有一種無形的精神力量，能在有形的箭之前先將目的物射中。極言其用心之精誠專一，射技之高超絕倫。❻痛　憂傷。❼秋駕　一種駕馭車馬的高超技藝。顏師古《漢書・禮樂志》注：「《莊子》有秋駕之法者，亦言駕馬騰驤，秋秋然也。」秋秋，飛翔貌。❽望而謂之　畢沅曰：「望而謂之」上「師」字當重。望，責備。❾道　此處指駕車技藝。❿今昔　指昨夜。⓫已　語終詞，表確定語氣。⓬觀　顯示。

【語譯】養由基和尹儒都是有極高超技藝的人。楚國朝堂裡曾出現過一頭白色的神猿，楚國的著名射手沒有一個能射中牠，楚王就請養由基來射。養由基舉弓執箭去了。還沒有開弓，白猿已被射中了；箭一發，白猿就應聲墜落。由此可見，養由基似乎有一種在箭鏃之前就已將牠射中的精神威力呢。尹儒學習駕車，學了三年仍然不得要領，為此而十分苦惱。一天夜裡做夢，夢中師傅傳授他「秋駕」的技藝。第二天去拜見師傅。師傅帶著責備的口氣說：「我並不是吝惜技藝捨不得傳授給你，而是怕你還不能接受。今天我將教給你秋駕的駕法。」尹儒恭敬地後退幾步，北向再拜說：「這種技藝徒弟昨夜在夢中已蒙師傅傳授了。」接著，先為他師傅講了講夢中的事。他夢中學的果真是「秋駕」的技藝。

上面提到的二位士人，真可算是善於學習了，真可算是清除了一切干擾了。這就是他們所以能夠揚名後世的原因啊。

貴當

【題解】篇名「貴當」，即舉措貴在得當。何謂得當？那就是本篇一開始就提出的「必繇其道」。「道」這個概念，在本書具有多種含義，本篇是指務本而言。從治物—治人—治君—治天子—治欲，最後歸結到一個字：性。「性者萬物之本也。」事物的本性，不可人為地加以損益，只可「因其固然而然之」，因為這是「天地之數」。把這個原理應用到治理國家上，最根本的一條，就在於君主善於「審己」。

篇中的第一個實例，是說楚國的善相人者，用觀察其人之友的辦法間接論斷其本人。這思想在前〈論人〉三章已論及（所謂「六戚四隱」），但此處不妨看作是相人者一種委婉含蓄的進諫之術，目的是希望莊王「朝臣多賢，左右多忠」。莊王非但果然這樣做了，而且還不是讓賢士、忠臣徒具形式地在朝廷擺擺樣子，而是委以「大務」，這被作者認為是成就功名的必由之道之一，結果是莊王「遂霸天下」。

第二個實例是說齊國的一個好獵者，出現了從「曠日持久而不得獸」到「田獵之獲常過人」的大變化，關鍵在於有了一隻好獵狗。而為了攢錢買這隻獵狗，他曾暫時放棄打獵而專一從事農耕。作者據此認為像這位好獵者那樣經歷一段艱苦奮鬥的準備，亦是創立王霸之業的必由之道之一。「霸王有不先耕而成霸王者，古今無有。」文中特別令人深思地指出：「非獨獵也，百事也盡然。」任何事業的成功，都有賴於先默默無聞地為之打下堅實的基礎。

〔一〕六曰——

名號大顯，不可彊求，必繇❶其道。治物者不於物於人，治人者不於事❷於君❸，治君者不於君於天子，治天子者不於天子於欲，治欲者不於欲於性。性者萬物之本也，不可長，不可短，因其固然而然之❹，此天地之數也。窺赤肉而烏鵲聚，貍❺處堂而眾鼠散，衰絰❻陳而民知喪，竽瑟陳而民知樂，湯、武修其行而天下從，桀、紂慢其行而天下畔❼，豈待其言哉？君子審在己者而已矣。

【章旨】以一系列巧喻和層遞論證，說明君主欲「名號大顯」，必須以審己為先，治性為本。

【注釋】❶繇　同「由」。❷事　當作「人」（依陳昌齊說）。❸君　指諸侯。❹然之　使之然。指使之保持固有本性，不為外物所累。❺貍　貓。❻衰絰　衰為古代喪服胸前的麻布；絰為圍在頭上和纏在腰間的散麻繩。因以衰絰代指喪服。❼畔　同「叛」。

【語譯】大凡名聲的顯耀是不能強求的，必須經由它的必然的途徑。整治事物，不在於事物本身而在於人；治理百姓，不在於百姓本身而在於國君；統制國君，不在於國君本身而在於天子；制約天子，不在於天子本身而在於他的欲望；節制欲望，不在於欲望本身而在於天性。天性是萬物的根本，既不可增益，亦不能減損，只能順應著它固有的模樣加以引導和保全，這是不可移易的天然定則。窺見鮮紅的血肉，烏鵲就會自動聚來；貓在堂上，老鼠就會紛紛逃散。穿起喪服，人們就知道有了喪事；擺出樂器，人們就知道有了喜事。湯、武修養自己的德行，天下都來歸順；桀、紂輕忽自己的品性，天下都背棄他們：這些難道還用得著多說嗎？所以君子欲求名聲的顯耀，只要審察存在於自身的因素就可以了。

〔二〕荊有善相人者，所言無遺策❶，聞於國，莊王見而問焉。對曰：「臣非能相人也，能觀人之友也。觀布衣也，其友皆孝悌純謹畏令，如此者，其家必日益❷，身必日榮，矣❸所謂吉人也。觀事君者也，其友皆誠信有行好善，如此者，事君日益，官職日進，此所謂吉臣也。觀人主也，其朝臣多賢，左右多忠，主有失，皆交爭証❹諫，如此者，國日安，主日尊，天下日服，此所謂吉主也。臣非能相人也，能觀人之友也。」莊王善之，於是疾收士，日夜不懈，遂霸天下。故賢主之時見❺文藝❻之人也，非特具之❼而已也，所以就❽大務也。夫事無大小，固相與通。田獵馳騁，弋射走狗❾，賢者非不為也，為之而智日得焉，不肖主為之而智日惑焉。志❿曰：「驕惑之事⓫，不亡奚待？」

【章　旨】以楚莊王聽從相人進言，廣收賢士而終成霸業為例，說明君主欲建功立名，必須廣收忠賢；對忠賢又必須委以「大務」，不應徒具形式。

【注　釋】❶遺策　失策。此處意為失誤。❷益　富足；興旺。❸矣　許維遹認為當作「此」。❹証　諫正。❺見　出仕。此處為任用。❻文藝　指高超的技藝。❼具之　具，具備。之，代指上文「文藝之人」。❽就　成。❾弋射走狗　用帶絲繩的箭射獵，放出獵狗追捕。走，使狗奔跑。❿志　古代記載。⓫驕惑之事　之事，王念孫認為應作「是事」。意謂唯以驕惑為事。

【語　譯】楚國有個善於看相的人，他對別人命相的論斷還不曾有過失誤，名聲傳遍國都。楚王召見了他，向他詢問看相的事。他回答說：「我並不會從人的長相判斷人，我是從觀察他的朋友去判斷他本人。觀察平民，如果他的友人孝敬和順、純厚恭謹、敬畏王命，這樣的平民，他家裡一定會日益興旺，自身一定會日益顯榮，這就稱得上是優秀的人。觀察侍奉君主的臣子，如果他的友人都忠誠有信，品德高尚，愛好行善，這樣的臣子，侍奉君主就會使功業不斷興隆，本人官職亦會接連得到晉升，這就稱得上是優秀的臣子。觀察君主，如果他的朝臣多是賢能，侍從多是忠良，遇到君主有過失，都能爭相進諫，這樣的君主，他的國家就會日益安定，自身就會日益尊隆，天下就會日益敬服，這就稱得上是優秀的君主。我並不會從人的長相判斷人，我是從觀察他的朋友去判斷他本人啊。」莊王認為他說得很好，於是大力廣泛收羅賢士，日夜不鬆懈，終於稱霸天下。所以賢明的君主不時任用那些具有傑出智慧和技藝的賢士，並非徒具形式而已，而是要賴以成就大功業的啊。事情無論大小，道理原本是相通的。騎著駿馬馳騁獵場，箭飛犬逐追捕禽獸，這些事賢明君主不是不做，而是做了要使智能日有所得。不肖之主則相反，他們這樣做後，反使智能越發昏惑。古書上這樣說：「君主以驕橫昏惑為事，民眾不逃亡更待何時？」

〔三〕君❶有好獵者，曠日持久而不得獸，入則媿❷其家室，出則媿其知友州里❸。惟❹其所以不得之故，則狗惡也。欲得良狗，則家貧無以❺。於是還疾❻耕，疾耕則家富，家富則有以求良狗，狗良則數得獸矣，田獵之獲常過人矣。非獨獵也，百事也盡然。霸王有不先耕而成霸王者，古今無有。此賢者不肖之所以殊也。賢不肖之所欲與人同，堯、桀、幽、厲皆然，所以為之異。故賢主察之，以為不可，弗為；以為可，故為之。為之必繇其道，物莫之能害，此功之所以相萬❼也。

【章　旨】以齊之好獵者退耕致富買了好獵狗後，狩獵所獲常常超過別人為喻，說明先進行一段時間「耕耘」——艱苦地打下創業基礎，是成就王霸之業的必由之路。

【注　釋】❶君　畢沅據《黃氏日抄》等改「君」為「齊人」。❷媿　同「愧」。❸州里　鄉里。古代以二千五百戶為州，二十五戶為里。❹惟　思考。❺無以　「以」下省屬詞，意謂「無以求狗」。❻疾　奮力。❼相萬　相差萬倍。

【語　譯】齊國有個愛好打獵的人，荒廢了好長時日亦沒有獵獲到野獸，回家愧對妻室老少，出門愧對鄉里親友。再三思慮之所以獵獲不到野獸的原因，原來是獵狗不中用。想要弄到一條好獵狗，家裡又窮得沒錢買。他就索性回家發憤耕作。一發憤耕作，家裡很快就富了起來；家裡一富，就有了錢買好獵狗；有了好獵狗，就屢屢獵獲到野獸，狩獵所得就經常超過別人了。不單打獵是這樣，萬事也都是如此。要想成就王霸之業，而不經過一段發憤耕耘的艱苦奮鬥，這是古往今來從未有過的。這就是賢明的君主和不肖的君主所以截然不同的原因。賢明的君主和不肖的君主，他們希望自己名聲顯耀這種欲念跟常人是一樣的，像堯這樣的聖王與夏桀、周幽王、周厲王這類昏君都莫不如此；但他們用來達到目的的做法則全然不同。賢明君主遇事總是先加以審察，審察結果以為不能做就不去做，以為可以做就去做；做時一定遵循必經之道，所以外物不能妨害他們。這就是他們的功業超過不肖君主千倍萬倍的原因。

卷第二十五　似順論第五

似順　別類　有度　分職　處方　愼小

本卷論述認識事物的某些特殊規律，君臣各自的職分和相互關係。

〈似順〉、〈別類〉都屬認識論，側重於對事物中有「似倒而順」、「似順而倒」和「類然而不然」等種種反常現象的認識，從中可以看出古人強烈的求知欲望和對事物觀察的精心。二篇都談到了人對自己的知識狀態應持科學態度。「智」固有所不知，「目」固有所不見，沒有人能擺脫自己認識的局限性。當然要力求做到「喜怒必循理」，但也難免有「不循理」時，所以應當「必數更」，即有錯必改。能夠認識自己的「不知」是值得提倡的，「不知而自以為知」則必須反對。這些，都包含著清醒的啟示。〈別類〉中亦有某些片面以至含混之處，我們已在題解中簡單作了說明。

另一篇〈慎小〉，論君主不應輕忽小事。小在一定條件下會轉化為大。「主過一言，而國殘名辱。」敗如此，成也如此。似乎也可歸入上一組。

〈有度〉和〈分職〉，分別從聽言和職分的角度，論述了君道。「賢主有度而聽，故不過。」這個「度」就是「通乎性命之情」。惟通達生命本性的人，才能真正做到「無私」；惟無私，才能不受文中所列的四個方面共二十四項外物的惑亂，達到「無為而無不為」的境界。這種無為思想表現在君臣職分上，就是要君主切戒「彊智」、「彊能」、「彊為」，始終執守「無智、無能、無為」；正由於此，他才能「使眾智」、「使眾能」、「使眾為」。君主不妨處於「無任」狀態，而「以職受任」，一切委任臣下去做。做好做壞，自可依法賞罰。若果如此，則「受賞者無德，而抵誅者無怨矣」。這便是作者所理想的「至治」。

〈處方〉繼〈分職〉之旨，第一、二兩章續論審定名分之要，並認為它是治國之本。但從全篇看，側重論述的還是臣道。臣子必須嚴守職司，既不容失職，也不應侵職，尤其不可無視君命的「擅為」和假託君命的「矯行」，即使這樣做於國有利，方法工巧，也為賢主所不取。

似順

【題解】本篇主旨在於提醒君主，要正確認識事物本質，不能固守常見，不可為事物的表面現象所迷惑。這是因為在紛繁多變的事物中，常有「似順而倒」、「似倒而順」的情況出現，君主和臣下，只有具備淵博的學識，才能懂得事物「化」中的奧祕。

文中莊王伐陳，可作為「似順而倒」的適例。陳國的城高、溝深、蓄積多，誠然表明防禦鞏固、財力充足，是「順」；但小小陳國而動用起如許巨大的財力、人力，則又說明必然是賦斂苛、徭役重，百姓怨憤，因而又是「倒」。楚莊王一舉而輕取陳國，便證明了「似順而倒」判斷的正確。另一例晉陽遺壘，則是用來說明「似倒而順」的。趙簡子命令尹鐸鏟平曾使他受過恥辱的晉陽遺壘，而尹鐸卻有意背君命而行，反而增高了這些遺壘，這自然是「倒」；但從居安思危、樂不忘憂的要求看，保留並增高這些遺壘，正是維護趙簡子長遠的、根本的利益，因而又是最好的「順」。趙簡子在弄懂這番道理後，非但收回了誅殺尹鐸的成命，還賜予他重賞。

文中第三例完子死難，除了倒、順一類認識意義外，還有豐富的歷史內容，值得注意。當越國興兵誅伐田成子時，被作者譽為「仁且有勇」的完子，提出了一個非同尋常的請求：「必戰」、「必敗」、「必死」。並認為只有這樣，才能安定齊國。原來田成子是殺了齊簡公後獨攬國政的，當時的齊國出現了「百姓怨上」、「（群）臣蒙恥」的不安定局面。因而在完子看來，對田成子威脅更大的不是外患，而是內憂。他的三「必」請求便是根據這一特定情勢提出來的，目的是：㈠削弱異己力量，讓賢良之士跟著完子去戰死，不死也因戰敗而不敢回國；㈡轉移國人注意力，使百姓由「怨上」變為「怨外」，以至逐漸對原來怨的「上」，產生某種信任感和依附心理。完子的這一殘忍但卻精明的計謀，確實為一個篡權者提供了一條迅速立穩腳跟的妙策，歷史上曾不止一次地被人以不同方式應用過。據《史記・田敬仲完世家》記載，田成子大致就是這樣做的：他「既殺簡公，……脩功行賞，親於百姓，以故齊復定」。

〔一〕一曰——

事多似倒❶而順❷，多似順而倒。有知順之為倒、倒之為順者，則可與言化❸矣。至長反短，至短反長，天之道也。

【章 旨】用「似倒而順」、「似順而倒」的通俗語言，揭示了紛繁多變的事物中屢見的那種現象與本質之間的矛盾，並認為只有懂得這一點，才能與之談論「化」。

【注 釋】❶倒 指違逆事理。❷順 指順應事理。❸化 變化。此處指隨著事物發展必將來到的變化。

【語 譯】事物有很多形似悖理其實是合理的，又有很多形似合理其實是悖理的。如果有人能懂得表象合理本質卻是悖理、表象悖理本質卻是合理這一客觀情況，那就可以同他談論事物發展變化的奧祕了。一年中白晝到了最長的時候就要反過來變短，到了最短的時候就要反過來變長，這本是大自然的規律啊。

〔二〕荊莊王欲伐陳❶，使人視之。使者曰：「陳不可伐也。」莊王曰：「何故？」對曰：「城郭高，溝洫❷深，蓄積多也。」寧國❸曰：「陳可伐也。夫陳，小國也，而蓄積多，賦斂重也，則民怨上矣；城郭高，溝洫深，則民力罷❹矣。興兵伐之，陳可取❺也。」莊王聽之，遂取陳焉。

【章旨】通過楚莊王輕取陳國的事實，說明「城郭高，溝洫深，蓄積多」的陳國，貌似強固，其實虛弱。

【注釋】❶荊莊王欲伐陳　荊莊王即楚莊王。陳，古國名。據《史記・十二諸侯年表》，楚伐陳事在莊王十六年（西元前五九八年）。❷溝洫　指護城河。❸寧國　楚臣。❹罷　通「疲」。❺取　指戰爭中輕易獲得。據《左傳》昭公四年：「凡克邑，不用師徒曰取。」

【語譯】楚莊王想要攻伐陳國，派人去探聽陳國情況。派去的人回來說：「陳國攻伐不得。」莊王問：「什麼緣故？」那人回答說：「陳國城牆很高，護城河很深，積蓄的糧食財物很多。」寧國說：「這麼看來，陳國是可以攻伐的了。那陳國原是小國，蓄積的糧食財物卻很多，說明賦稅苛重，那麼百姓就要怨恨君主了。城牆高，護城河深，說明動用民力繁多，百姓已經精疲力竭了。起兵進攻它，陳國是可以輕易到手的。」莊王聽從了寧國的建議，於是就攻佔了陳國。

〔三〕田成子❶之所以得有國至今者，有兄曰完子，仁且有勇。越人興師誅田成子曰：「奚故殺君而取國❷？」田成子患之。完子請率士大夫以逆❸越師，請必戰，戰請必敗，敗請必死。田成子曰：「夫必與越戰可也。戰必敗，敗必死，寡人疑焉。」完子曰：「君之有國也，百姓怨上，賢良又有死之，臣蒙恥。以完觀之也，國已懼矣。今越人起師，臣與之戰，戰而敗，賢良盡死，不死者不敢入於國。君與諸孤❹處於國，以臣觀之，國必安矣。」完子行，田成子泣而遣❺之。

夫死敗，人之所惡也，而反以為安，豈一道❻哉？故人主之聽者與士之學者，不可不博。

【章 旨】完子以必敗、必死迎戰越軍，卻達到了安存齊國的目的，說明舉事的方法並非只有一種，因而人主和臣下必須學識淵博。

【注 釋】❶田成子 即田常。春秋時齊國大臣，殺齊簡公立平公，獨攬齊國大政。❷殺君而取國 指田成子殺齊簡公而專齊國之政事。❸逆 拒；抵禦。❹孤 無父稱孤。此處指戰死者的後代。❺遣 發送。❻道 指辦事的方法。

【語 譯】田成子所以能夠據有齊國直到如今，原因是他有一個哥哥叫完子，仁愛而又勇敢。越國發兵來討伐田成子，說是：「你為什麼殺死齊君又奪取齊國？」田成子為此很憂懼。完子請求讓他率領士大夫去抗擊越軍，並要求准許他一定同越軍交戰，交戰還要求一定被打敗，打敗了還要求一定要戰死。田成子說：「一定同越軍交戰是可以的，但交戰一定要戰敗，戰敗還一定要戰死，我弄不懂呀。」完子說：「君上的據有齊國，已使百姓怨恨君上，賢良之士又有為此而死去的，朝中群臣亦認為自己蒙受了恥辱。根據我的觀察，國家已經很可憂懼了。如今越國起兵，我去同他們交戰，交戰而失敗，凡參戰的賢良之士全都戰死，即使不戰死的也不敢逃回國都中來。這樣，君上和這些為國死難的遺孤一起居住在國都中，依我看來，國家必然安定了。」完子率領士大夫出發，田成子哭著為他送行。通常，死亡和失敗，總是人們所厭惡的，而這一回卻反使齊國賴以得到安定，可見做事情豈止一種方法呢？所以，人主的聽取進言，士人的研習學問，都不可以不廣博。

〔四〕尹鐸為晉陽❶下❷，有請於趙簡子。簡子曰：「往而夷夫壘❸。我將往，往而見壘，是見中行寅與范吉射也。」鐸往而增之。簡子上之晉陽，望見壘而怒曰：「譆！鐸也欺我。」於是乃舍❹於郊，將使人誅鐸也。孫明❺進諫曰：「以臣私❻之，鐸可賞也。鐸之言固❼曰：『見樂則淫侈，見憂則諍治❽，此人之道也。今君見壘念憂患，而況群臣與民乎？夫便國而利於主，雖兼❾於罪，鐸為之。夫順令以取容❿者，眾能之，而況鐸歟？』君其圖之。」簡子曰：「微⓫子之言，寡人幾過。」於是乃以免難之賞⓬賞尹鐸。人主，太上喜怒必循理，其次不循理，必數⓭更，雖未至大賢，猶足以蓋濁世矣。簡子當此。世主之患，恥不知而矜⓮自用，好愎過⓯而惡聽諫，以至於危。恥無大乎危者。

【章　旨】以趙簡子終於聽從勸諫，賞賜了違背他命令反而去增高曾是他憂患標誌的晉陽遺壘的尹鐸，說明「見樂則淫侈，見憂則諍治」的道理，君主舉事必須遵循此理，不應驕矜自用。

【注　釋】❶尹鐸為晉陽　尹鐸，趙簡子家臣。為，治理。晉陽，趙簡子的封地，在今山西太原。❷下　陳奇猷認為「下」下當補「之絳」二字。下之絳，由晉陽來到新絳。新絳為晉國都所在地，在汾水下游，晉陽在汾水上游，由上游至下游故稱「下之絳」。❸夷夫壘　鏟平那些壁壘。夷，平。夫，指示代詞。中行氏、范氏曾圍趙鞅於晉陽，因而其地殘留有壁壘等戰時建築物。❹舍　住宿。❺孫明　趙簡子家臣。❻私　私下思慮。❼固　必然。以下是孫明對尹鐸的揣度，認為尹鐸定然是出於下述想法才增高壁壘的。❽諍治　競力為治。❾兼　加倍。❿取容　取悅。⓫微　無。⓬免難之賞　以使君主免於患難的名義給予的賞賜。⓭數　《爾雅·釋詁》：「數，疾也。迅速。」⓮矜　驕矜。⓯愎過　堅持過錯。愎，固執。

【語　譯】尹鐸治理晉陽，因有事請示趙簡子，從晉陽下行來到新絳。趙簡子對他說：「你回去把那些壁壘鏟平。我將要到晉陽去，去了如果還看到那些壁壘，就像看到中行寅和范吉射那樣叫我生氣。」但尹鐸回去後，反把壁壘增高了。簡子上行到晉陽，望見增高了的壁壘發怒說：「哼，尹鐸欺騙我！」於是就在郊外住宿了下來，準備派人去殺掉尹鐸。孫明進諫說：「依我私下想法，尹鐸是可以得到賞賜的。尹鐸必定是這樣想的：『見到享樂之事，就會恣意放縱；見到憂患之事，就會勵精圖治，這本是人之常理啊。如今君上見到壁壘就會想到憂患，更何況群臣和百姓呢？只要有利於國家和君主的事，即使加倍獲罪，尹鐸也甘願去做。至於那些順從命令以取悅於君主的事，平常之輩都能做到，更何況尹鐸呢？』希望君上再好好考慮一下。」簡子說：「要沒有您這番話，我幾乎犯了錯誤。」於是就按使君主免於患難的名義賞賜了尹鐸。作為人主，德行最高的，應做到或喜或怒都必定依理而行；次一等的，亦應在一旦察覺有不循理之事，必定迅速改正。這樣的君主，雖然沒有達到大賢的境界，還是足以勝過亂世的一般君主了。簡子就配稱是這樣的君主。當今世俗君主的弊病，就在於把不知當作了羞恥而又以自行其是為矜誇；喜好堅持過錯而厭惡聽從規諫，以至於使自己和國家陷入危亡的境地。恥辱之中沒有比使自己和國家陷入危亡境地更大的了。

別類

【題解】本篇承上篇〈似順〉，續論正確認識事物的途徑，強調對事物應作具體分析，不可類推，故名「別類」。

文章以莘與藟，萬（蕫）與堇，漆與水，金（銅）與錫等的各具特性和相合後的不同變化，說明物類在一定條件下會出現多種多樣的新性狀，其結果常常出人意料，即所謂「類固不必」。文中用了幾個寓言性的故事，告誡人們切不可以類推求知，否則就會像魯國醫者那樣鬧出以為治半身不遂之藥劑量加大一倍便可治活全死之人的笑話。

本文提倡通達「大智」、「大理」，反對喜好「小智」、「小察」。要求人們清醒地看到目力、智慧和術數等認識、測知工具都是有局限性的，任何人都會有所「不知」，切不可拒絕承認這種「不知」而「自以為知」。這些都能給人以啟發。文中一再提到「類」，不少涉及到邏輯學中概念的內涵和外延等問題，在認識史上也有其意義。但限於當時歷史條件，作者使用概念往往不夠嚴密，常把概念和概念所指稱的事物本身，類的屬性和類所屬的事物在一定條件下的變化，等同或混為一談，以致得出了「物固不必，安可推也」這樣一個片面性的結論。文中所列的一些自然現象，如「金柔錫柔，合兩柔則為剛，燔之則為淖」；「驥驁綠耳背日而西走，至乎夕則日在其前」等等，如今早屬常識，但在當時人們看來，卻覺得它們是那樣變幻無常、神祕莫測。當然，真要把這些現象說清楚，不僅有賴於嚴密的邏輯思維的發展，更有待系統的科學實驗的證實。而這二個條件，在那時根本還未具備。有關這方面的情況，我們已在前〈審應覽〉卷旨及〈應同〉、〈召類〉等題解中約略作了點說明，讀者自可參考。

〔一〕二曰──

知不知上❶矣。過者之患，不知而自以為知。物多類然而不然，故亡國僇❷民無已。夫草有莘有藟❸，獨食之則殺人，合而食之則益壽；萬堇❹不殺。漆淖❺水淖，合兩淖則為蹇❻，溼之則為乾；金❼柔錫柔，合兩柔則為剛，燔❽之則為淖。或溼而乾，或燔而淖，類固不必，可推知也❾？小方，大方之類❿也；小馬，大馬之類也；小智，非大智之類⓫也。

【章　旨】以莘藟、銅錫等變化為例，說明物類在各種條件下的性狀原本沒有固定，不可由類推得知，更不能強不知以為知。

【注　釋】❶上　高明。❷僇　通「戮」。殺戮。❸有莘有藟　莘、藟，二種含有毒素的藥草，具體不詳。❹萬堇　譚戒甫認為「萬」即「蠆」之本字。蠆，蠍類昆蟲，極毒，可入藥。堇，紫堇，藥草名，有毒。❺淖　泥淖。此處指流體。❻蹇　強硬；堅固。漆遇到水氣容易凝固。❼金　指銅。❽燔　燒。❾類固不必二句　例以下文，當為：「類固不必，安可知也？」意謂物類性狀原本就不是固定不變，哪可用類推的辦法求知。❿小方二句　意謂無論小方、大方，或木或石之方，就方這一點來說，它們都是相類的。⓫小智二句　高誘注：大智知人所不知，見一隅而以三隅反，小智聞十裁（才）通其一，故不可以為類也。

【語　譯】能夠知道自己有所不知，可說是很高明的了。常犯過失者的弊病，就在於強不知而自以為知。事物大多有似乎是如此其實卻並不如此的情況，世俗君主不懂得這一點，所以國家被滅亡、百姓遭殺戮的事才不斷發生。藥草中有莘有藟，單獨服用會致死，一起服用卻能延年益壽。蠍子和紫堇都是毒藥，配到一起對人卻不再有害。漆是流體，水也是流體，把這兩種流體合到一起，就會凝固，越是濕潤乾得越快。銅柔軟，錫亦柔軟，把這二種柔軟的金屬熔合到一起，就會堅硬，再用火一燒又成了流體。有的物體弄濕了反倒變得乾燥，有的物體焚燒時反倒成了流體。物類性狀在各種條件下的變化原本就不是固定的，怎麼可能由類推得知呢？小的方形、大的方形同屬方形類，小馬、大馬同屬馬類，但小聰明卻不能說是和大智慧同一類啊。

〔二〕魯人有公孫綽者，告人曰：「我能起❶死人。」人問其故。對曰：「我固能治偏枯❷，今吾倍所以為偏枯之藥則可以起死人矣。」物固有可以為小，不可以為大；可以為半，不可以為全者也。

【章旨】以魯國醫者錯誤地以為治偏癱之藥劑量加倍便能治活全死之人為喻，說明物類性狀大小、半全不可類推。

【注釋】❶起　用如使動詞，治活。❷偏枯　偏癱。即半身不遂。

【語譯】魯國有個叫公孫綽的人，告訴別人說：「我能治活死人。」別人問他能起死回生的緣故，他回答說：「我本已能夠治癒偏癱，如果我把用來治療偏癱的藥劑量加大一倍，那麼就可以治活全死之人了。」這當然是不可能的，因為事物原本有可以在小範圍內起作用，卻不能在大範圍內起作用；可以在部分上起作用，卻不可以在全體上起作用的啊。

〔三〕相劍者曰：「白❶所以為堅也，黃❷所以為牣❸也，黃白雜則堅且牣，良劍也。」難者❹曰：「白所以為不牣也，黃所以為不堅也，黃白雜則不堅且不牣也。又柔則錈❺，堅則折。劍折且錈，焉得為利劍？」劍之情❻未革❼，而或以為良，或以為惡，說使之也。故有以聰明❽聽說則妄說者止，無以聰明聽說則堯、桀無別矣。此忠臣之所患也，賢者之所以廢也。

【章旨】以同一寶劍卻有兩種完全相反評價為喻，說明君主聽言必須具備高度智慧和學識，才能分辨良莠是非。

【注釋】❶白　錫的顏色，因以代指錫。銅中加錫可以增加合金硬度。❷黃　代指銅。❸牣　通「韌」。此處指金屬之延展性能。❹難者　責難、反駁的人。當係作者為應論證之需而設。❺錈　刀劍刃口捲曲。❻情　實情；實質。❼革　變更。❽聰明　視聽靈敏。指聽者需有高度的智慧和學識。

【語譯】鑒定寶劍的人說：「白錫是用以使劍堅硬的，黃銅是用以使劍柔韌的；黃白雜合那就既堅硬又柔韌，就是好劍。」反駁的人說：「白錫是用來使劍不柔韌的，黃銅是用來使劍不堅硬的；黃白雜合那就既不堅硬亦不柔韌了。而且柔韌就會捲口，堅硬就會折斷，既易折斷又易捲口的劍，怎麼稱得上利劍呢？」劍的實際情況並沒有變，但有的人認為好，有的人認為壞，這是不同的說法造成的啊。所以如果能憑淵博的學識聽取議論，違逆事理的胡說就會住口；如果沒有淵博的學識以聽取議論，那麼就會連聖王堯與暴君桀也分辨不清了。這正是使忠臣感到憂慮的地方，也是賢人被廢棄不用的原因。

〔四〕義，小為之則小有福，大為之則大有福。於禍則不然，小有之不若其亡❶也。射招❷者欲其中小也，射獸者欲其中大也。物固不必，安可推也？

【章　旨】以得福遭禍、射箭中的等為喻，說明物類性狀大小不可類推。

【注　釋】❶亡　通「無」。❷招　箭靶。射箭時射中的目標越小，越能顯出技藝高超。

【語　譯】符合道義的事，小做會得小福，大做會得大福。至於災禍就不是這樣，即使小有一點總不如沒有的好。射箭靶的人，希望射中的靶心越小越好；射野獸的人則希望射中的野獸越大越好。事物原本就不是固定不變的，怎麼可以類推得知呢？

〔五〕高陽應❶將為室家，匠對曰：「未可也。木尚生❷，加塗❸其上，必將撓❹。以生為室，今雖善，後將必敗❺。」高陽應曰：「緣❻子之言，則室不敗也。木益枯則勁❼，塗益乾則輕，以益勁任❽益輕則不敗。」匠人無辭而對，受令而為之。室之始成也善，其後果敗。高陽應好小察❾，而不通乎大理也。

【章　旨】記述高陽應不聽匠人勸告，堅持用鮮濕木材造屋，致使新屋落成不久就倒坍；作者認為他的弊病在於「好小察，而不通乎大理」。

【注　釋】❶高陽應　姓高陽，名應，宋國人。❷生　指木材剛砍伐不久，還鮮濕。❸塗　泥漿。❹撓　彎曲。❺敗　毀壞。此處指倒坍。❻緣　根據；按照。❼勁　強固。❽任　承受。❾小察　小處精明。

【語　譯】高陽應將要建造房舍，匠人說：「現在還不行。木材還鮮濕，上面再加上泥漿，一定會彎曲。用鮮濕的木料蓋房子，眼前雖然很好，日後定會倒坍。」高陽應說：「依你這麼說，房子就不會倒坍。木料越乾枯越是結實有力，泥漿越乾燥就越輕，以越來越結實的物體承受越來越輕的重量，一定不會倒坍。」匠人無言可答，只好按吩咐辦事。房子剛落成時很好，到後來果然倒坍。高陽應喜好耍弄小聰明，可是卻不能通達大道理啊。

〔六〕驥驁綠耳❶背日而西走，至乎夕則日在其前矣。目固有不見也，智固有不知也，數❷固有不及也。不知其說所以然而然，聖人因而興制❸，不事心❹焉。

【章　旨】為全篇作結語，言目力、智慧、術數各有局限，故君主聽言應立有法度，不能單憑主觀臆斷。

【注　釋】❶驥驁綠耳　驥、驁都是古代良馬名，即所謂千里馬。綠耳，傳為周穆王「八駿」之一，也有寫作「騄耳」的。❷數　指術數。按：上述三句，都是就聽者亦即君主而言。❸興制　創制法度、準則。❹事心　用心。意為單憑心意。

【語　譯】即使像驥、驁、綠耳這樣的快馬，早晨背著太陽向西奔跑，到了傍晚太陽倒反在牠們前面了。眼力原本有看不見的事物，智慧原本有認識不到的道理，術數原本有測度不到的奧祕啊。所以單憑眼力、智慧、術數不容易察知各種言論為什麼會是這樣的，聖人為此要制定法度、準則，不憑主觀臆斷。

有度

【題解】 本篇從「聽言」的角度論為君之道。文章提出君主聽言應「有度」，為治須「執一」。有了這個「度」，聽言便「不可欺矣，不可惶矣，不可恐矣，不可喜矣」；執守這個「一」，便能達到「萬物治」。

從全文看，這個「度」和「一」都是指「通乎性命之情」。作者認為，君主若能通達生命之本性，就能像「夏不衣裘」、「冬不用簍（扇）」那樣自然地丟棄私欲，像生命本身需要新陳代謝那樣自動地履行仁義。而要通達生命之本性，就必須去掉「外物」的惑亂。文中列舉了四個方面共二十四項「外物」，並認為只有去掉它們的惑亂，才能做到心正意靜，清虛空明，達到「無為而無不為」的境界。

本文的觀點大多採自道家的無為思想。末章文字與《莊子・庚桑楚》基本相同。文中認為孔墨的學說所以不能推行於天下，原因在於他們倡導的仁義是外在的，並非出於生命本性的內在需求。有趣的是，《孟子・告子》就記有類似的辯論，孟子再三為自己的學說辯護，運用種種生動的譬喻和論證，得出結論說：「仁義禮智，非由外鑠我也，我固有之也」。

〔一〕三曰——

賢主有度❶而聽，故不過。有度而以❷聽，則不可欺矣，不可惶❸矣，不可恐矣，不可喜❹矣。以凡人之知，不昏乎其所已知，而昏乎其所未知，則人之易欺矣，可惶矣，可恐矣，可喜矣，知之不審也。

【章 旨】言君主必須「有度而聽」，才不會被臣下「欺」、「惶」、「恐」、「喜」。

【注 釋】❶度 法度；準則。❷以 按上句「有度而聽」文例，此「以」字當衍（依陳奇猷說）。❸惶 惶惑。❹喜 取悅；討好。

【語 譯】賢明的君主有一定的法度以聽取進言，所以不會有過失。有一定的法度來聽取進言，就不會受欺騙了，不會被惶惑了，不會被恐嚇了，不可被取悅了。如果單憑普通人的智慧，對自以為已經知道的不再疑惑，只是疑惑於他一無所知的，那麼這樣的君主就很容易被別人欺騙了，就會受人惶惑了，可以被人恐嚇了，可以被人取悅了。這是對事理瞭解不精審造成的。

〔二〕客有問季子❶曰：「奚以知舜之能也❷？」季子曰：「堯固已治天下矣，舜言治天下而合己之符❸，是以知其能也。」「若雖知之，奚道❹知其不為私？」季子曰：「諸❺能治天下者，固必通乎性命之情者，當無私矣。夏不衣裘，非愛裘也，暖有餘也。冬不用箑❻，非愛箑也，清❼有餘也。聖人之不為私也，非愛費❽也，節❾乎己也。節己，雖貪汙之心猶若❿止，又況乎聖人？」許由非彊⓫也，有所乎通⓬也。有所通則貪汙之利外矣。

【章 旨】季子與門客有關堯如何瞭解舜的對話，說明聖人當通達生命之真諦，去私棄利。

【注 釋】❶季子 據陳奇猷考訂為與孔子同時的學者，其學說主張無私。高誘則注為「堯時諸侯」。❷奚以知舜之能也 孫鏘鳴認為此句之上當有「堯」字。語譯依原文。❸合己之符 符合堯自己的道。符，道。❹道 由。❺諸 猶「凡」。❻箑同「扇」。❼清　冷。❽費　費用。此處指財貨。❾節　節制。❿猶若　猶然；尚且。⓫彊　勉強。⓬通　承上文指通乎性命之情。

【語　譯】門客中有人問季子說：「根據什麼知道舜有才能？」季子說：「堯原已治理好天下了，而舜談論治理天下的辦法，正好符合堯的根本法度，所以知道他有才能。」門客又問：「你雖然知道他有才能，又由於什麼知道他不會謀求私利呢？」季子說：「大凡能治理天下的人，原來就一定是通達生命本性的人，當然是沒有私心的了。夏天不穿皮裘，並非吝惜皮裘，而是因為溫暖有餘；冬天不用扇子，並非吝惜扇子，而是因為清冷有餘。聖人不謀求私利，並非吝惜財貨，而是因為要節制自己。如果能夠節制自己，即使有貪心濁欲的人尚且能夠自行抑止，又何況是聖人呢？」

　許由的辭讓天下，並非出於勉強，而是對生命本性有所通達。有所通達，那麼不義不潔的私利就會遠離了。

〔三〕孔、墨之弟子徒屬充滿天下，皆以仁義之術教導於天下，然而無所行❶，教者❷術猶不能行，又況乎所教❸？是何也？仁義之術外❹也。夫以外勝內❺，匹夫徒步❻不能行，又況乎人主？唯通乎性命之情，而仁義之術自行矣。

【章　旨】言孔墨的仁義之術所以不能推行，是因為它外在於生命之本性；只有通達生命本性的人，才能自行仁義之術。

【注　釋】❶無所行　沒有地方能夠推行孔墨之道。陳奇猷認為「無所行」下當有「其術」二字。今本「術」字誤在下文「教者」下，又脫一「其」字。語譯仍依原文。❷教者　指孔墨。❸所教　指孔墨門下弟子。❹外　外在的。意為孔墨所倡導的仁義，並非出自生命的內在本性。❺內　內在的，指私欲。❻匹夫徒步　均指平民百姓。

【語譯】孔子、墨子的學生，門徒遍布天下，他們都用仁義之道教導天下的人，但實際上他們的主張什麼地方都沒有推行。作為教導者的孔墨在世時尚且不能使自己主張得以實行，更何況如今這些由他們教導出來的弟子們？這是什麼緣故呢？是因為他們倡說的仁義之道是外在的。用外在的仁義去克服內在的私欲，平民百姓尚且做不到，又何況君主？只要通達生命之本性，仁義之道自然就會順利地推行了。

〔四〕先王不能盡知，執一❶而萬物治。使人不能執一者，物感❷之也。故曰通意之悖❸，解心之繆❹，去德之累，通道之塞。貴富顯嚴❺名利六者，悖意者也。容動色理氣意❻六者，繆心者也。惡欲喜怒哀樂六者，累德者也。智能去就取舍❼六者，塞道者也。此四六者不蕩乎胷中則正❽。正則靜，靜則清明，清明則虛，虛則無為而無不為❾也。

【章旨】列舉四個方面共二十四項惑亂生命本性的「外物」，認為只有不讓它們「蕩乎胷中」，才能心正意靜，達到「無為而無不為」的境界。

【注釋】❶執一　執守「一」的根本原則。此處「一」即上文所謂「通乎性命之情」。❷感　惑。❸悖　錯亂。❹繆　纏繞；絞結。❺嚴　威勢。❻容動色理氣意　容，姿容。動，舉動。色，各種色彩。理，肌膚文理，代指女色。氣，盛氣。意，情意。❼智能去就取舍　智、能，智慧、才能。去、就，離開、走向。取、舍，擇取、捨棄。去就取舍，均指對仕隱生死等重大問題而言。❽正　指內心純正。❾無為而無不為　語出《老子》第四十八章。原意為治理國家應清虛無欲，順應自然而不妄為，如此則便能無所不為。本卷後〈分職〉首章更作了具體闡發，提出君主應執守「無智、無能、無為」。因其無智，「故能使眾智」；因其無能，「故能使眾能」；因其無為，「故能使眾為」。

【語　譯】先王也不能無所不知，而是堅守根本之道就能治理好天下萬物。使人不能堅守根本之道的，就是外物的惑亂。所以說，應當通順意氣上的錯亂，解除心靈上的糾結，去掉德行上的負累，貫通道義上的阻塞。尊貴、富有、顯榮、威嚴、聲名、利祿，這六項是錯亂意氣的。姿容、舉動、色彩、女色、盛氣、情意，這六項是糾結心靈的。厭惡、欲望、欣喜、憤怒、悲哀、歡樂，這六項是負累德行的。智慧、才能、背離、趨就、擇取、捨棄，這六項是阻塞道義的。上面四類各為六數的外物不在胸中騷擾，內心就能純正。純正就能平靜，平靜就能清明，清明就能虛空。做到虛空，就能達到順任自然而沒有什麼做不成的境界了。

分職

【題解】本篇從職責角度繼續論君道。作者認為君與臣各有分職。君主「無任」，不需做具體事情，只需「以職受任」，授予臣下任事。因而善於為君者，應當謹守「無智」、「無能」、「無為」，即必須深藏，而不是顯耀自己的智慧、才能、作為。只有這樣，才能「使眾智」、「使眾能」、「使眾為」，充分發揮眾多臣下的作用。文章竭力反對君主強力疾作，越俎代庖做臣下的職事，那樣做，只能使君道「壅塞」，功名毀敗，國家危殆。

為了說服君主，文中多方設譬，反覆論證「用非其有，如己有之」這個道理。歌舞助酒，客所拜謝的不是倡優而是主人；宮室落成，人們讚譽的不是工匠，而是某君某王。說得最明白的是衛靈公「鑿池」一例。時值嚴寒，宛春以「天寒傷民」進諫，靈公以為「善」下令罷役。侍從們擔心百姓會因此而德宛春而怨靈公，靈公卻認為「春也有善，於寡人有也，春之善非寡人之善歟」？

但「用非其有，如己有之」，並不是無條件的，為了「有之」，必須「予之」。篇中作了一個對比：白公勝佔有了楚國，既不肯將府庫所藏分發與民，又不能在面臨危亡時焚燒這些財物，結果只佔有了九天就國亡身死。而湯、武在佔有夏、商後，立即用其地、其財封賞天下，因而天下「稱大仁、稱大義」。作者認為這才是真正懂得了「用非其有」之道。

本篇主題，前〈審分覽〉中已有過多篇專文作過論述，可聯繫著讀。

〔一〕四曰——

先王用非其有❶，如己有之，通乎君道者也。夫君也者，處虛❷素服❸而無智❹，故能使眾智也；智反無能❺，故能使眾能也；能執無為，故能使眾為也。無智、無能、無為，此君之所執也。人主之所❻惑者則不然，以其智彊智，以其能彊能，以其為彊為❼，此處人臣之職也。處人臣之職而欲無壅塞，雖舜不能為。

【章　旨】論君主自己應「無智」、「無能」、「無為」，以充分發揮臣下的「眾智」、「眾能」、「眾為」，而不是相反。

【注　釋】❶非其有　不是自己所擁有的事物。聯繫下文可知指「眾智」、「眾能」、「眾為」。❷處虛　居於清虛。❸素服　疑當為「服素」（依王念孫說）。服素，謹守素樸。❹無智　有很高智慧而深藏不露，形若無智。❺智反無能　有智而不運用智，這樣便回歸到似乎無能的狀態。反，回歸。❻所　此所字疑因涉上文而衍（依陶鴻慶說）。❼以其智彊智三句　此三句正是本篇所倡說的君道的對立面。君主以個人有限的智慧、才能、作為，硬要逞意顯示，包攬、代替了眾臣的智慧、才能、作為，這樣自然沒有不壞事的。

【語　譯】古代先王能運用並非自身所有的功能就像自身所有一樣，這才是精通為君之道啊。大凡為君主的，應居於清虛，謹守素樸，因深藏智慧而形同無智，所以能使用眾人的智慧。因不用智慧回歸到無有所能的狀態，所以能使用眾人的才能。因能夠堅守無所作為的原則，所以能使用眾人的作為。這「無智」、「無能」、「無為」三條，是君主必須謹守的。但君主中昏惑的人卻不是這樣。他們硬要憑自己有限的智慧逞精明、有限的才能逞能幹、有限的作為辦事情，這樣就使自己退到做臣子的職位上去了。退到做臣子的職位上，又想視聽不閉塞，君道不阻隔，就是舜也辦不到。

〔二〕武王之佐五人。武王之於五人者之事無能也，然而世皆曰：「取天下者武王也。」故武王取非其有，如己有之，通乎君道也。通乎君道，則能令智者謀矣，能令勇者怒❶矣，能令辯者語矣。夫馬者，伯樂相之，造父御之，賢主乘之，一日千里，無御相之勞而有其功，則知所乘矣。

【章　旨】以周武王善於藉五位輔臣之助而取天下，說明精通君道的君主，能令「智者謀」、「勇者怒」、「辯者語」。

【注　釋】❶怒　振奮。

【語　譯】周武王的輔佐大臣有五位。武王對於這五個人的具體職事一件也不會做，但世上的人都說：「取得天下的是武王。」所以武王取得天下用的並非是他自身所有的能力，用起來卻同自身所有一樣，這就是精通為君之道啊。精通為君之道，就能使聰明的人為你謀劃、就能使勇武的人為你奮鬥、就能使善於辯論的人為你說話了。拿馬來說，讓伯樂這樣善於相馬的人去相察，讓造父這樣善於駕車的人去駕馭，賢明的君主卻只要乘坐在馬車上，就可以日行千里。沒有相察和駕馭的辛勞，卻有一日千里的功效，這就懂得乘馬之道了。

〔三〕今召客者，酒酣，歌舞鼓瑟吹竽，明日不拜樂己者❶，而拜主人，主人使之也。先王之立功名，有似於此，使眾能與眾賢，功名大立於世，不予佐之者，而予其主，其主使之也。譬之若為宮室，必任巧匠，奚故？曰：「匠不巧則宮室不善。」夫國，重物也，其不善也，豈特❷宮室哉？巧匠為宮室，為圓必以規，為方必以矩，為平直必以准❸繩。功已就，不知規矩繩墨，而賞匠巧匠之❹。宮室已成，不知巧匠，而皆曰：「善。此某君某王之宮室也。」此不可不察也。人主之不通主道者則不然，自為人❺則不能，任賢者則惡之，與不肖者議之，此功名之所以傷❻，國家之所以危。

【章旨】以請客宴飲、建造宮室為喻，說明君主欲「功名大立於世」，必須「使眾能與眾賢」，切不可棄置賢者而聽信不肖。

【注釋】❶樂己者　使己樂者。即歌舞倡優。❷特　但。❸准　他本多作「準」。「准」、「準」古互用。❹而賞匠巧匠之　上「匠」字衍，「之」字宜作「也」（依松皐圓說）。❺自為人　當為「自為之」（依畢沅說）。❻傷　毀敗。

【語譯】譬如邀請客人，在宴飲酣暢之際，又以倡優的歌舞彈唱助興。第二天，客人並不拜謝使自己快樂的倡優，只拜謝主人，因為是主人要他們這樣做的。先王的建功立業，同這有點相似。君主使用眾多的能人和賢士，在世上確立顯赫的功業名聲。人們不會把功名歸於輔佐他的人，而歸於君主，這是因為是君主委派輔臣這樣做的，這就好比建造宮室一定要任用巧匠一樣，什麼緣故呢？回答說：「工匠不高明，那麼宮室就造不好。」國家，是極重要的器物，如果國家治理不好，由此帶來的危害哪是造宮室出點偏差所可比擬的呢？巧匠建造宮室的時候，畫圓一定要用圓規，畫方一定要用矩尺，取平直一定要用水準墨線。工程竣工的時候，主人不問圓規、矩尺和準繩、墨線，單是賞賜巧匠。等到宮室落成以後，人們不問巧匠，卻都說：「造得好啊，這某某君主、某某帝王的宮室。」這中間的道理是不可以不察知的。那些不懂得為君之道的君主卻不是這樣。他們自己去做不會做，任用賢者做又不能善待他們，反而任憑不肖之徒去非議他們。這就是功名所以毀敗、國家所以傾危的原因。

〔四〕棗，棘❶之有；裘，狐之有也。食棘之棗，衣狐之皮❷，先王固用非其有，而己有之❸。湯、武一日而盡有夏、商之民，盡有夏、商之地，盡有夏、商之財，以其民安而天下莫敢之危❹，以其地封而天下莫敢不說，以其財賞而天下皆競❺，無費乎郼❻與岐周，而天下稱大仁、稱大義，通乎用非其有❼。

【章　旨】為「用非其有」正例：湯、武一日而盡有夏、商，因能做到「民安」、「地封」、「財賞」，而被天下讚為大仁大義。

【注　釋】❶棘　酸棗，其果實比普通棗子略小。❷衣狐之皮　按上文句例，當為「衣狐之裘」。❸而己有之　本篇「如己有之」已屢見，此處似應同。❹莫敢之危　畢沅認為此句當作「莫之敢危」，意為沒有人敢危害他。❺競　奮發努力。❻郼　通「殷」。❼通乎用非其有　陳奇猷據本篇多處句例，疑此句下脫去「如己有之」一句。語譯依原文。

【語　譯】棗子是酸棗樹結的，皮裘是狐皮做的。人們吃酸棗樹結的棗子，穿狐皮做的皮裘，古代先王當然也要把不是自己所有的就像自己所有的一樣來使用。湯、武在極短的時間內完全佔有了夏、商的百姓，完全佔有了夏、商的土地，完全佔有了夏、商的財富。湯、武因為能夠使夏、商百姓安居樂業，所以天下沒有人敢危害他們；因為能用夏、商的土地分封給諸侯，所以天下沒有人敢表示不高興；因為能用夏、商的財富賞賜臣下，所以天下臣民都競相效力。湯、武沒有耗費殷商、岐周的一點財物，而天下都稱頌他們大仁，稱頌他們大義，這就是由於他們精通運用不是自己所有事物這條原則的結果。

〔五〕白公勝得荊國❶，不能以其府庫分人。七日，石乞❷曰：「患至矣。

不能分人則焚之，毋令人以害我。」白公又不能。九日，葉公❸入，乃發❹太府之貨予眾，出高庫❺之兵以賦❻民，因攻之。十有九日而白公死。國非其有也而欲有之，可謂至貪矣；不能為人❼，又不能自為❽，可謂至愚矣。譬白公之嗇，若梟❾之愛其子也。

【章　旨】為「用非其有」反例：白公勝得楚國後，因貪吝而不肯將府庫所有分發與人，結果反為其所害，國亡身死。

【注　釋】❶白公勝得荊國　白公勝，楚平王之孫，太子建之子，名勝，白為食邑，諡稱公。楚惠王十年（西元前四七九年），白公勝殺令尹子西攻惠王而有楚國。同年，葉公子高率方城外眾攻白公勝，白公勝自殺，惠王復國。❷石乞　白公勝臣，《史記・楚世家》稱其為「勇力死士」。❸葉公　楚國葉縣大夫沈諸梁，字子高，食采於葉，諡稱公。楚莊王之曾孫，沈尹戌之子。❹發　打開。❺高庫　國家藏兵車武器的倉庫。❻賦　分發。❼為人　指上文「以其府庫分人」。❽自為　指上文「焚之，毋令人以害我」。❾梟　通「鴞」。俗稱貓頭鷹。傳說梟愛子而子長大後食母。此處以白公勝吝惜財物後反被其所害為比。

【語　譯】白公勝一度得到了楚國，卻捨不得將楚國的府庫所有分發給眾人。到第七天，石乞說：「災禍就要降臨，捨不得分給別人那就燒掉吧，不要讓人家利用這些東西來危害我們。」白公勝又捨不得這樣做。到了第九天，葉公進入國都，就發放太府的財物給予民眾，拿出高庫的武器配給百姓，藉以發動眾人進攻白公勝。到第十九天白公勝就因毀敗而自殺身死。國家不是自己所有的，卻想佔有它，可說是貪婪到極點了。佔有了國家，既不能用來為別人謀利，又不能用來保護自己，可說愚蠢到極點了。如果要給白公勝的這種吝嗇打個比喻，就好像貓頭鷹疼愛子女到頭來反被子女吃掉一樣。

〔六〕衛靈公❶天寒鑿池❷。宛春❸諫曰：「天寒起役❹，恐傷民。」公曰：「天寒乎？」宛春曰：「公衣狐裘，坐熊席，陬隅❺有竈，是以不寒。今民衣弊不補，履決不組❻。君則不寒矣，民則寒矣。」公曰：「善。」令罷役。左右以諫曰：「君鑿池，不知天之寒也，而春也知之。以春之知之也而令罷之，福❼將歸於春也，而怨將歸於君。」公曰：「不然。夫春也，魯國之匹夫也，而我舉之，夫民未有見❽焉，今將令民以此見之，曰❾春也有善，於寡人有也，春之善非寡人之善歟？」靈公之論宛春，可謂知君道矣。君者固無任，而以職受任❿。工拙，下⓫也；賞罰，法也；君奚事哉？若是則受賞者無德，而抵⓬誅者無怨矣，人自反⓭而已，此治之至也。

【章旨】以衛靈公聽從宛春勸諫停止天寒鑿池後發表的一段議論說明，君主不應事必躬親，只需依臣下之職而授其任，這才是「治之至」。

【注釋】❶衛靈公　春秋衛國君，姬姓，名元，在位四十二年（西元前五三四～前四九三年）。❷池　護城河。❸宛春　衛靈公臣。❹起役　發動勞役。指興工鑿池。❺陬隅　房間內角落。❻履決不組　草鞋破了也不修編。決，裂開。組，編織。❼福　畢沅據劉向《新序》認為「福」當作「德」。德，臣民對君上恩惠之感激。❽未有見　指未有見到宛春的功績。❾曰　當為「且」。❿以職受任　根據臣下的職位授之以事。受，授；授，給予。⓫下　指臣下。⓬抵　當。⓭自反　反躬自省。

【語譯】衛靈公在嚴寒季節命令民眾挖掘護城河。宛春勸諫說：「天這麼冷，發動勞役興辦工程，恐怕會傷害百姓。」靈公說：「天冷嗎？」宛春說：「君上穿著狐皮裘，坐著熊皮席，牆角又有火竈，所以不覺得冷。如今百姓衣衫破舊不得縫補，草鞋開裂不得修編。君上是不冷了，百姓可冷呢。」靈公說：「你說得對。」就下令停止工程。侍從們進諫說：「君上下令開挖護城河，不知道天冷，而宛春卻知道。依靠宛春的知道才下令停止工程，人們的感激就會歸於宛春，而怨恨卻集中到君主身上。」靈公說：「不會這樣。宛春只是魯國的一個平民，是我舉用了他。百姓還不曾見到過他的功績，如今讓他們因這件事情瞭解他。再說宛春有善行如同我有一樣，他的善行不就是我的善行嗎？」靈公這樣評論宛春，可算是深知為君之道了。做君主的人，原本就不需要有具體職責，只需根據職位委派臣下任務即可。事情做好做壞，由臣下負責；或賞或罰，自有法制規定：君主還有什麼具體事情要做呢？這樣，受到賞賜的，無須感激誰，而當罪處死的，亦無須怨恨誰，人人都反躬自省就可以了。這是治理國家最高明的做法。

處方

【題解】本篇首章強調「定分」即確定君、臣、父、子、夫、婦六種名分的重要，認為「貴賤之別，長少之義」，是治理國家的綱紀。但從後文所舉實例看，側重論定的是君臣的名分，尤以臣的名分為主。篇名「處方」，取自前〈圜道〉一章「天道圜，地道方」、「主執圜，臣處方」末句。故本篇要旨為論臣道。

君執「圜」，即上篇所說的「無任」；臣處「方」，即本篇所論的「定分」。文中所舉二例分別說明：㈠為臣者既不可失職，也不可侵職。韓昭釐侯外出行獵時，駕車靷帶一側太鬆，車右主動為之調適。這一來就有二人違反了「定分」：作為掌管此事的車令是失職，而非其所分的車右則是侵職。為此，他們二人不得不「各避舍」向昭釐侯請罪。㈡臣下職分一旦確定，連君主也不可侵越。章子受齊王之命率兵攻楚，兩軍對壘六月不戰。齊王嚴詞促戰，章子卻說：殺我、免我，這是君主的職權；但戰或不戰則是我的職分。一直堅持到條件具備的情況下才出擊，後果獲大勝。作者評論「章子可謂知將分矣」。

作為全篇結論的末章，指出臣下如假託君命以行事，即使得當也在所不取。職分的確定，必須上下遵守，賢不肖共同為之戮力以赴。這些思想，與法家循名責實、治不逾官等主張，甚為接近。

〔一〕五曰——

凡為治必先定分❶。君臣父子夫婦君臣父子夫婦❷六者當位，則下不踰節❸而上不苟為矣，少不悍辟❹而長不簡慢矣。金木異任，水火殊事，陰陽不同，其為民利一也。故異所以安同❺也，同所以危❻異也。同異之分，貴賤之別，長少之義❼，此先王之所慎，而治亂之紀也。

【章　旨】言君臣父子夫婦六種名分的確立，是治理好國家的綱紀。

【注　釋】❶分　名分；職分。指下文君臣、父子等各自的職守。❷君臣父子夫婦君臣父子夫婦　譚戒甫認為此句應為「君君臣臣父父子子夫夫婦婦」。這是諸子中常有的一種句式。第一個「君」為名詞，第二個「君」用如動詞。後臣臣、父父、子子、夫夫、婦婦均同此。❸踰節　超越禮制。❹悍辟　凶悍邪僻。❺異所以安同　區別上下尊卑名分，用以保證人們共同欲求的實現。異，指君臣父子夫婦之名分。同，指社會各色人等之共同欲求。❻危　《廣雅・釋詁》：「危，正也。」正，端正。❼義　宜。指適宜的關係。

【語　譯】大凡治理國家必須先確定名分。君居君位，臣居臣位；父居父位，子居子位；夫居夫位，妻居妻位。這六種人各就各位，那麼在下位的就不會踰越禮法，在上位的也不會隨意而行了；晚輩就不會凶暴邪僻，長輩也不會輕忽怠慢了。金木功能各異，水火用途有別，陰陽本性不同，但就它們對人們有利這一點來說是共同的。所以說，上下尊卑各異的名分，用以保證人們共同欲求的實現；而人們共同欲求的存在，又不斷端正著各種名分的確立。這種同一和差異的區分，尊貴和卑賤的差別，長輩和晚輩的倫理序列，正是先王所慎重看待的，因為它是國家安定或動亂的關鍵啊。

〔二〕今夫射者儀❶毫而失牆，畫者儀髮而易貌❷，言審本也。本不審，雖堯、舜不能以治。故凡亂也者，必始乎近而後及遠，必始乎本而後及末。治亦然。故百里奚處乎虞而虞亡，處乎秦而秦霸；向摯❸處乎商而商滅，處乎周而周王。百里奚之處乎虞，智非愚也；向摯之處乎商，典❹非惡也；無其本也。其處於秦也，智非加益也；其處於周也，典非加善也；有其本也。其本也者，定分之謂也。

【章旨】以同樣一個百里奚或向摯，處在不同國家出現不同結果為例，說明為治必須審本，本就是確定名分。

【注釋】❶儀 據《廣雅・釋詁》：「儀，見也。」❷易貌 忽略全貌。按：以上二句，似應取其引申義。射者、畫者只有無視牆垣或全貌，集中視力於細微之處，才能中的和畢肖。文中引此，則是取「謹小失大」之意。❸向摯 高誘注為「紂之太史令」。❹典 指向摯所掌管的國家圖法典籍。

【語譯】一個射手，當他細察毫毛時，就會看不到牆垣；一個畫師，當他細察毛髮時，就會看不到全貌。這就說明只顧謹小難免失大，治理國家必須審察根本。根本的東西不弄清，即使是堯舜也不能治理好天下。所以凡是禍亂，必定從君主身旁產生而後延及遠處；必定先從根本處產生而後延及微末。治好國家也是這樣。同是一個百里奚，處在虞國而虞國滅亡，處在秦國而秦國卻能稱霸。同是一個向摯，處在殷商而殷商覆滅，處於周國而周國卻能稱王。處在虞國的時候，百里奚才智也並不低下，處在殷商的時候，向摯所掌管的圖法典籍也並沒有不好；虞和商所以滅亡，都是因為沒有治國之本。百里奚後來處在秦國，才智並沒有增益；向摯後來處在周國，那些圖法典籍也沒更加完善。秦和周所以興盛，都是因為確立了治國之本。所謂治國之本，說的就是確定名分。

〔三〕齊令章子❶將而與韓、魏攻荊，荊令唐篾❷將而拒之。軍相當❸，六月而不戰，齊令周最❹趣❺章子急戰，其辭甚刻。章子對周最曰：「殺之、免之、殘其家，王能得此於臣。不可以戰而戰，可以戰而不戰，王不能得此於臣。」與荊人夾泚水❻而軍，章子令人視水可絕❼者，荊人射之，水不可得近。有芻❽水旁者，告齊候者❾，曰：「水淺深易知。荊人所盛❿守，盡其淺者也；所簡守，皆其深者也。」候者載芻者與見章子，章子甚喜，因練卒⓫以夜奄⓬荊人之所盛守，果殺唐篾。章子可謂知將分⓭矣。

【章　旨】言齊將章子在與楚軍對壘半載、齊王派人嚴詞催戰的情況下，依然堅守為將職分，拒絕貿然出戰；後果獲大勝。

【注　釋】❶章子　戰國時人，齊威王、齊宣王時為將。❷唐篾　楚懷王將。據《史記・楚世家》記載，秦、齊、韓、魏共攻楚事，發生在楚懷王二十八年（西元前三〇一年），結果以楚軍失敗告終。楚將唐昧（即唐篾）被殺，楚地重丘被割。❸當　對著；對峙。❹周最　高誘注為「周君之子也，仕於齊，故齊使之也」。❺趣　通「促」。❻泚水　未詳。❼絕　橫渡。❽芻　飼養牛羊稱芻。此處意為放牧。❾候者　即上文章子派去察看河水的人。候，伺探。❿盛　嚴。⓫練卒　經過選拔的精兵。⓬奄　通「掩」。掩襲。⓭將分　為將之職分。

【語　譯】齊王命令章子率兵會同韓魏二國一起進攻楚國，楚國命令唐篾率兵應戰。兩軍對壘，過了六個月還不曾交戰。齊王派周最催促章子趕快開戰，言辭非常峻刻。章子回答周最說：「殺死我、罷免我、誅戮我的全族，這些，齊王都可能對我辦到的；不可以交戰而命令交戰，可以交戰而不讓交戰，這些齊王在我這裡是辦不到的。」這時，齊軍與楚軍繼續隔著泚水駐紮對峙。章子派人去察看泚水是否有可以橫渡的地方。但探子去偵察時，楚軍紛紛射箭，無法靠近河邊。有個在水邊放牧的人告訴齊軍的探子說：「河水的深淺很容易知道：凡是楚軍防守嚴密的，全是水淺的地方；凡是防守疏略的，都是水深的地方。」探子讓這個放牧的人一起乘上車，同來見章子。章子非常高興。於是就挑選精兵乘著黑夜對著楚軍防守嚴密的河段渡過河去，進行突襲，果然大勝，殺死了唐篾。章子可說是深知為將的職分了。

〔四〕韓昭釐侯出弋❶，靷❷偏緩。昭釐侯居車上，謂其僕：「靷不偏緩乎？」其僕曰：「然。」至，舍❸，昭釐侯射鳥，其右❹攝❺其一靷，適❻之。昭釐侯已射，駕而歸，上車，選間❼，曰：「鄉❽者靷偏緩，今適，何也？」其右從後對曰：「今者臣適之。」昭釐侯至，詰車令❾。各避舍❿。故擅為妄意之道雖當，賢主不由⓫也。

【章　旨】記述韓昭釐侯出弋時，靷帶偏鬆，車右為之調適，其事雖當，其職非分，因而不得不「避舍」請罪。

【注　釋】❶弋　用繩繫於箭尾射鳥。此處泛指射獵。❷靷　驂馬拉車所繫之皮帶。據孔穎達注《左傳》哀公二年「兩靷將絕」句：「古之駕四馬者，服馬夾轅，其頸負軛；兩驂在旁，挽靷助之。」❸舍　舍駕；車停下。❹右　車右，也稱右乘。❺攝　收縮。❻適　使之適。❼選間　少間；不一會。❽鄉　通「嚮」。❾車令　掌管君主所乘車馬的官吏。「靷偏緩」，由車令失職所致。❿避舍　離開住室而露宿於外，古人一種惶恐請罪的表示。⓫由　從；遵循。

【語　譯】韓昭釐侯外出射獵，居於兩旁的驂馬有一側皮帶太鬆。昭釐侯在車上，對他的車夫說：「皮帶有一側大概太鬆了一些吧？」車夫說：「是的。」到了獵場，車停了下來。昭釐侯去射鳥，他的車右把那一側太鬆的皮帶拴緊，使它長短適度。昭釐侯射獵完畢後，讓車夫套好馬車準備回還。昭釐侯上了車，過了不一會，說：「來的時候皮帶有一側太鬆，現在長短正好了，這是怎麼回事？」那個車右從他身後回答說：「剛才是我把它拴得正合度的。」昭釐侯回到朝中，就此事責問了車令。車令和車右都惶恐地離開居室表示向韓昭釐侯請罪。所以擅自行動、虛妄臆想的做法，即使做對了，賢明的君主也不願採納的啊。

〔五〕今有人於此，擅矯行❶則免國家，利❷輕重則若衡石❸，為方圜❹則若規矩，此則工矣巧矣，而不足法。法❺也者，眾之所同也，賢不肖之所以❻其力也。謀出乎不可用，事出乎不可同，此為先王之所舍也。

【章旨】言有關職分的法規，必須共同遵守；對違反定分、假託君命行為，即使既工又巧亦不可效法。

【注釋】❶矯行 假託君命以行事。矯，假託。❷利 疑為「判」之誤（依楊昭儁說）。❸衡石 泛指測定重量的器具。衡，秤桿。石，重量單位，一百二十斤為一石。❹圜 同「圓」。❺法 當為君臣父子夫婦等有關職分的法度，非指一般法制。❻以 用。

【語譯】假設有這麼一個人，他擅自假託君命行事而使國家免於禍患，判別輕重可以像衡器一樣準確，畫方圓可以像用圓規、矩尺一樣標準，這樣的人自然是既能幹又精巧了，但是不值得效法。有關職分的法規，應當是共同遵守的，無論賢者或不肖者都應為它盡心竭力去做。不按職分想出來的計謀就不能實行，不按職分提出來的事情就不能認同，因為這些正是先王所捨棄的呀。

慎小

【題　解】「千里長堤，潰於蟻穴」，這句盡人皆知的諺語，可能就脫胎於〈慎小〉許多生動比喻中的一句：「巨防容螻，而漂邑殺人。」（又見《韓非子・喻老》：「千里之隄，以螻蟻之穴潰。」）這也正是本篇的論旨：告誡人們小事不慎將有可能釀成巨禍。作者特意指出，這一點，對處於尊位的君主更須警惕，因為「尊則恣，恣則輕小物」。的確，一個驕縱恣睢的人，是不肯「慎小」的，由此，歷史上就出現過不少這樣的悲劇：「主過一言，而國殘名辱，為後世笑。」

篇中所舉的衛獻公、衛莊公就是這樣的人。前者邀臣下吃飯自己卻誤約，見面時又輕慢失禮，結果招致被逐出亡；後者妄自尊大，出於一時意氣，竟派人到戎人聚居地「奪之宅，殘其州」，終於帶來國危身死的災禍。與上述二例相反的是齊桓公，即位三年只說了三句話，但由於每句都意在節儉護生，因而「天下稱賢，群臣皆說」。吳起治西河，為了取信於民，特立柱南門，下令凡倒此柱者，仕以上大夫。有一人試著這樣做了，果然獲得所宣之賞。從此「民信吳起之賞罰」。有意思的是，本書編撰者呂不韋亦曾用過類似做法：《呂氏春秋》完稿後，「布咸陽市門，懸千金其上，延諸侯游士賓客有能增損一字者予千金」（《史記・呂不韋列傳》）。不同的是，吳起演的戲多少還有人響應，呂不韋的懸賞千金卻無有一人問津。那原因，據第一個注釋《呂氏春秋》的高誘說：「非不能也，蓋憚相國畏其勢耳。」（《呂氏春秋・序》）

〔一〕六曰——

上尊下卑。卑則不得以小觀上。尊則恣，恣則輕小物❶，輕小物則上無道知下。下無道知上。上下不相知，則上非下，下怨上矣。人臣之情，不能為所怨❷，人主之情，不能愛所非；此上下大相失道也。故賢主謹小物以論好惡。

【章　旨】言君主若輕視小事，就會造成「上下大相失道」，故賢主須「謹小物以論好惡」。

【注　釋】❶小物　小事。❷不能為所怨　不能給自己所怨恨的君主效力。

【語　譯】君主地位尊貴，臣下地位卑賤。地位卑賤就不能通過細小事物觀察主上。地位尊貴就會恣縱，恣縱就會輕視小事，輕視小事，主上就沒有途徑瞭解臣下，臣下也無由瞭解主上。上下互不瞭解，就會主上責備臣下，臣下怨恨主上了。按人臣的常情，他不能給自己所怨恨的君主盡忠效力；按君主的常情，他不會喜愛自己所責備的臣下。這就是造成上下嚴重阻隔的原因。所以賢明的君主總是謹慎地對待能顯示自己愛憎和論定臣下優劣的小事。

〔二〕巨防❶容螻，而漂❷邑殺人；突❸泄一熛❹，而焚宮燒積❺；將失一令，而軍破身死；主過一言，而國殘名辱，為後世笑。

【章　旨】以螻穴潰堤等為喻，說明君主必須「慎小」。

【注　釋】❶防　堤。❷漂　浮。❸突　煙囪。❹熛　爆飛的火花。❺積　積聚。指貯於庫府的糧食財物等。

【語　譯】大堤中潛藏一隻螻蛄，會招致大水漂流城邑，淹死民眾；煙囪裡漏出一顆火星，會引起大火焚毀宮室，燒盡積聚。同樣的，將帥下錯一道令，就會帶來兵敗身亡；君主說錯一句話，就會導致國破名辱，被後代所譏笑。

〔三〕衛獻公❶戒❷孫林父、甯殖❸食。鴻❹集于囿❺，虞人❻以告，公如囿射鴻。二子待君，日晏❼，公不來至，來不釋皮冠❽而見二子。二子不說，逐獻公，立公子黚❾。衛莊公❿立，欲逐石圃⓫，登臺以望，見戎州⓬而問之曰：「是何為者也？」侍者曰：「戎州也。」莊公曰：「我姬姓⓭也。戎人安敢居國？」使奪之宅，殘⓮其州。晉人適攻衛，戎州人因與石圃殺莊公，立公子起⓯。此小物不審也。人之情不躓⓰於山，而躓於垤⓱。

【章旨】以衛獻公因不拘小節被逐，衛莊公為一時意氣遭殺為例，說明君主必須警惕「不躓於山，而躓於垤」這種人之常情。

【注釋】❶衛獻公　春秋衛國君，名衎，在位共二十二年（西元前五七六年即位，前五五九年被逐亡齊；前五四七年復位，前五四四年卒）。❷戒　約請。因是君約臣，故稱戒，猶言敕令。❸孫林父甯殖　均為衛大夫，又稱孫文子、甯惠子。❹鴻　雁。❺囿　天子或諸侯畜養禽獸以供遊樂畋獵之所。大稱苑，小稱囿。❻虞人　管理苑囿的官吏。❼晏　晚。❽皮冠　白鹿皮製成的帽子，畋獵時所戴。國君見臣屬應免去皮冠，「不釋皮冠」是一種不禮貌的舉動（依張雙棣等說）。❾逐獻公二句　據《左傳》記載，此事發生在魯襄公十四年（西元前五五九年）。其所立為獻公之弟公孫剽，非公子黚。陳奇猷則認為當是同一人，即衛殤公。殤公後為甯、晉所殺，在位十二年（西元前五五八～前五四七年）。❿衛莊公　春秋末衛國君，衛靈公之子，名蒯聵，在位三年（西元前四八〇～前四七八年）。按：前事與此事不連續，衛莊公要後於衛獻公四世。⓫石圃　衛大夫。蒯聵出亡在外，圃不欲納之。故蒯聵立而欲逐圃。⓬戎州　戎人聚居之城邑。⓭姬姓　周王室之姓。衛先祖衛康叔為周武王之弟。此處莊公用以表明自己血緣之尊貴。⓮殘　假為「戩」。滅。⓯公子起　衛靈公之子，衛莊公之弟。事詳《左傳》哀公十七年（西元前四七八年）。衛君起立後不久即為石圃所逐，奔齊。⓰躓　同「蹶」。跌倒。⓱垤　蟻封。螞蟻一類昆蟲做窩時積於穴口的小土堆。《韓非子・六反》云：「先聖有諺曰：『不躓於山，而躓於垤。』」可見上二句為當時箴言。

【語　譯】衛獻公約好孫林父、甯殖來吃飯。恰巧虞人來稟報說，有群雁停到苑囿。獻公就去苑囿射雁。二位客人等待著國君，直到傍晚，獻公還沒有來到。後獻公來到時，連皮冠也不脫去就與二位客人見面。孫林父、甯殖為此很不高興，就驅逐了獻公，另立公子黚為君。衛莊公立為國君後，想要驅逐石圃。一次，他登臺遠望，看到了戎州，就問道：「這是什麼地方呀？」侍從說：「這是戎州。」莊公說：「我是姓姬的呀，戎人如何膽敢住在我的國家裡！」派人奪了戎人的住宅，毀壞了他們的州邑。這時候恰好晉國來攻衛國，戎州的人乘機就與石圃一起殺了莊公，另立公子起為君。這些都是在小事情上不謹慎造成的。人之常情往往就是這樣：不會被高山大嶺絆倒，卻跌倒在蟻封似的小土堆旁。

〔四〕齊桓公即位，三年三言，而天下稱賢，群臣皆說。去肉食之獸，去食粟之鳥，去絲罝❶之網。

【章　旨】言齊桓公即位三年僅三言而「天下稱賢」，足證「慎小」之功。

【注　釋】❶罝　捕獸之網。

【語　譯】齊桓公登上國君之位，三年只說了三句話，天下就稱頌他的賢明，群臣也都很高興。這三句話是：去掉苑囿中食肉的獸類；去掉宮廷中吃糧食的鳥雀；去掉用絲編織的獸網。

〔五〕吳起治西河，欲諭其信於民，夜日❶置表❷於南門之外，令於邑中曰：

「明日有人僨❸南門之外表者，仕長大夫❹。」明日日晏矣，莫有僨表者。民相謂曰：「此必不信。」有一人曰：「試往僨表，不得賞而已，何傷？」往僨表，來謁吳起。吳起自見而出，仕之長大夫。夜日又復立表，又令於邑中如前。邑人守門爭表，表加植❺，不得所賞。自是之後，民信吳起之賞罰。賞罰信乎民，何事而不成，豈獨兵乎？

【章旨】記述吳起立表賞爵，言而有信，終使百姓都信服他的賞罰。

【注釋】❶夜日　當夜（依陳奇猷說）。❷表　木柱。❸僨　仆倒。❹長大夫　即上大夫。❺加植　埋得更加深。

【語譯】吳起治理西河，想要對百姓表明自己的信用。這天晚上，他派人在南門外豎起了一根木柱，然後向全城百姓下令說：「明天如果有人能把南門外木柱扳倒的，就讓他做上大夫。」第二天直到傍晚，也沒有人去扳倒木柱。人們相互議論說：「這一定不是真的。」其中有一人說：「我去扳倒木柱試試看吧，最多得不到賞賜罷了，有什麼妨害呢？」這人就去扳倒了木柱，來稟告吳起。吳起親自接見了他又送他出來，並任命他為上大夫。當天夜裡又立了一根木柱，像上次一樣又對全城下了同樣命令。城裡許多人都擁到南門口爭相去扳那根木柱。這一回因為木柱埋得更加深，沒有人能獲得賞賜。從此以後，百姓都相信了吳起的賞罰。賞罰能夠取信於百姓，還有什麼事做不成呢？豈止是用兵呢？

卷第二十六　士容論第六

士容　務大　上農　任地　辯土　審時

本卷文章分二組。一為〈士容〉、〈務大〉，論述士人、君主應具有儀容和抱負。前者提出了十二項要求，為作者心目中的「國士」描繪了一幅理想畫像。後者則是專就君主和佐君之臣的志向說的，認為欲求治國安天下和個人名聲流傳就必須「務大」。

另一組是專論農業的文章，共四篇，題旨相互關連，完整如一。〈上農〉談農業為立國之本，〈任地〉、〈辯土〉、〈審時〉則分別從耕作制度、田間管理、種植技術以及土壤的識別、改良等方面，作了頗為詳盡的記載和論述，反映了我國早在戰國末年就已經對農業有深刻的認識和豐富的實踐經驗，而且也達到了相當高的科學技術水準。

我國有關農業方面的先秦文獻，據《漢書・藝文志》，雖尚有《神農》二十篇、《野老》十七篇等書名記載，但流傳至今而比較完整的，除了《管子・地員》外就只有保存在本書中的這四篇。一般認為它們採自《后稷農書》。《后稷農書》當比《呂氏春秋》為早，應是戰國早期問世的一部著作，但《漢書・藝文志》已無著錄，說明它早已失傳。故本卷中的〈上農〉等四篇，彌足珍貴。

士容

【題解】「士」在古代，包括在本書中，是一個頗為寬泛的概念。有關士的分類情況，我們已在〈季冬紀〉卷旨中簡單作過介紹。本篇所論的士是指「國士」，即國中傑出的人物。所謂「士容」，就是作為傑出人物應具有的儀容風範。篇首對士的品格提出總的要求：「不偏不黨，柔而堅，虛而實。」繼而從志向、勇氣、理義、襟懷、修養等十二個方面，作了具體論述。其中提到「今日君民而欲服海外」，這說明文章還是做給君主看的。

隨後三章，或是就有關狗的寓言故事，或是就某個人物的儀容進退、言談舉措，分別從士人修養的有關方面作了闡述。文中強調了鴻鵠之志和內心自礪，認為內在修養高於外表謹飾，不言之言重於巧舌如簧。這些，還是頗有意義的。

本篇題旨與前〈離俗〉篇相類。

〔一〕一曰——

士不偏不黨❶，柔而堅，虛而實。其狀朖❷然不儇❸，若失其一❹。傲小物❺而志屬❻於大，似無勇而未可恐狼❼，執固橫敢❽而不可辱害，臨患涉難而處義不越❾，南面稱寡而不以侈大❿，今日君民⓫而欲服海外，節物⓬甚高而細利弗賴⓭，耳目遺俗⓮而可與定世⓯，富貴弗就⓰而貧賤弗揭⓱，德行尊⓲理而羞用巧衛⓳，寬裕不訾⓴而中心甚厲㉑，難動以物㉒而必不妄折㉓。此國士之容也。

【章　旨】提出一個國士應具有的儀容風範。

【注　釋】❶黨　結黨。❷朖　即「朗」。光明。❸儇　輕薄乖巧。❹若失其一　好像忘記了自己身軀的存在。意指精神活動超越了體軀的局限而達到了獨立自由的境界。一，指自身的體軀。❺傲小物　藐視瑣屑細事。❻屬　專注；集中。❼狼　王念孫認為當為「狷」之誤。狷，通「喝」。嚇唬。❽執固橫敢　執意堅決，剛悍果敢。橫，猛厲縱放，無所顧忌。❾越　踰，引申為失。❿侈大　驕恣自大。⓫君民　君臨天下，統治百姓。君，君臨；統治。⓬節物　高誘訓「物」為「事」，節物猶即事。⓭賴　利。⓮遺俗　超脫一般世俗之見。⓯定世　安定天下人世。⓰就　趨就；追求。⓱揭　離去。⓲尊　通「遵」。⓳衛　當為「躗」。巧偽。⓴不訾　不可估量。此處作「不羈」解。㉑厲　通「勵」。砥礪。㉒物　指外物之利。㉓妄折　輕率地屈節。妄，輕率。

【語　譯】士人不偏私，不結黨。他們既柔和又剛強，既清虛又充實。他們的狀貌朗然若日月，從不耍弄乖巧；他們的精神自由奔放，好像忘記了自己體軀的存在。他們藐視瑣屑細事而專注於遠大目標；表面彷彿缺乏膽氣，但卻不可恐嚇威脅；堅定剛悍無所顧忌，絕不可汙辱傷害；面對艱難險阻依然能夠對理義恪守不失。他們即使南面稱王，也絕不會驕恣狂妄；一旦君臨百姓，就會進一步立下收服海外的大志。他們行事高瞻遠矚，不為眼前蠅頭小利所累；視聽超塵絕俗，有能力安定天下人世。他們既不追慕富貴，也不嫌棄貧賤；德行遵奉理義而羞於使用巧偽；外表倜儻不羈而內心自勵甚嚴；不為外物所動，絕不妄自屈節。這些，就是一個國士的儀容風範。

〔二〕齊有善相狗者，其鄰假❶以買取鼠之狗，朞年❷乃得之，曰：「是良狗也。」其鄰畜之數年，而不取鼠，以告相者。相者曰：「此良狗也。其志在獐麋❸豕鹿，不在鼠。欲其取鼠也則桎❹之。」其鄰桎其後足，狗乃取鼠。夫驥驁❺

之氣，鴻鵠❻之志，有諭❼乎人心者誠❽也。人亦然。誠有之則神應❾乎人矣，言豈足以諭之哉？此謂不言之言也。

【章　旨】以良狗的不屑捕鼠為喻，說明國士應無視瑣事而專注於遠大目標。

【注　釋】❶假　通「借」。憑借；委託。❷朞年　一整年。❸麞　麞鹿。鹿的一種。❹桎　禁錮雙足的刑具。此處用如動詞，用器械拘束。❺驥驁　皆為良馬名。❻鴻鵠　即鵠。因飛得很高，常用以喻志向之遠大。❼諭　使知道。❽誠　確實。指驥驁、鴻鵠，確實有那樣的「氣」和「志」。❾應　感應。

【語　譯】齊國有個善於相狗的人，鄰居託他買一條會捕鼠的狗。整整過了一年他才買到，對鄰居說：「這是一條出色的狗啊。」他的鄰居餵養了好幾年，狗卻不捕鼠。鄰居就把這個情況告訴了相狗的人。相狗的人說：「這是一條出色的狗。牠的志向在於獵獲獐麞豬鹿，而不是小小的老鼠。你若是想叫牠捕鼠，那就得把牠的腳拘住。」鄰居縛住了狗的後腳，狗果然開始捕鼠了。驥驁的氣質，鴻鵠的心志，所以能夠使人們知曉，是由於牠們確實具有這種氣質和心志。人也是如此。如果確實具備了優美的品德，那麼他的精神就能使人感知了。單是言語哪裡能完全使人相信呢？優美品德的存在，那才是不言之言啊。

〔三〕客有見田駢❶者，被服中法❷，進退❸中度，趨翔閑雅❹，辭令遜敏❺。田駢聽之畢而辭❻之。客出，田駢送之以目。弟子謂田駢曰：「客，士歟？」田駢曰：「殆❼乎非士也。今者客所弇斂❽，士所術施❾也；士所弇斂，客所術施也。客殆乎非士也。」故火燭❿一隅，則室偏⓫無光；骨節蚤⓬成，空竅哭歷⓭，身必不長；眾無謀方⑭，乞謹視見⑮，多故⑯不良；志必不公⑰，不能立⑱功；好得惡予，國雖大不為王；禍災日至⑲。故君子之容，純⑳乎其若鍾山之玉㉑，桔㉒乎其若陵上之木㉓。淳淳㉔乎慎謹畏化㉕，而不肯自足㉖；乾乾㉗乎取舍不悅㉘，而心甚素樸。

【章旨】從田駢對來客的評價，說明國士應注重內心修養，做到表裡相應。

【注釋】❶田駢 即陳駢，戰國齊人，道家。❷被服中法 穿戴和服飾符合規定。中，符合。❸進退 指進退的禮節。❹趨翔閑雅 步履舒緩有度，姿態嫻靜高雅。翔，通「蹌」。閑，通「嫻」。❺遜敏 恭順而敏捷。❻辭 謝絕。❼殆 大概。❽弇斂 掩蔽收藏。❾術施 申述施行。術，通「述」。❿燭 照。⓫偏 半。⓬蚤 通「早」。⓭空竅哭歷 空，通「孔」。哭歷，空疏（依章炳麟說）。⓮方 指士人的一種品德。據《韓非子·解老》：「所謂方者，內外相應也，言行相稱也。」⓯視見 可視見者。意為外表。⓰故 巧偽。⓱公 正。⓲立 成。⓳禍災日至 陳奇猷疑此處有脫文，應以「禍災日至，國將滅亡」為句。⓴純 美好。㉑鍾山之玉 即崑山之玉。㉒桔 直木。㉓陵上之木 高山上的大樹。意謂君子志意高遠，為眾人所景仰。㉔淳淳 通「惇惇」。樸實敦厚貌。㉕化 指依照事物發展規律必將出現的變化趨勢。㉖自足 自滿。㉗乾乾 自強不息。㉘悅 通「侻」。輕忽。

【語譯】有個前來拜見田駢的客人，服飾合於法度，進退遵從禮儀，舉止嫻靜高雅，談吐恭順敏捷。田駢剛聽他說完，便謝絕了他。客人離去的時候，田駢用審視的目光隨送他的背影。弟子們問田駢：「這客人，是士嗎？」田駢說：「恐怕算不得士吧。剛才他竭力掩蔽收藏的地方，正是作為一個士應該申述施行的地方；相反，士該掩藏之處，他卻又一味張揚。來客恐怕算不得士吧。」所以說，火光只對著一個角落照，就會有半個房間沒有光亮；骨骼過早長成，就會疏鬆以致留下孔隙，身材必然長不高大。平常人不謀求表裡相應的內心修養，單是乞求於外貌謹慎，那樣就會養成巧偽多端的不好習氣。心志如果不正，就不能成就功業。喜好聚斂而不願施予，邦國雖大也不可能君臨天下，災禍就會天天發生。所以，君子的儀容風範，應當猶如崑崙山的玉石晶瑩美好，就像高山上的大樹崇高挺拔。他們樸實嚴謹而又能洞悉事物的發展趨勢，而且從不自滿；他們孜孜不倦，對取捨從不輕忽，而且心地非常純淨淳樸。

〔四〕唐尚❶敵年為史❷，其故人❸謂唐尚願之❹，以謂❺唐尚。唐尚曰：「吾非不得為史也，羞而不為也。」其故人不信也。及魏圍邯鄲❻，唐尚說惠王而解之圍，以與伯陽❼，其故人乃信其羞為史也。居有閒，其故人為其兄請❽。唐尚曰：「衛❾君死，吾將汝兄以代之。」其故人反興❿再拜而信之。夫可信而不信，不可信而信，此愚者之患也。知人情，不能自遺⓫，以此為君，雖有天下何益？故敗莫大於愚。愚之患，在必自用⓬。自用則戇陋⓭之人從而賀之。有國若此，不若無有。古之與賢⓮，從此生矣。非惡其子孫也，非徼⓯而矜⓰其名也，反其實也。

【章　旨】以唐尚舊友先是「可信而不信」，後則「不可信而信」的對比，說明國士應做到不被細利所累，不為外物所動。

【注　釋】❶唐尚　戰國時人。❷敵年為史　與其年歲相當的人做了史官。敵，匹敵；相當。史，負責起草、抄寫的小官。

❸故人　舊友。❹之　代指「為史」。❺謂　告。上句中的「謂」，意為「以為」。❻魏圍邯鄲　據《史記》〈趙世家〉、〈魏世家〉：魏惠王十七年（西元前三五四年），魏圍趙邯鄲，次年，邯鄲降魏。三年後，魏歸還邯鄲於趙，兩國會盟於漳水上。本文提到的可能就是此事。❼伯陽　古邑名，屬趙。在今河南安陽西北。❽請　指請求官職。❾衛　他本一作「魏」。此句本為戲語，似可不必拘泥。❿反與　離席站起，轉身退避。表示恭敬、感激。⓫知人情二句　此句仍就唐尚之故人而言。唐尚敵年為史，唐尚的故人便以為唐尚也想為史，他的這個結論是由一般人之常情推斷出來的。但他不能同時把這種對人情的「知」施之於自身。因為如果衛君死了，旁人是不可隨便代替的，這也屬常情，否則就違反了常情。全句意在揭示唐尚之故人為外物所動而「妄折」。遺，贈予；施予。⓬自用　固執己見，一意孤行。⓭戇陋　戇，憨直而愚。陋，鄙陋無知。⓮與賢　把國家讓與賢者。即所謂禪讓。⓯徼　求。⓰矜　誇耀。

【語譯】與唐尚年歲相仿的人有的做了史官，唐尚的一個舊友以為他也想做，便去告知他這件事。唐尚說：「我並非得不到機會做史官，而是感到羞恥才不去做的呀。」他的舊友不相信。後來魏國圍困趙國邯鄲，唐尚用辭令說動魏惠王，解了邯鄲的圍，趙國以伯陽邑酬謝唐尚。他的舊友這才相信他確實是羞於做小小的史官的。過了一些日子，這位舊友為自己兄長去向唐尚請求官職。唐尚說：「等衛國國君死了，我讓你兄長去代替他吧。」這個舊友聽了立刻起身離席，退避再拜，居然信以為真了。對明明可信的不相信，不可信的反倒相信，這是蠢人的通病。像唐尚這位舊友這樣，縱然知道通常的人情，卻不能用這種常情啟悟自己，如果以這樣的智力去做國君，即使據有天下，又有什麼益處？所以敗壞事情的莫過於愚蠢。愚蠢的通病就在於師心自用。一旦師心自用，那麼憨直無知之徒、孤陋寡聞之輩，便會紛紛跑來祝賀他。像這樣握有國家，還不如沒有。古代讓賢的事，就是由此產生的。那些讓賢的君主，既不是厭惡自己的子孫，也不是追求和誇耀讓賢這個名聲，而是為了歸返到古代聖君去欲安生之實啊。

務大

【題解】本篇多數章節已見前〈諭大〉、〈務本〉。意在進說君主和佐君之臣，務必具有宏圖大略，致力於大事、大局，即所謂「務大」。

「務大」的第一層意思是就人際關係說的。天下和國家，天子和臣下，各有大小、貴賤之分。處於「小」、「賤」一方的聲譽爵祿，取決於「大」、「貴」一方的安危榮辱。所以他們應首先致力於為天子、為君主建功立業，不該像愚蠢的燕雀那樣，災禍將臨卻猶營營苟苟於自身的安樂。那樣做的結果，難免要被無情的歷史嘲弄：「欲榮而逾辱」，「欲安而逾危」。

「務大」的另一層意思是就事理發展說的。能舉千斤，何況一斤？所以薄疑說衛嗣君不言治理小國而言稱王之術；只有天下安，才有國家安，所以杜赫說周昭文君以「弗安而安」的道理；只有志向遠大，才能在「大義」不成之時仍有所成，所以舜禹孔墨等聖君賢哲能功著竹帛、名顯後世。作者由此得出全篇結論：「故務事大。」

此篇因多有與前〈諭大〉、〈務本〉重複處，故注釋從簡。

〔一〕二曰——

嘗試觀於上志❶，三王之佐❷，其名無不榮❸者，其實❹無不安者，功大故也。俗主之佐，其欲名實也與三王之佐同，其名無不辱者，其實無不危者，無功故也。皆患其身不貴於其國也，而不患其主之不貴於天下也，此所以欲榮而逾❺辱也，欲安而逾危也。

【章　旨】三王之佐與俗主之佐的比較：前者功大，故名顯實安；後者無功，故名辱實危。

【注　釋】❶上志　古代文獻記載。❷三王之佐　輔佐三王之臣。❸榮　顯。❹實　指俸祿、爵位。❺逾　更加。

【語　譯】試觀古代的文獻記載，禹、湯、文武三王的輔佐之臣，他們的名聲沒有一個不顯耀的，爵祿也沒有一個不安穩的，原因就在於他們功勞大。而那些平庸君主的輔佐之臣，他們希冀獲得名聲、爵位的願望與三王輔佐之臣完全相同，但結果卻是名聲沒有一個不恥辱的，爵位沒有一個不危險的，原因就在於他們根本沒有什麼功勞。這些人憂慮的只有自身不顯貴於本國，從不憂慮他們的君主不顯貴於天下。這就是他們希冀名聲顯耀反而更加恥辱，希冀爵位安穩反而更加危險的原因。

〔二〕孔子曰❶：「燕爵❷爭善處於一屋之下，母子相哺也，區區❸焉相樂也，自以為安矣。竈突決❹，上棟焚，燕爵顏色不變，是何也？不知禍之將及之也，不亦愚乎！為人臣而免於燕爵之智者寡矣。夫為人臣者，進❺其爵祿富貴，父子兄弟相與比周❻於一國，區區焉相樂也，而以危其社稷，其為竈突近矣，而終不知也，其與燕爵之智不異。」故曰：天下大亂，無有安國；一國盡亂，無有安家；一家盡亂，無有安身，此之謂也。故細之安，必待大；大之安，必待小。細大賤貴，交相為贊❼，然後皆得其所樂。

【章　旨】引孔子語，以燕雀築巢不知災禍將臨為喻，說明個人與國家、國家與天下的相互依賴關係，為人臣者不能只圖自己安樂，而應以天下為重。

【注　釋】❶孔子曰　前〈諭大〉篇為「季子曰」，陳奇猷認為當據彼改此。❷爵　通「雀」。❸區區　怡然相得貌。❹竈突決　竈上煙囪破裂。❺進　增益。❻比周　結黨營利。❼贊　佐助。

【語　譯】孔子說：「燕雀爭著在屋簷下找好地方築巢，母鳥哺著雛鳥，嬉叫著怡然相樂，自以為很安全。待到竈上煙囪破裂，上面棟樑也燃燒起來了，燕雀卻依然毫不驚慌，這是什麼緣故呢？是因為牠們不知道災禍很快就要延及到自己，這不是很愚蠢嗎？做臣子的，能夠避免燕雀這種蠢見的人實在太少了。那些做臣子的，一味營求增益自己的爵祿富貴，父子兄弟一起在國中結黨營私，像燕雀一樣戲叫著相與狎樂，以此危害自己的國家。這種情勢，離煙囪破裂、火焚棟樑的事已經臨近，而他們卻一無所知，這與燕雀的愚蠢程度無有二致了。」所以說：天下大亂，就沒有安定的國家；一國全亂，就沒有安定的采邑；采邑全亂，就不會有安定的個人。這說的就是上面那種情況。因此小區域的安定，必得有賴於整個大局的保障；整個大局的安定，也有賴於各個區域的支持。小與大，貴與賤，應該相互依賴，然後才能各自都得到自己的安樂。

〔三〕薄疑說衛嗣君以王術❶。嗣君應之曰：「所有者千乘也，願以受教❷。」薄疑對曰：「烏獲❸舉千鈞❹，又況一斤？」杜赫以安天下說周昭文君。昭文君謂杜赫曰：「願學所以安周。」杜赫對曰：「臣之所言者不可❺，則不能安周矣；臣之所言者可，則周自安矣。」此所謂以弗安而安❻者也。

鄭君問於被瞻曰：「聞先生之義，不死君❼，不亡君❽，信有之乎？」被瞻對曰：「有之。夫言不聽，道不行，則固不事君也。若言聽道行，又何死亡哉？」故被瞻之不死亡也，賢乎其死亡❾者也。

【章旨】以謀士薄疑、杜赫和良臣被瞻言論為據，說明天下若安則國必自安；國強君安，臣子就不必死難。

【注釋】❶王術　君臨一國的方略。❷願以受教　「以」下省「之」。之，代指上「千乘」。❸烏獲　古代大力士。❹千鈞　古代重量單位，三十斤為一鈞。❺可　能。❻弗安而安　意謂不特意去安定它，而它卻已自然安定。按：這段對話反映雙方著眼點不同。杜赫欲以安天下為說，而昭文君卻只求安一國，故杜赫答以：若能安定天下，周當能自安。❼死君　為君主而死難。❽亡君　為君主而出亡。❾被瞻之不死亡也二句　不死亡，指被瞻對不聽其言、不行其道之君不事，事之，則必為聽其言、行其道之君，因而定然國強君安，沒有為君主死難出亡的必要。死亡，指輔佐無道之君的人，其言其道均不被聽受，又不能正之，一旦國敗身危，唯有為君主死難出亡而已。

【語譯】薄疑用如何君臨天下的方略遊說衛嗣君。嗣君回答他說：「我擁有的只是個千輛兵車的小國，希望就以如何治理這個小國聆聽您的指教。」薄疑應對說：「如果能像烏獲那樣力舉千鈞，那麼又何必在乎一斤呢？」杜赫以安定天下的策略遊說周昭文君。昭文君對杜赫說：「我只是想學一學安定周國的方法。」杜赫回答說：「我所說的如果不能安定天下，周國自然也不能安定；我所說的如果能安定天下，周國自然也能安定。」杜赫的這種策略，就是所謂不專意於某個地域的安定而自然而然地使它安定啊。

鄭君問被瞻說：「聽說您的信念是不為君主而死，不為君主出亡，真的有這個說法嗎？」被瞻回答說：「有的。如果言論不被聽從，謀略不被實行，那麼這原本就算不得輔佐君主；倘若言論被聽從，謀略被施行，自然也就國強君安，又何必為君主去死難、為君主去出亡呢？」所以被瞻的不為君主死難、出亡，遠勝那些為君主死難、出亡的人。

〔四〕昔有舜欲服海外而不成，既足以成帝矣。禹欲帝而不成，既足以王海內矣。湯、武欲繼禹而不成，既足以王通達❶矣。五伯欲繼湯、武而不成，既足以為諸侯長矣。孔、墨欲行大道於世而不成，既足以成顯榮矣。夫大義之不成，既有成已，故務事大❷。

【章　旨】為本篇作結論：以多位聖君賢哲雖大義不成卻各有所成為據，證明必須「務大」。

【注　釋】❶通達　指人力和舟車等交通工具能夠到達的地方。❷大　即上句所言「大義」，意指遠大的謀劃。

【語　譯】從前舜想要收服海外，雖然沒有成功，但已足以成就帝業了；禹想要成就帝業，雖然沒有成功，但已足以統治海內了；湯、武都想要繼承禹的事業，雖然沒有成功，但已足以統轄舟車、人跡所能到達的地方了；五霸想要繼承湯、武的事業，雖然沒有成功，但已足以擔當諸侯的霸主了；孔丘、墨翟想要把他們倡導的道施行於天下，雖然沒有成功，但已足以成為顯赫榮耀的人物了。由此看來，有了宏圖大略即使不能完全成功，亦已經有了相當成就。所以務必致力於宏圖大略。

上農

【題解】此篇為本書專論農事一組論文的第一篇，談重農之要。重農不應只著眼於經濟之利，更重要的還應看到它的巨大政治意義。民務農則淳樸易安，永居本土，尊王守法。故重農實為消弭動亂、富國強兵的根本，是一項重要的治國方略。文章據此制定了一個所謂「大任地之道」和若干農事政令，中心是強本抑末，不違農時。男耕女織，「非老不休，非疾不息，非死不舍」，這是作者為當時社會設計的一幅理想圖畫。

農業固為根本，但社會發展到一定程度，工、商也絕非可有可無。文中規定凡成年平民，必須分別被歸屬農、工、商三業，「農攻粟，工攻器，賈攻貨」，永遠不得變更。

〔一〕三曰——

古先聖王之所以導其民者，先務於農。民農❶非徒為地利❷也，貴其志也。民農則樸，樸則易用❸，易用則邊境安，主位尊。民農則重❹，重則少私義❺，少私義則公法立，力專一❻。民農則其產復❼，其產復則重徙，重徙則死處❽而無二慮。舍本而事末❾則不令❿，不令則不可以守，不可以戰。民舍本而事末則其產約，其產約則輕遷徙，輕遷徙，則國家有患，皆有遠志⓫，無有居心。民舍本而事末則好智，好智則多詐，多詐則巧法令⓬，以是為非，以非為是。

【章　旨】言重農為立國之本，重本有三利，捨本有三害。

【注　釋】❶民農　使百姓從事農業。農，用如動詞。❷地利　土地出產之財物。❸易用　容易役使。❹重　厚重；淳樸。❺私義　指小議或私議。義，通「議」。❻力專一　指專力一致於農事。❼產復　家產豐厚。復，厚。❽死處　老死於居處。意謂甘願在故土長期居住下去。❾末　與上文「本」相對，指工商等業。❿不令　不聽從號令。與前「易用」相對。⓫遠志　遠徙他處之心志。與前「死處」相對。⓬巧法令　在國家法令上耍機巧，鑽漏洞。與前「公法立」相對。

【語　譯】古代聖王用以導引他的百姓的方法，首先是致力於農業。使百姓務農，不單是為了得利於土地所產，更是為了注重崇尚他們的心志。百姓務農，民風就淳樸，民風淳樸就容易役使，容易役使國家邊境就會安寧，君主地位就會受到尊崇。百姓務農民心就厚重，民心厚重就少有私議或異議，少有私議或異議國家公法就能得到確立，民力就能專一於農事。百姓務農，他們的家產就能豐裕，家產豐裕就不會輕易遷徙，不輕易遷徙就甘願終生定居於故土而不會三心兩意。相反，如果捨棄農業這個根本而專務工商等末事，那麼百姓就會不聽從號令，不聽從號令就既不能靠他們去防守，更無法徵召他們去打仗。百姓捨棄農業而去經營工商等末業，他們的家產就會簡薄，家產簡薄就會隨意遷徙，這樣，國家一旦遭遇急難他們就都想遠走高飛，哪裡還有居留本土的心思。百姓捨棄根本而從事末業，就會喜好智巧，喜好智巧就會爾虞我詐，爾虞我詐就會進而對國家法令耍弄機巧，顛倒是非，混淆黑白。

〔二〕后稷❶曰：「所以務耕織者，以為本教也。」是故天子親率諸侯耕帝籍田，大夫士皆有功業❷。是故當時之務❸，農不見於國❹，以教民尊地產也。后妃率九嬪蠶於郊，桑於公田❺。是以春秋冬夏皆有麻枲❻絲繭之功，以力❼婦教也。是故丈夫不織而衣，婦人不耕而食，男女貿功❽，以長生，此聖人之制也。故敬時愛日❾，非老不休，非疾不息，非死不舍。

【章 旨】言男耕女織為教化之根本，聖人之法度。為此，天子后妃以至大夫、士，都得做出表率。

【注 釋】❶后稷 傳為堯時農官，周族始祖。《詩經・生民》：有郃氏之女、帝嚳之妃姜嫄，踐巨人足跡孕而生后稷，一度被棄因而名棄。《后稷》又為農書，係古人託名而作，今不傳。❷功業 按職位進行的作業。天子進行親耕籍田的儀式時，三公、九卿、諸侯、大夫、士都要按職位依次操作。❸當時之務 指農忙時節。務，要事。此處指農事。❹農不見於國 在春耕農忙時節，農民不出現在都城中。見，同「現」。國，城邑；都城。❺公田 按古代井田法，中一區為公田，周圍八區為私田。但此處當指天子親耕之籍田。❻枲 即麻。據《本草綱目》：麻之雄株為枲。❼力 勉力。❽貿功 意為相互分工合作，交流各自勞作所得。貿，易也。❾敬時愛日 愛惜光陰，不違農時。敬，慎也。

【語 譯】后稷說：「所以要致力於耕織，是因為這是教化的根本。」為此，天子要親自率領諸侯耕種籍田，士、大夫也都要按各自職位，參加耕作。在那春耕大忙時節，規定不得有閒散的農民在都邑出現，用以教化百姓重視農業生產。同時，后妃要率九嬪到東郊養蠶，到公田採桑。這樣婦女一年四季都有績麻繅絲等事要做，以此勗勉她們克盡其職。所以男子不織布而有衣穿，女人不種田而有飯吃，男女各自交換勞動所得，以維護生命的延續和發展，這原是聖人的法度啊。在這種法度下，百姓愛惜光陰，慎守農時，非到老年不會停止勞作，不因患病不會休息，除非老死不會離開故土。

〔三〕上田❶，夫❷食❸九人。下田，夫食五人。可以益，不可以損。一人治之，十人食之，六畜皆在其中❹矣。此大任地之道❺也。

故當時之務，不興土功，不作師徒❻，庶人不冠弁❼、娶妻、嫁女、享祀，不酒醴聚眾，農不上聞，不敢私籍於庸❽，為害於時也。然後制野禁❾，苟非同姓，農不出御❿，女不外嫁，以安農也。

野禁⓫有五：地未辟易，不操麻，不出糞⓬。齒年未長，不敢為園囿⓭。量力不足，不敢渠地⓮而耕。農不敢行賈，不敢為異事。為害於時也。

然後制四時之禁：山不敢伐材下木，澤人不敢灰僇⓯，繯網罝罦⓰不敢出於門，罛罟⓱不敢入於淵，澤非舟虞⓲，不敢緣名⓳，為害其時也。

【章　旨】記述提高農業產量、保證民食的「大任地之道」及有關農、牧、林、漁諸項禁令。

【注　釋】❶上田　上等的田。❷夫　一百畝。「夫」原指成年男子，此處謂一夫所耕的田。《司馬法》：「六尺為步，步百為畝，畝百為夫。」❸食　供養。❹六畜皆在其中　把飼養六畜所需飼料也包括在內統一計算。古代耕牧結合，每個農民配給的耕地數量相同，但上等田地配給的牧地少，下等田地配給的牧地多，以期每個農夫總的生產量（包括糧食、牲畜）相當。上句規定每個農夫生產的糧食要供十人消費，但下等田地的糧食產量不可能這樣多，所以這裡加以申說，指明「十人食之」是總的規定，下田的農夫把牲畜折合起來計算，也應達到這個標準（據夏緯瑛說）。❺大任地之道　擴大土地生產力的辦法。主要措施是加強勞動強度和規定產量標準（據夏緯瑛說）。❻不作師徒　意謂不興兵役。師徒，士卒。❼庶人不冠弁　平民不得舉行冠禮。冠，用如動詞。弁，皮冠。古代男子年滿二十歲時要舉行冠禮，以示進入成年。❽農不上聞二句　農民如果不是通名於官府的，就不得私自僱傭他人代耕。上聞，賜爵的一種，得此爵則名字可通於官府。❾然後制野禁　此五字當在下文「野禁有五」句之上（據范耕研說）。❿出御　從外地娶妻。御，娶妻。古代婚制，男女娶嫁，須在本地異姓中擇配，同姓不婚。因而此上下三句說，如果不是出於本地皆為同姓的原因，則不得外娶或外嫁。⓫野禁　關於鄉野的禁令。野，郊野。相對都邑而言。⓬地未辟易三句　田地尚未解凍，不操持秸稈，不出除糞穢。辟易，原意為避開，此處相對土地凍固而言，即為解凍。麻，通「靡」。稭。糞，穢物。（均依陳奇猷說）⓭園囿　栽種果木為園，飼養禽獸為囿。⓮渠地　擴大耕種面積。渠，大。⓯澤人不敢灰僇　水澤地區不得割草燒灰。句中「人」字當為衍文。僇，通「戮」。⓰繯網罝罦　繯網，即羅網，捕鳥用。罝、罦，皆捕獸之網。⓱罛罟　都是捕魚的網。⓲舟虞　官名。負責管理舟船。⓳不敢緣名　未詳。陳奇猷認為「名」當為「絕」之誤。絕，橫渡。大意為：水澤地帶在春種季節，舟船不得隨意往來，以免傷害稼穡。姑依。

【語譯】 上等田一個農夫耕種一百畝供養九人，下等田一個農夫耕種一百畝供養五人。供養的人口可以多於此數，但不得減少。這樣，一個人耕種的土地，大致供十個人的口糧，飼養六畜也折合計算在內。這是發揮土地最大效能的辦法。

為此，正當農事大忙季節，不許大興土木，不得發動戰爭，平民不准舉行加冠、娶妻、嫁女、祭祀等典禮，不准酒宴聚眾。農民若不是通名於官府的，就不得私自僱傭他人代耕，因為這會妨礙農時。如果不是出於鄉里中都是同姓的緣故，男子不得從外地娶妻，女子也不得出嫁到外地去，這是為了使農民安居一地。

然後制定郊野的禁令。郊野的禁令有五：土地尚未解凍，不得操稭稈，也不出除糞穢。未長到一定年歲，不得去做管理園囿的事。估計人力不足，不要擴大耕種範圍。農民不准經商，不得去做不屬於農業的他事，因為這會妨礙農時。

然後制定四季的禁令。不到適當的時令，山上不得伐木取材，水澤地區不得割草燒灰。捕捉鳥獸的羅網不得帶出門外，網眼或大或小的魚網都不得下到深水。正當春種之時，水澤地帶除非主管船隻的官吏，其他人一律不准操舟往來。所有這些，都是為了不妨礙農時。

〔四〕若民不力田，墨乃家畜❶，國家難治，三疑乃極❷，是謂背本反則，失毀其國。凡民自七尺以上❸，屬諸三官。農攻❹粟，工攻器，賈攻貨。時事不共❺，是謂大凶❻。奪之以土功，是謂稽❼，不絕憂唯❽，必喪其粃❾。奪之以水事，是謂籥❿，喪以繼樂，四鄰來虛⓫。奪之以兵事，是謂厲，禍因胥歲⓬，不舉銍艾⓭。數奪民時，大饑乃來。野有寢耒⓮，或談或歌，旦則有⓯昏，喪粟甚多。皆知其末，莫知其本，真⓰。

【章　旨】規定農、工、商三業不得相互僭越，不得以土功、水事、兵事侵奪農時，不然就有大饑大荒。

【注　釋】❶墨乃家畜　耗盡他們的家產。指由拋棄農事，轉業為商為工造成的惡果。墨，借為「沒」。盡。畜，通「蓄」。❷三疑乃極　農、工、商三業相互僭越情況達到嚴重程度。三，即後文的「三官」，農、工、商。疑，通「擬」。仿效；僭越。❸七尺以上　指一個成年男子的高度。周制一尺約合今二三・一公分。❹攻　治；進行或從事某種工作。❺時事不共　農時與農事不一致。如上文所言，伐木、漁獵，都應當按一定的時令，超前或滯後都謂之「時事不共」。❻是謂大凶　這就是凶兆。「大」字疑衍，後文「是謂稽」、「是謂籥」、「是謂厲」文例可證。❼稽　遲延。指延誤農時。❽唯　通「惟」。思慮。❾必喪其粃　意為必定連秕穀也收穫不到。粃，同「秕」。空癟的子粒。❿籥　通「瀹」。浸漬。喻指水害。⓫虛　當為「虐」。⓬胥歲　全年。⓭不舉銍艾　用不著開鐮收割。意即顆粒無收。銍，短鐮。艾，收割。⓮寢耒　躺著不用的農具。耒，耒耜。⓯有　又。⓰真　單一「真」字不成句，且文意未盡，疑下有脫文。

【語　譯】倘若農民不致力於農耕，又耗盡家產去從事末業，農、工、商三業相互僭越到達極點，這就叫背棄根本違反法度，國家就難於治理，以致喪敗毀滅。所以必須規定，凡庶民成年後，都得分別歸屬農、工、商三業。農民生產糧食，工匠製作器具，商人經營貨物，不得移易。農時與農事若不一致，這就稱之為「凶兆」。侵奪農時大興土木，這就稱之為「耽誤」。農民憂思不絕，必定連秕穀也收不到。侵奪農時大修水利，這就稱之為「水害」。國家臨近喪亡而君主繼續處於歡樂中，那麼四鄰就會乘機來侵擾。侵奪農時大興兵戎，這就稱之為「凶厲」。禍患延及全年，根本用不著再舉鐮收割。如此多次侵奪農時，大饑大荒就會來到。耒耜在田野上躺著，而人們卻還在那裡有的閒談，有的歌唱，從清晨直到黃昏，不知損失了多少糧食。原因就是人們只知道從事工商這類末業，卻丟掉了農業這個根本。真……

任地

【題解】篇名「任地」，點明本篇的要旨是論述如何使用土地。文章一開始就引后稷語提出十個問題，這些該是當時農家極需解答的難題和希望達到的目的，從中也可窺見我國古代農業技術已經達到的水準。本篇此後的文字，可說是對篇首問題的回答。要點有二：一是論精耕細作。內容涉及到土地的整治、耕耙、保墒、施肥等各個方面。其中如依據不同地勢、地質而採用的「上田棄畝，下田棄甽」的所謂「畝甽法」，簡捷易行，收效顯著，在北方不少地區一直沿用至今。二是論不違農時。文中有代表性地介紹了多種花草樹木的生長、枯落的時序規律，並據以推斷全年的農時和農事。強調只有不違農時，才能民富國安。文章語言樸實，論述嚴密，且言之有據，予人啟迪。

但讀完全文，篇首提出的問題似乎並未完全回答，須連讀後〈辯土〉、〈審時〉二篇後，才有比較完整的印象。據此似可認為，上述三文及首篇〈上農〉原係同一論題，為適應本書特殊體例，才分而成篇的。

〔一〕四曰——

后稷曰：子能以窐為突❶乎？子能藏其惡而揖之以陰❷乎？子能使吾士靖而甽浴士❸乎？子能使保溼安地而處❹乎？子能使雚夷毋淫❺乎？子能使子之野盡為冷風❻乎？子能使藁數節而莖堅❼乎？子能使穗大而堅、均❽乎？子能使粟圜而薄糠❾乎？子能使米多沃❿而食之彊乎？無⓫之若何？

【章　旨】引后稷語，提出從整地到收穫的十個農事問題。

【注　釋】❶以窐為突　把低窪的土地改造為高聳的壟地。窐，同「窪」。突，高出。❷藏其惡而揖之以陰　收藏高旱地的乾燥惡瘦而代之以濕潤肥沃。揖，讓。陰，濕潤。❸吾土靖而甽浴士　五種不同的土地都整治得當，並用甽水灌溉。吾土，當為「五土」（「浴士」也應為「浴土」）。五土，即《周禮・地官・大司徒》所謂「山林、川澤、丘陵、墳衍、原隰」五種土地（依譚戒甫說）。靖，安，指土壤狀況適當。甽，同「畎」。田壟間的小水溝。❹保溼安地而處　保持土地濕潤，使種子有一個適宜的生長環境。保溼，保持土地濕潤，即今所謂「保墒」。一說，保持種子濕潤。❺萑夷毋淫　不使雜草蔓延。萑，生於旱地的小葦。夷，通「荑」。茅草。淫，蔓延滋長。❻泠風　和風。❼藁數節而莖堅　稼禾株稈多節而堅挺。藁，莖稈。❽堅匀　堅實均匀。❾粟圜而薄糠　穀粒飽綻，籽粒外表皮薄。圜，同「圓」。❿沃　肥美。⓫無　疑是「為」之誤。

【語　譯】后稷說：您能把低窪的土地改造為高聳的壟地嗎？您能除掉高旱地的乾燥惡瘦使之濕潤肥沃嗎？您能把各種土地都整治得宜並灌溉良好嗎？您能做好保墒使種子有一個適宜的生長環境嗎？您能使野草不滋長蔓延嗎？您能使自己田裡遍吹和風嗎？您能使稼禾株稈多節而堅挺嗎？您能使穗頭碩大而又堅實均匀嗎？您能使籽粒飽綻而糠皮又薄嗎？您能使穀米油性好而吃著又有咬勁嗎？上述要求，又該怎樣去做到呢？

〔二〕凡耕之大方❶：力❷者欲柔❸，柔者欲力。息❹者欲勞❺，勞者欲息。棘❻者欲肥，肥者欲棘。急❼者欲緩❽，緩者欲急。溼者欲燥，燥者欲溼。

上田棄畝，下田棄甽❾。五耕五耨❿，必審以盡⓫。其深殖之度，陰土必得⓬，大草不生，又無螟蜮⓭。今茲美禾，來茲美麥⓮。是以六尺之耜⓯，所以成畝⓰也；其博八寸⓱，所以成甽⓲也；耨柄尺，此其度也⓳；其耨六寸⓴，所以間稼㉑也。

地可使肥，又可使棘。人肥㉒必以澤㉓，使苗堅而地隙；人耨必以旱，使地肥㉔而土緩㉕。

【章　旨】記述整地、耕作、播種的原則、規範和器具的要求，並簡要地介紹了當時的「畝甽法」和輪作制。

【注　釋】❶方　方法；原則。❷力　指土質剛強。剛強者，黏重板結，難耕。❸柔　指土質柔弱。含沙量高，鬆散不易保持水肥。❹息　指土地的休閒不耕。❺勞　指土地頻作。❻棘　通「瘠」。指土壤中所含作物所需的養料稀少。❼急　指土質堅實。❽緩　指土質疏鬆。按：以上力柔、勞息、棘肥、急緩和下文的濕燥，是古人分析土壤狀況的五個方面，所有整地、耕耙、保墒、施肥等農事，都以處理好這五種關係為目的。唯有這樣，才能為農作物提供理想的土壤條件。❾上田棄畝二句　這二句是古代「畝甽法」的要點。即：高旱田要把作物種在凹下之處，不要種在隆起的「畝」上；低濕田則要種在隆起的地方，不要種在凹下的「甽」裏。畝，高出的田壟。句中上田、下田係指土地位置的高低。❿耨　鋤地。⓫審以盡　精細而詳盡。⓬其深殖之度二句　耕地的深度，一定要以見到地下翻出濕土為準。殖，種植。陰土必得，為協韻而倒裝順讀則為「必得陰土」。⓭螟蜮　食苗心和食苗葉的害蟲。⓮今茲美禾二句　今，此。代指年。秋天收穫穀子後，接著就種冬麥；來夏收完麥子還可種一穫秋作。這樣一年便能做到三熟。⓯耜　翻土的農具。柄稱耒，裝在一端用以入土的平板稱耜。此處指整個農具。⓰畝　指壟。其寬度為六尺，而耒耜的長度也為六尺，正好用來作為畝寬的標準。⓱其博八寸　博，即「鎛」，用以平整壟溝的農具。八寸指鎛寬度。其，代指鎛。⓲所以成甽　甽的寬、深均為一尺，鎛面寬為八寸。開甽時，掘進少許，正好滿一尺。⓳耨柄尺二句　耨柄長一尺，此長度就作為作物行距的標準。耨，耘田用的短柄鋤。⓴其耨六寸　耨面的寬度為六寸。㉑間稼　間苗。㉒肥　疑為「耕」之誤（依王念孫說）。㉓澤　濕潤。㉔肥　增加土地肥力。㉕緩　疏鬆。

【語　譯】耕作的要領是：土質剛硬的，要使它柔和些；土質柔和的，要使它剛硬些。休閒的土地要頻種，頻種的土地要休耕；瘠薄的土地要使它肥沃些，過肥的土地要使它瘠薄些；板實的土地要使它疏鬆些，疏鬆的土地要使它結實些；過濕的土地要使它乾燥些，乾燥的土地要使它濕潤些。

地勢高的田，種作物要避開田壟；地勢低的田，種作物要避開壟溝。播種之前耕五次，播種以後耘五次，每次都必須做得審慎而周到。翻耕的深度，一定要以見到濕土為準。這樣，田裡就不會長雜草，也不會有各種蟲害。今年種穀子就能有穀子的好收成，明年輪種麥子就有麥子的好收成。

所以耒耜柄的長度定為六尺，這樣正好用來測定田壟的寬度；鎛面寬八寸，正好用來平整寬、深各為一尺的壟溝。鋤的柄長一尺，這是作物行距的標準；它的刃寬六寸，便於用來間苗。土地，可以變得肥沃，也可以變得瘠薄。所以，耕地一定要趁濕潤，這樣可使土中有空隙，苗根紮得牢固；鋤地一定要趁天旱，這樣可使地表疏鬆，保持土壤肥力。

〔三〕草端大月❶。冬至後五旬七日，菖始生，菖者百草之先生者也，於是始耕。孟夏之昔❷，殺三葉❸而穫大麥。日至❹，苦菜死而資❺生，而樹麻與菽❻，此告民地寶盡死❼。凡草生藏❽日中❾出，豨首❿生而麥⓫無葉，而從事於蓄藏，此告民究⓬也。五時⓭見生而樹生，見死而穫死⓮。天下時，地生財，不與民謀⓯。

【章旨】此章言物候和農時的關係。

【注釋】❶草端大月　未詳。據高誘注：大月為孟冬之月，即夏曆十月。夏緯瑛認為「端」當為「詘」之誤。詘，通「屈」。草至冬日而衰，其宿根待來春始發，屈而不伸，故稱「草詘大月」。語譯姑依此。❷昔　通「夕」。下旬。上旬為朝，中旬為中，下旬為夕。❸殺三葉　三葉，指薺、葶藶、菥蓂三種十字花科植物，至夏曆四月之末均枯死。❹日至　即夏至。❺資　當作「薋」，通「茨」。即茨菰，今稱慈姑，夏日始生，可食用。❻麻與菽　麻，當為「⿸麻秦」，即糜子。菽，豆類總稱，此處當指赤豆、綠豆等小豆，夏至時始種。❼地寶盡死　種植時令已到盡頭。地寶，指種地的寶貴時令，死字疑為「矣」之誤。夏至後，一般不能再種植當年收穫的作物，此為提醒莫誤農時。❽凡草生藏　此四字依夏緯瑛說當為錯簡，應在後文「五時見生而樹生……」句之上。凡草，眾草。生藏，生長或收藏。❾日中　據文意當指秋分。❿狶首　一種野生植物。⓫麥　疑為「禾」之誤。⓬究　畢。指全年農事均已完畢。⓭五時　一年本為四時（季），但陰陽五行家為了與五行相配，特於夏之末分出一個「季夏」，然後以春、夏、秋、冬、季夏五時，分別與木、火、金、水、土五行相屬。⓮見生而樹生二句　言按大自然賦予作物的本性種植或收穫：見生將加於某物就種植某物，見死將加於某物就收穫某物。⓯天下時三句　天降四時，地長財物，這是自然之道，故曰「不與民謀」。

【語　譯】草類枯萎於孟冬十月。冬至以後五十七天，菖蒲開始萌生。菖蒲是百草中最先吐綠的。它一出現，就開始春耕。到四月下旬，薺、葶藶、菥蓂等草類凋零了，這時就可以收割大麥。夏至一到，苦菜枯死而茨菰抽芽，這時就可以種植糜和小豆。同時，它也告誡人們，本年度作物落種的寶貴時節已到盡頭。待到秋分，狶首出土，穀子便黃熟，人們就要忙於收穫和蓄藏了。這就告訴人們一年的農事已經完畢。由此看來，百草的興衰是可以作為農事活動的依據的。一年四季，見到某種草類出生，就可以種植該在這時生長的作物；見到某種草類枯死，就可以收穫當在此時成熟的作物。上天降下四時，地上長出財富，這是自然之道，不會同下民來商量，人們只能靠自己去認識和把握。

〔四〕有年瘞土，無年瘞土❶。無失民時❷，無使之治下❸。知貧富利器❹，皆時至而作，渴❺時而止。是以老弱之力可盡起❻，其用❼日半，其功可使倍。不知事者❽，時未至而逆❾之，時既往而慕❿之，當時而薄⓫之，使其民而郄之⓬。民既郄，乃以良時慕⓭，此從事之下也。操事則苦⓮，不知高下⓯，民乃逾處⓰。種稑⓱禾不為稑，種重⓲禾不為重，是以粟少而失功⓳。

【章　旨】言不違農時與民富國安的關係。

【注　釋】❶有年瘞土二句　豐年要祭祀土神，歉年也要祭祀土神。瘞土，祭祀土神。據高誘注：「有年瘞土」是為了報謝土神，「無年瘞土」是為了禳除災禍。❷時　指農時。❸治下　意謂違背農時的做法。治，從事。下，不合要求。❹貧富利器　致貧致富的門徑。利器，喻指最有效的措施和方法。❺渴　通「竭」。盡。❻可盡起　可使之全都奮發起來。起，興。❼用　指所花費的氣力、工夫。❽不知事者　不懂得按時耕作的人。❾逆　迎。此處指提前耕作。❿慕　思。⓫薄　輕視。⓬使其民而郄之　郄，當為「郤」，即「卻」。退卻；拖後。全句大意為：徵召百姓參加土功、水事、兵事，致使他們退卻農事。⓭乃以良時慕　又以失去寶貴的農時而追思不已。⓮苦　苦窳；粗劣。⓯高下　指耕作的當時與不當時。⓰逾處　指遷徙居處，遠走他方。逾，同「踰」。⓱稑　晚種早熟的穀物，即今所謂早稻。⓲重　通「穜」。早種晚熟的穀物，即今所謂晚稻。⓳失功　喪失功效。

【語　譯】豐年固然要祭祀土神，歉年也要祭祀土神。不要使百姓延誤農時，不要讓他們做出違背作物生長規律的蠢事。要使人們懂得致富的要訣，完全在於時令一到就耕作，時令結束就休止。這樣甚至可使年老體弱者也都奮發而起，從而收到事半功倍之效。不懂得農事要訣的人，或者時令未到就提前耕種，時令已過又追念不已；或者正當時令又輕慢玩忽，甚至役使百姓去做他事而耽誤農時。而一旦已經把百姓的農時耽誤了，又倒過來思念喪失的大好時光，追悔莫及。這實在是管理農事的下策啊。這樣不知農時的當時與不當時，必然會把事情辦壞；辦壞了事情，老百姓就會紛紛遷徙他往。種早莊稼不像個早莊稼，種晚莊稼不像個晚莊稼。這樣收的穀實甚少，也沒有什麼功效。

辯土

【題解】本篇一開頭便提出耕地之道，須分辨土質的或軟或堅以為先耕後耕之序，故以「辯土」（辯，通「辨」）名篇。文中還談到，植株的疏密也應以土壤的肥瘠為據：肥土而疏株，則徒有枝葉繁茂實際只能收些秕穀；瘠土而密株，則禾苗相互侵害，不待長成就多枯死。這確是符合科學的經驗之談。

文章論述不限於辯土，還涉及到整地、播種、定行、間苗等技術問題。文中提醒要謹防三個「竊賊」。即整地不規範的「地竊」，行列不標準的「苗竊」，和由耕耘不當而引起的「草竊」。若要穀實豐登，務必除此「三盜」。

〔一〕五曰——

凡耕之道：必始於壚❶，為其寡澤而後枯；必厚其靹❷，為其唯厚而及；鎗❸者莛❹之，堅者耕之，澤其靹而後之；上田則被其處❺，下田則盡其汙❻。無與三盜❼任地：夫四序參發❽，大甽小畝❾，為青魚胠❿，苗若直獵⓫，地竊⓬之也；既種而無行，耕而不長⓭，則苗相竊⓮也；弗除則蕪，除之則虛⓯，則草竊之也。故去此三盜者，而後粟可多也。

【章旨】言區別不同土質，進行不同耕作；只有耕種得法，才能除去「三盜」，多收糧食。

【注　釋】❶壚　黑色的土壤。❷靹　與壚土相對的板實的白地（依陳奇猷說）。❸鎗　古「飽」字。文中指飽有水分之土。❹菇　梳理。❺被其處　覆蓋耕過的地方。指用器具把土塊弄碎、攤平，以利保墒。被，覆蓋。❻盡其汙　排除積水。❼三盜　即下文所說的地竊、苗竊、草竊。❽夫四序參發　夏緯瑛認為此五字當是錯簡，應置於下章首句之前。四序，即四時。全句意為：四時與耕稼有所參驗而發。❾大甽小畝　指甽和畝的大小都違反規範。❿青魚胠　形容「大甽小畝」望去就像一條條青魚被困在沙灘上那樣。胠，通「阹」。攔擱；圍困。⓫獵　通「鬣」。獸頸之毛。⓬地竊　因整地不合規範，致使種植面積大為減少，就像被土地竊走了產量那樣，故稱地竊。⓭長　深。⓮苗相竊　禾苗相互爭奪陽光、空氣、養分，結果都不能長好，就像禾苗相互偷盜了產量那樣，故謂苗相竊。⓯弗除則蕪二句　指苗間出現了雜草，不除去就會荒蕪；除去，又會使稼禾根部虛活不實。

【語　譯】耕地的要略是：一定要先耕那種肥沃烏黑的壚土，因為它易於洩水，不會成澤，而保墒性卻較好，不易乾枯。對那些板實發白的靹土，則需先移土加厚，唯有這樣才適宜於種植。水分飽和的土壤可以耙梳，以排去多餘水分；質地堅硬的土壤，則須用翻耕，使它柔軟疏鬆。至於那些結板的靹土，得待雨水潤澤後再行耕作。高燥的土地耕後要用土粒把地面覆蓋耙平，低濕的土地則耕前先得把積水排盡。不要讓三個「竊賊」來同人爭奪土地。一是田壟做得太小，而壟溝又做得過大，望去田壟像是被擱在沙灘上的青魚，上面稀稀朗朗長著一些莊稼，猶如野獸頸上直立的鬃毛，這是讓土地把糧食竊去了，叫地竊。二是莊稼種下去密密麻麻的不成其行，土又耕得不深，這是讓禾苗在那裡互相擠軋、侵吞，叫苗竊。三是禾苗間長了雜草，不除去要荒蕪；除去，又會使禾苗根部虛活不實，這是讓雜草竊盜了，叫草竊。所以必須除去這三個竊賊，然後才能多得糧食。

〔二〕所謂今之耕也，營❶而無獲者，其蚤❷者先時，晚者不及時，寒暑不節，稼乃多菑❸，實❹。其為畝也，高而危則澤奪❺，陂則埒❻，見風則蹶❼，高培則拔❽，寒則雕❾，熱則脩❿，一時而五六死⓫，故不能為來⓬。不俱生而俱死⓭，虛稼先死，眾盜乃竊⓮。望之似有餘，就之則虛⓯。農夫知其田之易⓰也，不知其稼之疏而不適⓱也；知其田之際⓲也，不知其稼居地之虛也。不除則蕪，除之則虛，此事之傷也。故晦⓳欲廣以平，畎欲小以深；下得陰，上得陽，然後咸生。

【章旨】言「營而無穫」的原因有三：一是違背農時，二是整地不合規範，三是植株過稀。

【注釋】❶營　經營。❷蚤　通「早」。❸菑　同「災」。❹實　陳奇猷疑「實」前有脫文，單一實字，無從明其義。❺高而危則澤奪　田壟做得高而陡水分就容易散失。危，陡。奪，脫失。❻陂則埒　陂，傾斜。埒，頹壞。❼僠　同「蹷」。僵仆。❽高培則拔　意謂高而陡的田壟，若再培土則禾苗反會被大風所拔。培，培土。目的為固苗的一種耕作法。❾雕　通「凋」。凋殘。❿脩　乾縮；乾枯。⓫五六死　指上文因田壟做得高而陡，致使稼禾要受澤奪、陂埒、風僠、培拔、寒雕、熱脩等五、六種傷害。⓬來　好收成（據高誘注）。⓭不俱生而俱死　稼禾不是同時生出，卻同時成熟。⓮虛稼先死二句　意謂根部不實的禾苗先期枯死，等於減少了土地利用面積，並為雜草蔓延騰出了地位，故言「眾盜乃竊」。⓯虛　不結籽實。⓰易　治。此處指整地。⓱疏而不適　指禾苗栽得太疏，不符合規定。⓲際　當為「除」。指除草。⓳晦　即畝。

【語譯】如今有些人從事農耕，努力經營卻沒有得到應有的收穫，原因就在於他們行動早的早過了農時，行動晚的又趕不上農時，這樣四季的農事都不當時令，莊稼自然多遭災害。他們整修的田壟，又高又陡，水分容易流失；壟坡過於傾斜，壟面又容易坍落。莊稼長在這樣的田壟上，遇到稍大一點的風就會倒伏，若用培土的方法固苗，培得過高反會被連根拔起，天一冷就凋殘，天一熱就枯萎。在同一個時間內，接連遭到這麼五、六種致命的折磨，所以不可能有好收成。作物通常不是同時出土，卻能同時成熟。一旦根虛的禾苗先期枯死，地竊、苗竊、草竊便趁機一齊肆虐。這樣的莊稼遠望似乎綽綽有餘，走近一看，原來光長莖葉不結實。

一般農夫只知道他的田地已經整治過，卻不知道他的植株過於稀疏不合要求；只知道他的田裡已經除過草，卻不知道他的禾苗在地裡紮根不牢。雜草不除，土地就要荒蕪，清除雜草，又會使禾苗根部虛活不實，這是農事的大害。所以田壟要求又寬又平，壟溝則須既小且深。這樣，下得水分，上得陽光，才能做到苗全苗壯。

〔三〕稼欲生於塵❶，而殖於堅者。慎其種，勿使數❷，亦無使疏。於其施土❸，無使不足，亦無使有餘。熟有耰❹也，必務其培，其耰也植❺，植者其生也必先。其施土也均，均者其生也必堅。是以晦廣以平，則不喪本❻。莖生於地者，五分之以地❼。莖生有行，故遬❽長；弱不相害，故遬大。衡❾行必得，縱行必術❿。正其行，通其風，夬心中央，帥為泠風⓫。苗，其弱也欲孤⓬，其長也欲相與居⓭，其熟也欲相扶⓮。是故三以為族⓯，乃多粟。

【章旨】記述從播種、覆種到間苗、整行的田間管理技術。

【注釋】❶塵　指鬆細的土壤。❷數　密。❸施土　栽種後，撥四周之土以固其根，謂之施土。此係指移栽。❹熟有耰　覆種要精心。熟，精審。有，其。耰，用土覆蓋種子。此係指播種。❺植　當為「稹」之誤。下文「植」同。稹，細密。❻本　根。❼五分之以地　把壟面分成五等分。依上篇〈任地〉所記，壟面寬為六尺，除去一尺的壟溝再作五等分，則每等分寬為一尺。❽遬　同「速」。❾衡　通「橫」。❿術　通「道」。⓫夬心中央二句　各家訓釋不一，姑取大意：一定要把中行的行距分開、疏通，由此引來清和之風。夬，決也。有分開、疏通之意。帥，即「率」。有「循」、「自」之義。⓬其弱也欲孤　禾苗幼小時沒有周圍扶助也不會倒伏，而單獨生長又可多接受陽光、養分，以利分櫱，故「欲孤」。⓭相與居　聚在一起生長。⓮欲相扶　指禾苗成熟結籽，上苗長成後宜聚生，不但可免倒伏，且便於傳粉，並使周圍雜草因無力與之相爭而枯萎致死。

重易倒伏，三四株一簇，則便於互相扶持。⓯三以為族　即「以三為族」，禾苗三四株聚成一簇。族，聚集。

【語　譯】莊稼應在細軟的土壤中抽芽出苗，而在堅實的土地裡種植生長。栽種必須謹慎，既不要使植株過密，也不要使它過稀。對秧苗的加土，也不應不足或過多。若是播種，則覆種必須精心，一定要在蓋種的土上多下功夫。土塊要打得均勻、細碎，這樣種子出苗就一定快。栽種後加在秧苗四周的土也要均勻，均勻了根子必然紮得堅實。所以田壟又寬又平，就能使莊稼根部不受傷害。禾苗長在壟面上，把壟面均分為五。這樣莊稼出土成行，所以生長就快；因有行距間隔，即使是弱小的苗也不會受到妨害，所以成長也快。橫行一定要得當，縱行一定要挺直。為此要端正行列，通暢和風。一定要把中行的行列分開、疏通，從而使整個田壟都吹到和風。禾苗幼小時以單生為宜，長成時要聚生在一起，成熟後需相互依扶。所以植株最好三四株為一簇，那樣可以多得糧食。

〔四〕凡禾之患❶，不俱生而俱死❷。是以先生者美米，後生者為粃❸。是故其耨❹也，長其兄❺而去其弟。樹肥無使扶疏❻，樹墝❼不欲專❽生而族居。肥而扶疏則多粃，墝而專居則多死。不知稼者：其耨也去其兄而養其弟，不收其粟而收其粃，上下不安❾，則禾多死，厚土❿則孽⓫不通，薄土則蕃轓而不發⓬。壚埴冥色⓭，剛土柔種⓮，免耕殺匿⓯，使農事得。

【章　旨】言不同植株、不同土質的間苗技術。

【注　釋】❶患　難。❷不俱生而俱死　指植株發育有先有後(不俱生)，但到一定節氣卻會一起枯萎(俱死)。❸粃　同「秕」。中空或不飽滿的穀粒。❹耨　原為鋤草，此處兼指間苗。❺兄　作物儘管同時播種或栽種，但長大必然有先有後，先者為「兄」，後者為「弟」。❻樹肥無使扶疏　在肥土中種植，不要使枝葉長得太茂盛。樹，種植。肥，肥沃的土地。扶疏，繁茂。❼墝瘠薄的土地。❽專　通「摶」。聚集。❾上下不安　苗與土皆不適。上指苗，下指土。❿厚土　意謂覆土過厚。⓫孽　通「蘖」。萌芽。⓬蕃轓而不發　稼禾光是葉子繁茂而不拔節。蕃轓，草類繁茂。發，當是「撥」的假字（依陳奇猷說）。⓭壚埴冥色　壚土埴土顏色發暗。埴，黏土，黃色，質細密。冥，暗。⓮剛土柔種　剛硬的土地需施肥使其軟熟後再種植。⓯免耕殺匿　勉力耕作，除去田間的雜草、害蟲。免，通「勉」。匿，通「慝」。邪惡。

【語譯】種植莊稼費心思的地方，在於儘管它們生長有先有後，但時令一到卻會同時成熟和枯死。所以先生長的結粒飽滿，後生長的只會結秕穀。為此，鋤草間苗的時候，要注意留養先生長的「哥哥」，除去後生長的「弟弟」。種在肥沃土地上的，植株不宜過稀，防止枝葉太盛；種在瘠薄土地上的，植株不可過密，以免禾苗擁擠成堆。土地肥沃而又長勢過旺，只會結些秕穀；土地貧瘠而又植株過密，禾苗就會紛紛枯死。不懂種植之道的人，他們在鋤草間苗時，偏偏除去「哥哥」而留養「弟弟」，難怪收不到糧食而只能收些秕子。對禾苗和土地都處理不當，莊稼就會大批死去。覆土過厚，分蘖的芽子就出不了土；覆土過薄，葉子儘管長得繁茂，卻不會拔節抽穗。

壚土埴土顏色發暗，剛硬的土地需施肥使其軟熟後再行耕種。勉力耕作，消滅宿草害蟲。總之，要使一切農事活動都進行得當。

審時

【題解】此篇專論順應天時之要。篇名「審時」，就是要求為農者必須在認真審察時宜的基礎上，來安排自己的農事活動。文中對當時禾、黍、稻、麻、菽、麥六種主要農作物的得時、失時，孰優孰劣，從植株、莖、葉、穗、籽實以至吃口、營養和貯藏都作了詳盡的描述。所謂失時，不限於通常所說的延誤農時，也包括過早下種，這一點頗給人以啟迪。只有適時，才能得時。「過猶不及。」（《論語・先進》）萬事萬物大抵都可作如是觀。

全篇採用的是對比論證法。所舉事例可比性較強，作者不置一評而結論自明，因而頗具說服力。

〔一〕六曰——

凡農之道，厚之為寶❶；斬木不時，不折必穗❷；稼就❸而不穫，必遇天菑❹。

夫稼為之者人也，生之者地也，養之者天也。是以人稼之容足❺，耨之容耨❻，據❼之容手。此之謂耕道。

【章旨】為全篇要旨：重視時令是農事活動的要則。

【注釋】❶厚之為寶　重視時令最為緊要。厚，重視。之，當為「時」之訛。古「時」之字頭與「之」近似而誤（依陳奇猷說）。❷斬木不時二句　義難詳，各家揣解不一。據張雙棣等注，全句意謂伐木不順時令，木材不是折斷就是彎曲。穗，疑為「橈」之誤。橈，彎曲。古代伐木有時令規定。《周禮・地官・山虞》：「仲冬斬陽木，仲夏斬陰木。」鄭玄注：「冬斬陽，夏斬陰，堅濡調。」所謂「堅濡調」，就是木質剛柔適度。❸就 成熟。❹天菑 指風雨等災害。菑，同「災」。❺稼之容足 栽種時株距要放得下腳。稼，用如動詞。栽種。之，代指上句「稼」。下二「之」同。❻耨之容耨 前一耨為動詞，鋤耘；後一耨為名詞，短柄鋤。❼據 按。此處指收穫時的握、持。

【語譯】大凡農事之要則，以篤守時令最為重要。伐木不順應時令，木材不是折斷就是彎曲；莊稼成熟了不及時收穫，必然遭致雨打風刮的天災。莊稼，種它的是人，長它的是地，養它的是天。所以人們應給它們留有適當的縱橫行距：栽種時能容得下腳，鋤耕時可伸得進鋤，收穫時插得進手去。這叫作耕作之道。

〔二〕是以得時之禾❶，長稠❷長穗，大本而莖殺❸，疏穖❹而穗大；其粟圓而薄糠；其米多沃而食之彊；如此者不風❺。先時者，莖葉帶芒以短衡❻，穗鉅而芳奪❼，秮❽米而不香。後時者，莖葉帶芒而末❾衡，穗閱❿而青零⓫，多粃而不滿⓬。

得時之黍，芒莖而徼⓭下，穗芒以長，摶⓮米而薄糠，舂之易，而食之不噮⓯而香；如此者不飴⓰。先時者，大本而華⓱，莖殺而不遂⓲，葉藁⓳短穗。後時者，小莖而麻⓴長，短穗而厚糠，小米㉑鉗㉒而不香。

得時之稻，大本而莖葆㉓，長稠疏穖，穗如馬尾，大粒無芒，摶米而薄糠，舂之易而食之香；如此者不益㉔。先時者，本大而莖葉格對㉕，短稠短穗，多粃厚糠，薄米多芒。後時者，纖莖而不滋㉖，厚糠多粃，庢辟米㉗，不得恃㉘定熟㉙，卬㉚天而死。

得時之麻㉛，必芒以長，疏節而色陽㉜，小本而莖堅，厚枲㉝以均，後熟㉞多榮，日夜分㉟復生；如此者不蝗。

得時之菽㊱，長莖而短足，其莢二七以為族㊲，多枝數節，競葉蕃實㊳，大菽則圓，小菽則摶以芳㊴，稱之重，食之息㊵以香；如此者不蟲。先時者，必長以蔓，浮㊶葉疏節，小莢不實。後時者，短莖疏節，本虛不實。

得時之麥，秱長而頸黑㊷，二七以為行㊸，而服㊹，薄穛㊺而赤色，稱之重，食之致㊻香以息，使人肌澤且有力；如此者不蚼蛆㊼。先時者，暑雨未至胕動㊽，蚼蛆而多疾，其次羊以節㊾。後時者，弱苗而穗蒼狼，薄色而美芒㊿。

【章　旨】以六種主要農作物得時則優、失時則劣的鮮明對比，說明審時之要。

【注　釋】❶禾　粟。有時亦作黍、稷、稻等糧食作物的總稱。❷秱　禾穗的總梗。❸大本而莖殺　根部發達，秸稈堅實。本，根。莖殺，其義似近「莖堅」。參見〈任地〉一章：「子能使藁數節而莖堅乎？」❹穖　組成總穗的小穗。穗大穖多，故宜疏，籽實才能粒粒飽綻。❺風　指遭受被風吹刮而倒伏等風災。❻衡　指葉柄（依陳奇猷說）。❼芳奪　疑當讀為「房脫」，意為草木結果實的子房脫落。❽秮　字書無此字，義難詳。❾末　垂也。❿閱　通「銳」。指穗端尖小。⓫青零　與後文「蒼狼」義同，青色。畢沅注：「蒼狼，青色也。在竹曰蒼筤，在天曰倉浪，在水曰滄浪，字異而義皆同。」⓬滿　飽滿。⓭徹通「撽」。原指樹木主桿光禿無旁枝，此處借指黍莖下部不分蘗。⑭摶 圓。⑮餵 通「餧」。餧。⑯飴 通「餲」。食物經久而變味。⑰華 原指樹木枝葉繁茂，此處指黍株葉子旺盛。⑱不遂 不通暢條達。⑲蕓 應為「膏」。膏，肥潤。⑳厤 不詳。夏緯瑛解為厤的引申義：細長。語譯姑依。㉑小米 米粒小。㉒鉗 當為「黚」之誤。黚，黃黑色。㉓葆 草木叢生為葆。此處指稻株分蘗多。㉔益 通「嗌」。即噎。㉕莖葉格對 意謂莖長葉揚（依陳奇猷說）。㉖纖莖而不滋 秸稈纖細而又不分蘗。滋，增益；繁衍。㉗庛辟米 庛，字書無此字，音義不詳。陳奇猷考訂義為「僅是」，若依此，則此句意為：僅得半粒米。辟，半也。㉘恃 當為「待」。㉙定熟 即熟定。完全成熟。㉚卬 同「仰」。㉛厤 當為「穈」。㉜色陽 顏色鮮明。㉝臬 疑為「秸」之誤。㉞後熟 指穈的一個品種，晚種晚熟，猶如晚稻。㉟日夜分 即秋分。㊱菽 豆類總稱。㊲二七以為族 二排豆莢簇生在一起，每排七莢。㊳競葉蕃實 葉子茂盛，結實繁多。㊴芳 通「方」。大。此處意為飽綻。㊵息 指氣息舒暢。㊶浮 輕飄。㊷頸黑 頸疑為「穎」之誤。穎，即「穗」。黑指深綠，對長得極為茁壯的植物的色澤的一種形容。㊸二七以為行 意為每一麥穗有兩行小穗，每行七個。七是約數，言其多。㊹而服 陳奇猷認為此句有脫文，義難詳。㊺穛 本指禾莖的外衣，此處指麥粒的外皮。㊻致 盡；極。㊼蚼蛆 未詳，據文意當為食麥之蟲。㊽胕動 發生霉爛。胕，當為「腐」之訛。動，生也（依陳奇猷說）。㊾其次羊以節 疑為「其粢羸以節」之訛（依夏緯瑛說）。意謂麥粒瘦小不飽滿。粢，穀類籽粒。此處指麥粒。羸，瘦。節，限制。此處指乾癟。㊿薄色而美芒 麥穗顏色淡，空有好看的麥芒。

【語　譯】因此，種得適時的粟子，穗的總梗長，穗頭也長，根部發達，秸稈堅實，小穗疏落而總穗碩大。粟粒圓綻而糠皮薄，米多油性，吃著有咬勁。這樣的粟子，不怕風刮。種得過早的粟子，莖葉上布滿芒刺，葉柄短小，穗頭大，但子房容易脫落，米燒成飯也不香。種得過晚的粟子，莖葉上布滿芒刺，葉柄下垂，穗頭尖小而顏色發青，秕子多，籽粒不飽滿。

種得適時的黍子，秸稈的基部不蔓枝而上部布滿芒刺，穗頭長大並生有芒刺，成熟後籽粒圓綻而糠皮薄，舂起來容易，口感清香而不膩嘴。這樣的黍子即使久藏也不會變味。種得過早的黍子，根部發達，植株繁茂，秸稈雖堅實但不條暢，葉子過分肥壯而穗頭短小。種得過晚的黍子，莖稈又細又長，穗頭短而糠皮厚，米粒小而顏色黃黑，又沒有香味。

種得適時的稻子，根部壯實而分蘗旺盛，總梗長而穗頭疏朗，穗頭長如馬尾，籽粒大，稻芒少，米粒圓綻而糠皮薄，舂起來容易，口感清香。用這樣的米燒成的飯，吃起來不會噎到。種得過早的稻子，根部發達，莖長葉揚，總梗和穗頭都短，秕穀多，糠皮厚，米粒少而稻芒多。種得過晚的稻子，秸稈纖細而又不分蘗，糠皮厚，秕穀多，米粒瘦小。這樣的稻子，多半未及成熟就莖葉朝天而枯死。

種得適時的穈子，必定帶有芒刺而且較長，莖節疏朗，色澤鮮亮，根部小但莖稈堅實，稈壁厚實而且均勻。晚熟的穈子開花多，即使到了秋分還能分蘗。這樣的穈子不招蝗害。

種得適時的豆子，分枝長而基稈短。豆莢通常是二排、十四莢成為一簇。分枝多，莖節密，葉子茂盛，結實繁多。大豆籽粒滾圓，小豆籽粒圓整而飽綻，稱起來分量重，吃起來氣息舒暢，滿口清香。這樣的豆子不遭蟲害。種得過早的豆子，必然長得過長而且枝蔓，葉子輕飄，莖節稀疏，豆莢又小又不長粒。種得過晚的豆子，莖稈短，莖節稀，根子弱又不結粒。

種得適時的麥子，穗頭顏色深綠，總梗長，麥粒通常是二排十四粒成為一行。麥粒皮層薄，顏色發紅，稱起來分量重，吃起來很香而且氣息舒暢，並有潤肌健力之功效。這樣的麥子不會生蚼蛆。種得過早的麥子，夏雨還沒有來到就發生霉爛和蟲害，如再食用就會多病。而且它的籽粒又乾癟瘦小。種得過晚的麥子，麥苗羸弱，穗頭發青，麥粒顏色淡，單是麥芒長得好看。

〔三〕是故得時之稼興❶，失時之稼約❷。莖相若❸稱之，得時者重，粟❹之多。量粟相若而舂之，得時者多米。量米相若而食之，得時者忍饑❺。是故得時之稼，其臭❻香，其味甘，其氣章❼，百日食之❽，耳目聰明，心意叡智❾，四衛❿變彊，殈⓫氣不入，身無苛殃⓬。黃帝曰⓭：「四時⓮之不正也，正五穀⓯而已矣。」

【章旨】以莖稈重量、得米數量、食後是否耐飢三個方面的鮮明對比，說明適時種植優於違時種植，從而為全篇做了結論。

【注釋】❶興　興盛。❷約　意謂衰敗。❸莖相若　莖稈數量相等。此處莖稈係指未經脫粒的莖稈。❹粟　用如動詞，指脫粒取粟。❺忍饑　耐餓。❻臭　氣味。❼其氣章　指食時使人精氣旺盛。章，盛。❽百日食之　倒句，即「食之百日」。❾叡智　深遠的智慧。❿四衛　原指守衛王畿的四方諸侯，此處喻指人體的四肢。⓫𣧑　同「凶」。⓬苛殃　指由鬼魂作祟引起的疾病。⓭黃帝曰　此下引文，當出自後人託名黃帝所著之醫書。⓮四時　指人體內隨著季節變化而變化的所謂「四時之氣」。⓯正五穀　使所食的五穀純正。

【語譯】所以適時種植的莊稼就興旺，違時種植的莊稼就衰弱。拿種植時令不同而株數相等的莊稼稱一稱，就會看到適時種植的分量重，脫粒後穀粒也多。拿數量相等的穀子舂一舂，也是適時種植的出米多。再拿同樣多的米燒成飯，又是種植適時的吃了耐飢。所以種植適時的莊稼，它的氣味香，味道美，吃了使人精氣旺盛。吃上一百天，就能耳聰目明，心智深邃，四體矯健，邪氣不入，病災祛除。所以黃帝說：「人體四時之氣不正，只要使所進食的五穀純正就可以了。」

附錄

《呂氏春秋》序

漢 高誘

呂不韋者，濮陽人也，為陽翟之富賈，家累千金。秦昭襄王者，孝公之曾孫，惠文王之孫，武烈王之子也。太子死，以庶子安國君柱為太子。柱有子二十餘人，所幸妃號曰華陽夫人無子。安國君庶子名楚，其母曰夏姬，不甚得幸，令楚質於趙，而不能顧質，數東攻趙，趙不禮楚。時不韋賈於邯鄲，見之，曰：「此奇貨也，不可失。」乃見楚曰：「吾能大子之門。」楚曰：「何不大君之門，乃大吾之門邪？」不韋曰：「子不知也，吾門待子門大而大之。」楚默幸之。不韋曰：「昭襄王老矣，而安國君為太子。竊聞華陽夫人無子，能立嗣者獨華陽夫人耳。請以千金為子西行，事安國君，令立子為適嗣。」不韋乃以寶玩珍物獻華陽夫人，因言：「楚之賢，以夫人為天母，日夜涕泣，思夫人與太子。」夫人大喜，言於安國君，於是立楚為適嗣，華陽夫人以為己子，使不韋傅之。

不韋取邯鄲姬，已有身，楚見說之，遂獻其姬，至楚所，生男，名之曰正，楚立之為夫人。暨昭襄王薨，太子安國君立，華陽夫人為后，楚為太子。安國君立一年薨，謚為孝文王。太子楚立，是為莊襄王，以不韋為丞相，封為文信侯，食河南雒陽十萬戶。莊襄王立三年而薨，太子正立，是為秦始皇帝，尊不韋為相國，號稱仲父。

不韋乃集儒書，使著其所聞，為〈十二紀〉、〈八覽〉、〈六論〉，合十餘萬言，備天地萬物古今之事，名為《呂氏春秋》，暴之咸陽市門，懸千金其上，有能增損一字者與千金。時人無能增損者。誘以為時人非不能也，蓋憚相國畏其勢耳。然此書所尚，以道德為標的，以無為為綱紀，以忠義為品式，以公方為檢格，與孟軻、孫卿、淮南、揚雄相表裏也，是以著在《錄略》。誘正《孟子》章句，作《淮南》、《孝經》解畢訖，家有此書，尋繹案省，大出諸子之右，既有脫誤，小儒又以私意改定，猶慮傳義失其本真，少能詳之，故復依先師舊訓，輒乃為之解焉，以述古儒之旨，凡十七萬三千五十四言。若有紕繆不經，後之君子，斷而裁之，比其義焉。

本書原文所據《呂氏春秋校釋》（陳奇猷）的若干情況說明

本書中的《呂氏春秋》原文，以《呂氏春秋校釋》（陳奇猷校釋，民國七十三年上海學林出版社出版）為底本，用複印機複出，因而該是絕對同一的。陳本可說是迄今最為完善的一個本子，但在注譯過程中，還是發現了若干錯字或倒乙，與諸本多不合，當是付印時錯排漏校。如〈論人〉一章「彊」應為「疆」；〈愛士〉二章「歧」應為「岐」；〈異用〉三章「朽」應為「朽」；〈用民〉一章「卒無眾」應為「卒雖眾」；〈慎行〉三章「闔」應為「闔」；〈求人〉一章「矢」應為「失」。還有，〈應言〉五章「臣重」顯係「重臣」的倒乙。我們只在注釋中略作說明，一律未予改動，以保留陳本原貌。

原文中的標點符號，則共有近五十處更動。有錯排的，有脫漏的，大都較為明顯。也有些牽涉到對原文的理解。如〈悔過〉二章有一句原為：「寡人興師，未知何如？今哭而送之，是哭吾師也。」全句是陳述語氣，句中問號改為逗號似乎更好些。〈適威〉二章有一句原為：「民善之則畜也，不善則讎也。」句中二個判斷分句都是就「民」而言的，所以改成下面這樣似可把原意表達得更明確些：「民，善之則畜也，不善則讎也。」

此外，對原文的分段（在本書中則為分章），也有三十餘處更動，大多為了敘述方便，這裡就不再具體說明。

主要參考書目

（直接校注、研究《呂氏春秋》的書目，另見下一附錄）

《中國哲學發展史》（任繼愈主編）

《周秦道論發微》（張舜徽）

《十批判書》（郭沫若）

《先秦學術概論》（呂思勉）

《先秦邏輯史》（溫公頤）

《呂氏春秋與淮南子思想研究》（牟鍾鑒）

《中國學術思想史隨筆》（曹聚仁）

《莊子哲學及其演變》（劉笑敢）

《黃帝四經與黃老思想》（余明光）

《中國系統思維》（劉長林）

《中國思維偏向》（張岱年等）

注釋中引用或依據的注家及其著作目錄

（以出現於本書注釋中的先後為序）

陳奇猷　《呂氏春秋校釋》

高　誘　《呂氏春秋訓解》

蘇時學　《爻山筆話》

俞　樾　《諸子平議》

梁玉繩　《呂子校補》、《校續補》

孫人和　《呂氏春秋舉正》

劉咸炘　《呂氏春秋發微》

譚戒甫　《校呂遺誼》

蔣維喬、沈延國、楊寬、趙善詒　《呂氏春秋彙校》

王念孫　《呂氏春秋校本》、《讀書雜志》

陶鴻慶　《讀諸子札記》

金其源　《讀書管見》及《續編》、《再續編》

松皋圓（日本）　《畢校呂氏春秋補正》

孫星衍　《問字堂集》

牟鍾鑒　《呂氏春秋與淮南子思想研究》

陳昌齊　《呂氏春秋正誤》

許維遹　《呂氏春秋集釋》
畢　沅　《呂氏春秋校正》
范耕研　《呂氏春秋補注》
汪　中　〈舊學蓄疑〉、〈經義知新記〉
高　亨　《諸子新箋》
楊樹達　〈呂氏春秋拾遺〉、《積微居讀書記》
梁履繩　〈呂氏春秋校說〉
馬敘倫　〈讀呂氏春秋記〉
孫志祖　《讀書脞錄》
洪頤煊　《讀書叢錄》
孫鏘鳴　〈呂氏春秋高注補正〉
劉師培　《左盦集》
嚴元照　〈呂氏春秋校說〉
孫詒讓　《札迻》、《墨子閒詁》、《籀膏述林》
于省吾　《雙劍誃諸子新證》
王國維　《觀堂集林》
章炳麟　《膏蘭室札記》
楊昭儁　《呂氏春秋補注》
王應麟　《困學紀聞》
徐時棟　《煙嶼樓讀書志》、《煙嶼樓筆記》

李寶淦《呂氏春秋高注補正》

張雙棣、張萬彬、殷國光、陳濤《呂氏春秋譯注》

夏緯瑛《呂氏春秋上農等四篇校釋》

（此外，還參考了王范之的《呂氏春秋選注》，王利器疏證、王貞珉整理、邱龐同譯注的《呂氏春秋本味篇》，吉聯抗輯譯的《呂氏春秋中的音樂史料》等，因未具體引用或依據其某一說，故未在注釋中列名。）

後記

全部注譯稿謄寫完畢，我們不由得輕鬆地吁了口氣。望著窗外悠然飄落的梧葉，這才想起書局編輯先生不遠千里來商談讓我們注譯這部書，也恰好在這桂子飄香的季節，但時間已過去了整整二年。

我們二人，同飲一江水，同住一座城，卻一南一北，相距有一小時車程。此後便以公共汽車為紐帶，或相會於南屋，或聚談於北居，幾至忘情到無視人世風雲之變幻，不覺四時寒暑之更迭的地步。不過應當說，剛接手時卻是頗以為苦的。覺得《呂氏春秋》這部書過去也曾有所接觸，年輕時還在倉促中寫過一些評述性文字，留下的回味是索然的，如今倒要從頭至尾耙剔梳理，自不免有雞肋之嘆。但十天半月一過，漸入佳境。誠然，《呂氏春秋》文字既不及莊孟的恣肆汪洋，亦不若孔老的沉鬱練達，但卻自有其獨具的誘人處。起初，它的宏博瑰瑋，它的幽遠奇豔，都使我們驚嘆不已。及至涵泳於中，才漸漸領悟到，《呂氏春秋》的編撰者實在既無意於炫耀它的宏博，亦非著意經營它的奇豔；力求本真、質樸，才是它的主要特徵。那廣漠深邃的時空內涵，都是為著一個極現實的目的服務的，即為在編撰者看來已是舉目在望的新的大統一繪製一張藍圖和提供一個包羅萬象的治國方案。不少地方要比諸子高明，有些問題還提得相當新鮮、尖銳、深刻。正是這一點，不時攪動我們坎坷倉皇的半生經歷、閱歷，常常聯想勃湧，思入古今，情通四海，相對長談，忽而欷歔，忽而感憤，竟不知更之將盡，茶之已涼。

不意有一天，我們感到沉重起來。那是在由《呂氏春秋》引起的興趣而重讀諸子及《史記》、《漢書》等等的時候。應當感謝司馬遷，這位值得我們全民族驕傲的真正的偉人，先後在〈報任少卿書〉和〈太史公自序〉中用他沉甸甸的生命的、歷史的體驗，寫下了這一段流傳千古的話：

> 蓋文王拘而演《周易》；仲尼厄而作《春秋》；屈原放逐，乃賦〈離騷〉；左丘失明，厥有《國語》；孫子臏腳，兵法修列；不韋遷蜀，世傳《呂覽》；韓非囚秦，〈說難〉、〈孤憤〉；《詩》三百篇，大底聖賢發憤之所為作也。

從接受蒙童教育開始，這段話我們至少已讀過百遍，唯獨這一次，卻如此沉重地擊撞了我們因飽經滄桑而久已沉寂的心弦。在這一瞬間，我們體驗到了一種頓悟式的痛苦和痛快，似乎一下子懂得了什麼才是生命和歷史中最可寶貴的東西。司馬氏是在因李陵案牽連而受刑並被監禁的情況下孕育了這番錦言然後付諸竹簡的。如果不因此辱，儘管他依然不失為偉大，但很可能就不會從這樣一個獨到的角度去認識生命和歷史，至少不可能表述得這樣沉鬱、凝煉、深刻。所列前聖先賢，包括司馬遷本人，正由於拘、厄、囚、逐的遭遇，才使他們徹底擺脫了往昔怎麼也無法完全擺脫的權位威勢的籠罩、功名利祿的羈絆，終於回復到本真的人生，以一顆赤子般的純真之心去接近、擁抱真理，從而使他們的人生，亦使歷史發出永恆的光輝。寫作如此，閱讀也是如此。我們終於發現了自己先前那種淺薄的原因，也看清了今後該追求的人生。

耐人尋味的是，有《史記・呂不韋列傳》為證，司馬遷明知呂不韋是在「遷蜀」前就完成了《呂氏春秋》，可是在這裡他卻說「不韋遷蜀，世傳《呂覽》」。在司馬遷看來，「遷蜀」非但不影響呂氏人品，卻使他的作品得以「世傳」。這種「世傳」，當然絕不可能是秦始皇的專制統治使然，只能是人心使然。這又是一部歷史，一部具有任何強權政治都無可比擬的永恆意義的歷史！呂不韋能憑藉他曾經擁有的聲威招來眾多門客編撰此書，畢竟是一件好事；然而每每讀到本傳中「書布咸陽城，一字賞千金」那段文字，那種急於炫耀自己權勢和才智的神態躍然紙上，總不免會使我們對這位可敬的古人起一種多少帶點滑稽意味的感覺。設想一下：如果秦始皇能略示寬容，在下令呂不韋「就國河南」後，還讓他有一個寧靜的環境和足夠的時間，重新修訂《呂氏春秋》，使其得以從容地將自己的興衰榮辱體驗純淨地傾注於中，那今天我們讀到的將會是一部怎樣的《呂氏春秋》啊！

然而設想畢竟只是設想。僅僅過了年餘，秦始皇對呂不韋又發出了第二道聖旨：「其與家屬徙處蜀。」於是「呂不韋自度稍侵，恐誅，乃飲酖而死」（均見本傳）。

人生易老。我們二人都已過了知天命之年。聖人有言：「天命之謂性，率性之謂道。」（《中庸》）慚愧、慚愧。忝活至今，連自身的本性我們也還未能遵循，遑論率萬物之性以體道。只是書稿草就約略學懂了兩個字：真誠。人生固易老，真情永不老。願繼續學習歷史和人生中的真誠，學習真誠地對待歷史和人生。

此刻，當我們將此縱然曾以真誠自勵卻難免時見粗疏的書稿呈獻於讀者諸君之前時，目的之一，便是真誠地想以此祈求海內外大方之家有以教我。

注譯者

一九九四年十二月於上海

◎新譯鄧析子

徐忠良／注譯　劉福增／校閱

鄧析是春秋末期鄭國大夫，先秦名家和法家的先驅者，長於辯說，又精通法理，善教民訴訟，為百姓仗義執言。所著《鄧析子》展現他敢言敢辯的思辯色彩，及其豐富的政治倫理思想。本書譯注大量吸收了前哲時賢的相關研究成果，書後更附有關於鄧析學說及鄧析史實等資料，讓讀者對鄧析有更完整的認識。

◎新譯尹文子

徐忠良／注譯　黃俊郎／校閱

《尹文子》是戰國時齊國稷下學宮道家黃老學派學者尹文子及其學派的語錄體著作，大抵是經過其弟子的整理而編成的。這部並不算長的古文獻，文字簡約而內涵豐富，聚百家而治之，合萬流而一之，折衷群說，兼攬眾長，實為一部廣博之書，在先秦思想史上佔有一席之地。本書通過詳盡的導讀與注譯，方便今人加以認識與研究。

◎新譯論衡讀本

蔡鎮楚／注譯　周鳳五／校閱

漢朝是一個天人感應思想和讖緯神學興盛的時代，而王充卻干犯大不韙，疑古論今，勇於挑戰權威。他所著《論衡》一書論及自然、性命、知識或社會等，是王充睿智深邃的學識、膽略與才華相結合的產物，更表現出他那個時代的理性思辯精神。本書博採眾家之長，兼顧宏觀審視與微觀考察的方法，對《論衡》進行客觀的闡述，開創《論衡》研究的新局面。